Jack London

Alaska-Kid

Jack London

Alaska-Kid

BÜCHERGILDE GUTENBERG

Inhaltsverzeichnis

I Bärenfleisch schmeckt gut *9*
II Das Bärenfleisch *42*
III Die Jagd nach dem Golde *76*
IV Shorty träumt *105*
V Der Mann am andern Ufer *125*
VI Ein Wettlauf um eine Million *151*
VII Die Geschichte eines kleinen Mannes *180*
VIII Wie Cultus George gehängt werden sollte *206*
IX Ein Mißgriff der Schöpfung *229*
X Eier *258*
XI Die neue Stadt *289*
XII Das Wunder des Weibes *325*

Jack London

Alaska-Kid

I *Bärenfleisch schmeckt gut*

Ursprünglich hieß er Christoffer Bellew. Als er die Universität besuchte, wurde er zu Chris Bellew. Später bekam er in den Kreisen der San-Franziskoer Boheme den Namen Kid Bellew. Und schließlich kannte man ihn nur noch als ›Alaska-Kid‹. Und die Geschichte, wie sich sein Name entwickelte, ist zugleich die Geschichte seiner eigenen Entwicklung. Es wäre aber nie so geworden, hätte er nicht eine nachgiebige, schwache Mutter und einen eisenharten Onkel gehabt, und wäre kein Brief von Gillet Bellamy gekommen.

›Ich lese soeben eine Nummer der ‚Woge'‹, schrieb Gillet aus Paris. ›Selbstverständlich wird O'Hara sich damit durchsetzen. Er macht aber, scheint's mir, einige Schnitzer.‹ (Hier folgte eine genaue Aufstellung aller Verbesserungen, die ihm für die neue mondäne Zeitschrift notwendig erschienen.) ›Besuche ihn doch mal. Laß ihn aber in dem seligen Glauben, daß es deine Anregungen seien — er darf um Gottes willen nicht ahnen, daß sie von mir stammen! Sonst macht er mich zu seinem Pariser Korrespondenten, und das kann ich mir nicht leisten, weil die großen Magazine mir ja menschenwürdige Honorare für meine Aufsätze zahlen. Vor allem darfst du nicht vergessen, ihm zu sagen, daß er den langweiligen Affen, der die Musik- und Kunstkritiken schreibt, hinausschmeißen soll. Und noch eins: San Franzisko hatte früher immer seine eigene Literatur von besonderem Charakter. Das ist augenblicklich nicht der Fall. Sage ihm, daß er irgendeinen gutmütigen Trottel ausfindig machen muß, der eine lebendige Erzählung schreiben soll, in die er den ganzen romantischen Zauber und die schillernde Farbenpracht San Franziskos hineindichten kann.‹

Seinen Instruktionen getreu wanderte Kid brav und bieder zum Redaktionsbüro der ›Woge‹. O'Hara lauschte mit Interesse auf seine Ausführungen und erklärte sich mit ihnen einverstanden. Er entließ auch sofort den langweiligen Affen, der die Kritiken schrieb. Aber O'Hara hatte außerdem seine ganz besondere Art, die Gillet selbst in Paris, so weit vom Schuß, fürchtete. Wenn O'Hara sich nämlich etwas in den Kopf setzte, war keiner seiner Freunde imstande, es ihm auszureden. Er war so liebenswürdig und gleichzeitig so eindringlich, daß man ihm einfach nicht widerstehen konnte. Noch ehe Kid Bellew die Redaktion verließ, war er Mitredakteur geworden, hatte versprochen, einige Kritiken zu schreiben, bis man eine brauchbare Feder gefunden hätte, und hatte sich endlich verpflichtet, eine lange, spannende San-Franziskoer Erzählung in wöchentlichen Fortsetzungen von je tausend Zeilen zu schreiben... alles, ohne einen Heller dafür zu erhalten. Die ›Woge‹ könnte noch nichts zahlen, erklärte O'Hara. Und ebenso überzeugend legte er dar, daß nur ein einziger in ganz San Franzisko imstande sei, diese Erzählung zu schreiben... und daß dieser einzige zufällig Kid Bellew sei...

»Du mein Gott, ich bin also selbst der gutmütige Trottel gewesen«, seufzte Kid vor sich hin, als er die schmale Treppe hinabstieg.

Und damit begann seine Sklaverei für O'Hara und für die ›Woge‹. Woche für Woche saß er auf seinem Stuhl in der Redaktion, hielt dem Blatt mühselig die Gläubiger vom Leibe, schlug sich mit den Druckereien herum und schüttelte jede Woche zweitausendfünfhundert Zeilen verschiedensten Inhalts aus dem Ärmel. Und seine Arbeit wurde durchaus nicht leichter mit der Zeit. Die ›Woge‹ war nämlich ein ehrgeiziges Blatt. Sie verlegte sich auf Bebilderung. Leider aber waren die Reproduktionsverfahren recht kostspielig. Folglich hatte das Blatt nie Geld, um Kid Bellew

zu bezahlen, und aus eben demselben Grunde konnte es sich auch keine Erweiterung des Redaktionsstabes leisten.
»So geht es, wenn man ein guter Kerl ist«, brummte Kid Bellew eines Tages.
»Gott sei Dank, daß es gute Kerle gibt!« rief O'Hara und drückte Kid Bellew mit Tränen in den Augen die Hand. »Du allein, wirklich nur du allein, Kid, hast mich gerettet. Wärest du nicht gewesen, so wäre ich schon längst pleite gegangen. Jetzt gilt es nur noch ein bißchen durchzuhalten, lieber Junge, dann wird alles schon leichter werden.«
»Nie«, klagte Kid. »Ich kann mein Schicksal schon voraussehen. Ich werde mein Leben lang hierbleiben müssen.«
Kurz darauf glaubte er einen Weg gefunden zu haben, auf dem er entschlüpfen konnte. Er benutzte einen Augenblick, da O'Hara zugegen war, um über einen Stuhl zu stolpern. Einige Minuten später stieß er gegen eine Ecke des Schreibtisches und griff mit unsicher suchenden Händen nach dem Kleistertopf.
»Spät nach Haus gekommen?« fragte O'Hara.
Kid rieb sich die Augen und starrte ihn ängstlich an, ehe er antwortete.
»Nee, das ist es leider nicht ... es ist etwas mit den Augen ... sie sind, scheint's, nicht mehr so gut wie früher. Das ist alles.«
Mehrere Tage stolperte er herum und stieß gegen die gesamte Einrichtung im Büro. Aber O'Haras Herz ließ sich nicht erweichen.
»Ich will dir mal was sagen, Kid«, meinte er eines Tages. »Du mußt sehen, daß du zu einem Augenarzt kommst. Geh zu Dr. Hassdapple — das ist ein verdammt tüchtiger Bursche. Und es braucht dich nichts zu kosten — wir werden ihm ein paar Inserate dafür geben. Ich werde selbst mit ihm sprechen.« Und seinem Versprechen getreu, schickte er Kid zu dem Doktor.

»Ihre Augen sind ja ganz in Ordnung«, lautete das Urteil des Arztes, nachdem er ihn eingehend untersucht hatte.
»Ihre Augen sind tatsächlich ganz hervorragend... nicht ein Paar unter einer Million sind so wie die Ihrigen.«
»Bitte, erzählen Sie das nicht O'Hara«, bat Kid. »Und verschreiben Sie mir eine Brille.«
Die Folge war nur, daß O'Hara sehr liebenswürdig wurde und mit glühender Begeisterung von dem Tage sprach, an dem die ›Woge‹ imstande sein würde, auf eigenen Beinen zu stehen.
Glücklicherweise besaß Kid Bellew eigenes Vermögen. Wenn es auch nur klein war — im Vergleich mit vielen andern —, so war es doch jedenfalls groß genug, um ihm zu ermöglichen, Mitglied verschiedener Klubs zu sein und sich ein eigenes Atelier im Künstlerviertel zu leisten. Seit er Mitredakteur der ›Woge‹ geworden war, hatten sich seine Ausgaben zweifellos bedeutend verringert. Er hatte nämlich einfach keine Zeit mehr, Geld auszugeben. Er besuchte nie mehr sein Atelier und lud nie mehr die Künstler des Viertels zu seinen berühmten und sehr lustigen Abendessen ein. Und dennoch war er jetzt völlig auf den Hund gekommen, denn die ›Woge‹, die immer am Rand der Pleite stand, zog nicht nur Vorteil aus seinem Gehirn, sondern auch aus seiner Brieftasche. Da waren die Zeichner, die in bösartiger Stimmung ablehnten, weiter zu zeichnen, die Buchdrucker, die es ebenfalls hin und wieder ablehnten, zu drucken, und endlich der Bürojunge, der sehr häufig erklärte, die Arbeit niederlegen zu wollen. Bei all diesen Gelegenheiten verließ sich O'Hara auf Kid, und Kid tat, was von ihm erwartet wurde.
Als der Dampfer ›Exzelsior‹ aus Alaska kam und die ersten Nachrichten von den Goldfunden in Klondike brachte, die das ganze Land verrückt machten, unterbreitete Kid O'Hara einen durchaus nicht ernst gemeinten Vorschlag.

»Sieh mal, O'Hara«, sagte er. »Jetzt wird es ganz toll werden mit der Jagd nach dem Golde — genau wie in der guten alten Zeit von 49. Was meinst du dazu, wenn ich für die ›Woge‹ mitmache? Ich würde es natürlich auf eigene Kosten tun.«
O'Hara schüttelte den Kopf.
»Unmöglich ... ich kann dich nicht in der Schriftleitung entbehren, Kid. Wir brauchen ja auch die Erzählung. Außerdem habe ich vor kaum einer Stunde Jackson gesehen. Er fährt morgen nach Klondike und hat sich bereit erklärt, uns jede Woche Briefe und Photos zu senden. Ich ließ nicht locker, bis er es mir fest versprochen hatte. Und das Beste ist, daß es uns nicht einen Heller kostet.«
Als Kid am selben Nachmittag in den Klub kam, hörte er wieder Neuigkeiten aus Klondike. In der Bibliothek traf er seinen Onkel.
»Tag, lieber Onkel«, grüßte Kid, ließ sich in einen Ledersessel fallen und streckte die Beine aus. »Trinkst du ein Glas mit?«
Er bestellte sich einen Cocktail, während der Onkel sich mit dem dünnen einheimischen Landwein begnügte, den er stets trank. Er betrachtete mit erbosten und mißbilligenden Blicken erst den Cocktail und dann das Gesicht des Neffen. Kid merkte, daß sich ein Gewitter vorbereitete.
»Ich habe leider nur wenige Minuten Zeit«, sagte er schnell. »Ich muß noch etwas besorgen und mir auch die Keith-Ausstellung bei Ellery angucken und eine halbe Spalte darüber schreiben.«
»Was ist eigentlich mit dir los?« fragte der andere. »Du bist ja ganz blaß. Das reine Wrack.«
Kid antwortete nur mit einem Seufzer.
»Ich werde noch das Vergnügen haben, dich zu begraben, sehe ich schon.«
Kid schüttelte traurig den Kopf.

»Ich will nichts mit den Würmern zu tun haben. Für mich Verbrennung!«

John Bellew gehörte zu der eisernen, abgehärteten Generation, die in den fünfzigern mit ihrem Ochsengespann über die Prärie gezogen war. Er besaß noch die Härte dieser Männer, und eine strenge Kindheit, während der Eroberung des neuen Landes, hatte ihn noch härter gemacht.

»Du führst auch kein vernünftiges Leben, Christopher«, sagte er. »Ich schäme mich deiner.«

»Weil ich den Blumenpfad des Lasters schreite, meinst du?« kicherte Kid.

Der alte Mann zuckte die Achseln.

»Schüttle nicht deine blutbesudelten Locken, lieber Onkel. Ich möchte, ich schritte den Blumenpfad. Aber das ist alles schon vorbei. Ich habe einfach keine Zeit mehr.«

»Was ist es denn?«

»Überanstrengung.«

John Bellew lachte barsch und ungläubig.

»Wahrhaftig.«

Wieder lachte er.

»Wir Menschen sind das Resultat unserer Umgebung«, erklärte Kid feierlich und wies auf das Glas des anderen. »Deine Heiterkeit ist dünn und herb wie dein Getränk.«

»Überanstrengung!« höhnte der Onkel. »Du hast ja noch nie in deinem Leben einen Heller durch Arbeit verdient.«

»Du kannst schwören, daß ich es getan habe... ich bekomme nur das Geld nie. Augenblicklich verdiene ich sogar fünfhundert Dollar die Woche und leiste die Arbeit von vier Männern.«

»Bilder, die du nicht verkaufen kannst? Oder... oder... hm... sonst etwas Verrücktes? Kannst du schwimmen?«

»Ich habe es jedenfalls gekonnt.«

»Auf einem Pferderücken sitzen?«

»Hab' ich mehrmals ausprobiert...«

John Bellew rümpfte mißbilligend die Nase.

»Es freut mich, daß dein Vater nicht erlebte, dich im Glanz deiner Verderbtheit zu sehen«, sagte er. »Dein Vater war ein Mann, jeder Zoll ein Mann! Verstehst du, was das heißt? Ein Mann... Ich glaube, er hätte den ganzen künstlerischen und musikalischen Blödsinn aus dir herausgepeitscht.«

»Ach ja, unsere verderbte, heruntergekommene Zeit«, seufzte Kid.

»Ich könnte es noch verstehen und dulden«, fuhr der andere grimmig fort, »wenn du wenigstens Erfolge damit erzieltest. Aber du hast noch nie in deinem Leben einen Heller verdient und nicht ein Lot anständiger Männerarbeit geleistet.«

»Radierungen, Gemälde und Fächer«, bemerkte Kid in einer Weise, die nicht gerade besänftigend wirkte.

»Du bist ein Pfuscher und ein mißratenes Subjekt. Was für Bilder hast du denn gemalt? Verrückte Aquarelle und Plakate, die die reinen bösen Träume sind. Du hast noch nie ein Bild ausgestellt — nicht ein einziges Mal hier in San Franzisko.«

»Oh, du vergißt ganz, daß ein Bild von mir sogar in den Festräumen dieses Klubs hängt.«

»Eine ganz plumpe Zeichnung. Und Musik? Deine liebe närrische Mutter hat dir Hunderte von Stunden geben lassen. Du bist nur ein Pfuscher und ein Taugenichts geworden. Du hast nie auch nur einen Fünfdollarschein durch Begleiten in einem Konzert verdienen können. Deine Lieder? Mist, der nie gedruckt worden ist und den nur das verdrehte Künstlergesindel singt und spielt.«

»Ich habe auch ein Buch veröffentlicht ... die Sonette, du weißt doch«, unterbrach ihn Kid sehr bescheiden.

»Und was hast du dafür bezahlen müssen?«

»Nur ein paar hundert.«

»Und welche Taten hast du sonst vollbracht?«

»Man hat ein Stück von mir auf der Freiluftbühne aufgeführt.«
»Und was hast du damit verdient?«
»Ruhm.«
»Und du hast früher schon mal geschwommen und versucht, auf einem Pferderücken zu sitzen!« John Bellew stellte sein Glas mit ungewohnter Heftigkeit auf den Tisch. »Was in aller Welt bist du denn für ein Kerl? Du hast eine ausgezeichnete Erziehung genossen, aber selbst auf der Universität hast du nicht Fußball gespielt! Du hast nicht rudern gelernt... du hast nicht...«
»Ich habe boxen und auch fechten gelernt, doch immerhin etwas.«
»Wann hast du das letzte Mal geboxt?«
»Seit damals nicht... aber man hat mir immer gesagt, daß ich Zeit und Abstand gut zu schätzen verstände... nur fand man, daß ich... ich...«
»Nur weiter...«
»Nur, daß ich ein bißchen... launisch war...«
»Faul — meinst du wohl. Mein Vater... dein Großvater also, junger Mann, Isaac Bellew, tötete einen Mann mit einem Hieb seiner bloßen Faust, als er schon neunundsechzig Jahre alt war.«
Der andere fragte: »Wer? Der Mann?«
»Nein, dein Großvater, du gottverlassener Lump... aber du wirst nicht einmal mehr eine Mücke töten können, wenn du neunundsechzig bist.«
»Die Zeiten haben sich eben geändert, lieber Onkel. Heute steckt man einen Mann ins Zuchthaus, wenn er jemand tötet.«
Er lächelte überlegen.
»Dein Vater hat einen Ritt von hundertfünfundachtzig Meilen gemacht... ohne zu schlafen... und hat dabei drei Pferde zuschanden geritten.«

»Hätte er heute noch gelebt, so wäre er im Pullman gefahren und hätte über der Kursliste geschnarcht.«
Der alte Herr platzte fast vor Wut, aber er schluckte seinen Zorn hinunter, und es gelang ihm, zu fragen: »Wie alt bist du eigentlich?«
»Ich habe Grund zu glauben, daß ich...«
»Weiß schon. Siebenundzwanzig. Mit zweiundzwanzig warst du mit der Universität fertig. Fünf Jahre hast du gepfuscht und Kinkerlitzchen und Dummheiten gemacht. Und was bist du heute wert? Als ich in deinem Alter war, hatte ich nur eine Garnitur Unterwäsche. Ich ritt mit dem Vieh in Colusa. Ich war hart wie Stahl und konnte auf dem bloßen Felsen schlafen. Ich lebte von Dörrfleisch und Bärenschinken. Ich bin in körperlicher Beziehung heute noch ein besserer Mann als du. Du wiegst über hundertfünfundsechzig Pfund. Ich kann dich noch heute zu Boden schlagen, dich mit meinen bloßen Fäusten verprügeln.«
»Man braucht eben kein Wunderkind an Körperkraft zu sein, um einen Cocktail oder eine Tasse Tee zu trinken«, murmelte Kid zu seiner Entschuldigung. »Siehst du denn nicht ein, lieber Onkel, daß die Zeiten sich geändert haben? Außerdem bin ich vielleicht auch nicht in der richtigen Weise erzogen. Meine liebe närrische Mutter...«
John Bellew sah ihn zornig an.
»...war, wie du ja soeben sagtest, zu gut zu mir. Sie packte mich in Watte ein. Na, und wenn ich damals, als ich noch ein Jüngling war, an diesen besonders männlichen Ferienausflügen, für die du dich einsetzt, teilgenommen hätte... ja, ich frage mich, warum in aller Welt hast du mich denn nie dazu eingeladen? Du hast Hal und Robbie über die Sierras und nach Mexiko mitgenommen.«
»Ich glaubte, du fühltest dich zu sehr als der junge Lord Fauntleroy.«
»Das ist dein Fehler, lieber Onkel... und der Fehler mei-

ner lieben... hm... lieben Mutter... Wie sollte ich wissen, was es hieß, ›hart‹ zu sein? Ich war immer nur das verwöhnte Mutterkind. Was blieb mir denn übrig, als Radierungen, Gemälde und Fächer zu machen? Ist es mein Fehler, daß ich nie schwitzen gelernt habe?«
Der Ältere betrachtete seinen Neffen mit unverhohlenem Unwillen. Er war nicht imstande, diese leichtfertige Sprache eines Schwächlings mit Nachsicht anzuhören.
»Nun, ich bin jetzt eben im Begriff, einen von diesen besonders männlichen Ferienausflügen — wie du sie nennst — zu unternehmen«, sagte er. »Was würdest du sagen, wenn ich dich einlüde, mitzukommen?«
»Du kommst leider zu spät. Wohin geht es denn?«
»Hal und Robert wollen nach Klondike gehen, ich fahre mit, um zu sehen, wie sie über den Paß nach den Seen hinunterkommen, und kehre dann zurück...«
Er kam nicht weiter, denn der junge Mann war aufgesprungen und hatte seine Hand ergriffen.
»Mein Retter!« John Bellew wurde sofort mißtrauisch. Er hatte sich keinen Augenblick träumen lassen, daß seine Einladung angenommen würde.
»Er ist ja gar nicht dein Ernst«, sagte er.
»Wann fahren wir ab?«
»Es wird eine schwere Reise werden. Du wirst uns nur im Wege sein.«
»Nein, das werde ich nicht. Ich will auch arbeiten. Seit ich bei der ›Woge‹ bin, weiß ich, was arbeiten heißt.«
»Jeder muß Lebensmittel für ein ganzes Jahr tragen. Der Zustrom wird so groß werden, daß die indianischen Träger nicht imstande sein werden, die Arbeit zu bewältigen. Hal und Robert werden ihre Ausrüstung selbst schleppen müssen. Das ist auch der Grund, warum ich mitgehe... um ihnen behilflich zu sein, das Gepäck zu tragen... Wenn du mitkommst, mußt du es also ebenso machen.«

»Zerbrich dir nicht deinen Kopf!«
»Du kannst ja nicht schleppen.«
»Wann fahren wir ab?«
»Morgen.«
»Du brauchst dir nicht einzubilden, daß deine Predigt schuld daran ist«, sagte Kid, als er Abschied nahm. »Ich mußte sowieso fort von O'Hara... irgendwie und irgendwohin.«
»Wer ist O'Hara? Ein Japaner?«
»Nein — ein Irländer und ein richtiger Sklaventreiber und dazu mein bester Freund. Er ist Schriftleiter, Besitzer und in jeder Beziehung der große Tyrann der ›Woge‹. Was er sagt, geschieht. Selbst Gespenster tanzen nach seiner Pfeife.«
Am selben Abend schrieb Kid Bellew einen Zettel an O'Hara.
›Es handelt sich nur um einen Urlaub von einigen Wochen‹, erklärte er. ›Du mußt sehen, irgendeinen gutmütigen Esel zu finden, der ein paar Fortsetzungen unserer Erzählung fertigbringen kann. Du tust mir ja leid, alter Freund, aber meine Gesundheit macht die Sache notwendig. Wenn ich wieder da bin, kann ich sicher doppelt so kräftig schuften.‹

Eine tolle Verwirrung herrschte am Strande von Dyea, wo Kid Bellew an Land ging. Ausrüstungen, die mehr als tausend Männern gehörten, lagen hier im Gewicht von vielen Tonnen aufgestapelt. Diese ungeheuren Mengen von Gepäck und Nahrungsmitteln, die von den Dampfern haufenweise an Land geworfen wurden, begannen jetzt langsam durch das Dyea-Tal und über den Chilcoot weiterzuwandern. Es waren nicht weniger als zwanzig Meilen, die man die Waren transportieren mußte — und es war nur auf Männerrücken möglich. Obgleich die indianischen Träger den Frachtpreis bereits von fünf auf vierzig Cent per Pfund getrieben hatten, konnten sie die Arbeit doch nicht bewältigen. Und man war sich schon darüber klar, daß der Winter den größten Teil dieser Ausrüstungen noch diesseits der Grenzpässe einholen würde.

Der grünste von allen Grünschnäbeln war Kid. Wie so viele hundert andere trug auch er einen schweren Revolver, der an einem Patronengürtel hing. Sein Onkel, der mit Erinnerungen an die alten gesetzlosen Tage erfüllt war, tat freilich dasselbe. Aber Kid Bellew war ein romantischer Träumer. Er war von dem Rauschen und Glitzern des Goldstroms verzaubert und sah das ganze Leben und Tosen mit den Augen des Künstlers. Er nahm es gar nicht ernst. Wie er auf dem Dampfer gesagt hatte, wollte er ja nicht sein ganzes Leben dort verbringen — es handelte sich nur um einen Ferienaufenthalt, und er hatte lediglich die Absicht, einen kurzen Blick über die Pässe zu werfen, um ›einen Eindruck zu erhalten‹, und dann wieder umzukehren.

Er verließ seine Begleiter, die im Sand liegenblieben, wo sie warten wollten, bis ihr Gepäck an Land gebracht wurde, und schlenderte den Strand entlang bis zu der alten Handelsstation. Er ging nicht prahlerisch und breitspurig, obgleich er sah, daß viele von den mit Revolvern bewehrten Männern es taten. Ein gewaltiger, zwei Meter langer Indianer, der eine ungewöhnlich große Last auf dem Buckel trug, überholte ihn. Kid folgte ihm. Er betrachtete voller Bewunderung die herrlichen Waden des Indianers und die Anmut und Leichtfüßigkeit, womit er sich trotz der schweren Bürde bewegte. Der Indianer ließ seine Last auf die Treppenstufen vor dem Stationsgebäude gleiten, und Kid schloß sich der Gruppe von Goldsuchern an, die den Indianer bewundernd umringten. Das Bündel hatte ein Gewicht von hundertzwanzig Pfund, und diese Tatsache wurde von allen Seiten in ehrfurchtsvollem Ton besprochen.

Das ist allerhand, dachte Kid, und er fragte sich, ob er überhaupt ein solches Gewicht heben, gar nicht davon zu reden, ob er es tragen könne.

»Gehen Sie damit nach dem Linderman-See, alter Freund?« fragte er.

Der Indianer, der vor Stolz ganz aufgeblasen war, grunzte bestätigend.

»Wieviel nehmen Sie für so ein Bündel?«

»Fünfzig Dollar.«

Aber jetzt erregte etwas anderes die Aufmerksamkeit Kids. Er bemerkte nämlich eine junge Frau, die in der Tür des Stationsgebäudes stand. Im Gegensatz zu den meisten Frauen, die von den Dampfern an Land gesetzt wurden, trug sie weder kurze Röcke noch Hosen. Sie war gekleidet, wie jede andere Frau sich auf Reisen kleiden würde. Was ihn überraschte, war das Gefühl, wie selbstverständlich ihm ihre Anwesenheit hier vorkam. Sie schien ihm irgendwie hierherzugehören. Außerdem war sie jung und hübsch. Die strahlende, helle Schönheit ihres ovalen Gesichts fesselte ihn, und er starrte sie länger an, als die Höflichkeit eigentlich erlaubte... starrte sie so lange an, bis sie es unwillig bemerkte und ihn mit ihren dunklen, sich hinter langen Wimpern bergenden Augen kühl und kritisch betrachtete. Von seinem Gesicht glitt ihr Blick dann, sichtlich erheitert, zu dem schweren Revolver an seiner Hüfte. Wieder kehrte ihr Blick zu seinen Augen zurück, und Kid las darin spöttische Geringschätzung. Er hatte die Empfindung, als ob sie ihn geschlagen hätte. Sie wandte sich indessen ruhig zu einem Mann, der neben ihr stand, und machte ihn auf Kid aufmerksam. Der Mann betrachtete ihn mit demselben heiteren Spott.

»Chechaquo«, sagte das Mädchen.

Der Mann, der in seinen billigen Überziehhosen und der mitgenommenen Jacke wie ein Vagabund aussah, grinste trocken, und Kid fühlte sich ganz vernichtet, obgleich er

nicht wußte, warum. Aber sie war auf jeden Fall ein hübsches Mädchen, wie er feststellte, als die beiden sich entfernten. Ihm fiel ihr Gang auf, und er fällte das endgültige Urteil, daß er sie selbst nach tausend Jahren wiedererkennen würde.
»Sehen Sie den Mann mit dem jungen Mädchen drüben?« fragte ganz aufgeregt der Kid am nächsten Stehende. »Wissen Sie, wer das ist?« Kid schüttelte den Kopf.
»Das ist Charibo Charley. Er wurde mir eben gezeigt. Er hat Dusel gehabt in Klondike. Gehört zu den Alten hier. War schon zwölf Jahre am Yukon. Jetzt ist er eben angekommen.«
»Was bedeutet Chechaquo?« fragte Kid.
»Sie sind einer, und ich auch«, lautete die Antwort.
»Mag sein, aber deshalb weiß ich ja nicht, was es ist. Also was bedeutet es?«
»Grünschnabel.«
Auf dem Rückwege nach dem Strande dachte Kid immer wieder darüber nach. Es wurmte ihn, von einem solchen Mädchen Grünschnabel genannt zu werden.
Den Kopf noch ganz voll von dem Bilde des Indianers, der das riesige Bündel getragen hatte, trat Kid an die Ecke eines Güterhaufens, um einen Versuch zu machen, seine eigene Kraft zu erproben. Er wählte einen Mehlsack, von dem er wußte, daß er genau hundert Pfund wog. Er stellte sich breitbeinig über den Sack, bückte sich und versuchte ihn auf die Schulter zu heben. Sein erster Gedanke war, daß hundert Pfund immerhin ein ansehnliches Gewicht, der nächste, daß sein Rücken nicht sehr kräftig sei. Dann schloß er seine Gedankenreihe mit einem Fluch, nachdem er sich fünf Minuten vergeblich bemüht hatte, und schließlich fiel er auf den Sack hin. Er wischte sich die Stirn, als er John Bellew bemerkte, der ihn über einen Haufen Proviantsäcke hinweg mit kaltem Spott anblickte.

»Gott im Himmel«, rief der Apostel der Abhärtung. »Aus unsern Lenden ist ein Geschlecht von Weichlingen geboren. Als ich sechzehn Jahre alt war, spielte ich mit solchen Dingern.«
»Du vergißt, lieber Onkel«, antwortete Kid, »daß ich nicht mit Bärenfleisch aufgefüttert worden bin.«
»Und ich werde noch mit den Dingern spielen, wenn ich sechzig bin.«
»Es wäre nett, wenn du mir zeigen würdest, wie man es macht.«
John Bellew tat es. Er war achtundvierzig, aber er bückte sich über den Sack, packte ihn, änderte seinen Griff, so daß er das Gleichgewicht fand, und warf sich mit einem schnellen Schwung den Sack über die Schulter. Dann stand er aufrecht da.
»Ein Dreh, mein Junge, nur ein Dreh . . . und dazu ein kräftiges Rückgrat.«
Kid nahm ehrfürchtig den Hut ab.
»Du bist das reinste Wunder, Onkel, ein weithin leuchtendes Wunder. Glaubst du, daß ich den Dreh auch herauskriege?«
John Bellew zuckte die Achseln.
»Du? Du wirst nach Hause trotten, ehe wir überhaupt losgehen.«
»Keine Angst, lieber Onkel«, seufzte Kid. »Zu Hause wartet O'Hara wie ein brüllender Löwe auf mich! Ich kehre erst um, wenn ich muß.«
Kids erster Gang als Träger wurde ein Erfolg. Es war ihnen gelungen, Indianer zu dingen, um die ganze Ausrüstung von zweitausendvierhundert Pfund bis zu Finnegans' Kreuzweg zu schleppen. Von dort aus mußten sie das Gepäck selbst auf den Buckel nehmen. Sie hatten gedacht, eine Meile täglich zu machen . . . auf dem Papier sah die ganze Sache auch leicht genug aus. Da John Bellew im Lager

bleiben und das Essen kochen sollte, konnte er nur hin und wieder beim Tragen behilflich sein — die jungen Männer mußten also täglich je achthundert Pfund eine Meile weit schleppen. Wenn sie das Gepäck auf Bündel von fünfzig Pfund verteilten, hieß das, daß sie täglich sechzehn Meilen voll beladen und fünfzehn Meilen ohne Last laufen mußten, »denn das letzte Mal brauchen wir ja nicht wieder zurückzugehen«, sagte Kid, als er diese angenehme Entdeckung machte. Wenn sie die Bündel achtzig Pfund schwer machten, brauchten sie nur neunzehn Meilen und mit Bündeln von je hundert Pfund sogar nur fünfzehn Meilen täglich zu laufen.

»Ich liebe das viele Laufen nicht«, sagte Kid. »Ich werde also jedesmal hundert Pfund tragen.« Er bemerkte ein ungläubiges Grinsen auf dem Gesicht des Onkels und fügte deshalb schnell hinzu: »Selbstverständlich werde ich es erst allmählich dahin bringen. Ein junger Bursche muß erst all die verschiedenen Drehs und Kniffe kennenlernen. Ich werde mit fünfzig anfangen.«

Er tat, wie er es gesagt hatte, und machte sich heiter auf den Weg. Er warf den Sack auf dem nächsten Lagerplatz ab und spazierte zurück. Die Sache war leichter, als er es sich gedacht hatte. Aber die zwei Meilen hatten immerhin die dünne Schicht von Ausdauer abgeschält und die Weichlichkeit, die darunterlag, bloßgelegt. Sein nächstes Bündel wog bereits fünfundsechzig Pfund. Es fiel ihm schon bedeutend schwerer, und er spazierte nicht mehr so flott daher. Er tat wie alle anderen, die ihr Gepäck trugen, und setzte sich hin und wieder auf den Boden, um sein Bündel gegen einen großen Stein oder einen Baumstumpf zu stützen. Als er das dritte Bündel nehmen sollte, war er schon ganz übermütig geworden. Er legte die Traggurte um einen Bohnensack von fünfundneunzig Pfund und marschierte los damit. Er war kaum hundert Schritt weit gekommen, als er

schon fühlte, daß er am Zusammenbrechen war. Er setzte sich deshalb und wischte sich den Schweiß vom Gesicht.
»Kurzes Schleppen und kurze Pausen«, murmelte er vor sich hin. »Darin besteht der ganze Dreh.«
Zuweilen gelang es ihm kaum, hundert Schritt zu laufen, und jedesmal, wenn er mit unendlicher Mühe wieder auf die Füße gekommen war, um ein kleines Stück weiterzuschleppen, war das Bündel unleugbar schwerer geworden. Er schnappte nach Luft, und der Schweiß rann ihm in Strömen über den ganzen Körper. Er hatte noch keine Viertelmeile zurückgelegt, als er sich schon die wollene Jacke auszog und sie an einen Baum hängte. Bald darauf trennte er sich von seinem Hut. Als er die halbe Meile hinter sich hatte, war er sich darüber klar, daß er erledigt war. Noch nie in seinem Leben hatte er in dieser Weise geschuftet, und er verschwieg sich durchaus nicht, daß er überhaupt nicht weiterkonnte. Wie er keuchend dasaß, fiel sein Blick zufällig auf den großen Revolver und den schweren Patronengürtel.
»Zehn Pfund überflüssigen Krams«, knurrte er und schnallte ihn ab.
Er gab sich nicht einmal die Mühe, die Sachen an einen Baum zu hängen, sondern schleuderte sie ins Gebüsch. Und als er die Gepäckträger beobachtete, die in einem stetigen Strom auf ihrem Wege hin und zurück an ihm vorüberglitten, stellte er fest, daß die andern Grünschnäbel ebenfalls begannen, ihre Schießeisen wegzuwerfen.
Seine kurzen Wege wurden indessen immer noch kürzer. Zuweilen konnte er nicht mehr als hundert Fuß bewältigen — dann zwangen ihn das verhängnisvolle Herzklopfen, das er schmerzhaft in den Ohren vernahm, und die widerliche Schwäche in seinen Knien zu einer neuen Ruhepause. Und diese Pausen wurden länger und länger. Seine Gedanken arbeiteten indessen unermüdlich weiter. Es han-

delte sich alles in allem um einen Transport von achtundzwanzig Meilen, was also eine Arbeit von ebenso vielen Tagen bedeutete. Dazu kam, daß dieser Abschnitt — nach dem, was alle sagten — unbedingt der leichteste des ganzen Weges war.

»Warten Sie nur, bis Sie zum Chilcoot kommen«, erzählten einige, die neben ihm saßen und sich mit ihm unterhielten, »dort werden Sie auf allen vieren kriechen müssen.«

»Es wird überhaupt keinen Chilcoot geben«, lautete seine Antwort. »Jedenfalls nicht für mich. Ehe wir so weit sind, werde ich längst in aller Ruhe in meinem kleinen Bett unter dem Rasen liegen.«

Ein Straucheln — und die ungeheure Anstrengung, die er machen mußte, um wieder auf die Beine zu kommen, erfüllten ihn mit Angst. Er hatte die Empfindung, als ob sein ganzes Innere in Fetzen zerrissen war.

»Wenn ich mit diesem Bündel auf dem Buckel stürze, bin ich ein für allemal erledigt«, sagte er zu einem anderen, der auch ein Bündel schleppte.

»Das ist noch gar nichts«, lautete die Antwort. »Warte nur, bis du zum Cañon kommst. Da wirst du einen reißenden Strom auf einem sechzig Fuß langen Fichtenstamm überqueren müssen. Da gibt's kein Geländer, gar nichts, und in der Mitte, wo der Stamm sich biegt, reicht dir das Wasser bis zu den Knien. Wenn du mit deinem Bündel auf dem Buckel da runterfällst, kommst du nicht mehr aus den Traggurten heraus. Du bleibst drin und versäufst.«

»Schöne Aussichten«, erwiderte er. Und aus dem Abgrund einer völligen Erschöpfung heraus meinte er es beinahe buchstäblich.

»Da versaufen täglich drei oder vier Mann«, versicherte der andere. »Neulich war ich selbst mit dabei. Wir fischten einen Schweden heraus. Er hatte viertausend Dollar in schönen Scheinen bei sich.«

»Wirklich sehr ermutigend«, meinte Kid, während er sich mühsam aufraffte und weiterwankte.

Er und sein Bohnensack wurden allmählich zu einer wandernden Tragödie. Unwillkürlich erinnerte er sich des Märchens von dem alten Mann auf dem Rücken Sindbads des Seefahrers. Das ist also so ein besonders männliches Ferienvergnügen, dachte er. Im Vergleich mit dieser Schufterei war selbst die Sklavenarbeit bei O'Hara süß und angenehm. Immer wieder wollte er der Versuchung nachgeben, den verfluchten Sack im Gebüsch liegenzulassen, in das Lager zu schlüpfen und in aller Stille mit einem Dampfer in zivilisiertere Gegenden zurückzukehren.

Aber er tat es nicht. Irgendwo in ihm erklang eine harte Saite, und ein Mal über das andere wiederholte er sich, daß, was andere Männer konnten, auch er können müßte. Der Transport gestaltete sich für ihn zu einem wahren Alpdruck, und er klagte jedem, der ihn unterwegs überholte, sein Leid. In anderen Augenblicken beobachtete er, wenn er sich ausruhte, die stumpfsinnigen Indianer, die unter ihren viel schwereren Lasten so leicht und sicher wie die Maultiere dahintrotteten, und er beneidete sie. Sie schienen nie zu ruhen, sondern gingen hin und zurück mit einer Ausdauer und einer Regelmäßigkeit, die ihn verblüfften. Er saß da und fluchte — solange er schleppte, hatte er nicht Luft genug, um es zu können —, während er einen verzweifelten Kampf mit der Versuchung ausfocht, sich nach San Franzisko zurückzuschleichen. Bevor er seine Meile mit dem Bündel gewandert war, hatte er indessen schon aufgehört zu fluchen und begann statt dessen zu heulen. Die Tränen, die ihm über die Wangen liefen, waren Tränen der Erschöpfung und der Selbstverachtung. Wenn je ein Mann ein Wrack war, so war er es. Als das Ziel des Transports in Sicht kam, nahm er sich mit der Kraft der Verzweiflung zusammen, erreichte den Lagerplatz und schlug, so lang er

war, mit dem Bündel auf dem Rücken hin. Er starb nicht, aber er blieb immerhin eine Viertelstunde liegen, ehe er so viel Energie zusammengerafft hatte, daß er sich von den Traggurten befreien konnte.
Dann wurde ihm tödlich übel, und in diesem Zustand fand ihn Robbie, dem es genauso ging wie ihm. Eigentlich war es Robbies jämmerlicher Zustand, der ihn bewog, sich zusammenzunehmen.
»Was andere Männer können, können wir auch«, sagte Kid zu ihm. In seinem Innersten wußte er freilich nicht recht, ob er dabei aufschnitt oder nicht.

»Und ich bin erst siebenundzwanzig Jahre alt und ein Mann«, wiederholte er sich immer und immer wieder in den folgenden Tagen. Er hatte es aber auch wirklich nötig. Denn am Ende der Woche war es ihm zwar gelungen, seine achthundert Pfund täglich um eine Meile weiterzuschleppen, aber dabei hatte er von seinem eigenen Gewicht fünfzehn Pfund verloren. Sein Gesicht war mager und ausgemergelt geworden. Alle Spannkraft war aus seinem Körper und seiner Seele verschwunden. Er spazierte nicht länger, er schleppte sich mühevoll dahin. Und wenn er ohne Last nach dem Lager zurückging, zog er die Füße schlurfend nach, ganz als wenn er seine Last trüge.
Er war ein richtiges Arbeitstier geworden. Beim Essen nickte er ein, und sein Schlaf war tief und tierisch mit Ausnahme der Augenblicke, da Krämpfe in den Beinen ihn wach hielten und er vor Schmerz laut aufschrie. Sein ganzer Körper war wund und schmerzte. Er hatte Blasen, die nicht verschwinden wollten, und doch war selbst das noch leichter zu ertragen als die furchtbaren Quetschungen, die er sich an den Füßen holte, als er über die vom Wasser scharfgeschliffenen Klippen der Dyea-Watten wandern mußte, durch die der Weg zwei Meilen weit führte. Diese beiden

Meilen entsprachen in Wirklichkeit achtunddreißig Meilen gewöhnlichen Wanderns auf glattem Wege. Er wusch sich jetzt nur einmal täglich das Gesicht. Seine Nägel waren zerrissen, abgebrochen und voller Niednägel, und er reinigte sie überhaupt nicht mehr. Seine Schultern und seine Brust, deren Haut von den Traggurten abgescheuert wurde, ließen ihn zum erstenmal in seinem Leben mit Ehrfurcht und Verständnis an die Pferde denken, die er so oft gleichgültig in den Straßen der Städte gesehen hatte.

Ein Prüfung, die ihn zuerst fast ganz vernichtet hätte, bedeutete das Essen. Die ungewohnte Schufterei, die ihm hier auferlegt wurde, erforderte natürlich auch eine außergewöhnliche Heizung unter dem Kessel, aber sein Magen war nicht an die großen Mengen von Speck und groben, sehr schwer verdaulichen braunen Bohnen gewöhnt. Die Folge war, daß er sich dagegen auflehnte und daß Kid vor Schmerzen und Ärger und auch vor Hunger nahe daran war, zusammenzubrechen. Bis endlich der glückliche Tag kam, an dem er wie ein ausgehungertes Tier aß und sogar mit gierigen Wolfsaugen immer mehr verlangte.

Als sie die Ausrüstung über die schmale Brücke am Eingang des Cañons geschafft hatten, änderten sie ihre Pläne. Von jenseits des Passes kam das Gerücht, daß man die letzten Bäume am Linderman-See fällte, um Boote daraus zu verfertigen. Die beiden Vettern gingen mit Werkzeug, Bandsägen, Decken und Lebensmitteln auf dem Buckel los und überließen es Kid und seinem Onkel, sich mit dem gesamten Gepäck abzuquälen. John Bellew teilte sich jetzt mit Kid in das Kochen, so daß sie beide Schulter an Schulter schleppen konnten. Die Zeit verging schnell, und in den Bergen begann schon der erste Schnee zu fallen. Der Ältere nahm hundert Pfund auf seinen eisernen Rücken. Kid bekam einen Schrecken, aber er biß die Zähne zusammen und legte seine Traggurte ebenfalls um ein zentnerschwe-

res Bündel. Angenehm war es nicht, aber er hatte den Dreh schon heraus, und außerdem war sein Körper jetzt von aller Weichlichkeit und vom überflüssigen Fett befreit und abgehärtet, und die Muskeln wurden eckig und hart. Er verstand auch zu beobachten und nachzudenken. Er hatte die Kopfriemen der Indianer gesehen und verfertigte sich jetzt selbst einen, den er in Verbindung mit den gewöhnlichen Schultergurten gebrauchen wollte. Das erleichterte die Arbeit wesentlich, so daß er allmählich begann, einige nicht zu schwere, sonst lästige Gegenstände oben auf das Bündel zu legen. Dadurch wurde es ihm bald möglich, nicht nur die hundert Pfund in den Traggurten zu schleppen, sondern noch weitere fünfzehn oder zwanzig Pfund, die er dicht am Halse lose auf das Bündel legte. Und zu alledem trug er noch eine Axt oder ein paar Riemen in der einen und einige ineinandergestülpte Kochtöpfe in der andern Hand.
Aber so fleißig sie auch schufteten — die Arbeit wurde immer schwieriger. Der Weg wurde schlechter und schlechter, die Lasten schwerer und schwerer, und mit jedem Tag rückte die Schneegrenze um ein kleines Stückchen weiter bergab. Gleichzeitig schnellten die Frachtpreise bis zu sechzig Cent empor. Von den Vettern auf der anderen Seite hörten sie kein Wort; die waren sicher schon an der Arbeit, Bäume zu fällen und sie zu Bootsplanken zu zersägen. Allmählich wurde John Bellew jedoch ängstlich. Als ein Haufen Indianer vom Linderman-See zurückkehrte, hielt er sie an, und es gelang ihm, sie zu überreden, die Ausrüstung weiterzutransportieren. Sie forderten nicht weniger als dreißig Cent, um das Gepäck bis auf die Paßhöhe des Chilcoot zu bringen, was John Bellew an den Rand der Pleite brachte. Aber selbst da blieben noch gut vierhundert Pfund — Säcke mit Kleidern und Zeltbahnen — übrig, die sie nicht mitnehmen konnten. Der Alte blieb deshalb selbst zurück,

um diese Sachen weiterzuschaffen, während er Kid mit den Indianern vorausschickte. Auf der Paßhöhe sollte Kid dann allein bleiben und seine zwanzig Zentner Gepäck langsam weiterschieben, bis er von den vierhundert Pfund, die sein Onkel zu transportieren versprach, eingeholt wurde.

Mühselig schleppte sich Kid mit den Indianern weiter. Da es sich um einen sehr weiten Weg handelte, nämlich ganz bis zur Paßhöhe des Chilcoot, hatte er sich vernünftigerweise nur mit achtzig Pfund beladen. Die Indianer gingen ebenfalls mühsam mit den schweren Lasten auf dem Rücken, aber ihr Gang war schneller als der, welchen er gewöhnt war. Dennoch befürchtete er nichts, denn er war allmählich so weit gekommen, daß er sich als ebenso tüchtig wie die Indianer betrachtete.

Als die erste Viertelmeile zurückgelegt war, hoffte er, daß sie eine Ruhepause machen würden. Aber die Indianer gingen weiter. Er blieb deshalb bei ihnen und hielt sich auch auf seinem Platz in der Reihe. Als sie eine halbe Meile gegangen waren, war er überzeugt, daß er keinen Schritt weitergehen konnte, aber er biß die Zähne zusammen und hielt sich immer noch auf seinem Platz. Als aber eine ganze Meile hinter ihnen lag, wunderte er sich, daß er noch am Leben war. Dann trat der eigentümliche Zustand ein, den man als ›zweites Stadium‹ bezeichnen könnte: die nächste Meile war viel leichter als die erste. Aber die dritte tötete ihn fast; obgleich er jedoch beinahe verrückt vor Schmerz und Müdigkeit war, ließ er keinen Klagelaut hören. Und als er schließlich feststellte, daß er jetzt bald vollkommen versagen mußte, kam die Rast. Aber statt die Gurte umzubehalten, wie die weißen Träger es taten, nahmen die Indianer Schulter- und Kopfriemen ab und machten es sich bequem, schwatzten und rauchten. Es dauerte eine ganze halbe Stunde, bevor sie weitergingen, und zu Kids größtem Befremden fühlte er sich völlig erfrischt und erholt. Sein neuester Leitspruch war deshalb von jetzt an: ›Langes Schleppen und langes Rasten‹.

Die Paßhöhe des Chilcoot entsprach genau den Schilderungen, die man ihm gemacht hatte. Es gab mehrere Stellen, wo er tatsächlich auf allen vieren klettern und kriechen mußte. Als er aber in einem stiebenden Schneesturm die Höhe erreichte, hielt er sich trotz allem immer noch auf seinem Platz unter den Indianern. In der Tiefe seines Herzens war er auch sehr stolz darauf, daß er ihnen die Stange gehalten und sich weder beklagt noch schlappgemacht hatte. Fast ebensogut wie ein Indianer zu sein – das war jetzt das Ziel seines Ehrgeizes geworden.

Als er die Indianer entlohnt und sie hatte weggehen sehen, wurde es dunkel. Der Sturm wehte immer noch, und er war ganz allein hier oben, tausend Fuß über der Baumgrenze, auf der Höhe des Bergrückens. Sein ganzer Oberkörper war durchnäßt, er war hungrig und erschöpft, und er hätte die Einnahme eines ganzen Jahres für ein Feuer und eine Tasse heißen Kaffees gegeben. Statt dessen mußte er sich mit einigen kalten Eierkuchen begnügen; dann kroch er in die Falten einer zusammengelegten Zeltbahn hinein. Bevor er einnickte, hatte er nur noch Zeit, John Bellew einen flüchtigen Gedanken zu opfern, und er lachte schadenfroh vor sich hin, als er sich ausmalte, wie der die folgenden Tage zu tun haben mußte, um die vierhundert Pfund auf seinem männlichen Buckel bis zur Paßhöhe des Chilcoot zu schleppen. Er selbst hatte freilich zweitausend Pfund zu schleppen, aber sein Weg ging doch bergab.

Am nächsten Morgen war er noch ganz steif vor Müdigkeit und halb erstarrt vor Kälte, als er aus den Falten der Zeltbahn kroch. Dann aß er etliche Pfund kalten Specks, legte seine Traggurte um einen Zentner Gepäck und marschierte den steinigen Weg bergab. Ein paar hundert Schritt weiter hin führte der Weg über einen schmalen Gletscher zum Kratersee hinab. Mehrere Männer waren gerade dabei, ihr Gepäck über den Gletscher zu tragen. Den ganzen Tag über legte Kid alles, was er herbeischleppte, am oberen Rande des Gletschers nieder, und da der Weg, den er zu gehen hatte, nur kurz war, lud er sich jedesmal hundertundfünfzig Pfund auf. Sein Erstaunen, daß er hierzu imstande war, hielt sich unverändert auf derselben Höhe. Für zwei Dollar kaufte er einem Indianer drei steinharte Schiffszwiebacke ab, und hieraus sowie aus einer ansehnlichen Menge rohen Specks bereitete er sich verschiedene Mahlzeiten. Ungewaschen, durchfroren und in Kleidern, die von seinem Schweiß ganz feucht waren, verbrachte er auch die zweite Nacht in den Falten seiner Zeltbahn.

Früh am nächsten Morgen breitete er eine Persenning auf dem Eise aus, lud einfach sein ganzes Gepäck darauf und begann sie zu ziehen. Als der Gletscherhang steiler wurde, begann seine Ladung schneller zu gleiten und überholte ihn sogar bald, so daß er sich auf das mächtige Bündel setzen mußte, das mit ihm weiter hinuntersauste.

Mehr als hundert Männer, die ihre Ausrüstung mühsam schleppten, blieben stehen, um ihm nachzusehen. Er stieß wilde Warnungsschreie aus, und alle, die ihm im Wege standen, sprangen erschrocken beiseite, um ihm schnell Platz zu machen. Unten, wo der Gletscher aufhörte, stand ein kleines Zelt, und es sah aus, als ob es ihm entgegenliefe, so schnell rutschte er den Berg hinab. Er schwenkte von dem festgetretenen Wege ab, dem die Gepäckträger folgten und der nach links führte, und sauste durch den frisch gefallenen Schnee, der ihn wie eine eisige Wolke umstob, ihn aber gleichzeitig bremste. Plötzlich sah er das Zelt wieder vor sich auftauchen, aber erst im selben Augenblick, als er dagegenflog. Er saß noch immer auf dem mächtigen Haufen von Lebensmitteln auf der Persenning, als er die Eckpflök-

ke umwarf und die vor dem Eingang hängende Zeltbahn beiseite riß. Er kam erst wieder zu sich, als er sich schon im Zelt befand, das wie ein Betrunkener hin und her schwankte. In dem eiskalten Dampf fand er sich plötzlich Angesicht zu Angesicht mit einer ziemlich verblüfften jungen Dame, die aufrecht in ihrem Bett saß und ihn anstarrte... und es war ausgerechnet dieselbe Dame, die ihn in Dyea einen Grünschnabel genannt hatte!
»Haben Sie gesehen, wie ich gesaust bin... wie der Sturm?« fragte er vergnügt.
Sie sah ihn mißbilligend an.
»Das hier ist was anderes als der Wunderteppich im Märchen«, erklärte er.
»Würden Sie vielleicht den Sack da von meinen Füßen wegnehmen?« sagte sie sehr kühl.
Er sah sie an und stand schnell auf.
»Es war gar kein Sack — es war mein Ellbogen. Verzeihen Sie, bitte.«
Diese Berichtigung störte sie nicht im geringsten, und der kühle Empfang wirkte wie eine Herausforderung.
»Noch ein Glück, daß Sie nicht den Ofen umgeworfen haben«, sagte sie.
Er folgte ihrem Blick und bemerkte einen eisernen Ofen und darauf eine Kaffeekanne, die eine junge Indianerin überwachte. Er sog den Kaffeegeruch ein und wandte sich wieder zu dem Mädchen.
»Ich bin ein Chechaquo«, sagte er.
Ihr gelangweilter Blick zeigte ihm, daß es offenbar überflüssig gewesen war, das in Worten festzustellen. Er war indessen nicht kleinzukriegen.
»Ich habe mein Schießeisen schon weggeworfen«, fügte er hinzu.
Jetzt erst erkannte sie ihn wieder, und ihre Augen wurden etwas lebhafter.

»Ich hätte nie gedacht, daß Sie so weit kommen würden«, teilte sie ihm freundlich mit.
Er sog wieder den Kaffeeduft ein. Dieses Mal mit sichtbarer Gier.
»So wahr ich lebe... Kaffee!« Er drehte sich um und redete sie direkt an. »Ich gebe Ihnen meinen kleinen Finger... ich haue ihn mir auf der Stelle ab — ich tue, was Sie wollen... ich werde Ihr Sklave für ein Jahr und einen Tag sein oder für jeden anderen blöden Zeitraum, wenn Sie mir eine einzige winzige Tasse aus dem Pott da geben wollen.«
Und als sie beim Kaffee saßen, nannte er ihr seinen Namen und erfuhr den ihren... Joy Gastell hieß sie. Er erfuhr auch, daß sie zu den ›Alten‹ im Lande gehörte. Sie war in einer alten Handelsstation am Großen Sklavensee zur Welt gekommen und als Kind mit ihrem Vater über die Rocky Mountains nach dem Yukon gegangen. Jetzt war sie unterwegs nach dem Inneren des Landes — mit ihrem Vater, der von Geschäften in Seattle aufgehalten, dann mit der unseligen Chanter verunglückt und von dem Dampfer, der ihnen zu Hilfe kam, wieder nach Puget Sund zurückgebracht worden war.
Da sie noch immer im Bett lag, zog er die Unterhaltung nicht in die Länge. Er lehnte heldenmütig eine zweite Tasse Kaffee ab und entfernte sich und seine dreiviertel Tonnen Proviant aus dem Zelt. Außerdem nahm er noch verschiedene Erkenntnisse von dort mit, zunächst die, daß sie einen bezaubernden Namen und ein Paar noch bezaubernderer Augen hatte. Auch, daß sie höchstens zwanzig oder ein- oder zweiundzwanzig Jahre alt sein konnte. Ferner, daß ihr Vater offenbar Franzose war und daß sie selbst einen energischen Willen und ein bemerkenswertes Temperament besaß. Und schließlich, daß sie ihre Erziehung jedenfalls nicht im Grenzland genossen hatte.

Der Weg führte über vom Eise glattgescheuerte Felsen oberhalb der Baumgrenze um den Kratersee herum bis zu dem Bergpaß, über den man Glückslager und die ersten verkrüppelten Fichtenbäume erreichte. Wenn Kid sein schweres Gepäck um den ganzen See herum schleppen mußte, bedeutete das mehrere Tage unbeschreiblich harten Schuftens. Auf dem See lag freilich ein Boot aus Segelleinen, das als Fähre benutzt wurde. Zwei Fahrten damit, nur zwei Stunden im ganzen — und er war mit seinem Gepäck von zwanzig Zentnern Gewicht drüben. Aber er war vollkommen abgebrannt, und der Fährmann forderte vierzig Dollar für jede Tonne!
»Sie haben ja eine Goldmine in dem mistigen Boot, lieber Freund«, sagte er zu dem Fährmann. »Aber haben Sie nicht Lust auf noch eine Goldmine?«
»Zeigen Sie sie mir«, lautete die Antwort.
»Ich will sie Ihnen verkaufen, wenn Sie meine Ausrüstung übersetzen. Es ist freilich nur eine Idee, und ich habe kein Patent darauf... aber Sie können ja abspringen, wenn sie Ihnen nicht zusagt. Einverstanden?«
Der Fährmann nickte, und Kid fand sein Gesicht hinreichend vertrauenerweckend.
»Also, hören Sie: Sie sehen den Gletscher da? Nehmen Sie jetzt eine Axt und gehen Sie damit hin. An einem Tage können Sie eine ganz ordentliche Rinne vom Gipfel bis zur Sohle machen. Verstehen Sie, worauf ich hinauswill? Die Vereinigten Rutschbahnen von Chilcoot und Kratersee Aktiengesellschaft! Sie können fünfzig Cent je hundert Pfund verlangen und hundert Tonnen täglich schaffen... und Sie haben nichts zu tun, als die Pinke in die Tasche zu stecken.«
Zwei Stunden später stand Kid schon mit seinem Gepäck auf der anderen Seite des Sees und war seinen Berechnungen um drei Tage voraus. Und als John Bellew ihn endlich

einholte, war er schon ein gutes Stück nach dem ›Tiefen See‹ unterwegs, der gleichfalls von einem mit Eiswasser gefüllten vulkanischen Krater gebildet wurde.

Das letzte Stück Weges, das sie den Proviant noch tragen mußten, nämlich vom ›Langen See‹ bis zum Linderman-See, betrug nur drei Meilen. Aber der Weg (wenn man ihn überhaupt so nennen konnte) kletterte erst über einen tausend Fuß hohen Bergkamm, schlängelte sich dann durch ein Gewirr von glatten Felsen in die Tiefe hinab und überquerte schließlich einen ausgedehnten Sumpf. John Bellew protestierte, als er sah, wie Kid mit hundert Pfund in den Traggurten aufstand und dann noch einen Mehlsack von fünfzig Pfund oben auf das große Bündel legte.
»Nur los, du Apostel der Abhärtung!« antwortete Kid. »Jetzt kannst du zeigen, was du leisten kannst... du mit deinem Bärenfutter und deiner einen Garnitur Unterwäsche.« Aber John Bellew schüttelte den Kopf.
»Ich fürchte, ich werde doch alt, Christoffer.«
»Du bist erst achtundvierzig. Vergiß nicht, daß mein Großvater, also dein Vater, der alte Isaac Bellew, noch mit neunundsechzig einen Mann mit der Faust zu Boden schlug.«
John Bellew grinste und schluckte heldenmütig die bittere Pille.
»Lieber Onkel, ich will dir mal was Wichtiges sagen: Ich bin erzogen wie der kleine Lord Fauntleroy, aber ich kann mehr tragen als du, besser gehen als du, ich kann dich sogar werfen oder dich mit meinen bloßen Fäusten vertrimmen.«
John Bellew streckte die Hand aus und sagte feierlich: »Ich glaube tatsächlich, daß du recht hast, Christoffer, mein Junge... Ich glaube sogar, daß du es mit der Last da auf dem Buckel schaffen kannst. Du hast dich gut entwickelt, mein Junge, obgleich ich es nie von dir erwartet hätte.«

Auf dieser letzten Strecke machte Kid den Weg viermal am Tage hin und zurück — das heißt, daß er täglich vierundzwanzig Meilen im Gebirge herumkletterte, davon zwölf Meilen unter einer Last von hundertfünfzig Pfund. Er war stolz und müde, aber glänzend in Form. Er aß und schlief, wie er noch nie in seinem Leben gegessen und geschlafen hatte. Und als das Endziel ihrer Reise in Sicht kam, war er ganz traurig darüber..

Ein Problem quälte ihn immer noch. Er hatte schon die Erfahrung gemacht, daß er mit hundert Pfund auf dem Rücken hinfallen konnte, ohne sich das Genick zu brechen. Aber er war ganz überzeugt, daß er es sich bräche, wenn er mit dem Extrabündel von fünfzig Pfund obendrauf stürzen würde. In alle Wege, die durch den Sumpf führten, wurden von den Tausenden von Gepäckträgern sehr schnell tiefe Löcher getreten, und man mußte deshalb immer neue Wege ausfindig machen. Bei der Suche nach einem solchen neuen Wege hatte Kid Gelegenheit, das Problem mit der Extralast von fünfzig Pfund persönlich zu lösen.

Der weiche nasse Boden unter ihm gab nach, so daß er strauchelte und kopfüber hinfiel. Die fünfzig Pfund drückten sein Gesicht in den Schlamm, glitten aber vom Halse weg, ohne ihm das Genick zu brechen. Mit den übrigen hundert Pfund auf dem Rücken gelang es ihm, auf Hände und Knie zu kommen — weiter aber nicht. Der eine Arm sank bis zur Schulter ein, so daß seine Backe tief in den Schlamm gedrückt wurde. Als er den Arm mit großer Mühe wieder herauszog, versank der andere bis zur Schulter. In dieser Lage war es ihm unmöglich, die Traggurte zu lösen, andererseits aber konnte er nicht daran denken, aufzustehen, solange er die hundert Pfund auf dem Rücken hatte. Er machte einen Versuch, auf Händen und Knien zu der Stelle zu kriechen, wo der Mehlsack lag, aber bald versank der eine, bald der andere Arm im Schlamm. Er erschöpfte seine

Kräfte, ohne vorwärts zu kommen. Und bei seinen heftigen Bewegungen zerschlug und zerriß er die mit Gras bewachsene Oberfläche des Sumpfes derart, daß sich allmählich unmittelbar vor seinem Mund und seiner Nase eine Pfütze von schlammigem Wasser zu bilden begann, die ihm sehr gefährlich zu werden drohte.
Er versuchte, sich auf den Rücken zu werfen, so daß das Bündel unten läge, aber der einzige Erfolg war, daß beide Arme gleichzeitig im Sumpf versanken und er einen kleinen Vorgeschmack des Ertrinkens bekam. Mit unsäglicher Geduld zog er langsam erst den einen, dann den anderen Arm aus dem Schlamm und streckte sie dann gerade über dem Boden aus, so daß er sein Kinn stützen konnte. Jetzt begann er um Hilfe zu rufen. Bald darauf hörte er Schritte im tiefen Schlamm schlabbern, und jemand näherte sich ihm von hinten.
»Reich mir eine Hand, Kamerad«, sagte er. »Oder wirf mir eine Leine zu oder sonst etwas.«
Eine Frauenstimme antwortete ihm, und er kannte sie sofort wieder.
»Wenn Sie nur die Riemen aufschnallen wollen, kann ich aufstehen«, sagte er.
Die hundert Pfund rollten mit einem nassen Klatschen in den Schlamm, und es gelang ihm, langsam auf die Beine zu kommen.
»Eine nette Patsche«, lachte Fräulein Gastell, als sie sein schlammbedecktes Gesicht sah.
»Durchaus nicht«, antwortete er überlegen. »Es ist meine beliebteste Turnübung. Sie müssen es mal versuchen. Es ist besonders gut für die Brustmuskeln und das Rückgrat.«
Er wischte sich das Gesicht ab und schleuderte dann den Schlamm mit einer raschen Bewegung von der Hand.
»Großer Gott!« rief sie, als sie ihn erkannte. »Das ist . . . das ist ja Herr . . . Herr Alaska-Kid!«

»Ich danke Ihnen aufrichtig für Ihre rechtzeitige Hilfe und für diesen Namen«, antwortete er. »Jetzt bin ich zum zweiten Male getauft – künftig werde ich darauf bestehen, daß man mich stets Alaska-Kid nennt. Das ist ein klangvoller Name und nicht ohne Vorbedeutung.«
Er machte eine Pause. Dann wurden sein Gesicht und seine Stimme plötzlich grimmig: »Wissen Sie, was ich jetzt muß?« fragte er. »Nach den Staaten zurückkehren. Ich soll heiraten. Ich werde eine große Kinderschar erziehen. Und abends werde ich dann die Kinder um mich versammeln und ihnen von den Leiden und Entbehrungen erzählen, die ich auf dem Wege nach Chilcoot durchgemacht habe. Und wenn sie dann nicht dabei heulen... ich wiederhole es: wenn sie nicht dabei heulen, dann werde ich sie gehörig verdreschen.«

Jetzt näherte sich der arktische Winter mit schnellen Schritten. Der Schnee, der den ganzen Winter über liegenbleiben sollte, lag schon sechs Zoll hoch, und auf geschützt liegenden Gewässern bildete sich trotz der heftigen Stürme schon Eis. Es war spät am Abend, als John Bellew und Kid eine kurze Pause während eines solchen Sturmes benutzten, um den beiden Vettern beim Verstauen des Gepäcks im Boot behilflich zu sein. Dann blieben sie am Strande stehen und sahen sie im Schneegestöber auf dem See verschwinden.
»Und jetzt werden wir die Nacht durchschlafen und morgen ganz früh abfahren«, sagte John Bellew. »Wenn uns der Sturm nicht auf der Paßhöhe festhält, können wir schon morgen abend Dyea erreichen. Und haben wir dann das Glück, gleich den Dampfer zu bekommen, so können wir schon in einer Woche in San Franzisko sein.«
»Warst du zufrieden mit deinen Ferien?« fragte Kid geistesabwesend.

Ihr Lager am Linderman-See bot diese letzte Nacht einen traurigen Anblick dar. Die beiden Vettern hatten alles mitgenommen, was irgendwie brauchbar war, selbst das Zelt. Eine zerfetzte Persenning, die sie ausgebreitet hatten, schützte sie nur zum Teil gegen das Schneegestöber. Ihr Abendbrot kochten sie in ein paar zerbeulten und zerschlagenen Töpfen über dem offenen Feuer. Sonst waren ihnen nur ein paar Decken und Proviant für wenige Mahlzeiten geblieben.

Von dem Augenblick an, da das Boot abgefahren war, schien Kid seltsam unruhig und geistesabwesend geworden zu sein. Sein Onkel hatte seinen Zustand bemerkt, dachte aber, es käme nur daher, daß es jetzt mit der Schufterei vorbei war.

Einige Minuten später entfernte sich Kid in der Richtung des Zeltdorfes, wo die Goldgräber, die noch im Begriff waren, ihre Boote zu bauen oder zu beladen, Schutz gegen den Sturm suchten. Er blieb mehrere Stunden fort. Als er wiederkam und sich in seine Decken hüllte, war John Bellew schon eingeschlafen.

Es war ein dunkler, stürmischer Morgen, als Kid aus seinen Decken kroch und, nur in Strümpfen, ein Feuer zu machen begann, bei dem er zunächst seine gefrorenen Stiefel auftaute. Dann kochte er Kaffee und briet Speck. Es war dennoch eine kalte und ungemütliche Mahlzeit. Sobald sie vorbei war, legten die beiden ihre Decken zusammen. Als John Bellew sich dann anschickte, den Rückweg über den Chilcoot anzutreten, reichte Kid ihm die Hand und sagte:

»Auf Wiedersehen, lieber Onkel.«

John Bellew sah ihn an und fluchte vor lauter Überraschung.

»Aber was in aller Welt hast du vor?«

Kid zeigte unbestimmt mit der Hand nach dem Norden über den sturmgepeitschten See hinaus.

»Was für einen Sinn hat es, umzukehren, wenn ich schon so weit gekommen bin?« fragte er. »Außerdem habe ich Geschmack an Bärenfleisch gefunden. Ich esse es sehr gern. Deshalb gehe ich los.«

»Aber du bist ja ganz abgebrannt«, entgegnete ihm John Bellew. »Und hast keine Ausrüstung.«

»Ich habe eine Stellung gefunden. Guck dir mal deinen Neffen, Christoffer Bellew, an! Er hat jetzt eine Stellung! Er ist Angestellter bei einem feinen Herrn! Er hat eine Stellung mit hundertfünfzig Dollar monatlich und freier Beköstigung. Er geht nach Dawson mit zwei Trotteln und einem anderen Angestellten dieses feinen Herrn... als Lagerkoch, Bootsführer und Mädchen für alles. Und O'Hara und die ›Woge‹ können zum Teufel gehen! Auf Wiedersehen.«

John Bellew war immer noch ganz aus dem Häuschen und konnte nur stottern: »Aber ich verstehe nicht...«

»Man sagt, daß es eine Menge von Grislybären im Yukontal gibt«, erklärte Kid. »Na — und ich habe nur eine Garnitur Unterwäsche und Lust auf Bärenfleisch... das ist alles.«

II *Das Bärenfleisch*

Fast ununterbrochen stürmte es, während Kid mühselig gegen den Wind nach dem Strande ankämpfte. In der grauen Morgendämmerung sah er einige Männer im Begriff, ein halbes Dutzend Boote mit den kostbaren Ausrüstungen, die über den Chilcoot getragen worden waren, zu beladen. Es waren nur schwerfällige, selbstgebaute Boote, von Männern zusammengezimmert, die keine Schiffsbauer waren und rohe Planken verwendet hatten, welche sie selbst mit eigenen Händen aus frischen geschälten Baumstämmen ge-

sägt hatten. Ein fertig beladenes Boot war schon zur Abfahrt bereit, und Kid blieb stehen, um sich die Sache anzusehen.
Der Wind, der auf dem See günstig war, wehte hier gerade gegen das Ufer und peitschte das Wasser der seichten Pfützen zu schmutzigen Spritzern. Die Männer, die zu dem abfahrenden Boot gehörten, schoben es, in hohen Gummistiefeln watend, in das tiefere Wasser. Zweimal taten sie das. Dann kletterten sie schwerfällig hinein; da sie aber nicht mit den Riemen umzugehen verstanden, wurde das Boot wieder an den Strand getrieben und stieß auf. Kid bemerkte, daß die Schaumspritzer an den Seiten des Bootes fast sofort zu Eis wurden. Der dritte Versuch führte immerhin zu einem Teilerfolg. Die beiden Männer, die zuletzt ins Boot kletterten, waren bis zum Leib durchnäßt, aber das Boot war jetzt jedenfalls flott. Sie arbeiteten ungeschickt mit den schweren Riemen, und langsam gelang es ihnen, von der Küste abzukommen. Dann setzten sie ein Segel, das aus Bettdecken zusammengenäht war; aber ein einziger Windstoß zerriß es, und sie wurden zum drittenmal an die Küste getrieben.
Kid lachte vor sich hin und ging weiter. Alles das würde ihm vielleicht selbst bald passieren, denn auch er sollte — in seiner neuen Rolle als Angestellter eines feinen Herrn — in den nächsten Stunden in einem ähnlichen Boot von derselben Küste abfahren.
Rings wurde mit der Kraft der Verzweiflung gearbeitet, denn der Winter mit seinem Eis stand vor der Tür. Es war deshalb das reine Hasardspiel, ob es ihnen gelingen würde, die große Kette von Seen zu durchqueren, bevor alles zufror. Als Kid das Zelt der Herren Spragues und Stine oben erreichte, war hier dennoch kein Anzeichen von Eifer und Arbeit zu bemerken.
Am Feuer, im Schutz einer Persenning, saß ein kleiner vier-

schrötiger Mann und rauchte behaglich eine Zigarette aus Packpapier.
»Hallo«, sagte er, »Sie sind wohl der neue Mann von Herrn Sprague?« Kid nickte zur Bestätigung, hatte aber gleichzeitig das Gefühl, daß der andere absichtlich die Worte ›Herr‹ und ›Mann‹ besonders betont hatte. Er war auch überzeugt, eine Andeutung von Blinzeln in den Augen des andern bemerkt zu haben.
»Na, und ich bin der Mann von Doktor Stine«, fuhr der Fremde fort. »Ich bin nur fünf Fuß und zwei Zoll lang, und man nennt mich Shorty.«
Kid reichte ihm die Hand.
»Bist du mit Bärenfleisch aufgezogen worden?« fragte er.
»Todsicher«, antwortete der andere, »wenn mein erstes Frühstück, soweit ich mich entsinne, auch aus Büffelmilch bestand. Setz dich her und steck dir was ins Gesicht. Die Chefs pennen noch.«
Obgleich Kid schon einmal gefrühstückt hatte, setzte er sich doch hinter die Persenning und verzehrte sein zweites Frühstück mit dreifachem Appetit. Die schwere Arbeit, die seinen ganzen Körper gereinigt hatte, hatte ihm auch den Magen und den Hunger eines Wolfs geschenkt. Er konnte essen, was und soviel es sein sollte, und fand dabei gar keine Gelegenheit zu merken, daß er eine sogenannte Verdauung besaß. Er stellte fest, daß Kurz eine ebenso beredte wie pessimistische Persönlichkeit war, und er erhielt von ihm nicht nur etliche ziemlich überraschende Auskünfte über ihre beiden Chefs, sondern auch einige düstere Prophezeiungen in bezug auf ihr Unternehmen. Thomas Stanley Sprague war angehender Mineningenieur und Sohn eines Millionärs. Dr. Adolphe Stine war ebenfalls der Sohn eines wohlhabenden Vaters. Mit Hilfe der beiden Väter war es ihnen gelungen, eine Gesellschaft zu gründen, die ihr Klondikeabenteuer finanzierte.

»Sie sind einfach aus lauter Moneten gemacht«, erklärte Kurz. »Als sie in Dyea landeten, betrug der Frachtpreis schon siebzig Cent, doch es gab keine Indianer. Es gab aber eine Gesellschaft aus Oregon, richtiggehende Minenarbeiter... die hatten das Schwein gehabt, ein Gespann von Indianern für siebzig Cent zusammenzubringen. Die Indianer hatten schon die Traggurte angelegt... die Ausrüstung wog alles in allem dreitausend Pfund... als Sprague und Stine ankamen. Die boten den Indianern achtzig und neunzig Cent, und als sie auf einen Dollar gekommen waren, sprangen die Indianer von ihrem Vertrage ab und ließen die dreitausend Pfund der Minenarbeiter liegen. Sprague und Stine sind also durchgekommen, mußten aber den Spaß mit dreitausend Dollar bezahlen. Und die Leute aus Oregon liegen noch heute am Strand. Sie werden erst nächstes Jahr weiterkommen.

O ja, es sind ein paar richtige Biester, dein Chef und meiner auch. Wenn es heißt, mit Geld um sich zu schmeißen oder andern Leuten auf die Zehen zu treten – dann sind sie tüchtig. Was haben sie zum Beispiel gemacht, als sie nach dem Linderman kamen? Die Zimmerleute waren eben dabei, ein Boot zu bauen, das sie vertraglich verpflichtet waren, einer Gesellschaft aus San Franzisko für sechshundert Dollar zu liefern. Sprague und Stine boten ihnen einen runden Tausender, und auch die sprangen dann aus ihrem Vertrage. Das Boot sieht ganz gut aus, aber die andere Gesellschaft ging dadurch kaputt. Jetzt hat sie ihre Ausrüstung hier liegen, aber kein Boot, um sie weiterzuschaffen. Und sie muß die Weiterfahrt nun auch aufs nächste Jahr verschieben.

Na, nimm noch 'n Pott Kaffee und laß mich dir sagen, daß ich nichts mit den Biestern zu tun haben möchte, wenn ich nicht um jeden Preis nach Klondike wollte. Sie haben das Herz nicht auf'm rechten Fleck. Sie würden den Trauerflor

vom Sarg wegnehmen, wenn es ihrem Geschäft nützen täte. Hast du 'n Vertrag unterschrieben?«
»Sie haben versprochen...«, begann Kid.
»Mündlich, jawohl«, unterbrach Kurz ihn. »Da steht also nur dein Wort gegen das ihrige, das ist alles... Na, in Gottes Namen... wie heißt du übrigens, Kamerad?«
»Kannst mich Kid nennen, Alaska-Kid.«
»Schön, also Kid... du wirst schon deinen Ärger kriegen mit deinem mündlichen Vertrag. Jetzt sollst du mal ein Beispiel hören, was du von ihnen zu erwarten hast. Mit dem Geld können sie um sich schmeißen, aber arbeiten können sie nicht. Auch nicht morgens aus der Falle kriechen. Wir hätten schon vor einer Stunde laden und abfahren sollen. Du und ich, wir müssen die ganze verfluchte Schufterei allein besorgen. Jetzt wirst du sie bald nach Kaffee brüllen hören — vom Bett aus natürlich, weißt du, und dabei sind sie doch erwachsene Männer. Was verstehst du übrigens vom Segeln auf dem Wasser? Ich bin alter Viehzüchter und Goldsucher, aber auf'm Wasser bin ich der reine Grünschnabel, und die beiden da haben auch keinen Schimmer. Was weißt du denn?«
»Einen Dreck weiß ich«, antwortete Kid und schmiegte sich enger an die Persenning, als ein starker Windstoß den Schnee aufwirbelte. »Seit meiner Kindheit bin ich in keinem Boot gewesen. Aber ich denke, wir werden es schon lernen.« Ein Zipfel der Zeltbahn riß sich los, und Kurz bekam eine tüchtige Portion Schnee in den Kragen.
»Ja, lernen können wir es schon«, knurrte er mürrisch. »Natürlich können wir es lernen. Lernen kann jedes Wickelkind. Aber ich halte echte Dollars gegen Pfeffernüsse, daß wir heute nicht von hier wegkommen.«
Es war schon acht Uhr geworden, als eine Stimme aus dem Zelt nach Kaffee rief, und es wurde neun, ehe die beiden Unternehmer auftauchten.

»Hören Sie«, sagte Sprague, ein gut genährter, rotwangiger junger Mann von fünfundzwanzig Jahren. »Es ist Zeit, daß wir abfahren, Kurz. Sie und ...«, bei diesen Worten schaute er Kid fragend an, »...ich habe Ihren Namen gestern abend nicht recht verstanden.«
»Kid.«
»Gut, Kurz, Sie und Herr Kid machen sich jetzt wohl daran, das Boot zu beladen.«
»Nur Kid... lassen Sie das ›Herr‹ ruhig fort«, schlug Kid vor.
Sprague nickte kurz und verschwand zwischen den Zelten. Dr. Stine, ein hagerer, bleicher junger Mann, folgte ihm.
Kurz sah seinen Kameraden vielsagend an.
»Mehr als anderthalb Tonnen... und die rühren keine Hand dabei.«
»Vermutlich werden wir bezahlt, um die Arbeit zu tun«, antwortete Kid gut gelaunt. »Und wir können ebensogut gleich damit anfangen.«
Es ist durchaus kein Spaß, dreitausend Pfund hundert Schritt weit auf den Schultern schleppen zu müssen. Da es außerdem stürmte und die beiden in schweren Gummistiefeln durch den Schnee waten mußten, wurden sie ganz erschöpft. Dann mußten sie auch noch das Zelt abbrechen und das Lagergerät verpacken. Hierauf blieb noch das Verstauen der ganzen Ausrüstung im Boot übrig. Und da es dabei immer tiefer sackte, mußten sie es immer weiter in das Wasser hinausschieben und auch eine immer weitere Strecke waten. Gegen zwei Uhr war die Arbeit vollbracht, und Kid war völlig zermürbt vom Hunger, obgleich er zweimal gefrühstückt hatte. Die Knie zitterten ihm. Kurz, der sich in einem ähnlichen Zustand befand, wühlte in den Töpfen und Pfannen, bis er eine große Büchse fand, in der kalte gekochte Bohnen mit großen Happen Räucherspeck aufbewahrt waren. Sie hatten nur einen einzigen Löffel

mit einem langen Stiel, und den tauchten sie jetzt abwechselnd in die Büchse. Kid war vollkommen überzeugt, noch nie in seinem Leben etwas gegessen zu haben, das ihm so herrlich geschmeckt hatte.
»Großer Gott«, murmelte er zwischen zwei Bissen. »Ich habe noch nie so einen Appetit gehabt wie auf dieser Reise.«
Während sie sich noch dieser angenehmen Tätigkeit hingaben, erschienen Sprague und Stine.
»Worauf warten wir denn?« murrte Sprague. »Sollen wir denn nie von hier fort?«
Kurz war gerade an der Reihe; er tauchte den Löffel in die Büchse und gab ihn dann Kid zurück. Und keiner von ihnen sagte ein Wort, ehe sie die Büchse ausgekratzt hatten.
»Natürlich haben wir gar nichts getan«, sagte Kurz, während er seinen Mund mit dem Handrücken abwischte. »Wir haben nicht das geringste getan. Und Sie haben natürlich auch nicht zu essen gekriegt. Es war wirklich sehr nachlässig von mir.«
»Ja doch«, sagte Stine schnell. »Wir aßen in einem andern Zelt... bei einigen Freunden.«
»Hab' ich mir gedacht«, grunzte Kurz.
»Aber jetzt sind Sie ja fertig, da können wir vielleicht abfahren«, schlug Sprague vor.
»Da ist das Boot«, sagte Kurz. »Beladen ist es schon. Aber wie haben Sie sich eigentlich gedacht, daß wir damit wegkommen sollen?«
»Wir klettern hinein und stoßen ab. Kommen Sie.«
Sie wateten alle ins Wasser, und die Chefs kletterten an Bord, während Kid und Kurz das Boot vom Ufer abschoben. Als die Wellen den oberen Rand ihrer hohen Stiefel erreichten, kletterten auch sie ins Boot. Aber die beiden andern hatten natürlich ihre Riemen nicht bereit, und deshalb wurde das Boot zurückgetrieben und saß gleich wieder fest.

Mit einer ungeheuren Kraftverschwendung wiederholten sie das Manöver ein dutzendmal.

Kurz setzte sich verzweifelt auf den Dollbord, nahm einen soliden Priem und rief das Weltall zum Zeugen ihres Elends an, während Kid das Wasser aus dem Boot schöpfte und die beiden Chefs unfreundliche Bemerkungen untereinander austauschten.

»Wenn ihr meinen Befehlen gehorchen wollt, werde ich das Boot schon klarmachen«, sagte Sprague schließlich.

Der Versuch war gut gemeint, ehe es ihm aber gelang, ins Boot zu klettern, war er bis zum Gürtel durchnäßt.

»Wir werden ins Lager zurückkehren und Feuer machen«, sagte er, als das Boot wieder festsaß. »Mich friert.«

»Sei doch nicht wasserscheu«, schalt Stine. »Andere Leute sind heute auch schon abgefahren und waren nasser als du. Jetzt will ich es euch zeigen.«

Diesmal war er es, der naß wurde und mit klappernden Zähnen erklärte, daß er ein Feuer nötig hätte.

»Ein paar Spritzer wie die da haben nichts zu sagen«, rief Sprague höhnisch. Auch ihm klapperten freilich die Zähne im Munde. »Wir wollen weiter.«

»Kurz, sehen Sie nach, wo mein Kleidersack steckt, und machen Sie dann ein Feuer«, befahl der andere.

»Sie wagen es nicht!« rief Sprague. Kurz sah von einem zum andern und spuckte aus, rührte sich aber nicht.

»Er ist mein Angestellter, und ich denke, daß er meinen Befehlen gehorchen wird«, antwortete Stine. »Kurz, schaffen Sie meinen Sack an Land.«

Kurz gehorchte, während Sprague zitternd vor Kälte im Boot blieb. Da Kid keinen Befehl erhalten hatte, blieb er ruhig sitzen. Er war zufrieden, daß er sich einen Augenblick ausruhen konnte.

»Ein Boot, das auseinanderfällt, kann nicht schwimmen«, murmelte er vor sich hin.

»Was wollen Sie damit sagen?« schnauzte Sprague ihn an.
»Ich hielt Selbstgespräche... eine liebe alte Gewohnheit«, antwortete Kid.
Sein Unternehmer beehrte ihn mit einem barschen Blick und schmollte weiter. Nach einigen Minuten gab er jedoch nach.
»Suchen Sie meinen Sack heraus, Kid«, befahl er, »und helfen Sie beim Feuermachen. Wir fahren erst morgen früh ab.«

Am nächsten Tage stürmte es immer noch. Der Linderman-See war eigentlich nur eine enge, mit Wasser gefüllte Schlucht. Der Wind, der von den Bergen herab in diesen Trichter wehte, war sehr unregelmäßig. Bald kam er in heftigen und stürmischen Stößen, bald besänftigte er sich und wurde zu einer leichten Brise.
»Wenn Sie die Sache mir überlassen, glaube ich, daß ich es schaffe«, sagte Kid, als wieder alles zur Abfahrt bereit war.
»Was verstehen Sie denn davon?« kläffte Stine ihn an.
»Nichts verstehe ich«, antwortete Kid und setzte sich wieder. Es war das erstemal, daß er für Lohn arbeitete, aber er war schon auf dem besten Wege, die notwendige Unterordnung zu lernen. Gehorsam und liebenswürdig hatte er sich an den vergeblichen Versuchen, vom Ufer abzukommen, beteiligt.
»Wie würden Sie es denn machen?« fragte Sprague schließlich, halb seufzend, halb klagend.
»Ich würde mich ruhig hinsetzen und warten, bis der Sturm für eine Weile nachläßt, und dann aus allen Kräften losschieben.«
So einfach war seine Idee, aber er war doch der erste, der darauf kam. Und gleich das erstemal, als sie seine Methode versuchten, hatten sie Erfolg. Dann hißten sie eine Decke

als Segel und glitten auf den See hinaus. Stine und Sprague gerieten gleich in eine bessere Stimmung. Kurz war, trotz seinem Pessimismus, sowieso immer gut aufgelegt, und Kid interessierte sich zu sehr für die ganze Sache, um schlechter Laune sein zu können. Sprague quälte sich eine Viertelstunde mit der Ruderpinne ab, dann sah er Kid ermunternd an, bis er ihn ablöste.
»Meine Arme sind wie zerbrochen, so schwer ist es«, murmelte Sprague, wie um sich zu entschuldigen.
»Sie haben wohl nie Bärenfleisch gegessen?« fragte Kid liebenswürdig.
»Was, zum Teufel, meinen Sie damit?«
»Gar nichts... ich fragte nur.«
Aber hinter dem Rücken der beiden Chefs erwischte Kid ein verständnisvolles Grinsen von Kurz, der den tieferen Sinn des Gleichnisses verstanden hatte.
Kid steuerte das Boot durch den ganzen Linderman-See und erwies sich dabei als so tüchtig, daß die beiden jungen Männer, die ebensoviel Geld wie Unlust zur Arbeit hatten, ihn einstimmig zum Steuermann ernannten. Kurz war nicht weniger zufrieden damit und überließ die Bootsarbeit gern dem andern, während er selbst freiwillig das Kochen übernahm. Zwischen dem Linderman-See und dem Bennet-See kam eine Strecke, wo die Ausrüstung wieder getragen werden mußte. Nachdem sie den größten Teil gelöscht hatten, wurde das Boot den engen, aber reißenden Strom hinabgelotst, und bei dieser Gelegenheit erweiterte Kid sein Wissen von Wasser und Booten um ein bedeutendes. Als sie aber die Ausrüstung tragen sollten, verschwanden Sprague und Stine spurlos, und die beiden Männer schufteten zwei Tage lang wie nie zuvor, um das ganze Gepäck zur neuen Ladestelle zu schaffen. Und dasselbe wiederholte sich ein Mal über das andere. Kid und Kurz arbeiteten bis zur völligen Erschöpfung, während ihre Her-

ren und Meister sich regelmäßig drückten und auch noch Bedienung von ihnen verlangten.

Aber der unerbittliche arktische Winter rückte immer näher, und immer wieder wurden sie von allen möglichen Verzögerungen, die sehr gut zu vermeiden gewesen wären, zurückgehalten. Als sie am ›Windigen Arm‹ waren, nahm Stine eigenmächtig Kid die Ruderpinne aus der Hand, und es dauerte keine Stunde, so war es ihm schon gelungen, das Boot gegen das sturmgepeitschte Felsufer zu fahren, so daß es schwere Schäden erlitt. Die Reparatur kostete sie zwei Tage. Als sie dann wieder am Morgen abfahren sollten und an den Strand hinunterkamen, sahen sie, daß am Bug und Heck des Bootes mit Holzkohle in großen Buchstaben ein böses Wort geschrieben war: Chechaquo.

Kid amüsierte sich über den boshaften Bootsnamen, der hier so außerordentlich passend erschien.

»Aber hören Sie mal!« sagte Kurz, als Stine ihn beschuldigte, das verbrecherische Wort geschrieben zu haben. »Lesen kann ich freilich und auch zur Not buchstabieren, und ich weiß sogar, daß Chechaquo Grünschnabel bedeutet, aber meine Erziehung ist doch noch nicht so weit gediehen, daß ich so ein verflucht schweres Wort schreiben könnte.«

Beide Unternehmer sandten Kid durchbohrende Blicke, denn die Beleidigung saß. Und Kid hielt es nicht für nötig, zu erwähnen, daß Kurz ihn letzte Nacht gefragt hatte, wie eben dieses Wort buchstabiert würde.

»Das ist wenigstens ebenso schlimm wie deine Frage nach dem Bärenfleisch«, vertraute Kurz ihm später am Tage an. Kid lachte. Während er immer wieder neue Fähigkeiten an sich selbst feststellte, gefielen ihm gleichzeitig die beiden Chefs immer weniger. Es war eigentlich nicht so sehr Ärger — den hatte er anfangs empfunden — wie Widerwillen. Er hatte selbst Bärenfleisch gekostet, und es schmeckte ihm herrlich — die beiden aber zeigten ihm, wie man es nie

essen durfte. In seinem Herzen dankte er Gott, daß er nicht so geschaffen war wie sie. Er faßte einen Widerwillen gegen sie, der fast an Haß grenzte. Ihre Faulheit reizte ihn aber weniger als ihre hoffnungslose Unfähigkeit. Irgendwo tief in ihm wollte sich die Art des alten Isaac Bellew und all der andern abgehärteten Bellews durchsetzen.
»Du, Kurz«, sagte er eines Tages, als sie wieder wie gewöhnlich die Abfahrt verschoben hatten. »Weißt du, die beiden sind keine Liebhaber von Bärenfleisch. Ich möchte ihnen am liebsten eins mit dem Riemen über den Kopf versetzen und sie in den Fluß schmeißen.«
»Geht mir genauso«, stimmte Kurz ihm bei. »Sie sind keine Fleischesser. Richtige Fischfresser sind sie. Und es ist gar kein Zweifel, daß sie stinken.«
Endlich erreichten sie die Stromschnellen. Zuerst den ›Büchsen-Cañon‹ und dann, einige Meilen weiter abwärts, das ›Weiße Roß‹. Der Büchsen-Cañon entsprach völlig seinem Namen. Er war eine Büchse, in der man fast steckenblieb, wenn man erst einmal hineingekommen war — eine richtige Falle. Wollte man wieder heraus, so mußte man durch den Boden hindurch. Zu beiden Seiten standen senkrechte Felswände. Der Fluß schrumpfte zu einem Bruchteil seiner bisherigen Breite ein und stürzte brüllend und mit einer so wahnsinnigen Schnelligkeit durch diesen dunklen Schacht, daß das Wasser in der Mitte zu einem Kamm schwoll, der gut acht Fuß höher war als das Wasser an den Felswänden. Und dieser Kamm war wieder von steifen, aufrechten Wellen gekrönt, die sich über ihm kräuselten, aber unveränderlich an ihrem Platze blieben. Dieser Cañon war sehr gefürchtet, denn er hatte seinen Todeszoll von den durchfahrenden Goldsuchern erhoben.
Kid und seine Begleiter legten am oberen Ufer bei, wo sie bereits eine Menge andere Boote trafen, die dort in Ängsten warteten. Zu Fuß begaben sie sich dann weiter, um die

Verhältnisse an Ort und Stelle nachzuprüfen. Sie krochen bis an den Rand des Cañons und blickten in das wirbelnde Wasser hinunter. Sprague zog sich schaudernd zurück.
»Mein Gott!« rief er. »Ein Schwimmer hätte nicht die geringste Chance dort unten.«
Kurz gab Kid einen leisen Stoß mit dem Ellbogen und flüsterte ihm zu: »Er hat schon kalte Füße. Ich halte Dollars gegen Pfeffernüsse, daß sie nicht mitfahren.«
Kid hörte kaum, was er sagte. Von Anfang der Reise an hatte er sich bemüht, die Hartnäckigkeit und unfaßbare Böswilligkeit der Elemente zu erforschen, und der flüchtige Eindruck, den er jetzt gewann, als er dort hinabblickte, erschien ihm als eine Herausforderung.
»Wir müssen auf dem Kamm reiten«, sagte er. »Wenn wir nicht auf ihm hängenbleiben, schleudert die Flut uns gegen die Wände.«
»Und wir werden nie erfahren, was mit uns geschah«, lautete das Urteil Kurz'. »Kannst du schwimmen, Kid?«
»Wenn es uns dort unten schiefgeht, möchte ich es lieber nicht können.«
»Dasselbe sag' ich«, erklärte schwermütig ein Fremder, der neben ihnen stand und in den Cañon hinunterstarrte. »Und ich wünschte, ich wäre schon durch.«
»Ich würde meine Chance, durchzukommen, nicht verkaufen«, antwortete Kid.
Er meinte es aufrichtig, sagte es aber eigentlich nur, um dem Manne Mut zu machen. Er schickte sich an, nach dem Boot zurückzukehren.
»Wollen Sie es versuchen?« fragte der Mann.
Kid nickte.
»Ich möchte, ich hätte auch den Mut«, gestand der andere. »Ich bin schon seit einigen Stunden hier. Je länger ich hinuntergucke, um so mehr Angst bekomme ich. Ich habe nie etwas mit Booten zu tun gehabt, und außerdem habe ich

nur meinen Neffen, der ein junger Bursche ist, und meine Frau mit. Wenn Sie heil durchgekommen sind, wollen Sie dann auch mein Boot durch den Cañon lotsen?«
Kid sah Kurz an, der mit der Antwort zögerte.
»Er hat seine Frau mit«, sagte Kid, um Eindruck zu machen. Er hatte sich auch nicht in seinem Kameraden geirrt.
»Selbstverständlich«, sagte Kurz. »Ich zögerte eben, weil ich daran dachte. Ich wußte, daß es einen Grund gab, weshalb wir es tun müssen.«
Wieder schickten sie sich an, weiterzugehen, aber Sprague und Stine rührten sich nicht vom Fleck.
»Glückliche Fahrt!« rief Sprague Kid nach. »Ich werde... werde...«, er zögerte einen Augenblick, »ich werde hier stehenbleiben und zusehen, wie es Ihnen geht.«
»Wir brauchen drei Mann im Boot, zwei an den Riemen und einen am Ruder«, sagte Kid ruhig.
Sprague warf Stine einen Blick zu.
»Fällt mir nicht im Traum ein«, erklärte dieser Herr.
»Wenn Herr Sprague sich nicht fürchtet, hier stehenzubleiben und zuzugucken, tue ich es auch nicht.«
»Wer fürchtet sich?« fragte Sprague erregt.
Stine antwortete ihm im selben Ton, und als ihre Leute sie verließen, zankten sich die beiden Chefs aus Leibeskräften.
»Wir kommen schon ohne sie durch«, sagte Kid zu Kurz. »Du setzt dich vorn mit einem Riemen hin, und ich nehme das Ruder. Alles, was du tun kannst, ist, das Boot geradeaus zu halten. Wenn wir erst losgehen, wirst du nicht mehr hören können, was ich dir sage. Aber du sollst immer nur das Boot gerade voraus halten.«
Sie machten das Boot flott und arbeiteten sich in die Mitte des reißenden Stromes hinaus. Aus dem Cañon ertönte ein Brüllen, das immer stärker wurde. Der Fluß war so glatt wie geschmolzenes Glas, bevor er in die Mündung des Cañons hineingezogen wurde — und Kurz benutzte die Gele-

genheit, um einen Priem zu nehmen. Dann steckte er seinen Riemen ins Wasser. Das Boot sprang sofort in die gekräuselten Wellen auf dem Kamm. Der Lärm, der donnernd von den engen hohen Felswänden widerhallte, war so stark, daß sie nichts anderes mehr hören konnten. Sie erstickten fast, so heftig schlugen die fliegenden Schaumspritzer ihnen ins Gesicht. Es gab Augenblicke, da Kid seinen Kameraden vorn im Bug kaum sehen konnte. Die ganze Geschichte dauerte zwar nur zwei Minuten, aber in dieser kurzen Zeit durchsausten sie auf dem Rücken des Wellenkamms eine Strecke von dreiviertel Meilen. Als sie heil hindurchgeschlüpft waren, legten sie das Boot im stillen Wasser hinter dem Cañon bei.
Kurz, der während der Fahrt vergessen hatte, zu spucken, entleerte jetzt seinen Mund vom Priemsaft und spie kräftig aus.
»Das nenne ich Bärenfleisch!« rief er begeistert. »Richtiges Bärenfleisch! Weißt du, da fehlte aber nicht viel, nicht wahr, Kid? Im Vertrauen kann ich dir ja ganz ruhig erzählen, daß ich, ehe wir losfuhren, die allerjämmerlichste, lausigste Memme diesseits der Rocky Mountains war. Aber jetzt hab' ich Bärenfleisch gegessen. Und jetzt los, jetzt wollen wir das andere Boot durchbringen.«
Auf dem Rückwege zu Fuß trafen sie ihre beiden Unternehmer, die ihre wilde Fahrt von oben beobachtet hatten.
»Da kommen die Fischfresser«, sagte Kurz. »Wollen wir uns nicht lieber in Lee halten?«

Als sie das Boot des Fremden, der Breck hieß, durch den Cañon gelotst hatten, lernten sie auch seine Frau kennen... es war eine schlanke, mädchenhafte Frau, deren blaue Augen mit Tränen der Dankbarkeit gefüllt waren. Breck selbst versuchte, Kid fünfzig Dollar in die Hand zu stecken, und als es mißlang, wiederholte er den Versuch bei Kurz.

»Fremder«, sagte der, als er das Geld ablehnte, »ich kam hierher, um Gold aus dem Boden zu kratzen, nicht, um es meinen Kollegen aus der Tasche zu ziehen.«
Breck suchte in seinem Boot und holte eine Flasche mit Whisky hervor. Kurz streckte schon die Hand aus, um sie zu nehmen, zog sie aber plötzlich wieder zurück. Dabei schüttelte er den Kopf und sagte: »Wir haben noch dieses verdammte ›Weiße Roß‹ vor uns, und man sagt, daß es noch schlimmer ist als die ›Büchse‹. Ich glaube, es ist besser, wenn ich mir jetzt keinen Affen anschaffe.«
Einige Meilen weiter abwärts liefen sie wieder an den Strand und legten bei. Dann gingen sie alle vier weiter, um sich das gefährliche Gewässer anzusehen. Der Fluß, der hier lauter Stromschnellen bildete, wurde durch ein Felsriff nach rechts gezwungen. Die ganze Wassermasse wurde in einem scharfen Bogen in den engen Durchgang gedrückt, so daß die Strömung furchtbar gesteigert und der Fluß zu mächtigen Wogen gepeitscht wurde, die grimmig ihre weißen Schaumspritzer gegen den Himmel schleuderten. Das war die gefürchtete ›Mähne‹ des ›Weißen Rosses‹, und hier gab es noch eine reichere Todesernte. Auf der einen Seite der ›Mähne‹ war der Strom fast wie ein Korkenzieher, der teils emporschleuderte, teils hinabzog — auf der andern Seite der ›Mähne‹ befand sich ein großer Wirbel. Um durchzukommen, mußte man folglich auf der ›Mähne‹ selbst bleiben.
»Gegen dieses Aas ist der Büchsen-Cañon ja die reine Sonntagsschule«, sagte Kurz schließlich.
Als sie noch dastanden und das Gewässer betrachteten, fuhr ein Boot in die erste Stromschnelle hinein. Es war ein großes Boot, gut dreißig Faden lang, mit mehreren Tonnen Ausrüstung und sechs Mann an Bord. Bevor es die ›Mähne‹ erreichte, tauchte es in die Wellen hinab und wurde dann wieder in die Luft geschleudert. Hin und wieder

hüllten Schaum und Spritzer es vollständig ein, so daß es gar nicht mehr zu sehen war.

Kurz warf Kid einen langen Seitenblick zu und sagte: »Es saust tüchtig und hat dabei noch nicht mal die schlimmste Stelle erreicht. Jetzt holen sie die Riemen ein. Und jetzt sind sie mitten drin... Gott im Himmel... das Boot ist ja ganz weg... Nein, da ist es wieder...«

Trotz seiner Größe verschwand das Boot doch zuweilen ganz hinter dem Schaumwirbel der Wellenköpfe. Im nächsten Augenblick war es aber auf der ›Mähne‹, wurde von einem Wellenkamm hochgeschleudert und dadurch wieder sichtbar. Zu seiner größten Verwunderung sah Kid den ganzen langen Boden des Bootes mit dem Kiel sich deutlich vom Hintergrund abzeichnen. Einen Augenblick — den Bruchteil einer Sekunde nur — schwebte das Boot in der Luft, die Männer saßen untätig auf ihren Plätzen, nur der Mann achtern hielt die Ruderpinne umklammert. Dann stürzte es ins Wellental hinab und entschwand für eine Sekunde den Blicken der Zuschauer. Dreimal sprang das Boot in die Höhe, und dreimal vergrub es sich wieder in den Wogen, dann sah man am Ufer, wie es aus der ›Mähne‹ hinausglitt und der Bug in die Wirbel hineingezogen wurde. Der Mann am Steuer versuchte vergebens, es zu verhindern; er warf sein ganzes Gewicht gegen die Ruderpinne, überließ sich dann aber völlig dem Stromwirbel und suchte nur das Boot im Kreise zu halten.

Dreimal lief es im Wirbel herum, jedesmal so nahe an den Felsen, wo Kid und Kurz standen, daß sie ohne Mühe hätten an Bord springen können. Der Rudergast, ein Mann mit einem roten Bart, den er offenbar erst seit kurzem stehenließ, winkte ihnen mit der Hand zu. Das Boot konnte nur aus dem Wirbel herauskommen, wenn es wieder in die ›Mähne‹ hineingeriet. Bei der letzten Runde geriet es auch wirklich in die ›Mähne‹ hinein, unglücklicherweise aber

quer zum oberen Ende. Offenbar aus Angst vor dem furchtbaren Sog des Stromwirbels versäumte es der Steuermann, das Boot wieder auf den richtigen Kurs zu bringen, und als er es endlich versuchte, war es zu spät. Bald oben in der Luft, bald tief in den Wellen begraben, durchquerte das große Boot die ›Mähne‹, um in den Schlund des Korkenziehers auf der anderen Seite des Kammes eingesogen zu werden. Einige hundert Fuß weiter abwärts begannen Kisten, Schachteln und Warenballen an die Oberfläche zu kommen. Dann tauchten der Kiel des Bootes und die Köpfe der Männer auf. Zweien von ihnen gelang es, im stillen Wasser unten das Ufer zu erreichen. Die anderen wurden hinabgezogen, das ganze Wrackgut wurde von der starken Strömung fortgetragen und entschwand bald den Blicken. Eine lange Minute schwiegen sie alle. Dann ergriff Kurz als erster das Wort: »Los«, sagte er. »Wir können ebensogut gleich losgehen. Wenn ich noch länger hier stehenbleibe, kriege ich bloß kalte Füße.«
»Das wird eine stürmische Fahrt werden«, grinste Kid.
»Es ist ja nicht deine erste«, lautete die Antwort. Hierauf wandte sich Kurz an die Chefs.
»Kommen Sie mit?« fragte er.
Vielleicht war das dumpfe Brüllen des Flusses schuld daran, daß die Einladung überhört wurde.
Kurz und Kid wanderten jetzt durch den fußhohen Schnee zu ihrem Boote zurück, das dort lag, wo die Stromschnellen begannen. Dann stießen sie ab. Zwei Erwägungen schossen Kid dabei durch den Kopf — erstens, daß sein Kamerad ein prachtvoller Kerl war — und natürlich wirkte dieser Umstand auch anspornend auf ihn —, zweitens — und das wirkte ebenfalls als Anreiz —, daß der alte Isaac Bellew und alle andern Bellews ähnliches vollbracht hatten, als sie nach dem Westen wanderten. Was sie getan haben, kann ich auch tun! Es war das Bärenfleisch, das starke Bä-

renfleisch, das sie kräftig und hart gemacht hatte, aber er wußte auch — und besser als je —, daß nur Männer, die schon stark waren, Fleisch dieser Art essen konnten.

»Du hältst dich natürlich oben auf der Mähne«, rief Kurz ihm zu. Er nahm sich einen Priem, als das Boot in dem stärker werdenden Strom schneller zu gleiten begann und bereits in die erste Schnelle hineinsauste. Kid nickte, warf versuchsweise sein ganzes Gewicht mit voller Kraft gegen die Ruderpinne und hielt das Boot zum Sprung auf die ›Mähne‹ bereit.

Einige Minuten später lagen sie, halb im Wasser begraben, im stillen Wasser unterhalb des ›Weißen Rosses‹ am Ufer. Kurz spie einen Mundvoll Tabaksoße aus und drückte Kid die Hand.

»Bärenfleisch! Bärenfleisch!« sang er dabei. »Wir essen es roh! Wir essen es lebendig!«

Oben trafen sie Breck — seine Frau blieb in einiger Entfernung von ihnen stehen. Kid drückte ihm die Hand.

»Ich fürchte, daß Ihr Boot nicht durchhält«, sagte er. »Es ist kleiner als unseres und kentert leichter.«

Der Mann zog ein Bündel Geldscheine aus der Tasche.

»Ich gebe jedem von Ihnen hundert Dollar, wenn Sie es durchs Roß bringen.«

Kid warf einen Blick auf die schäumende ›Mähne des Weißen Rosses‹. Die graue Dämmerung, die hier im Norden lange dauerte, brach schon herein. Es begann kälter zu werden, und die ganze Landschaft bekam allmählich ein wildes und trostloses Aussehen.

»Darum handelt es sich nicht«, sagte Kurz. »Wir wollen Ihr Geld gar nicht. Wollen es nicht anrühren. Aber mein Kamerad weiß mit Booten Bescheid, und wenn er sagt, daß Ihr Boot nicht sicher ist, dann weiß er, was er sagt.«

Kid nickte bestätigend, aber im selben Augenblick fiel sein Blick auf Frau Breck. Ihre Augen waren auf ihn gerichtet,

und er fühlte, wenn er je die Augen einer Frau hatte flehen sehen, so jetzt. Kurz folgte seinem Blick und sah dasselbe wie er. Die beiden sahen sich unsicher an, sagten aber kein Wort. Dann nickten sie sich, beide vom selben Gedanken ergriffen, zu und schlugen den Weg ein, der zu den Stromschnellen führte. Sie waren kaum hundert Schritt weit gegangen, als sie Stine und Sprague trafen, die ihnen entgegenkamen.
»Wo gehen Sie hin?« fragte Sprague.
»Wir wollen das andere Boot durch das Roß lotsen«, antwortete Kurz.
»Nein, das dürfen Sie nicht! Es fängt an dunkel zu werden, und Sie müssen das Lager in Ordnung bringen.«
So stark war der Widerwillen Kids, daß er kein Wort herausbringen konnte.
»Er hat seine Frau mit«, sagte Kurz.
»Das ist seine Sache«, bemerkte Stine.
»Und ebensosehr Kids und meine«, gab Kurz zurück.
»Ich verbiete es euch«, erklärte Sprague barsch. »Kid, wenn Sie einen Schritt weitergehen, entlasse ich Sie.«
»Und ich Sie, Kurz«, fügte Stine hinzu.
»Da werdet ihr euch was Schönes einbrocken, wenn ihr uns entlaßt«, antwortete Kurz. »Wie zum Teufel wollt ihr denn euer Dreckboot nach Dawson bringen? Wer soll euch den Kaffee im Bett servieren und euch die Nägel maniküren? Los, Kid! Sie werden uns nicht entlassen. Außerdem haben wir ja unsere Verträge. Wenn Sie uns entlassen, müssen Sie uns so viel Proviant geben, daß wir durch den Winter kommen.«
Kaum hatten sie das Boot Brecks hinausgeschoben und das erste grobe Gewässer erreicht, als die Wellen auch schon die Reling überspülten. Es waren zunächst nur kleine Wellen, aber sie zeigten ernst genug, was kommen würde. Kurz warf einen launigen Blick zurück, während er seinen unver-

meidlichen Priem nahm, und Kid fühlte, wie ein warmer Strom durch sein Herz lief, als er diesen Mann betrachtete, der nicht schwimmen konnte und, wenn sie kenterten, keine Chance hatte, sich zu retten.
Die Stromschnellen wurden immer wilder, und der Schaum begann sie zu bespritzen. In der zunehmenden Dämmerung sah Kid die schimmernde ›Mähne‹ und den gewundenen Weg des reißenden Stromes. Er steuerte hinein und empfand eine brennende Befriedigung, als das Boot gerade auf die Mitte der ›Mähne‹ geriet. Dann aber folgten die schäumenden Spritzer, das Boot wurde hoch empor- und wieder in die Tiefe geschleudert und vom Wasser begraben, aber von alledem hatte er keinen klaren Eindruck. Er wußte nur, daß er sich mit seinem ganzen Gewicht auf die Ruderpinne warf und daß er wünschte, sein Onkel wäre dabei und könnte ihn sehen. Dann tauchten sie wieder auf, atemlos, bis auf die Haut durchnäßt, das Boot bis zum Dollbord mit Wasser gefüllt. Die leichteren Gepäckstücke schwammen frei im Boot herum. Kurz holte ein paarmal weit mit dem Riemen aus, und das Boot glitt durch das stille Wasser, bis es unversehrt das Ufer anlief. Auf dem Hange stand Frau Breck — ihr Gebet war erhört, und die Tränen strömten ihr über das Gesicht.
»Es ist einfach eure Pflicht, das Geld zu nehmen«, rief Breck ihnen zu.
Kurz stand auf, stolperte und setzte sich mitten ins Wasser, während das Boot den einen Dollbord in die See tauchte, sich aber gleich wieder aufrichtete.
»Zum Teufel mit dem Geld«, rief er. »Aber geben Sie uns den Whisky. Jetzt fange ich an, kalte Füße zu kriegen, und ich fürchte schon, daß es ein richtiger Schnupfen wird.«
Am nächsten Morgen waren sie, wie gewöhnlich, unter den letzten, die ihr Boot zur Abfahrt brachten. Selbst Breck, der nichts vom Segeln verstand und nur seine Frau und

seinen jungen Neffen zur Hilfe hatte, brach schon beim ersten Tagesgrauen sein Zelt ab, belud sein Boot und segelte ab. Aber Stine und Sprague hatten keine Eile. Sie schienen gar nicht zu erfassen, daß die Seen jeden Augenblick zufrieren konnten. Sie drückten sich, wo sie konnten, standen überall im Wege, verzögerten alles und bekrittelten die Arbeit von Kid und Kurz.

»Ich werde bald meine Achtung vorm lieben Gott verlieren, wenn ich daran denke, daß er diesen beiden Mißverständnissen menschliche Gestalt gegeben hat.« Mit diesen lästerlichen Worten drückte Kurz seine Verachtung aus.

»Nun, dann gehörst du jedenfalls zur richtigen Sorte«, antwortete Kid grinsend. »Um so mehr muß ich Gott achten, wenn ich dich angucke.«

»Na ja, verschiedenes ist ihm schon gelungen«, gab Kurz zurück, um seine Verlegenheit über die Schmeichelei zu verbergen.

Der Wasserweg nach Dawson führte auch durch den Le-Barge-See. Hier war kaum eine reißende Strömung, aber die ganze Strecke von vierzig Meilen mußte man rudern, wenn nicht zufällig ein günstiger Wind wehte. Die Zeit dieser günstigen Winde war jedoch schon vorbei, und eine eisige Kühle aus dem Norden blies ihnen ins Gesicht und schuf eine grobe See, gegen die anzurudern fast unmöglich war. Das Schneegestöber vermehrte noch ihre Schwierigkeiten um ein beträchtliches. Dazu kam, daß das Wasser auf den Ruderblättern sofort gefror, so daß ein Mann die ganze Zeit reichlich zu tun hatte, um das Eis mit einer Axt loszuschlagen, Wenn Sprague und Stine gezwungen wurden, beim Rudern zu helfen, versuchten sie ganz offensichtlich, sich zu drücken. Kid hatte gelernt, sein Gewicht beim Rudern richtig auszunutzen, aber er bemerkte, daß die Chefs nur so taten, als gebrauchten sie ihre vollen Kräfte, in Wirklichkeit aber die Riemen flach durchs Wasser strichen.

Als drei Stunden vergangen waren, zog Sprague seinen Riemen ein und erklärte, daß sie umkehren müßten, um in der Mündung des Flusses Schutz zu suchen. Stine stellte sich auf seine Seite, und damit war die harte Arbeit, die sie mehrere Meilen vorwärts gebracht hatte, wieder vergebens gewesen. Am zweiten und dritten Tage wurden ähnliche, vergebliche Versuche gemacht. In der Mündung des Flusses bildeten die vielen beständig vom ›Weißen Roß‹ herkommenden Boote eine Flotille von über zweihundert Stück. Mit jedem Tage kamen vierzig oder fünfzig neue an, und nur zwei oder drei erreichten das Nordwestufer des Sees und kehrten nicht wieder zurück. Das stille Wasser vereiste, und es bildeten sich dünne Eisbänder um die Landzungen herum. Jeden Augenblick konnte man gewärtig sein, daß der See ganz zufror.
»Wir könnten es noch schaffen, wenn sie ein bißchen vernünftiger wären«, sagte Kid zu Kurz, als sie ihre Mokassins am Abend des dritten Tages am Feuer trockneten. »Wir würden es sogar heute geschafft haben, wenn sie nicht verlangt hätten, daß wir umkehrten. Nur noch eine Stunde, und wir hätten das andere Ufer erreicht. Sie sind ein paar richtige Wickelkinder.«
»Ja, wahrhaftig«, stimmte Kurz ihm bei. Er hielt seine Mokassins ans Feuer und überlegte einen Augenblick. »Hör mal, Kid. Es sind noch mehr als hundert Meilen bis Dawson. Wenn wir nicht hier einfrieren wollen, müssen wir irgend etwas tun. Was meinst du?«
Kid sah ihn an und wartete, daß er fortfahren sollte.
»Wir haben allmählich die beiden Wickelkinder gehörig an die Strippe gekriegt«, erklärte Kurz. »Sie können nur Befehle geben und Geld hinausschmeißen, sonst aber sind sie, wie du richtig sagst, die reinen Wickelkinder. Wenn wir wirklich nach Dawson wollen, müssen wir das Kommando hier im Laden übernehmen.«

»Gemacht«, sagte Kid und reichte Kurz die Hand, um das Übereinkommen feierlich zu bestätigen.
Früh am nächsten Morgen ließ Kurz, lange ehe es hell geworden war, seine Stimme hören.
»Raus!« brüllte er. »Raus aus dem Bett! Hier ist der Kaffee, ihr Langschläfer! Los! Wir fahren gleich ab.«
Knurrend und murrend krochen Stine und Sprague aus dem Zelt und mußten es sich gefallen lassen, daß sie zwei Stunden früher als je zuvor aufbrachen. Der Wind war noch steifer geworden, und es dauerte nicht lange, so waren alle Gesichter von einer Eiskruste bedeckt, während das Eis die Riemen noch schwerer machte als sonst. Drei Stunden lang kämpften sie sich vorwärts und noch eine vierte dazu. Ein Mann saß am Ruder, ein anderer schlug das Eis von den Riemen, die beiden übrigen schufteten an den Riemen, und alle lösten einander regelmäßig ab. Die Nordwestküste kam immer näher. Aber der Wind wurde auch immer steifer, und schließlich warf Sprague seinen Riemen in das Boot zum Zeichen, daß er den Kampf aufgab. Kurz griff zu, obgleich er soeben erst abgelöst war.
»Dann hauen Sie wenigstens das Eis ab«, sagte er und reichte Sprague die Axt.
»Aber wozu denn?« wimmerte der andere. »Wir schaffen es ja doch nicht. Wir wollen wieder umkehren.«
»Wir fahren weiter«, sagte Kurz. »Hauen Sie das Eis von den Riemen. Und wenn Sie sich erholt haben, können Sie mich wieder ablösen.«
Es war eine herzbrechende Quälerei, aber sie erreichten die Küste...freilich nur, um festzustellen, daß überall Klippen und Felsen waren, so daß sie nirgends landen konnten.
»Das hab' ich euch ja gesagt«, jammerte Sprague.
»Sie haben das Ufer ja nie gesehen«, antwortete Kurz.
»Wir kehren um.«
Keiner sprach. Kid steuerte das Boot gegen die Wellen, als

sie an dem ungastlichen Ufer entlangsegelten. Zuweilen schafften sie mit einem Riemenzug einen Fuß, aber es gab auch Augenblicke, in denen drei oder vier Riemenzüge kaum genügten, das Boot auf derselben Stelle zu halten. Kid tat sein Bestes, um den beiden Schwächlingen Mut einzuflößen. Er erinnerte sie daran, daß die Boote, die erst einmal die Küste erreicht hatten, nie wieder zurückgekehrt waren — also, erklärte er ihnen, hatten sie irgendwo einen Hafen gefunden. Und sie arbeiteten noch eine Stunde und eine zweite.

»Wenn ihr beiden nur ein bißchen von dem vielen Kaffee, den ihr in euren Betten getrunken habt, in die Riemen hineinschwitzen würdet, dann schafften wir es schon«, sagte Kurz, um sie anzutreiben. »Aber ihr macht nur die Bewegungen und rudert nicht für einen Heller.«

Einige Minuten später warf Sprague seinen Riemen hin. »Ich bin fertig«, sagte er. Und ein Schluchzen war in seiner Stimme.

»Das sind wir alle«, antwortete Kid, der selbst schon so erschöpft war, daß er jeden Augenblick hätte weinen oder einen Mord begehen können. »Aber wir arbeiten trotzdem weiter.«

»Wir wollen zurück. Wenden Sie gleich.«

»Kurz, wenn er nicht mehr rudern will, dann nimmst du seinen Riemen«, kommandierte Kid.

»Selbstverständlich«, lautete die Antwort. »Er kann Eis hauen.« Aber Sprague lehnte es ab, den Riemen abzugeben. Stine hatte aufgehört zu rudern, und das Boot begann schon zurückzutreiben.

»Wendet das Boot«, befahl Sprague.

Und Kid, der noch nie in seinem Leben einen Mann verflucht hatte, wunderte sich über sich selber.

»Zuerst sollst du zur Hölle gehen«, antwortete er. »Nimm den Riemen und rudere los.«

Es gibt Augenblicke, in denen Männer so erschöpft sind, daß sie alle Hemmungen, die die Kultur sie gelehrt hat, abstreifen. Ein solcher Augenblick war jetzt gekommen. Alle ohne Ausnahme waren sie jetzt auf dem Punkt angelangt, wo es biegen oder brechen hieß. Sprague zog seinen Fäustling aus, zog den Revolver aus der Tasche und zielte auf den Mann am Steuer. Das war ein neues Erlebnis für Kid... er hatte noch nie ein Schießeisen auf sich gerichtet gesehen. Und jetzt schien es ihm, zu seinem großen Erstaunen, eine ganz belanglose Angelegenheit. Er fand, daß es etwas ganz Selbstverständliches war.

»Wenn du das Schießeisen nicht sofort weglegst«, sagte er, »nehme ich es dir weg und haue dir damit auf die Finger.«
»Wenn Sie das Boot nicht wenden, schieße ich«, drohte Sprague.
Da mischte Kurz sich hinein. Er hörte auf, das Eis abzuschlagen, und stellte sich hinter Sprague.
»Jetzt schieß nur ruhig los«, sagte Kurz und schwang die Axt. »Ich sehne mich direkt nach einer Gelegenheit, dir den Schädel einzuschlagen. Nur los... laß das Festessen sofort beginnen.«
»Das ist ja die reine Meuterei«, begann Stine. »Sie sind angestellt, um unseren Befehlen zu gehorchen.«
Kurz wandte sich zu ihm.
»Na, Sie kriegen auch Ihr Teil, wenn ich erst mit Ihrem Kompagnon fertig bin. Sie kleiner schweineprügelnder Schleicher.«
»Sprague«, sagte Kid. »Ich gebe Ihnen genau dreißig Sekunden, um das Schießeisen wegzustecken und den Riemen wiederaufzunehmen.«
Sprague zögerte einen Augenblick, lachte hysterisch auf, steckte den Revolver in die Tasche und begann wieder zu rudern.
Dann erkämpften sie sich abermals zwei Stunden lang, Zoll

für Zoll, ihren Weg an den schaumgepeitschten Klippen entlang, bis Kid allmählich zu fürchten begann, daß er eine Dummheit gemacht hatte. Und da, als er schon an die Umkehr dachte, sahen sie unmittelbar vor sich eine enge Öffnung, die kaum zwanzig Fuß breit war und in einen kleinen Hafen führte, wo selbst die stärksten Windstöße kaum die Oberfläche des Wassers kräuselten. Das war der Hafen, den die Boote, die früher abgefahren waren, ohne zurückzukehren, ebenfalls erreicht hatten. Sie landeten an einem allmählich ansteigenden Ufer. Die beiden Chefs blieben erschöpft im Boot liegen, während Kid und Kurz das Zelt aufschlugen, Feuer machten und zu kochen begannen.
»Du, Kurz, was meintest du eigentlich mit dem Ausdruck ›schweineprügelnder Schleicher‹?« fragte Kid.
»Der Deibel soll mich holen, wenn ich eine Ahnung habe, was es bedeutet«, lautete die Antwort, »aber das ist ja auch ganz schnuppe.«
Der Wind, der schnell wieder abgeflaut war, legte sich bei Anbruch der Nacht völlig, und das Wetter wurde klar und kalt. Eine Tasse Kaffee, die zum Abkühlen beiseite gestellt und vergessen war, fanden sie wenige Sekunden später mit einer Eiskruste überzogen. Als Sprague und Stine sich gegen acht Uhr schon in ihre Decken gewickelt hatten und den Schlaf der völligen Erschöpfung schliefen, kam Kid von einem Besuch beim Boote zurück.
»Es friert jetzt, Kurz«, sagte er. »Es liegt schon eine Eisschicht über dem ganzen See.«
»Was willst du tun?«
»Es ist nur eins zu tun. Der See friert natürlich zuerst zu. Die reißende Strömung wird den Fluß jedenfalls noch einige Tage offenhalten. Von heute ab muß jedes Boot, das noch im Le-Barge-See ist, bis nächstes Jahr dableiben.«
»Du meinst also, daß wir schon heute nacht abfahren müssen?«

Kid nickte.
»Raus, ihr Langschläfer!« lautete Kurz' Antwort, die er mit gewaltiger Stimme brüllte, während er schon begann, das Zelt abzubrechen.
Die beiden andern erwachten. Sie stöhnten — teils weil ihre überanstrengten Muskeln schmerzten, teils weil sie so brutal aus dem Schlaf der Erschöpfung herausgerissen wurden.
»Wie spät ist es denn?« fragte Stine.
»Halb neun.«
»Aber es ist ja noch ganz dunkel«, wandte er ein.
Kurz löste die Zeltschnüre, so daß das Zelt zusammenzufallen begann.
»Es ist gar nicht Morgen«, sagte er. »Es ist immer noch Abend. Aber der See friert zu. Wir müssen durch.«
Stine erhob sich. Sein Gesicht zeigte Zorn und Empörung.
»Laß ihn zufrieren. Wir rühren uns nicht vom Fleck.«
»Schön«, erklärte Kurz. »Dann fahren wir eben allein mit dem Boote weiter.«
»Sie sind angestellt...«
»Um Sie nach Dawson zu bringen«, unterbrach ihn Kurz.
»Und wir bringen Sie ja auch hin, nicht wahr?«
Er verlieh seiner Frage einen besonderen Nachdruck, indem er das Zelt über ihren Köpfen zusammenstürzen ließ.
Sie bahnten sich den Weg durch das dünne Eis des kleinen Hafens und gelangten in den See hinaus, wo das Wasser, das schon breiig und glasig wurde, am Riemen gefror. Es vereiste immer mehr, so daß die Bewegungen der Riemen behindert wurden, und wenn das Wasser von ihnen herabträufelte, bildeten sich lange Eiszapfen. Dann begann das Eis eine feste Decke zu bilden, und das Boot kam immer langsamer vorwärts.
Später dachte Kid oft an diese Nacht, aber es gelang ihm nie, sich etwas anderes ins Gedächtnis zurückzurufen, als daß sie wie ein Nachtmahr gewesen war. Und er fragte

sich unwillkürlich, welch furchtbare Leiden Stine und Sprague bei dieser Gelegenheit hatten durchmachen müssen. Als eines eigenen Erlebnisses erinnerte er sich, wie er sich durch die schneidende Kälte und durch schier unerträgliche Entbehrungen von solchem Ausmaße hindurchgekämpft hatte, daß ihm schien, sie hätten tausend Jahre oder noch länger gedauert.

Als der Morgen kam, saßen sie schon fest. Stine klagte, daß seine Finger erfroren wären, und Sprague tat die Nase weh, während die Schmerzen in Kids Wangen und Nase ihm zeigten, daß es auch ihn getroffen hatte. Als das Tageslicht allmählich stärker wurde, erweiterte sich ihr Ausblick, und soweit sie überhaupt sehen konnten, war die ganze Oberfläche des Sees zu Eis geworden. Das offene Wasser war verschwunden. Hundert Meter entfernt lag das Nordufer — Kurz behauptete, daß die Mündung des Flusses dort sein müßte und daß er offenes Wasser sehen könnte. Nur er und Kid waren noch imstande zu arbeiten. Mit ihren Riemen zerschlugen sie das Eis und schoben das Boot durch die so geschaffene schmale Rinne. Mit einer letzten Anspannung aller Kräfte gelang es ihnen, die Mündung des schnell strömenden Flusses zu erreichen. Als sie sich umblickten, sahen sie mehrere Boote, die sich während der ganzen Nacht weitergekämpft hatten, jetzt aber hilflos und hoffnungslos festsaßen. Dann schwenkten sie um eine Landspitze und wurden von der Strömung erfaßt, die sie mit einer Schnelligkeit von sechs Meilen in der Stunde weitertrug.

Tag für Tag trieben sie den schnell strömenden Fluß hinab, und Tag für Tag rückte das Eisfeld von der Küste her näher. Wenn sie abends lagern wollten, mußten sie zuerst ein großes Loch in das Eis schlagen, in dem sie das Boot die Nacht über liegen lassen konnten, und dann das gesamte Lagergerät mehrere hundert Fuß weit über die Eisflä-

che bis zum Ufer tragen. Und morgens mußten sie wieder
das Eis, das sich inzwischen um das Boot gebildet hatte, zerschlagen, bevor sie die eisfreie Strömung in der Mitte des
Flusses erreichen konnten. Kurz stellte den kleinen Blechofen im Boote auf, und Sprague und Stine lungerten dann
die endlosen Stunden, die sie den Fluß hinabtrieben, um
ihn herum. Die beiden hatten sich völlig in ihr Schicksal
ergeben. Sie erteilten keine Befehle mehr, und ihr ganzes
Trachten ging nur darauf aus, Dawson zu erreichen. Kurz,
pessimistisch und unermüdlich wie immer, grölte heiter mit
kurzen Zwischenräumen drei Verszeilen von der ersten
Strophe eines alten Liedes, von dem er sich sonst an nichts
mehr erinnerte. Je kälter es wurde, um so eifriger und häufiger sang er:

>>»Wie den alten Argonauten
Kann uns keiner heut verwehren
Auszuziehen, tum—tum—tum,
Um das Goldne Vlies zu scheren.‹«

Als sie die Mündungen der Hoota linqua und des Großen
und des Kleinen Lachsflusses passierten, entdeckten sie, daß
sich große Mengen Packeis in den Hauptarm des Yukon
hineinschoben. Dieses Packeis staute sich um das Boot zusammen und hielt es fest, so daß sie jetzt sogar gezwungen
wurden, es jeden Abend aus der vereisten Strömung herauszuschlagen. Auch morgens mußten sie sich dann wieder
einen Weg durch das Eis bahnen, um das Boot in die Strömung zu bringen.
Die letzte Nacht am Ufer verbrachten sie zwischen den
Mündungen des Weißen Flusses und des Stewart. Gegen
Morgen sahen sie, daß der Yukon in seiner ganzen Breite
von fast einer halben Meile wie ein weißes Band zwischen
den vereisten Ufern lag. Da verfluchte Kurz das gesamte

Weltall mit weniger überströmender Laune als sonst. Dann warf er Kid einen verzweifelten Blick zu.
»Wir werden das letzte Boot sein, das dieses Jahr Dawson erreicht«, sagte Kid.
»Aber es ist ja überhaupt kein Wasser mehr da, Kid.«
»Dann müssen wir eben das Eis zerschlagen und Wasser schaffen. Nur los.«
Sprague und Stine protestierten vergeblich — sie wurden ohne weiteres im Boot verstaut, während Kid und Kurz eine halbe Stunde lang mit den Äxten arbeiteten, um die schnell fließende, aber vereiste Strömung zu erreichen. Als es ihnen gelungen war, das Boot vom Küsteneis frei zu machen, wurde es vom Treibeis der Strömung einige hundert Meter weiter am Rand des Eisfeldes entlanggetrieben. Bei dieser Gelegenheit wurde der eine Dollbord abgerissen und das Boot selbst schwer beschädigt. Erst unterhalb der Landspitze, auf der sie die Nacht verbracht hatten und die sich weit in den Fluß hinausschob, gelangten sie richtig in die Strömung hinein. Jetzt arbeiteten sie sich immer tiefer in sie hinein. Aber es war schwerer als je, denn die Eissplitter hatten großen Schollen Platz gemacht, und das Treibeis, das es noch dazwischen gab, verwandelte sich schnell in eine feste Fläche. Mit den Riemen schoben sie die Schollen beiseite, hin und wieder sprangen sie aufs Eis, um das Boot weiterschieben zu können, und als sie in dieser Weise eine Stunde gearbeitet hatten, erreichten sie die Mitte des Flusses. Fünf Minuten, nachdem sie ihre Arbeit beendet hatten, war das Boot eingefroren. Der ganze Fluß wurde im Weiterströmen zu Eis. Die Schollen wurden allmählich zu einer festen Fläche, bis das Boot schließlich mitten in einem Eisblock steckte, der fünfundsiebzig Fuß im Durchmesser maß. Zuweilen trieben sie seitwärts, zuweilen wieder geradeaus; das Boot zerriß durch sein Gewicht die unsichtbaren Fesseln, mit denen die Eismasse, die sich in stetiger

Bewegung befand, es festzuhalten suchte, wurde aber immer wieder von noch stärkeren Kräften gebunden. In dieser Weise verlief Stunde auf Stunde, während Kurz den Ofen heizte, die Mahlzeiten zubereitete und seinen Kriegsgesang hinausschmetterte.
Es wurde Nacht. Und nach vielen vergeblichen Bemühungen gaben sie den Versuch auf, das Boot an die Küste zu bringen. Hilflos trieben sie weiter durch die eisige Dunkelheit.
»Und was geschieht, wenn wir an Dawson vorbeitreiben?« fragte Kurz.
»Dann müssen wir eben zu Fuß zurückgehen«, antwortete Kid, »wenn wir nicht vorher das Pech haben, im Packeis zerquetscht zu werden.«
Der Himmel war klar, und beim kalten Schein der Sterne sahen sie hin und wieder flüchtig die Silhouetten der Berge, die zu beiden Seiten in weiter Ferne emporragten. Gegen elf Uhr hörten sie unter sich ein dumpfes Knarren und Brüllen. Ihre Fahrt begann sich zu verlangsamen. Eisschollen stellten sich ihnen in den Weg, schoben sich übereinander, türmten sich auf und rutschten auf sie herab. Das Packeis drohte sie zu zerquetschen; eine Scholle, die nach oben geschoben wurde, zerriß die eine Seite des Bootes. Es versank zwar nicht, denn es wurde von dem Floß getragen, in dem es feststeckte, aber eine Sekunde lang sahen sie das schwarze Wasser kaum einen Fußbreit von der zerschlagenen Seite des Bootes auftauchen. Dann hörte jede Bewegung auf. Nach einer halben Stunde begann die ganze Eisdecke des Flusses sich zu bewegen, und fast eine Stunde lang glitt das Boot dann mit der ganzen Eisfläche weiter den Fluß hinab, bis neues Packeis eine Stockung verursachte. Wieder kam das Boot dann ins Treiben, und diesmal lief die Strömung schnell und wild; man hörte immerfort das Scheuern und Knarren der Schollen und Flöße. Bald

darauf entdeckten sie Lichter an Land, und gerade als sie schon daran vorbeilaufen wollten, gaben das Gesetz der Schwere und der Yukon das Spiel auf, und der Fluß legte sich für sechs Monate zur Ruhe.
Einige Neugierige, die bei Dawson am Ufer standen, um zu sehen, wie der Fluß zufror, hörten durch die Dunkelheit das Schlachtlied Kurz':

»»Wie den alten Argonauten
Kann uns keiner heut verwehren
Auszuziehen, tum—tum—tum,
Um das Goldne Vlies zu scheren.‹«

Drei Tage schufteten Kid und Kurz dann wieder, um die anderthalb Tonnen Gepäck von der Mitte des Flusses nach dem Bretterverschlag zu schaffen, den Stine und Sprague auf dem Hügel gemietet hatten, von dem aus man ganz Dawson überblicken konnte. Als die Arbeit beendet war und alle in der warmen Hütte saßen, rief Sprague Kid zu sich. Draußen zeigte das Thermometer fünfundsechzig Grad Fahrenheit unter Null.
»Ihr Monat ist freilich noch nicht ganz um«, sagte Sprague. »Aber hier haben Sie Ihren vollen Monatslohn. Und ich wünsche Ihnen guten Erfolg.«
»Aber wie steht es denn mit unserm Vertrag?« fragte Kid. »Sie wissen ja, daß hier Hungersnot herrscht. Man kann nicht einmal, wenn man seinen eigenen Proviant hat, in den Minen Arbeit bekommen. Sie haben sich ja einverstanden...«
»Ich weiß nichts von einem Vertrag«, unterbrach ihn Sprague. »Du doch auch nicht, Stine? Wir haben Sie für einen Monat engagiert, und hier haben Sie Ihr Geld. Wollen Sie die Quittung unterschreiben oder nicht?«
Kid ballte die Fäuste, und ihm wurde einen Augenblick rot

vor Augen. Die beiden wichen erschrocken zurück. Noch nie hatte Kid einen Mann im Zorn geschlagen, aber er fühlte sich so sicher, Sprague niederschlagen zu können, daß es ihm einfach widerstrebte, es zu tun.
Kurz, der die schwierige Lage Kids erkannte, legte sich ins Mittel.
»Schau mal her, Kid, ich arbeite sowieso nicht weiter bei dem schäbigen Gesindel. Jetzt hab' ich auch mehr als genug und mach' mich dünne. Du und ich, wir halten zusammen, nicht? Nimm deine Decken und marschier geradenwegs nach dem ›Elch‹. Ich begleiche nur noch die Rechnung hier. Nehme mir, was mir zusteht... und gebe ihnen, was ihnen gebührt... Auf dem Wasser tauge ich ja nicht viel, aber hier, mit festem Boden unter den Füßen, fühle ich mich eher zu Hause. Jetzt werde ich mal Sturm blasen...«
Eine halbe Stunde später erschien Kurz im ›Elch‹. Nach seinen blutigen Knöcheln und einer Hautabschürfung auf der rechten Wange zu schließen, hatte er den Herren Sprague und Stine offenbar gegeben, was ihnen gebührte.
»Du hättest nur die Hütte sehen sollen«, grinste er, als sie zusammen an der Bar standen. »Eine Rumpelkammer ist ein Staatssalon dagegen. Ich halte Menschendollars gegen Pfeffernüsse, daß keiner von ihnen sich die nächste Woche auf der Straße zeigen wird. Und jetzt wollen wir mal sehen, wie es für uns beide steht. Lebensmittel kosten anderthalb Dollar das Pfund. Arbeit kriegt man nicht, wenn man sich nicht selbst beköstigen kann. Elchfleisch verkaufen sie für zwei Dollar das Pfund – wenn sie es haben, aber sie haben nichts. Wir haben Geld genug, um uns Munition und Proviant für einen Monat zu kaufen, und dann marschieren wir den Klondike hinauf nach dem Hinterland. Wenn wir da keine Elche finden, bleiben wir einfach bei den Indianern. Aber wenn wir nicht binnen sechs Wochen mindestens fünftausend Pfund Elchfleisch gekriegt haben,

dann ... ja, dann kehre ich reumütig zu unsern verflossenen Chefs zurück und bitte um gutes Wetter. Einverstanden?«
Kid gab dem Kameraden die Hand. Dann aber kamen ihm Bedenken.
»Ich habe ja keine Ahnung von der Jagd«, sagte er.
Kurz hob sein Glas.
»Du bist ein Fleischesser, ich werde dein Lehrmeister sein.«

III *Die Jagd nach dem Golde*

Zwei Monate nachdem Alaska-Kid und Kurz auf die Elchjagd gegangen waren, um sich Proviant zu verschaffen, saßen sie wieder in der Kneipe ›Zum Elch‹ in Dawson. Die Jagd war glücklich beendet, das Fleisch hergeschafft und für zwei und einen halben Dollar das Pfund verkauft worden. Gemeinsam verfügten sie jetzt über dreitausend Dollar in Goldstaub und über ein gutes Hundegespann. Sie hatten entschieden Glück gehabt. Obgleich der Zustrom von Goldsuchern das Wild hundert Meilen oder mehr in die Berge hineingetrieben hatte, war es ihnen doch schon, als sie die halbe Entfernung zurückgelegt hatten, gelungen, in einer engen Schlucht vier Elche zu erlegen.
Das Geheimnis, wie diese Tiere sich gerade dorthin verirrt hatten, war jedenfalls nicht größer als das Glück, das die beiden Jäger verfolgte. Denn noch ehe der erfolgreiche Tag zu Ende gegangen war, stießen sie auf ein Lager mit einigen ausgehungerten Indianerfamilien, die ihnen berichteten, daß sie seit drei Tagen kein Wild gesehen hätten. Kid und Kurz gaben ihnen Fleisch im Tausch gegen einige halbverhungerte Hunde. Nachdem sie die Tiere dann eine Woche lang tüchtig aufgefüttert hatten, spannten sie sie vor den Schlitten und fuhren das Fleisch nach dem sehr aufnahmefähigen Dawsoner Markt.

Jetzt handelte es sich für die beiden Männer darum, ihren Goldstaub in Lebensmittel zu verwandeln. Der augenblickliche Preis für Mehl und Bohnen betrug anderthalb Dollar das Pfund, aber die Schwierigkeit bestand darin, daß niemand verkaufen wollte. Dawson lag eben in den ersten Wehen einer Hungersnot. Hunderte von Männern, die Geld, aber keine Lebensmittel besaßen, hatten das Land verlassen müssen. Viele von ihnen waren, solange das Wasser noch offen war, den Fluß hinabgezogen, und noch mehr waren die sechshundert Meilen über das Eis nach Dyea gewandert, obgleich sie kaum Lebensmittel genug für die Wanderung bei sich hatten.

Kid und Kurz trafen sich in der warmen Kneipe. Kid bemerkte gleich, daß sein Kamerad blendender Laune war.

»Das Leben ist wahrhaftig kein Festessen, wenn man nicht wenigstens Whisky und etwas Süßes dazu hat«, lautete Kurz' Gruß, während er ganze Eisklumpen aus seinem Schnurrbart zog, der langsam aufzutauen begann. Man hörte die Eisklumpen auf den Boden prasseln, wenn er sie wegschleuderte.

»Ich habe eben in diesem heiligen Augenblick achtzehn Pfund Zucker gekauft! Der Esel verlangte nur drei Dollar das Pfund. Und wie ist es dir ergangen?«

»Ich war auch nicht faul«, antwortete Kid stolz. »Ich habe fünfzig Pfund Mehl bekommen. Und am Adams-Bach wohnt ein Mann, der hat mir versprochen, mir morgen noch fünfzig Pfund zu geben.«

»Großartig! Wir werden schon durchhalten, bis die Flüsse wieder eisfrei werden. Sag mal, Kid, die Hunde, die wir da gekriegt haben, sind nicht ohne, weißt du! Ein Hundehändler hat mir schon zweihundert Dollar das Stück geboten — er wollte fünf haben. Aber ich habe flott abgelehnt. Sie haben sich ja auch fein herausgemacht, als wir sie mit dem Elchfleisch fütterten. Es ist freilich schon eine tolle Sa-

che, Hunde mit Lebensmitteln zu füttern, die zweieinhalb Dollar das Pfund kosten. Komm, nimm noch ein Glas! Wir müssen wirklich unsere achtzehn Pfund Zucker feiern und einen heben!«
Als er einige Minuten später Goldstaub für die Getränke abwog, fiel ihm etwas ein.
»Donnerwetter, da hatte ich fast vergessen, daß ich noch einen Mann im ›Tivoli‹ treffen soll. Er hat etwas verdorbenen Speck, den er uns für anderthalb Dollar das Pfund ablassen will. Den können wir den Hunden zu fressen geben und damit einen ganzen Dollar pro Tag und Stück sparen.«
»Auf Wiedersehen also«, sagte Kid. »Ich geh' nach Haus und leg' mich schlafen.«
Kaum hatte Kurz das Zimmer verlassen, als ein pelzgekleideter Mann durch die doppelte Tür und den Windschutz hereinschlüpfte. Sein Gesicht erhellte sich sichtlich, als er Kid sah.
Der erkannte sofort Breck, den Mann, dessen Boot er und Kurz durch den Büchsen-Cañon und das ›Weiße Roß‹ gefahren hatten.
»Ich hab' gehört, daß Sie in der Stadt sind«, sagte Breck hastig, während sie sich die Hände schüttelten. »Ich suche Sie schon eine halbe Stunde. Kommen Sie mit hinaus. Ich möchte gern mit Ihnen sprechen.«
Kid warf dem summenden, rotglühenden Ofen einen sehnsüchtigen Blick zu.
»Geht's nicht hier?«
»Unmöglich. Ist viel zu wichtig. Kommen Sie mit hinaus.«
Draußen zog Kid sich einen Handschuh aus, zündete ein Streichholz an und sah nach dem Thermometer, das neben der Tür hing. Die Hand schmerzte in der schneidenden Kälte, und er zog den Handschuh schnell wieder an. Über ihren Häuptern stand der flammende Bogen des Nord-

lichts. Ganz Dawson hallte wider von dem melancholischen Geheul der vielen Tausende von Wolfshunden.
»Wie stand es?« fragte Breck.
»Unter sechzig.« Kid spie versuchsweise aus, und der Speichel knisterte in der eisigen Luft. »Und ich glaube, es wird noch mehr fallen... es fällt ja unaufhörlich. Vor einer Stunde stand es erst auf zweiundfünfzig. Jetzt dürfen Sie mir aber nichts von einem neuen Goldfund erzählen.«
»Aber das ist es ja eben«, flüsterte Breck vorsichtig. Er warf ängstliche Blicke nach allen Seiten, aus Furcht, daß jemand in der Nähe war und lauschte.
»Sie kennen doch den Squaw-Bach, nicht wahr? Er mündet drüben in den Yukon... dreißig Meilen weiter aufwärts.«
»Da ist nichts zu machen«, sagte Kid. »Den hat man schon vor vielen Jahren untersucht.«
»Das hat man auch mit all den andern reichen Bächen gemacht. Hören Sie jetzt mal her! Es ist eine Menge Gold da. Und es sind nur zweiundzwanzig Fuß bis zum Felsgrund. Es wird keinen Claim geben, der nicht mindestens eine halbe Million wert ist. Es ist noch ein großes Geheimnis. Zwei oder drei von meinen intimsten Freunden haben mich eingeweiht. Ich sagte gleich zu meiner Frau, daß ich Sie aufsuchen wollte, bevor ich losging. Also, bis auf dahin... Mein Gepäck liegt am Ufer versteckt. Die es mir erzählt haben, nahmen mir das Versprechen ab, erst gegen Abend loszugehen, wenn ganz Dawson schläft. Sie wissen ja selbst, was es heißt, wenn man Sie mit der ganzen Goldgräberausrüstung unterwegs sieht. Holen Sie jetzt Ihren Kameraden und kommen Sie mir nach! Sie werden sicher den vierten oder fünften Claim neben dem des Finders kriegen können. Vergessen Sie nicht: am Squaw-Bach! Er ist der dritte, wenn Sie am Schwedenbach vorbei sind.«

Als Kid die kleine Hütte auf der Anhöhe hinter Dawson betrat, hörte er das vertraute Schnarchen seines Kameraden.
»Ach, geh zu Bett«, murmelte Kurz, als Kid ihn an der Schulter rüttelte. »Ich habe keine Nachtwache heute«, knurrte er weiter, als die Hand ihn immer kräftiger schüttelte. »Vertrau deine Sorgen dem Barmixer an.«
»Zieh dich schnell an«, sagte Kid, »wir müssen ein paar Claims abstecken.« Kurz setzte sich im Bett auf und wollte einige energische Ausdrücke vom Stapel lassen, als Kid ihm die Hand vor den Mund hielt.
»Pst«, warnte Kid. »Es ist eine ganz große Sache. Weck nicht die Nachbarschaft. Dawson schläft noch.«
»Nanu... das wirst du mir erst beweisen müssen. Selbstverständlich erzählt keiner einem was von einem großen Goldfund! Oh, sie machen immer alle ein furchtbares Geheimnis daraus, aber eben deshalb ist es verblüffend, daß sie alle hinlaufen.«
»Es handelt sich um den Squaw-Bach«, flüsterte Kid. »Es ist alles in Ordnung: Breck hat mir den Tip gegeben. Der Bach ist ganz seicht. Von den Graswurzeln abwärts ist alles Gold. Komm jetzt. Wir machen uns ein paar ganz leichte Pakete und türmen dann sofort.«
Kurz schloß wieder die Augen und legte sich ruhig ins Bett zurück. Im nächsten Augenblick hatte Kid ihm die Decken abgerissen.
»Wenn du das Gold nicht haben willst, dann will ich es«, erklärte Kid entrüstet.
Kurz stand auf und begann sich anzuziehen.
»Wollen wir die Hunde mitnehmen?« fragte er.
»Nein, am Bach gibt es sicher keinen festgetretenen Weg, und wir kommen deshalb schneller ohne sie hin.«
»Dann will ich ihnen was zu fressen geben, damit sie nicht hungern, während wir weg sind... vergiß nicht etwas Birkenrinde und ein Licht mitzunehmen.«

Kurz öffnete die Tür, spürte die beißende Kälte und zog sich schnell wieder zurück, um die Ohrenklappen festzubinden und die Fäustlinge anzuziehen.
Fünf Minuten später kam er wieder. Er rieb sich mit großer Energie die Nase.
»Du, Kid, ich bin sehr gegen dies Wettrennen. Es ist kälter heute als die Türangeln der Hölle vor tausend Jahren, ehe das erste Feuer angezündet wurde. Außerdem ist heute Freitag, der Dreizehnte, und wir werden nur Pech haben, so sicher wie Funken nach oben fliegen.«
Mit kleinen Goldgräberbündeln auf dem Rücken schlossen sie die Tür hinter sich und rutschten den Hügel hinab. Die strahlende Pracht des Nordlichts war schon erloschen — nur die Sterne zitterten in der eisigen Kälte am Himmel, und ihr unsicherer Schein stellte den Füßen der Wanderer Fallen. Bei einer Wegbiegung strauchelte Kurz in dem tiefen Schnee, und das gab ihm Anlaß, seine Stimme zu erheben und den Tag samt Woche, Monat und Jahr in gut gewählten Worten zu segnen.
»Kannst du denn nicht den Mund halten!« zischelte Kid. »Laß doch den Kalender in Ruhe. Du weckst ja ganz Dawson, so daß sie alle hinter uns herkommen.«
»So, das meinst du? Siehst du das Licht in der Hütte dort? Und in der andern da drüben? Und hörst du die Tür dort knallen? Oh, ganz Dawson schläft, da ist gar kein Zweifel möglich! Die Lichter da? Alles natürlich nur Leute, die ihre toten Tanten begraben! Nichts liegt ihnen ferner, als auf die Goldsuche zu gehen... Ich wette mein Leben, daß sie gar nicht daran denken.«
Als sie den Fuß des Hügels erreichten und mitten in Dawson waren, blitzte Licht in allen Hütten auf, Türen wurden zugeworfen, und hinter sich hörten sie das schlurfende Geräusch vieler Mokassins auf dem hartgetretenen Schnee.
Kurz gab gleich seine Meinung zum besten.

»Aber der Teufel mag wissen, wo plötzlich all die trauernden Verwandten herkommen!« Sie gingen an einem Mann vorbei, der am Wege stand und mit leiser Stimme vorsichtig rief: »Charley, Charley, mach ein bißchen dalli.«
»Siehst du das Bündel auf seinem Rücken, Kid? Der Friedhof muß verflucht weit weg liegen, daß die Trauernden ihre Bettdecken mitschleppen müssen.«
Als sie die Hauptstraße erreichten, waren mindestens hundert Mann in einer langen Reihe hinter ihnen her, und als sie in dem trügerischen Sternenlicht den Weg zum Fluß hinab suchten, hörten sie, daß noch mehr Leute sich hinten anschlossen. Kurz glitt aus und rutschte den dreißig Fuß hohen Abhang durch den tiefen Schnee hinunter. Kid folgte ihm freiwillig und warf ihn um, als er gerade wieder aufstand.
»Ich habe den Weg zuerst gefunden«, lachte Kurz und zog die Handschuhe aus, um den Schnee aus den Stulpen zu schütteln.
Im nächsten Augenblick mußten sie wie die Wilden durch den Schnee kriechen, um nicht mit den vielen, die ihnen folgten, zusammenzustoßen. Als der Fluß seinerzeit zugefroren war, hatte sich hier Packeis angesammelt, und überall lagen in wilder Verwirrung Eisschollen, die der frische Schnee verbarg. Als beide mehrmals gestürzt waren und sich tüchtig geschlagen hatten, zog Kid sein Licht hervor und zündete es an. Die Leute hinter ihnen gaben ihren Beifall durch laute Zurufe kund. In der windstillen Luft brannte die Kerze ganz klar, und es war jetzt tatsächlich leichter, den Weg zu finden.
»Es ist wahrhaftig das reine Wettrennen«, stellte Kurz fest. »Oder meinst du vielleicht, daß es lauter Schlafwandler sind?«
»Wir befinden uns jedenfalls an der Spitze der ganzen Kolonne«, antwortete Kid.

»Da bin ich nun nicht ganz so sicher. Vielleicht ist es nur eine Feuerfliege da vorn. Vielleicht sind es lauter Feuerfliegen, die da... und die dort... Guck sie dir nur an! Glaub mir, es ist eine ganze Reihe da vorn.«
Der Weg nach der andern Seite des Yukon führte eine ganze Meile weit über das Packeis, und überall auf dieser ganzen weiten gewundenen Strecke flammten Kerzen auf. Und hinter ihnen flammten noch mehr Lichter den Fluß entlang bis zu den Uferhängen.
»Weißt du, Kid, das ist schon kein Wettrennen mehr, das ist ja wie der Auszug aus Ägypten. Es müssen mindestens tausend vor uns und tausend hinter uns sein. Jetzt solltest du auch mal den guten Rat deines alten Onkels hören! Meine Medizin ist gut... Wenn ich eine Vorahnung bekomme, dann stimmt sie immer. Und meine Vorahnung sagt mir, daß wir bei diesem Wettrennen Pech haben werden. Laß uns ruhig umkehren und weiterpennen.«
»Spar dir lieber deine Puste, wenn du durchhalten willst«, knurrte Kid mürrisch.
»Uha, uha! Meine Beine sind freilich etwas kurz geraten, aber ich schleiche so besonnen mit schlappen Knien, ohne meine Muskeln zu überanstrengen, und ich bin todsicher, daß ich noch jeden Schnelläufer hier überholen kann.«
Und Kid wußte, daß Kurz recht hatte, denn er hatte schon längst die einzig dastehenden Fähigkeiten seines Kameraden im Marschieren kennengelernt.
»Ich habe mich ja auch nur zurückgehalten, um dir eine Chance zu geben«, neckte ihn Kid.
»Und ich laufe hier und trete dir auf die Hacken. Wenn du es nicht besser kannst, mußt du mich lieber vorangehen und das Tempo angeben lassen.«
Kid erhöhte die Schnelligkeit und hatte bald den nächsten Haufen der Wettläufer eingeholt.
»Mach jetzt ein bißchen schnell, Kid«, drängte sein Ka-

merad. »Laß die Toten liegen. Es ist ja kein Leichenbegräbnis. Hau die Füße tüchtig in den Schnee, als wären es Pflastersteine.«

Kid zählte acht Männer und zwei Frauen in dieser Gruppe, aber noch ehe sie das Packeis hinter sich hatten, überholten sie schon die zweite Gruppe, die aus zwanzig Männern bestand. Wenige Fuß von dem Westufer schwenkte der Weg nach Süden ab, und das Packeis wurde durch ein glattes Eisfeld ersetzt, das jedoch von frischem, mehrere Fuß hohem Schnee bedeckt war. Durch diesen Schnee lief die Schlittenbahn, ein schmales Band, knapp zwei Fuß breit, wo der Schnee von den vielen Füßen festgestampft war. Zu beiden Seiten dieses Pfades sank man bis zu den Knien oder noch tiefer ein. Die Wettläufer, die von ihnen überholt wurden, waren nicht sehr geneigt, ihnen Platz zu machen, und Kid und Kurz mußten deshalb stets in den tiefen Schnee hinauswaten und konnten nur unter ungeheuren Anstrengungen vorbeigelangen.

Kurz war ebenso unüberwindlich wie pessimistisch. Wenn die Goldsucher schimpften, weil sie überholt wurden, antwortete er ihnen in derselben Tonart.

»Warum habt ihr es denn so eilig?« fragte einer.

»Warum ihr?« gab er zurück. »Gestern nachmittag ist eine ganze Bande von Goldsuchern vom Indianerfluß gekommen und hat euch den Rahm abgeschöpft. Es gibt keine Claims mehr.«

»Wenn das wahr ist, dann möchte ich wissen, warum ihr es so eilig habt?«

»Wer, wir? Ich suche gar kein Gold. Ich stehe im Dienst der Regierung. Ich bin in amtlichem Auftrag hier. Ich soll am Squaw-Fluß Volkszählung abhalten.«

Und als ein anderer ihn mit den Worten begrüßte: »Wo willst du denn hin, Kleiner? Glaubst du wirklich, daß noch Platz für dich im Wagen ist?«, antwortete er: »Für mich?

Ich bin doch der Entdecker der Goldminen am Squaw-Bach. Ich habe eben in Dawson meine Mutung eintragen lassen, damit mir kein Chechaquo die Claims wegnimmt.«
Die durchschnittliche Schnelligkeit, die die Wettläufer auf dem glatten Boden erreichten, betrug drei und eine halbe Meile stündlich. Kurz und Kid machten vier und eine halbe, aber sie liefen auch hin und wieder eine kurze Strecke und kamen dann noch schneller vorwärts.
»Ich werde dir schon die Beine ablaufen«, rief Kid herausfordernd.
»Hoho, ich laufe auf den Stummeln weiter und trete dir die Hacken von den Mokassins. Übrigens ist es gar nicht nötig! Ich habe die Sache im Kopf nachgerechnet. Die Claims am Bach messen je fünfhundert Fuß — es kommen also, sagen wir, zehn Stück auf die Meile. Und es sind noch tausend Wettläufer vor uns, und der ganze Bach ist keine hundert Meilen lang. Irgend jemand muß also verlieren, und ich habe eine Ahnung, als ob wir das wären.«
Bevor Kid antwortete, machte er eine große Kraftanstrengung und ließ Kurz ein halbes Dutzend Fuß zurück.
»Wenn du dir deine Puste ein bißchen sparen würdest, könnten wir schon ein paar von den tausend einholen!« schimpfte er.
»Wer? Ich? Wenn du ein bißchen aus dem Wege gehst, werde ich dir zeigen, was Schnelligkeit heißt.«
Kid lachte und legte sich wieder ins Geschirr. Die ganze Geschichte hatte natürlich ein anderes Aussehen bekommen. Durch den Kopf schoß ihm ein Ausdruck des sonderbaren deutschen Philosophen: ›Die Umwertung aller Werte‹ ... Eigentlich machte es ihm viel weniger Spaß, ein Vermögen zu gewinnen, als Kurz zu besiegen. Und alles in allem, überlegte er, kam es ja gar nicht auf den Gewinn an, sondern auf das Spiel selbst. Wille und Muskeln, Seele und Säfte mußten in diesem Wettstreit mit Kurz bis zum Äu-

ßersten angespannt werden, obgleich Kurz ein Mann war, der nie ein Buch geöffnet hatte und eine große Oper nicht von einer Tanzmelodie, ein Epos nicht von einer Frostbeule unterscheiden konnte.

»Kurz, ich werde dir schon geben, was du brauchst! Ich habe seit dem Tage, an dem ich in Dyea ankam, jede einzige Zelle in meinem Körper neu aufgebaut. Meine Muskeln sind jetzt so zäh wie Peitschenschnüre und so bitter und böse wie der Biß einer Klapperschlange. Vor einigen Monaten hätte ich mich selbst angejauchzt, wenn ich etwas hätte schreiben können, aber damals konnte ich es einfach nicht. Ich mußte es erst erlebt haben, und jetzt, da ich es erlebe, habe ich gar keine Lust, es niederzuschreiben. Ich bin wirklich in jeder Beziehung hart und erprobt. Kein dreckiger Wicht von Gebirgler kann mir etwas bieten, ohne es hundertfach bezahlen zu müssen. Jetzt kannst du ja in Führung gehen, und wenn du genug hast, übernehme ich sie und werde dir eine halbe Stunde lang mehr als genug zu schaffen machen.«

»Donnerwetter!« grinste Kurz lustig. »Und dabei ist er noch nicht einmal trocken hinter den Ohren. Geh mir jetzt aus dem Wege und laß Papa seinem kleinen Jungen zeigen, wie man's macht.«

Dann lösten sie sich jede halbe Stunde in der Führung ab. Sie sprachen nicht mehr viel. Die Anstrengung hielt sie warm, obgleich der Atem auf ihren Gesichtern von den Lippen bis zum Kinn zu Eis wurde. So stark war die Kälte, daß sie unaufhörlich ihre Nasen und Wangen mit den Handschuhen reiben mußten. Sobald sie nur für kurze Zeit damit aufhörten, wurde das Fleisch sofort unempfindlich und mußte in der allerenergischsten Weise gerieben werden, damit sie wieder das brennende Prickeln empfanden, das die Rückkehr des normalen Blutumlaufes kennzeichnete.

Oft glaubten sie bereits die Spitze der Prozession erreicht

zu haben, aber immer wieder überholten sie neue Goldsucher, die vor ihnen aufgebrochen waren. Hin und wieder versuchten Gruppen von Männern, sich hinter ihnen zu halten. Sie verloren aber immer wieder den Mut, wenn sie eine oder zwei Meilen gefolgt waren, und verschwanden in der Dunkelheit hinter den beiden.

»Wir sind ja den ganzen Winter unterwegs gewesen«, erklärte Kurz, »und da bilden all diese Esel, die von dem ewigen Herumlungern in ihren Hütten ganz schlapp geworden sind, sich ein, es mit uns aufnehmen zu können. Na, wenn sie von dem richtigen guten alten Sauerteig wären, würde die Sache schon anders aussehen. Denn wenn einer vom alten Sauerteig etwas kann und versteht, dann ist es das Laufen.«

Einmal strich Kid ein Zündholz an und sah nach, wie spät es war. Aber er wiederholte den Versuch nicht, denn der Frost biß seine Hände so niederträchtig, daß es eine halbe Stunde dauerte, bis sie wieder brauchbar waren.

»Es ist jetzt vier Uhr«, sagte er, als er sich den Handschuh wieder anzog, »und wir haben schon an dreihundert überholt.«

»Dreihundertachtunddreißig«, verbesserte Kurz. »Ich habe sie genau gezählt. Geh aus dem Weg, Fremder. Laß Leute an die Spitze, die laufen können.«

Diese Aufforderung richtete er an einen Mann, der nur noch dahintaumelte und ihnen deshalb den Weg versperrte. Dieser und noch einer waren die einzigen völlig ausgepumpten Männer, die sie trafen. Jetzt waren sie fast an der Spitze des Zuges. Sie hörten übrigens erst später von all den Greueln, die sich in dieser Nacht abgespielt hatten. Erschöpfte Männer hatten sich am Rande des Weges zur Ruhe gesetzt, um nie wieder aufzustehen. Sieben starben vor Kälte, während unzählige von den Überlebenden dieses Wettrennens sich nachher in den Hospitälern von Dawson Zehen, Füße und Finger abschneiden lassen mußten. Zufällig war die Nacht, in der das Wettrennen stattfand, die kälteste des ganzen Jahres. Vor Tagesanbruch zeigten die Alkoholthermometer in Dawson eine Temperatur von siebzig Grad Fahrenheit unter Null. Und die Männer, die an dem Rennen teilnahmen, waren mit wenigen Ausnahmen Leute, die erst kürzlich ins Land gekommen waren und deshalb gar nicht wußten, wie man sich in solcher Kälte verhalten sollte.

Den nächsten, der das Rennen aufgegeben hatte, fanden sie einige Minuten später, als ein Streifen des Nordlichts vom Horizont bis zum Zenit wie der Lichtstrahl eines Scheinwerfers aufblitzte. Der Mann saß auf einem Eisblock am Wege.

»Nur immer los, Schwester Mary«, begrüßte Kurz ihn heiter. »Lauf weiter. Wenn du da sitzen bleibst, bist du bald steif wie ein Kirchturm.«

Der Mann gab keine Antwort, und sie blieben stehen, um ihn zu untersuchen.

»Steif wie ein Schürhaken«, lautete Kurz' Urteil. »Wenn du ihn umstülpst, bricht er mitten durch.«

»Sieh mal nach, ob er noch atmet«, sagte Kid, während er mit entblößten Händen durch den Pelz und die wollene Jacke das Herz suchte.

Kurz schob seine rechte Ohrklappe hoch und legte das Ohr an die vereisten Lippen.

»Keine Spur«, berichtete er.

»Das Herz schlägt auch nicht mehr«, sagte Kid.

Er zog sich wieder die Handschuhe an und schlug die Hand einige Minuten mit der anderen energisch, ehe er sie wieder der Kälte aussetzte, um ein Streichholz anzuzünden. Es war ein alter Mann, und es bestand kein Zweifel, daß er schon tot war. In der Minute, in der ihn das Licht des Zündholzes beleuchtete, sahen sie einen langen grauen, bis zur Nase von Eis überkrusteten Bart. Die Wangen waren weiß wie der Schnee, und die Augen, deren Wimpern voller Eisklumpen hingen, waren zugefroren. Dann erlosch das Streichholz.

»Komm«, sagte Kurz und rieb sich das Ohr. »Wir können dem alten Esel ja doch nicht mehr helfen. Und ich bin überzeugt, daß mein Ohr erfroren ist. Jetzt wird sich die verfluchte Haut abschälen, und es wird eine ganze Woche weh tun.«

Als einige Minuten später wieder ein Lichtstreifen sein zitterndes Feuer über den Himmel warf, erblickten sie zwei Gestalten vielleicht eine Viertelmeile vor sich auf dem Eise. Sonst war auf eine Meile im Umkreis nichts zu sehen, was sich regte.

»Das sind die Anführer der ganzen Kolonne«, sagte Kid, als es wieder dunkel wurde. »Los, daß wir sie kriegen!«

Als sie noch eine halbe Stunde gegangen waren, ohne sie einzuholen, begann Kurz zu laufen.

»Wenn wir sie auch erreichen, werden wir sie doch nie überholen«, erklärte er. »Donnerwetter, was für ein Tempo! Ich halte Dollars gegen Pfeffernüsse, daß das keine Chechaquos sind. Die sind vom richtigen alten Sauerteig... darauf kannst du dich in die Nase beißen.«

Als sie endlich die beiden erreichten, hatte Kid die Führung, und er freute sich aufrichtig, als er etwas langsamer gehen konnte, um Schritt mit ihnen zu halten. Er hatte gleich den Eindruck, daß die Person, die ihm am nächsten schritt, eine Frau war. Wie er zu dieser Überzeugung kam, konnte er freilich nicht sagen. Eingehüllt in Kopftuch und Pelzwerk, sah die Gestalt aus wie jede andere, aber es war etwas an ihr, was ihm bekannt vorkam, und er konnte dieses Gefühl nicht abschütteln. Er wartete den nächsten Lichtstreifen des Nordlichts ab, und bei diesem Schein sah er, wie klein die Füße waren. Aber er sah noch mehr — nämlich den Gang. Und er war sich gleich darüber klar, daß es der unverkennbare Gang war, von dem er einst festgestellt hatte, daß er ihn nie vergessen würde.

»Die marschiert aber gut«, vertraute Kurz ihm mit heiserem Flüstern an. »Ich wette, sie ist eine Indianerin.«

»Wie geht es Ihnen, Fräulein Gastell?« begrüßte Kid sie.

»Danke, und Ihnen?« antwortete sie und wandte schnell den Kopf, um ihn zu sehen. »Es ist leider noch zu dunkel, um richtig sehen zu können. Wer sind Sie?«

»Alaska-Kid.«

Sie lachte in die kalte Luft hinaus, und ihm schien, daß er noch nie in seinem Leben ein so herrliches Lachen gehört hätte.

»Und sind Sie schon verheiratet und haben all die Kinder bekommen, von denen Sie mir so Interessantes erzählten?« Bevor er antworten konnte, fuhr sie fort: »Wie viele Chechaquos sind noch hinter Ihnen her?«

»Einige Tausend, glaube ich. Wir haben über dreihundert überholt. Und sie verlieren keine Zeit unterwegs.«

»Es ist die alte Geschichte«, sagte sie bitter. »Die Neuankömmlinge belegen die reichen Claims an den Bächen, und die Alten, die gedarbt und gelitten und das ganze Land zu dem gemacht haben, was es ist, bekommen nichts. Die Alten sind es, die diese Goldlager am Squaw-Bach gefunden haben ... es ist mir unbegreiflich, wie es durchgesickert ist ... und sie hatten den alten Leuten am Löwensee Bescheid gegeben. Aber der liegt zehn Meilen hinter Dawson, und wenn sie kommen, werden sie entdecken, daß der Bach bis zu den Wolken voller Pfähle ist ... und alles von diesen Chechaquos. Es ist nicht recht, und es ist nicht schön, daß das Glück so verrückt handelt.«

»Es ist sehr traurig«, sagte Kid, »aber ich will mich hängen lassen, wenn ich ausrechnen kann, was dagegen zu machen ist. Wer zuerst kommt, mahlt zuerst.«

»Ich möchte gern etwas dagegen machen«, rief sie mit flammenden Augen. »Ich sähe am liebsten, wenn sie alle unterwegs erfrören oder ihnen sonst etwas Schreckliches geschähe, jedenfalls, bis die Leute vom Löwensee da sind.«
»Sie meinen es offenbar sehr gut mit uns«, lachte Kid.
»So ist es nicht gemeint«, sagte sie schnell. »Aber von den Leuten vom Löwensee kenne ich jeden einzelnen, und ich weiß, daß es Männer sind. Sie haben in den guten alten Tagen in diesem Lande gehungert und haben wie die Titanen geschuftet, um etwas daraus zu machen. Ich habe selbst damals die schweren Tage mit ihnen am Koyokuk erlebt, als ich noch ein kleines Mädchen war. Und habe mit ihnen die Hungersnot am Birkenbach durchgemacht und die andere Hungersnot bei den ›Vierzig Meilen‹. Sie sind Helden, die eine Belohnung verdienen, und doch kommen Tausende von Grünschnäbeln hierher, die gar nicht das Recht auf die Felder haben, und sind den alten um viele Meilen voraus. Und jetzt müssen Sie mir meine lange Tirade verzeihen. Ich will lieber meine Lunge schonen, denn ich weiß ja nicht, ob nicht Sie oder die andern versuchen wollen, Papa und mich zu überholen.«
Für eine Stunde wurden keine Worte mehr zwischen Joy und Kid gewechselt, aber er bemerkte, daß sie und ihr Vater eine Zeitlang leise miteinander sprachen.
»Ich weiß jetzt, wer das ist«, erzählte Kurz Kid. »Es ist der alte Louis Gastell, einer von den Besten unter den ›Alten‹. Das Mädel muß sein Fohlen sein. Es ist so lange her, daß er ins Land kam, daß keiner sich mehr erinnert... und er brachte das Töchterchen als Wickelkind mit. Er und Beetles sind Kompagnons gewesen; sie hatten den ersten lausig kleinen Dampfer, der bis zum Koyokuk fuhr.«
»Wir wollen doch lieber nicht versuchen, sie zu überholen«, sagte Kid. »Wir sind ja doch an der Spitze der ganzen Prozession; es sind nur noch vier vor uns.«

Kurz erklärte sich einverstanden, und es folgte wieder eine Stunde tiefen Schweigens, während sie unermüdlich weiterliefen. Gegen sieben wurde die Dunkelheit von einem letzten Aufflackern des Nordlichts erhellt, und sie sahen im Westen eine breite Öffnung in den schneebedeckten Bergen.
»Der Squaw-Bach!« rief Joy aus.
»Wir sind auch tüchtig gelaufen«, antwortete Kurz begeistert. »Meiner Berechnung nach hätten wir erst in einer halben Stunde dasein sollen. Ich muß meine Beine gründlich gebraucht haben.«
An dieser Stelle bog der Weg von Dyea, der an vielen Stellen vom Packeis versperrt wurde, scharf über den Yukon nach dem östlichen Ufer ab. Und hier mußten sie den festgetretenen, allgemein benutzten Weg verlassen, über das Packeis klettern und einer schmalen Fährte folgen, die nur wenig gebraucht war und nach dem Westufer hinüberführte.
Louis Gastell, der an der Spitze ging, strauchelte im Dunkeln auf dem glatten Eis. Er setzte sich und hielt seinen Fuß mit beiden Händen. Dann gelang es ihm wieder auf die Beine zu kommen, aber er blieb zurück, und man sah deutlich, daß er hinkte. Nach einigen Minuten blieb er stehen.
»Es hat keinen Zweck«, sagte er zu seiner Tochter. »Ich habe mir den Fuß verstaucht. Du mußt vorausgehen und für mich und dich je einen Claim abstecken.«
»Können wir nichts dabei machen?« fragte Kid.
Louis Gastell schüttelte den Kopf.
»Sie kann ebensogut zwei Claims abstecken wie einen. Ich werde langsam ans Ufer kriechen, mir dort ein Feuer machen und einen Verband um den Fuß legen. Es wird schon wieder in Ordnung kommen. Nur los, Joy, nimm für uns die Claims oberhalb des Finderclaims. Es wird reicher nach oben.«

»Hier ist etwas Birkenrinde«, sagte Kid und teilte seinen Vorrat. »Wir werden uns Ihrer Tochter annehmen.«
Louis Gastell lachte barsch.
»Schönen Dank«, sagte er. »Aber sie kann selbst für sich sorgen. Folgen Sie ihr nur und achten Sie darauf, was sie tut...«
»Haben Sie etwas dagegen, daß ich die Führung übernehme?« fragte sie und begab sich an die Spitze. »Ich kenne dieses Land besser als Sie.«
»Übernehmen Sie nur die Führung«, antwortete Kid galant. »Ich bin auch ganz mit Ihnen einig. Es ist eine Schande, daß wir Chechaquos den Alten vom Löwensee zuvorkommen sollen.«
Sie schüttelte den Kopf.
»Wir können unsere Fährte nicht verlöschen. Sie werden uns nachlaufen wie die Schafe.«
Eine Viertelstunde später bog sie in einem scharfen Winkel nach Westen ab. Kid bemerkte, daß sie jetzt über Schnee liefen, den bisher keiner betreten hatte; aber weder er noch Kurz merkten, daß die undeutliche Fährte, der sie bisher gefolgt waren, weiter nach Süden führte. Wenn sie gesehen hätten, was Louis Gastell tat, nachdem sie ihn verlassen hatten, würde sich die Geschichte Klondikes anders gestaltet haben. Denn dann hätten sie festgestellt, daß dieser erfahrene Mann der alten Tage nicht länger sitzen blieb, sondern ihnen, wie ein Spürhund mit der Nase auf der Fährte, nachging. Dann hätten sie auch gesehen, wie er den Weg, der sie nach Westen geführt hatte, deutlicher und breiter stampfte. Und endlich hätten sie auch bemerkt, daß er die alte undeutliche Fährte, die nach Süden ging, verwischte.
Eine Fährte führte den Bach hinauf, aber sie war so undeutlich, daß sie sie in der Dunkelheit immer wieder aus der Sicht verloren. Nach einer Viertelstunde überließ Joy den

beiden Männern abwechselnd die Führung und das Bahnen des Weges durch den Schnee. Da sie aber nur langsam vorwärts kommen konnten, gelang es der ganzen Prozession von Läufern, sie einzuholen, und als es gegen neun Uhr hell wurde, sahen sie, soweit ihr Auge reichte, eine ununterbrochene Reihe von Männern. Joys dunkle Augen leuchteten bei diesem Anblick.
»Wie lange ist es her, seit wir den Bach hinaufzugehen begannen?« fragte sie.
»Zwei Stunden«, antwortete Kid.
»Und zwei Stunden zurück machen vier Stunden«, lachte sie. »Die Alten vom Löwensee sind gerettet.«
Ein leiser Verdacht schoß Kid durch den Kopf. Er blieb stehen und blickte sie an.
»Ich verstehe nicht«, sagte er.
»Natürlich nicht. Aber ich will es Ihnen erzählen. Hier ist der Norwegen-Bach. Der Squaw-Bach ist der nächste südlich von ihm.«
Kid war einen Augenblick sprachlos.
»Das haben Sie absichtlich getan?« fragte Kurz.
»Ich tat es, um den Alten eine Chance zu geben.«
Sie lachte spöttisch. Die beiden Männer grinsten sich zu und stimmten ihr schließlich bei.
»Ich würde Sie über mein Knie legen und Ihnen anständige Dresche geben, wenn die Frauen hierzulande nicht so selten wären«, versicherte Kurz.
»Ihr Vater hat sich also nicht den Fuß verstaucht, sondern nur gewartet, bis wir weg waren, um allein weiterzugehen?« fragte Kid.
Sie nickte.
»Und Sie waren sein Lockvogel?«
Wieder nickte sie. Und diesmal klang Kids Lachen frei und echt. Es war das unwillkürliche Lachen eines Mannes, der seine Niederlage freimütig einräumt.

»Warum sind Sie uns nicht böse?« fragte sie reumütig.
»Oder warum verdreschen Sie mich nicht?«
»Weißt du, Kid... wir können ja ebensogut umkehren«, schlug Kurz vor. »Ich fange an, kalte Füße zu bekommen.«
Kid schüttelte den Kopf.
»Das würde eine Verspätung von vier Stunden bedeuten. Wir sind jetzt, glaube ich, den Bach acht Meilen hinauf gegangen, und soviel ich sehen kann, macht der Norwegen-Bach einen weiten Bogen nach Süden. Wir wollen ihm ein Stück folgen, dann irgendwo hinuntergehen und den Squaw-Bach oberhalb des Finderclaims erreichen.« Er sah Joy an.
»Wollen Sie mit uns kommen? Ich sagte Ihrem Vater ja, daß wir uns um Sie kümmern würden.«
»Ich...«, sie zögerte. »Ich glaube, ich werde es tun, wenn Sie nichts dagegen haben.« Sie sah ihn fest und gerade an, und ihr Gesicht war weder herausfordernd noch spöttisch.
»Sie sind schuld daran, Herr Kid, daß ich wirklich bereue, was ich getan habe. Aber einer mußte die Alten retten.«
»Ich habe den Eindruck, daß ein Wettrennen nach dem Golde seinen Hauptwert als sportliche Leistung hat.«
»Und ich habe den Eindruck, daß Sie beide sich glänzend damit abfinden«, fuhr sie fort. Dann fügte sie, mit einer Andeutung von einem Seufzer, hinzu: »Wie schade, daß Sie nicht zu den Alten gehören.«
Sie blieben noch zwei Stunden auf dem gefrorenen Flußbett des Norwegen-Baches. Dann bogen sie auf einen schmalen, unebenen Nebenfluß ein, der nach Süden führte. Gegen Mittag überschritten sie die Wasserscheide. Wenn sie zurückblickten, sahen sie die lange Reihe der Wettläufer sich allmählich auflösen. Hier und da zeigten Rauchsäulen, daß man im Begriff war, ein Lager aufzuschlagen.
Sie selbst hatten noch Schweres durchzumachen. Sie wateten bis zum Leib durch den Schnee und mußten immer wie-

der nach wenigen Metern haltmachen, um sich auszuruhen. Kurz war der erste, der eine Rast vorschlug.
»Wir sind jetzt über zwölf Stunden unterwegs«, sagte er. »Weißt du, Kid, ich gestehe ohne weiteres, daß ich müde bin. Und das bist du auch, mein Freund. Ich bin so frei, zu behaupten, daß ich so zäh an der Fährte hänge wie ein hungriger Indianer, wenn ein großes Stück Bärenfleisch winkt. Aber das arme Mädchen hier kann sich nicht länger auf den Beinen halten, wenn sie nichts in den Magen kriegt. Hier ist eben die richtige Stelle, um ein Feuer zu machen. Was meint ihr dazu?«
Sie schlugen das einfache Lager so schnell, geschickt und methodisch auf, daß Joy, die sie mit eifersüchtigen Augen betrachtete, sich gestehen mußte, daß selbst die Alten es nicht besser hätten machen können. Fichtenzweige, die sie auf dem Schnee ausbreiteten und worauf sie eine Decke legten, bildeten eine vorzügliche Unterlage, auf der sie sich ausruhen und ihre Tätigkeit als Köche ausüben konnten. Aber sie hielten sich vorsichtig vom Feuer fern, bis sie sich Nase und Kinn kräftig gerieben hatten.
Kid spie in die Luft, und das Knistern kam so prompt und kräftig, daß er den Kopf schüttelte.
»Ich gebe es auf«, sagte er. »Ich habe noch nie eine solche Kälte erlebt.«
»Einen Winter hatten wir am Koyokuk sechsundachtzig Grad Fahrenheit«, antwortete Joy. »Und jetzt sind es mindestens siebzig oder fünfundsiebzig, und ich weiß, daß ich mir leider die Backen erfroren habe. Sie brennen wie Feuer.«
Auf dem steilen Abhang der Wasserscheide lag kein Eis. Sie nahmen deshalb Schnee, der so fein, hart und kristallinisch wie Puderzucker war, und legten Hände voll davon in die Goldpfanne, bis sie Wasser genug hatten, um Kaffee zu kochen. Kid briet Speck und taute die Keks auf. Kurz

nahm sich der Heizung an und sorgte für das Feuer, und Joy für das bescheidene Geschirr, das aus zwei Tellern, zwei Tassen, zwei Löffeln, einer Büchse mit gemischtem Pfeffer und Salz und einer andern mit Zucker bestand. Als sie dann aßen, benutzten Joy und Kid denselben Löffel. Sie aßen von demselben Teller und tranken aus derselben Tasse.

Es war schon fast zwei Uhr nachmittags, als sie den Rükken der Wasserscheide hinter sich hatten und einen Nebenfluß des Squaw-Baches hinabzugehen begannen. Früher im Winter hatte ein Elchjäger eine Fährte durch den Cañon hinterlassen – das heißt, er war beim Hin- und Zurückgehen immer wieder in seine eigenen Fußspuren getreten. Die Folge war, daß man mitten im Schnee eine Reihe von unregelmäßigen Klumpen sah, die durch später gefallenen Schnee halbwegs verdeckt waren. Wenn der Fuß nicht genau den festen Klumpen traf, sank er tief in den weichen losen Schnee, und man konnte das nur schwerlich vermeiden. Um so mehr, als der Elenjäger ein ziemlich langbeiniger Herr gewesen zu sein schien. Joy, die jetzt sehr eifrig war, daß die beiden Männer ein paar Claims erhalten sollten, fürchtete, daß sie mit Rücksicht auf sie langsamer gehen würden. Sie verlangte deshalb, die Führung zu behalten. Die Schnelligkeit und die ganze Art, wie sie die schwierige Wanderung durchführte, fand den vorbehaltlosen Beifall Kurz'.

»Guck sie dir mal an«, rief er. »Piekfein ist sie! Das richtige rote Bärenfleisch! Sieh dir mal an, wie die Mokassins sausen. Da gibt's nichts mit hohen Absätzen ... sie gebraucht die Beinchen, wie sie der liebe Herrgott geschaffen hat. Sie ist das richtige Frauchen für einen Bärenjäger.«

Sie warf ihm über die Schulter ein anerkennendes Lächeln zu, das auch Kid umfaßte. Und Kid fühlte zwar die offene Kameradschaft dieses Lächelns, hatte aber dabei doch die bittere Empfindung, daß es nicht nur eine Schicksalsgenossin, sondern auch ein Weib war, das ihm einen Teil dieses Lächelns schenkte.

Als sie das Ufer des Squaw-Baches erreichten und zurückblickten, sahen sie, wie der Zug der Wettläufer sich in unordentliche Reihen aufgelöst hatte, die im Begriff waren, sich über die Wasserscheide zu arbeiten.

Dann glitten sie den Hang hinab in das Flußbett. Der Bach, der bis zum Grunde gefroren war, hatte eine Breite von zwanzig bis dreißig Fuß und lief zwischen sechs bis acht Fuß hohen Wällen aus angeschwemmtem Lehm. Kein Fußtritt hatte je den Schnee, der auf dem Eise lag, beschmutzt, und sie wußten deshalb, daß sie jetzt oberhalb des Finderclaims und der letzten Pfähle der Leute vom Löwensee waren.

»Achten Sie gut auf die Quellen«, warnte Joy, als Kid die Wanderung den Bach entlang führte. »Bei unter siebzig Grad Fahrenheit sind Ihre Füße verloren, wenn Sie durch das Eis brechen.«

Die Quellen, die den meisten Flüssen Klondikes eigentümlich sind, gefrieren nicht einmal bei der niedrigsten Temperatur. Das Wasser kommt aus den Uferabhängen und bleibt in Pfützen stehen, die durch das Oberflächeneis und durch Schneefälle gegen die schlimmste Kälte geschützt werden. Es kommt deshalb vor, daß ein Mann, der durch tiefen Schnee watet, plötzlich durch eine Eisdecke von einem halben Zoll bricht und bis zu den Knien im Wasser steht. Und wenn er sich dann nicht gleich trockene Strümpfe anziehen kann, muß er binnen fünf Minuten seine Unbesonnenheit mit dem Verlust der Füße büßen.

Obgleich es erst gegen drei Uhr nachmittags war, hatte die graue Dämmerung der Arktis schon eingesetzt. Sie sahen sich nach dem Pfahl um, der ihnen das letzte abgezeichnete Claim kenntlich machen sollte. Joy, eifrig und impulsiv

wie sie war, entdeckte ihn zuerst. Sie eilte zu Kid und rief:
»Hier ist jemand gewesen! Sehen Sie nur den Schnee!
Schauen Sie schnell nach dem Zeichen... hier ist es. Sehen
Sie die Fichte dort!«
Auf einmal versank sie bis zum Gürtel im Schnee. »O Gott,
jetzt sitze ich drin«, sagte sie traurig. Dann nahm sie sich
zusammen und rief schnell: »Kommen Sie mir nicht nahe...
ich werde hier durchwaten.«
Schritt für Schritt kämpfte sie sich vorwärts, bis sie wieder
festen Boden unter den Füßen hatte, aber es war schwer
gewesen, denn immer wieder brach sie durch die dünne
Eisdecke, die unter dem trockenen Schnee lag.
Kid wartete es aber nicht ab. Er sprang ans Ufer und holte
welke, eingetrocknete Zweige und Reisig, die bei den Frühlingsüberschwemmungen im Busch aufgesammelt und hierhergetrieben worden waren, wo sie jetzt nur auf das Streichholz warteten. Als sie zu ihm kam, stoben schon die ersten
Funken und Flammen aus dem brennenden Reisighaufen.
»Setzen Sie sich«, befahl er.
Sie setzte sich gehorsam in den Schnee. Er nahm seinen
Rucksack ab und breitete eine Decke vor ihren Füßen aus.
Von oben hörten sie die Stimmen der Wettläufer, die ihnen gefolgt waren.
»Lassen Sie Kurz abstecken«, schlug sie vor.
»Geh, Kurz«, sagte Kid, als er ihre Mokassins, die schon
ganz steif waren, in Angriff nahm. »Steck tausend Fuß ab
und setz zwei Pfähle hinein. Die Eckpfähle können wir ja
später stecken.«
Kid schnitt die Schnürsenkel und das Leder der Mokassins
durch. Sie waren schon so steif geworden, daß sie krachend
barsten, als er sie zerhackte und zerschnitt. Die Siwashsokken und die dicken wollenen Strümpfe waren feste Hülsen aus Eis. Es war, als ob ihre Füße und Fesseln in Behältern aus Wellblech steckten.

»Wie steht es mit ihren Füßen?« fragte er.
»Ziemlich unempfindlich. Ich kann die Zehen weder fühlen noch bewegen. Aber es wird schon wieder werden. Das Feuer brennt ja herrlich. Passen Sie auf, daß Ihre eigenen Hände nicht dabei erfrieren. Sie müssen schon unempfindlich geworden sein, danach zu urteilen, wie Sie jetzt herumfummeln.«
Er zog sich die Handschuhe wieder an, und fast eine Minute lang schlug er aus aller Kraft die Hände gegen seine Seiten. Als er das Blut prickeln spürte, zog er die Handschuhe wieder aus und zerrte und riß, schnitt und sägte mit dem Messer an den gefrorenen Bekleidungsgegenständen Joys herum. Endlich kam die weiße Haut des einen Fußes zum Vorschein, dann die des andern, um der eisigen Kälte von siebzig Grad Fahrenheit unter Null ausgesetzt zu werden. Dann wurden beide Füße mit Schnee gerieben, und zwar mit rücksichtsloser Kraft, bis Joy sich schließlich krümmte und wand und ihre Zehen bewegte, während sie glücklich klagte, daß es wieder weh tat. Halb zog er sie, halb schob sie selbst sich näher an das Feuer heran. Dann legte er ihre Füße auf eine Decke, ganz nahe an die heilbringenden Flammen. »Sie müssen noch eine Weile gut achtgeben«, sagte er.
Jetzt konnte sie auch ohne Gefahr ihre Fäustlinge ausziehen und sich selbst die Füße reiben, und das tat sie mit der Klugheit der Erfahrung, indem sie Sorge trug, daß die Hitze des Feuers nur langsam wirken konnte. Während sie das tat, nahm Kid seine eigenen Hände in Arbeit. Der Schnee schmolz weder, noch wurde er weich. Die feinen Kristalle waren wie ebenso viele Sandkörner. Nur langsam begann das Stechen und Klopfen des Blutumlaufs in das erfrorene Fleisch zurückzukehren. Dann schürte Kid das Feuer, nahm Joy das leichte Bündel vom Rücken und holte eine ganz neue Garnitur Fußbekleidung heraus.

Kurz kehrte jetzt das Flußbett entlang zurück und kletterte den Uferhang herauf.
»Ich glaube sicher, daß ich gut tausend Fuß abgesteckt habe«, berichtete er. »Nummer siebenundzwanzig und achtundzwanzig, obgleich ich bei Nummer siebenundzwanzig nur den oberen Pfahl eingesteckt hatte, als ich schon den ersten von der ganzen Bande hinter uns traf. Er sagte mir direkt, daß ich Nummer achtundzwanzig nicht abstecken dürfe. Und ich erzählte ihm...«
»Ach ja, was sagten Sie ihm?« rief Joy eifrig.
»Ich erzählte ihm direkt, daß ich, wenn er nicht schleunigst fünfhundert Meter weiter hinaufginge, ich seine erfrorene Nase so lange bearbeiten würde, bis sie zu Vanilleeis mit Schokoladensoße geworden wäre. Da riß er aus, und ich habe zwei Claims von genau je fünfhundert Fuß abgezeichnet. Er steckte den nächsten Claim ab, und ich denke, daß die übrige Rasselbande den ganzen Bach bis zu den Quellen und weiter auf der andern Seite abgesteckt hat. Unsere Claims sind jedenfalls gesichert. Es ist jetzt so dunkel, daß man nichts sehen kann, aber wir können die Eckpflöcke morgen stecken.

Als sie am nächsten Morgen aufwachten, stellten sie fest, daß das Wetter während der Nacht völlig umgeschlagen war. Es war jetzt so milde, daß Kurz und Kid, während sie noch in ihren gemeinsamen Decken lagen, die Temperatur auf nur zwanzig Grad unter Null einschätzten. Die schlimmste Kälte schien überstanden. Auf ihren Decken lagen die glitzernden Eiskristalle sechs Zoll hoch.
»Guten Morgen... wie geht es mit Ihren Füßen?« begrüßte Kid Joy Gastell über das Feuer hinweg, als sie den Schnee abschüttelte und sich in ihrem Schlafsack aufrichtete.
Kurz machte ein neues Feuer an und holte Eis vom Bach. Kid bereitete das Frühstück.

Als sie die Mahlzeit beendet hatten, war es hell geworden. »Jetzt kannst du gehen und die Eckpflöcke stecken«, sagte Kurz. »Dort, wo ich vorhin Eis zum Kaffee holte, hab' ich Kies gesehen, und jetzt werde ich mal — nur so zum Spaß — etwas Wasser machen und eine Pfanne von dem Kies auswaschen.«

Kid entfernte sich mit der Axt in der Hand, um die Pfähle zu stecken. Er begann seinen Rundgang von dem Pfahl von Nummer siebenundzwanzig unterhalb des Flusses und ging dann im rechten Winkel durch das kleine Tal bis zu dessen Rand. Er tat es methodisch, fast automatisch, denn sein Gehirn beschäftigte sich mit Erinnerungen an den vorhergehenden Abend. Er hatte irgendwie das Gefühl, die Herrschaft über die feinen Linien und festen Muskeln dieser Füße und Fesseln errungen zu haben, die er mit Schnee gerieben hatte, und ihm schien, daß diese Herrschaft sich auf die ganze Frau erstreckte. Unklar und doch heftig quälte ihn das Gefühl, daß ihm dies alles gehörte. Es kam ihm vor, als brauchte er nur zu Joy Gastell zu gehen, ihre Hände zu nehmen und ihr zu sagen: ›Komm.‹

Als er in diesem Zustand herumging, machte er eine Entdeckung, die ihn die Herrschaft über die weißen Füße einer Frau gründlich vergessen ließ. Am Rande des Tales steckte er keinen Eckpfahl ab. Er kam überhaupt gar nicht bis zum Rand des Tales, sondern sah sich statt dessen einem andern Bach gegenüber. Er merkte sich dort eine Wiese, die schon abgesteckt war, und eine große, leicht zu erkennende Fichte. Dann ging er zu der Stelle am Bach zurück, wo die Pfähle standen. Er folgte dem Bachbett, umging die Ebene in einem hufeisenförmigen Bogen und stellte dabei fest, daß es sich nur um einen einzigen Bach, nicht um zwei Wasserläufe handelte. Dann watete er zweimal von einem Ende des Tales bis zum andern durch den tiefen Schnee — das erstemal ging er von dem unteren Pfahl im Claim sieben-

undzwanzig aus, das zweitemal vom oberen Pfahl in Nummer achtundzwanzig und entdeckte dabei, daß der obere Pfahl dieses Claims unterhalb des unteren im ersten Claim stand. In der grauen Dämmerung des gestrigen Abends, als es schon fast dunkel gewesen war, hatte Kurz beide Claims innerhalb des Hufeisens abgezeichnet.
Kid trottete nach dem kleinen Lager zurück. Kurz hatte soeben das Waschen des Kieses in seiner Pfanne beendet und konnte sich nicht länger halten, als er ihn sah: »Jetzt haben wir's geschafft!« brüllte er und hielt die Pfanne hoch. »Schau nur her! Eine saubere Portion Gold! Zweihundert Dollar auf den Tisch des Hauses, wenn ich mich nicht irre. Gold hat der Bach also genug schon im Waschkies. Ich habe viele Goldminen in meinem Leben gesehen, aber solche Butter wie die hier hatte ich noch nie in der Pfanne.«
Kid warf einen gleichgültigen Blick auf das rohe Gold, goß sich dann eine Tasse Kaffee ein und setzte sich. Joy merkte, daß irgend etwas nicht stimmte, und sah ihn mit fragenden und besorgten Augen an. Kurz war dagegen tief entrüstet, daß sein Kamerad so gleichgültig schien.
»Warum guckst du nicht her und kommst ganz aus dem Häuschen vor Freude?« fragte er empört. »Wir haben hier ein hübsches kleines Vermögen, wenn du nicht deine edle Nase über Pfannen mit zweihundert Dollar rümpfst.«
Kid nahm einen Schluck Kaffee, bevor er antwortete.
»Sag mal, Kurz, warum haben unsere beiden Felder solche Ähnlichkeit mit dem Panamakanal?«
»Was meinst du damit?«
»Nun, die östliche Einfahrt zum Kanal liegt westlich von der westlichen... das ist alles.«
»Red schon weiter«, sagte Kurz. »Ich verstehe den Witz nicht.«
»Um es kurz zu sagen, du hast unsere beiden Felder in einem großen hufeisenförmigen Bogen abgezeichnet...«

Kurz setzte die Pfanne mit dem Gold in den Schnee und stand auf.
»Weiter...«, wiederholte er.
»Der obere Pfahl von achtundzwanzig steht zehn Fuß unterhalb dem von siebenundzwanzig.«
»Du meinst, daß wir nichts gekriegt haben, Kid?«
»Schlimmer noch: wir haben zehn Fuß weniger als gar nichts bekommen.«
Kurz lief wie der Blitz zum Ufer hinab. Fünf Minuten später war er schon wieder da. Auf Joys fragenden Blick hin nickte er. Ohne ein Wort zu sagen, ging er zu einem Baumstamm und setzte sich. Dann starrte er in den Schnee vor sich hin.
»Wir können ebensogut das Lager abbrechen und nach Dawson zurückwandern«, sagte Kid und begann die Decken zusammenzulegen.
»Es tut mir leid, Kid«, sagte Joy. »Ich bin ja an allem schuld.«
»Es ist alles gut«, sagte er. »So etwas kann alle Tage passieren, wissen Sie.«
»Es ist meine Schuld, nur meine Schuld«, wiederholte sie hartnäckig. »Aber Papa hat für mich einen Claim beim Finderclaim abgesteckt, wie Sie ja wissen... Ich überlasse Ihnen meinen.«
Er schüttelte den Kopf.
»Kurz?« bat sie.
Kurz schüttelte den Kopf und begann zu lachen. Es war ein ungeheures Gelächter. Das Kichern und Prusten wurde allmählich zu einem Gebrüll, das aus übervollem Herzen kam.
»Ich bin nicht etwa hysterisch geworden«, sagte er. »Zuweilen finde ich die ganze Welt so verdammt komisch, und jetzt eben geht es mir so.«
Sein Blick fiel zufällig auf die Pfanne mit dem Gold.

Er ging hinüber und gab ihr feierlich einen Fußtritt, daß das ganze Gold in den Schnee flog.
»Es gehört ja nicht uns«, sagte er. »Es gehört dem Idioten, den ich heut nacht fünfhundert Fuß weiter hinaufjagte. Mich ärgert dabei nur, daß es genau vierhundertneunzig Fuß zuviel waren — zu seinen Gunsten! Komm jetzt, Kid! Wir gehen nach Dawson zurück. Und wenn du Lust hast, mich totzuschlagen, kannst du es tun ... ich werde keine Hand rühren.«

IV *Shorty träumt*

»Komisch, daß du gar nicht spielst«, sagte Kurz eines Abends im ›Elch‹ zu Kid. »Liegt es dir denn gar nicht im Blut?«
»Natürlich«, antwortete Kid. »Aber ich habe auch die Zahlen im Kopf. Ich will was Reelles für mein Geld haben.«
Der ganze große Schankraum um sie her hallte wider von dem Knattern und Rasseln und Rumpeln der zwölf Roulettes, an denen pelzgekleidete Männer in Mokassins ihr Glück versuchten. Kid machte eine Handbewegung, die all diese Leute umfaßte.
»Schau sie dir an«, sagte er. »Die nüchternen Zahlen erzählen mir, daß sie heute nacht mehr verlieren als gewinnen werden. Und daß die meisten von ihnen in diesem Augenblick im Verlust sitzen.«
»Du bist sicher ein guter Rechner«, murmelte Kurz bewundernd. »Und meistens hast du ja auch recht. Aber es gibt auch so etwas wie Tatsachen! Und es ist eine Tatsache, daß es ganze Glückssträhnen geben kann. Es gibt Augenblicke, in denen jeder Idiot, der nur spielt, gewinnen muß. Das weiß ich, denn ich habe selbst Spiele genug mitgemacht und habe mehr als einmal erlebt, daß die Bank gesprengt wurde. Die einzige Methode, zu gewinnen, ist, ruhig abzu-

warten, bis man eine Vorahnung bekommt, daß jetzt die Glückssträhne angesaust kommt, und sie dann bis zum letzten auszunutzen.«
»Das klingt ja sehr einfach«, sagte Kid kritisch. »So einfach, daß ich gar nicht begreifen kann, wie man überhaupt verlieren kann.«
»Der Fehler ist ja eben«, gab Kurz zu, »daß die meisten Leute ihre Vorahnungen mißverstehen. Es ist natürlich hin und wieder auch geschehen, daß ich mich in meinen Ahnungen geirrt habe. Man muß eben versuchen, es herauszukriegen.«
Kid schüttelte den Kopf.
»Das ist auch nur eine Art Berechnung, Kurz. Die meisten Männer irren sich aber in ihren Ahnungen.«
»Aber hast du denn nie so ein todsicheres Gefühl gehabt, daß du nur dein Geld hinzulegen brauchtest, um den Gewinn in die Tasche zu stecken?«
Kid lachte.
»Ich bin zu ängstlich, wenn ich an die vielen Prozent Chancen denke, die ich gegen mich habe. Aber ich will dir was sagen, Kurz: Ich werde jetzt einen Dollar auf die ›Hohe Karte‹ setzen und sehen, ob ich so viel gewinne, daß wir einen dafür trinken können.«
Kid wollte sich den Weg zum Pharaotisch bahnen, aber Kurz hielt ihn am Arm zurück.
»Laß mal, du. Ich habe eben eine von meinen Ahnungen. Setz lieber deinen Dollar an der Roulette.«
Sie gingen zum Roulettetisch neben der Bar.
»Warte, bis ich es dir sage«, riet Kurz.
»Welche Nummer?«
»Das mußt du selbst bestimmen. Aber warte, bis ich es dir sage.«
»Du willst doch nicht behaupten, daß ich gerade an diesem Tisch eine besondere Chance hätte?« wandte Kid ein.

»Eine ebenso gute wie am nächsten.«
»Aber jedenfalls keine so gute wie die Bank.«
»Wart ab und sieh«, erklärte Kurz eindringlich. »Jetzt ... jetzt los!«
Der Bankhalter hatte soeben die kleine elfenbeinerne Kugel auf ihre wirbelnde Fahrt über den glatten Rand des rollenden Rades mit den vielen Löchern hinausfliegen lassen. Kid, der am unteren Tischende stand, lehnte sich über einen der Spieler und warf seinen Dollar achtlos auf den Tisch. Er rollte über das glatte grüne Tuch und blieb dann säuberlich in der Mitte von ›34‹ liegen.
Die Kugel hielt an, und der Bankhalter rief: »Vierunddreißig gewinnt.«
Er strich das Geld vom Tisch und legte fünfunddreißig Dollar vor Kid hin. Als Kid das Geld in die Tasche steckte, klopfte Kurz ihm auf die Schulter.
»Na, da siehst du, was eine Ahnung bedeutet, Kid! Wie ich es wissen konnte? Das kann ich dir nicht erklären. Ich wußte einfach, daß du gewinnen würdest. Denn, siehst du, wenn dein Dollar auf eine andere Zahl gefallen wäre, dann hätte die gewonnen. Wenn die Ahnung richtig ist, mußt du einfach gewinnen.«
»Aber wenn nun Doppelzero herausgekommen wäre, was dann?« fragte Kid, während sie sich zur Bar begaben.
»Dann wäre dein Dollar auf zwei Nullen liegen geblieben«, antwortete Kurz. »Das ist einfach unvermeidlich. Ahnung ist und bleibt Ahnung. Da kannst du sagen, was du willst ... nichts zu machen. Aber komm jetzt wieder an den Tisch. Ich habe eine neue Ahnung bekommen, daß ich jetzt, nachdem ich dir gewinnen half, selbst ein paar Treffer kriege.«
»Spielst du denn nach einem bestimmten System?« fragte Kid zehn Minuten später, als sein Kamerad schon hundert Dollar verloren hatte.
Kurz schüttelte empört den Kopf, während er seine Spiel-

marken auf drei und auf siebzehn legte. Außerdem legte er eine Marke, die er noch übrig hatte, auf grün.
»Die Hölle ist vollgepfropft mit Idioten, die nach Systemen gespielt haben«, bemerkte er noch, als der Bankhalter das Geld an sich raffte.
Kid, der zuerst nur zugesehen hatte, wurde allmählich ganz bezaubert. Er verfolgte mit dem größten Interesse jede Einzelheit des Spieles von der wirbelnden Kugel bis zur Ein- und Auszahlung der Einsätze. Er selbst spielte nicht mit, sondern begnügte sich mit dem Zusehen. Aber es interessierte ihn so, daß Kurz, der erklärte, jetzt genug vom Spiele bekommen zu haben, ihn kaum vom Tisch wegziehen konnte.
Der Bankhalter gab Kurz den Goldsack wieder, den er als Sicherheit hinterlegt hatte, um mitspielen zu dürfen, und gleichzeitig bekam er einen Schein, worauf stand: Verloren Dollar 350,00. Kurz ging mit dem Sack und dem Schein quer durch den Raum, um beides dem Mann zu geben, der dort hinter einer großen Goldwaage saß. Er wog für 350 Dollar Goldstaub ab und tat sie in den Goldbehälter des Hauses.
»Diese Ahnung war wohl auch eine von deinen Berechnungen«, spottete Kid.
»Ich mußte doch zu Ende spielen, nicht wahr? Nur um zu sehen, wie es zusammenhing«, gab Kurz zurück. »Und ich denke, ich mußte es auch durchführen, um dir zu beweisen, daß es so was wie Ahnungen gibt.»
»Macht nichts, Kurz«, lachte Kid. »Ich habe selbst eben so etwas wie eine Ahnung bekommen.«
Kurz' Augen strahlten, und er rief eifrig:»Was denn, Kid? Dann nur gleich hinein und spiel!«
»Es ist nichts dergleichen, Kurz. Meine Ahnung sagt mir nur, daß ich eines schönen Tages ein System ausarbeiten werde, das den ganzen Tisch da drinnen sprengen wird.«

»System...«, seufzte Kurz. Dann betrachtete er seinen Partner mit tiefem Mitleid. »Kid, höre auf den guten Rat deines Stallbruders und laß alle Systeme schießen. Systeme gehen todsicher zum Teufel. Bei Systemen gibt es keine Ahnungen.«
»Deshalb liebe ich sie ja gerade«, antwortete Kid. »Ein System hat eine ordentliche Basis. Wenn du das richtige System findest, kannst du nie verlieren... und darin liegt der Unterschied zwischen Systemen und Ahnungen. Du weißt nie, wann die richtige Ahnung zum Teufel geht...«
»Aber ich weiß von unzähligen Systemen, die zum Teufel gegangen sind, und ich habe noch nie eins gesehen, das zum Gewinn geführt hat.«
Kurz schwieg einen Augenblick und seufzte tief. »Weißt du, Kid, wenn du anfängst, dich in Systeme zu verlieben, dann ist hier nicht der rechte Platz für dich. Dann ist es wirklich Zeit, daß wir wieder auf die Reise gehen.«

In den folgenden Wochen schienen die beiden Partner entgegengesetzte Ziele zu verfolgen. Kid wollte noch immer die meiste Zeit im ›Elch‹ verbringen, wo er dem Roulettespiel zusah, während Kurz ebenso eifrig verlangte, daß sie auf die Reise gehen sollten. Als Kurz schließlich vorschlug, daß sie zweihundert Meilen weit den Yukon hinab auf die Goldsuche gehen sollten, setzte Kid sich auf die Hinterbeine.
»Siehst du, Kurz«, sagte er. »Ich will nicht gehen. Die Fahrt würde mindestens zehn Tage in Anspruch nehmen, und ich hoffe mein System schon vorher in die Tat umzusetzen. Ich könnte beinahe schon jetzt damit anfangen und gewinnen. Aber warum in aller Welt willst du mich überhaupt in dieser Weise durch das Land schleppen?«
»Kid, ich muß mich ja ein bißchen deiner annehmen«, erwiderte Kurz. »Bei dir geht eine kleine Schraube los. Ich

würde dich bis nach Jericho oder nach dem Nordpol schleppen, wenn ich dich nur von dem verdammten Tisch losreißen könnte.«
»Das mag ja alles ganz gut sein, Kurz, aber schließlich bin ich ja verhältnismäßig erwachsen und noch dazu ein guter Fleischesser. Das einzige, was du schleppen sollst, ist das Gold, das ich durch mein System gewinnen werde, und ich glaube, daß du ein Hundegespann brauchen wirst.«
Kurz antwortete nur mit einem Stöhnen.
»Und ich möchte auch nicht, daß du auf eigene Faust spielst«, fuhr Kid fort. »Wir werden den Gewinn teilen, aber ich brauche all unser Geld, um es durchzuführen. Das System ist ja noch nicht ausprobiert, und es ist sehr gut möglich, daß ich einige Verluste haben werde, ehe ich es richtig in Gang kriege.«
Nachdem Kid lange Stunden und Tage mit ständiger Beobachtung des Tisches verbracht hatte, kam schließlich der Abend, an dem er erklärte, daß er bereit sei. Düster und pessimistisch begleitete Kurz seinen Kompagnon nach dem ›Elch‹, mit einer Miene, als ginge er zu seinem eigenen Begräbnis. Kid kaufte einen Haufen Spielmarken und setzte sich neben den Bankhalter am Ende des Tisches. Immer wieder machte der Ball seinen sausenden Kreislauf durch das Rad, und die andern Spieler gewannen und verloren, aber Kid wagte noch keine einzige Marke zu setzen. Kurz wurde immer ungeduldiger.
»Nur los, Kamerad, nur immer los«, drängte er. »Mach bald Schluß mit dem Begräbnis. Was hast du denn? Kalte Füße gekriegt?«
Kid schüttelte den Kopf und wartete. Ein Dutzend Spiele wurden beendet, dann warf er plötzlich zehn 1-Dollar-Marken auf ›26‹. Die Zahl gewann, und der Bankhalter zahlte Kid dreihundertfünfzig Dollar aus. Wieder ging ein Dutzend Spiele vorüber, als Kid endlich zum zweitenmal

zehn Dollar, jetzt aber auf ›32‹ setzte. Und wiederum erhielt er dreihundertfünfzig Dollar.

»Das nenne ich eine Ahnung«, flüsterte ihm Kurz laut und aufgeregt ins Ohr. »Nur festhalten, festhalten!«

»Keine Spur von Ahnung«, flüsterte Kid zurück. »Es gehört zum System. Ist es nicht prachtvoll?«

»Das kannst du mir nicht weismachen«, behauptete Kurz. »Ahnungen kommen einem oft auf die merkwürdigsten Arten. Vielleicht glaubst du, daß es ein System ist, aber das ist es nicht. Systeme taugen nie etwas. Das gibt es gar nicht! Es ist todsicher auf eine Ahnung, daß du so spielst...«

Kid änderte jetzt sein Spiel. Er setzte etwas öfter, aber stets nur einzelne Marken, warf sie hierhin und dorthin und verlor mehr, als er gewann.

»Hör jetzt lieber auf«, riet ihm Kurz. »Steck ein, was du hast. Du hast dreimal ins Schwarze getroffen und immerhin einen Tausender gewonnen. Du kannst jetzt ruhig aufhören.«

In demselben Augenblick surrte die Kugel wieder durch das Rad, und Kid warf zehn Dollar auf ›26‹. Die Kugel fiel in das Loch der ›26‹, und der Bankhalter zahlte Kid dreihundertfünfzig Dollar aus.

»Wenn du also sowieso ganz hirnverbrannt bist und auch noch den großen Treffer deines Lebens bekommen hast, dann setz den Höchstbetrag«, sagte Kurz. »Schmeiß nächstes Mal fünfundzwanzig drauf.«

Eine Viertelstunde verging, in der Kid teils gewann, teils verlor, aber immer nur kleine Beträge auf verschiedenen Zahlen. Da setzte er, mit der Plötzlichkeit, die sein ganzes Spiel kennzeichnete, fünfundzwanzig Dollar auf Doppelzero, und der Bankhalter zahlte ihm achthundertfünfundsiebzig Dollar aus.

»Weck mich doch, Kid, ich träume ja!« stöhnte Kurz.

Kid lächelte, schlug in seinem Notizbuch nach und vertief-

te sich in Berechnungen. Immer wieder zog er sein Notizbuch aus der Tasche, und hin und wieder schrieb er Zahlen auf.
Es hatte sich eine ganze Menge von Leuten um den Tisch gesammelt, während die Spieler selbst versuchten, dieselben Zahlen zu belegen wie er. Da änderte er mit einem Schlage wieder seine Taktik. Zehnmal nacheinander setzte er zehn Dollar auf ›18‹ und verlor. Jetzt hätte selbst der Kühnste ihn im Stich gelassen. Da wechselte er wieder die Nummer und gewann zum fünften Male dreihundertfünfzig Dollar. Im selben Augenblick kehrten die andern Spieler reumütig zu seinen Zahlen zurück, ließen ihn aber wieder allein, als er aufs neue eine Reihe von Verlusten zu verbuchen hatte.
»Laß das Ding jetzt, Kid, laß es«, warnte Kurz. »Selbst die beste Strähne von Ahnungen hat nur eine bestimmte Länge, und deine ist jetzt fertig. Du machst keinen Treffer mehr.«
»Ich werde nur noch einmal ins Schwarze treffen, ehe ich meinen Gewinn zusammenraffe«, antwortete Kid.
Einige Minuten warf er noch Spielmarken mit wechselndem Glück auf verschiedene Zahlen, dann setzte er plötzlich fünfundzwanzig Dollar auf Doppelzero.
»Jetzt werde ich Schluß machen«, sagte er zu dem Bankhalter, nachdem er gewonnen hatte.
»Oh, du brauchst es mir nicht zu zeigen«, sagte Kurz, als sie zusammen nach der Waage gingen. »Ich habe selbst nachgerechnet. Du mußt so etwa dreitausendsechshundert gewonnen haben. Stimmt es?«
»Dreitausendsechshundertdreißig«, antwortete Kid. »Und jetzt mußt du den Goldstaub nach Hause tragen. So haben wir es abgemacht.«

»Fordere das Glück nicht heraus«, flehte Kurz am nächsten Abend in der Hütte, als er bemerkte, daß Kid Vorbereitungen traf, wieder in den ›Elch‹ zu gehen. »Du hast gestern eine gewaltig lange Strähne von Ahnungen gehabt, aber du hast sie auch bis zum letzten Tropfen ausgepreßt. Wenn du wieder anfängst, wirst du deinen ganzen Gewinn zusetzen.«
»Aber ich sage dir ja, daß es keine Ahnungen sind, Kurz. Es ist Berechnung. Ein System. Man kann überhaupt nicht verlieren.«
»Zur Hölle mit allen Systemen. So etwas wie ein System kann es gar nicht geben. Ich habe mal siebzehn solche Strähnen in ›Schwarz und Rot‹ gehabt! War es System? Quatsch! Es war blödes, blindes Schwein; aber ich hatte kalte Füße bekommen und wagte nicht, zu Ende zu spielen. Wenn ich durchgehalten und mich nicht nach der dritten Runde zurückgezogen hätte, würde ich mit dem ursprünglichen Einsatz von einem viertel Dollar dreißigtausend Dollar gewonnen haben.«
»Das ist ja auch schnuppe, Kurz. Hier handelt es sich um ein richtiges System.«
»Na, das mußt du mir erst beweisen.«
»Werd' ich schon. Komm jetzt mit, ich zeig' es dir heute wieder.«
Als sie den Schankraum des ›Elch‹ betraten, richteten sich alle Augen auf Kid, und die Spieler am Tisch machten ihm Platz, als er sich wie am vorhergehenden Tage neben den Bankhalter setzte. Sein Spiel war indessen heute ganz anders. Im Laufe von anderthalb Stunden setzte er im ganzen nur viermal, aber jedesmal fünfundzwanzig Dollar, und gewann stets. Er steckte dreitausendfünfhundert Dollar ein. Und Kurz trug wieder den Goldstaub nach Hause.
»Jetzt ist es aber Zeit, Schluß mit dem Spaß zu machen«, riet Kurz, als er auf dem Bettrand saß und sich die Mokas-

sins auszog. »Du hast siebentausend Dollar gewonnen. Der Mann muß verrückt sein, der sein Schicksal noch weiter herausfordert.«

»Lieber Kurz, ein Mann würde ganz und himmelschreiend hirnverbrannt sein, wenn er nicht ein solches System, wie meins eins ist, ausnützt.«

»Hör mal, Kid. Du bist ein verdammt gescheiter Kerl. Du hast die Universität besucht. Du kannst in einer Minute mehr begreifen als ich in vierzigtausend Jahren. Aber trotzdem bist du mehr als verrückt, wenn du behauptest, daß dein Glück ein System sei. Ich bin viel in der Welt herumgekommen, und ich kann dir geradeheraus und vertraulich und mit absoluter Sicherheit erklären, daß es kein System gibt, das eine Bank sprengen kann.«

»Aber ich werde es dir beweisen. Es ist einfach eine Schatzkammer.«

»Nein, das ist es nicht, Kid. Es ist nur der Traum von einer Schatzkammer. Ich schlafe einfach. Plötzlich wache ich wieder auf und mache Feuer und Frühstück.«

»Gut, mein ungläubiger Freund, hier ist der Goldstaub. Greif zu!«

Und Kid warf seinem Partner den schweren Beutel mit dem Goldstaub aufs Knie. Er wog fünfunddreißig Pfund, und Kurz mußte zugeben, daß er es spürte, als der Beutel sein Bein traf.

»Hm, ich habe freilich einige verdammt lebendige Träume in meinem Leben gehabt. Im Traum ist alles möglich. Im wirklichen Leben sind Systeme nicht möglich. Nun, ich bin ja nie auf der Universität gewesen, aber trotzdem habe ich vollkommen recht, wenn ich diese Spielorgie als einen Traum betrachte.«

»Hamiltons ›Gesetz der Kargheit‹«, lachte Kid.

»Ich habe nie was von dem Herrn gehört, aber sein Mittel wird schon das richtige sein. Ich träume, Kid, und du schleichst in meinem Traum herum und quälst mich mit Systemen. Wenn du mich gern hast, wenn du mich wirklich im Ernst gern hast, dann brüllst du jetzt: ›Wach auf, Kurz‹ ...und dann werde ich wach werden und das Frühstück machen.«

Als Kid am dritten Spielabend seinen Einsatz auf den Tisch legte, schob der Bankhalter ihm fünfzehn Dollar zurück.
»Mehr als zehn dürfen Sie nicht mehr setzen«, sagte er. »Die Höchstgrenze ist herabgesetzt worden.«
»Wollt Ihr nur Kleingeld haben?« spottete Kurz.
»Wir zwingen niemand, an diesem Tisch zu spielen, wenn er keine Lust hat«, antwortete der Bankhalter. »Und ich sage Ihnen offen und ehrlich, daß es uns lieber wäre, Ihr Partner würde nicht an unserm Tisch spielen.«
»Furcht vor seinem System, was?« neckte Kurz den Bankhalter, als er Kid dreihundertfünfzig Dollar auszahlte.
»Ich will nicht sagen, daß ich an Systeme glaube, das tue ich nicht. Es hat noch kein System gegeben, das die Bank einer Roulette oder eines Spiels von der Art gesprengt hätte. Aber ich habe auch manchmal seltsame Glückssträhnen gesehen. Und ich will diese Bank nicht sprengen lassen, solange ich es verhindern kann.«
»Kalte Füße?«
»Bankhalten ist ein Geschäft genau wie jedes andere, mein Freund. Wir sind keine Philanthropen.«
Abend für Abend gewann Kid. Seine Spieltaktik wechselte beständig. Die Sachverständigen drängten sich um den Tisch, und einer nach dem andern notierte sich seine Einsätze und Nummern und versuchte vergebens, hinter sein System zu kommen. Sie mußten gestehen, daß sie nicht imstande waren, den Schlüssel zu dem Geheimnis zu finden. Sie schworen, daß es nur Glück wäre ...wenn auch freilich das ungeheuerlichste Glück, das sie je gesehen hätten.

Es war der Wechsel in Kids Methoden, der sie verwirrte. Zuweilen schlug er in seinem Notizbuch nach oder vertiefte sich in lange Berechnungen, und dann konnte eine ganze Stunde vergehen, ohne daß er einen einzigen Einsatz wagte. Dann wieder konnte er drei Spiele mit Höchsteinsätzen nacheinander gewinnen und im Laufe von fünf oder zehn Minuten tausend Dollar oder mehr einstecken. Und hin und wieder geschah es auch, daß seine Taktik einfach darin bestand, einzelne Spielmarken in verblüffender Verschwendung über den Tisch auszustreuen. Das konnte dann zehn Minuten bis eine halbe Stunde anhalten — und dann warf er plötzlich, wenn die Kugel nur noch wenige Runden übrig hatte, den Höchsteinsatz auf Reihe, Farbe und Zahl und gewann alle drei. Einmal geschah es sogar, daß er vierzig Spiele nacheinander zum Höchsteinsatz verlor, so daß er eine allgemeine Verwirrung in den Köpfen all derer anrichtete, die sich bemühten, sein System zu durchschauen. Aber so scheinbar regellos er auch spielte, trug Kurz doch jeden Abend dreitausendfünfhundert Dollar nach Hause.

»Es ist kein System«, erklärte Kurz bei einer ihrer Diskussionen während des Ausziehens. »Ich passe auf wie ein Schießhund; aber es ist mir nicht möglich, die Sache herauszufinden. Du spielst nie dasselbe Spiel zweimal. Du steckst nur den Gewinn ein, wenn du Lust dazu hast. Und wenn du nicht willst, tust du es absichtlich nicht.«

»Vielleicht bist du jetzt der Lösung näher, als du denkst, Kurz. Manchmal muß ich eben auf Nummern setzen, die verlieren. Es gehört mit zum System.«

»System — geh zur Hölle damit! Ich habe mich mit jedem erfahrenen Spieler in der ganzen Stadt unterhalten. Und sie sind sich alle wie ein Mann einig, daß es so was wie ein System nicht gibt.«

»Und dabei tue ich doch nichts anderes, als es ihnen zeigen.«

»Schau mal her, Kid.« Kurz beugte sich über die Kerze, um sie auszublasen, zögerte aber einen Augenblick. »Ich bin wirklich ärgerlich. Vielleicht denkst du, das hier sei eine Kerze... aber das ist es nicht. Und ich bin auch nicht ich. Ich wandere irgendwo herum, liege, in meine Decke gehüllt, auf dem Rücken und träume mit offenem Munde alles, was hier geschieht. Du bist es gar nicht, der zu mir spricht, sowenig wie die Kerze hier eine richtige Kerze ist.«
»Da ist es aber doch komisch, daß ich genau dasselbe träume wie du«, behauptete Kid.
»Gar nichts ist komisch. Du bist ja ein Teil von meinem Traum... das ist die ganze Geschichte. Ich habe viele Männer im Schlaf reden hören. Und ich möchte dir etwas sagen, Kid: Ich beginne blöd und verrückt zu werden. Wenn dieser Traum noch lange andauert, werde ich mir zum Schluß die Adern aufbeißen und laut heulen.«

Am sechsten Spielabend wurde der Höchsteinsatz im ›Elch‹ auf fünf Dollar herabgesetzt.
»Meinetwegen!« versicherte Kid dem Bankhalter. »Ich will heute abend wie immer dreitausendfünfhundert Dollar gewinnen, und Sie zwingen mich nur, etwas länger zu spielen. Ich muß nur auf doppelt so viele Gewinnummern halten wie sonst... das ist alles.«
»Warum können Sie nicht ebensogut einen andern Tisch unsicher machen?« fragte der Bankhalter ärgerlich.
»Weil mir dieser besonders sympathisch ist!« Kid warf einen Blick auf den prasselnden Ofen, der nur einige Schritte von ihm entfernt stand. »Außerdem zieht es hier nicht. Es ist so schön warm und behaglich hier.«
Als Kurz am neunten Abend den Goldstaub nach Hause getragen hatte, bekam er einen Anfall.
»Ich bin fertig, Kid... durch und durch fertig«, begann er. »Ich weiß, wann ich genug bekommen habe. Ich träume

tatsächlich nicht! Ich laufe vollständig wach und mit weit offenen Augen herum. Es gibt kein System, und doch hast du eins. Die ganze Rechenkunst kann sich zu Bett legen. Der Kalender kann sich begraben lassen, mit oder ohne Predigt. Die ganze Welt ist verrückt geworden. Es gibt nichts mehr, was Regel und Einheitlichkeit heißt. Das große Einmaleins kann dahin gehen, wo der Pfeffer wächst. Zwei ist acht, und acht ist elf, und zwei mal zwei ist achthundertsechsundvierzig, und... und noch ein halb dazu. — Eins ist das andere, und nichts ist alles, und zwei mal alles ist Hautcreme, Milchfieber und ausgestopfte Kattunpferde. Du hast ein System gefunden! Mit deinen Zahlen schlägst du alle andern Zahlen. Was nicht ist, ist doch, und wenn es nicht ist, muß es sein. Die Sonne geht im Westen auf, der Mond ist eine Goldader, die Sterne sind aus Rindfleisch gemacht. Skorbut ist ein Segen Gottes, wer stirbt, spukt; die Berge schwimmen, Wasser ist Gas, und ich bin nicht ich, und du bist irgend jemand anders als du, und vielleicht sind wir überhaupt Zwillinge, wenn wir nicht Bratkartoffeln in spinatgrüner Soße sind... Weck mich auf, lieber Freund... Weck mich, wer will! Wenn ich nur wach werde!«

Am nächsten Morgen kam Besuch in die Hütte. Kid kannte den Herrn — es war Harvey Moran, der Inhaber aller Spieltische im ›Tivoli‹. Es lag etwas wie eine Bitte in seiner tiefen, barschen Stimme, als er auf das Geschäftliche zu sprechen kam.
»Die Sache ist die, Kid«, begann er. »Sie haben uns alle aus dem Häuschen gebracht. Ich vertrete neun andere Spieltischbesitzer, also alle Konzessionsinhaber hier in der Stadt. Wir begreifen es einfach nicht. Wir wissen alle, daß es nie ein System gegeben hat, das etwas gegen die Roulette ausrichten konnte. Alle mathematischen Sachverständigen an den Universitäten haben dasselbe gesagt. Sie sagen, daß

die Roulette an sich ein System sei, das einzige System, das es von dieser Art gibt, und deshalb könne es von keinem andern System geschlagen werden, denn das würde bedeuten, daß die Algebra zum Teufel gegangen wäre.«
Kurz nickte energisch mit dem Kopfe.
»Wenn ein System ein anderes System schlagen könnte, dann gäbe es gar nicht so was wie ein System«, fuhr der Roulettebesitzer fort. »Dann wäre alles möglich ... eine Sache könnte gleichzeitig an zwei Stellen sein, oder zwei Sachen könnten an einer Stelle sein, die eigentlich nur für eine Platz hat.«
»Nun gut...«, antwortete Kid überlegen. »Sie haben ja mein Spiel gesehen... und wenn Sie denken, daß es nur eine Glückssträhne ist, dann verstehe ich nicht, warum Sie sich den Kopf darüber zerbrechen.«
»Das ist ja eben das Verfluchte. Wir können nicht anders, als über die Sache nachdenken. Es ist offenbar ein System, das Sie gefunden haben, und doch wissen wir, daß es kein System gibt. Jetzt habe ich Sie fünf Abende lang beobachtet, und alles, was ich herausgekriegt habe, ist, daß Sie einige Nummern vorziehen und daß Sie immer gewinnen. Jetzt haben wir zehn Inhaber uns zusammengetan und wollen Ihnen in aller Freundschaft einen Vorschlag machen. Wir wollen eine Roulette in dem Hinterraum des ›Elch‹ aufstellen, und dann halten wir die Bank gegen Sie, und Sie sprengen unsere Bank. Es wird ganz privatim und vertraulich sein. Nur Sie, Kurz und wir. Was sagen Sie dazu?«
»Ich finde das reichlich umständlich«, antwortete Kid. »Sie können kommen und sehen, wie ich es mache. Ich werde heute abend im Schankraum des ›Elch‹ spielen. Sie können ja dort ebensogut beobachten wie anderswo.«
Als Kid am Abend seinen Platz am Tische einnahm, hörte der Bankhalter auf zu spielen.
»Das Spiel ist geschlossen«, sagte er. »Auftrag des Chefs.«

Die versammelten Spieltischbesitzer ließen sich aber nicht so abweisen. Im Laufe weniger Minuten hatten sie eine Bank auf die Beine gestellt. Jeder schoß tausend Dollar ein, und dann übernahmen sie den Tisch.

»Jetzt versuchen Sie mal die Bank zu sprengen«, sagte Harvey Moran herausfordernd, als der Bankhalter die Kugel auf ihre erste Rundfahrt sandte.

»Räumen Sie mir einen Höchsteinsatz von fünfundzwanzig Dollar ein!« schlug Kid vor.

»Selbstverständlich ... nur los!«

Kid setzte sofort fünfundzwanzig Dollar auf Doppelzero und gewann.

Moran wischte sich den Schweiß von der Stirn.

»Immer herein in die gute Stube«, sagte er. »Wir haben zehntausend in die Bank gesteckt.«

Nach anderthalb Stunden gehörten die zehntausend Dollar Kid.

»Die Bank ist gesprengt«, teilte der Bankhalter mit.

»Haben Sie jetzt genug davon?« fragte Kid.

Die Spieltischbesitzer sahen sich an. Sie hatten tatsächlich Respekt bekommen; sie, die wohlgenährten Schützlinge der Gesetze des ›Zufalls‹, waren endlich einmal klein geworden. Sie hatten einen Gegner gefunden, der entweder mit diesen Gesetzen in besserer Verbindung stand als sie oder höhere und bisher unbekannte Gesetze angerufen hatte.

»Wir geben es auf!« sagte Moran. »Bist du einverstanden, Burke?«

Der dicke Burke, dem die Spieltische in der Kneipe von M. u. G. gehörten, nickte.

»Das Unmögliche ist Tatsache geworden«, sagte er. »Dieser Kid hat ein richtiges System erfunden. Wenn wir ihn weitermachen lassen, plündert er uns alle aus. Wenn wir überhaupt unsere Tische in Betrieb halten wollen, sehe ich keinen anderen Ausweg, als daß wir die Höchstgrenze der

Einsätze auf einen Dollar oder auf zehn Cent oder gar auf
einen Cent herabsetzen. Bei den Sätzen kann er an einem
Abend nicht viel gewinnen.«
Alle sahen Kid erwartungsvoll an. Er zuckte die Achseln.
»In diesem Falle würde ich eine ganze Bande von Leuten
anstellen, um an Ihren Tischen zu spielen. Ich kann ihnen
zehn Dollar für vier Stunden zahlen und noch gut dabei
verdienen.«
»Dann müssen wir einfach unsere Läden zumachen«, antwortete der dicke Burke. »Wenn Sie nicht...« Er zögerte
und ließ seine Augen über die Gesichter seiner Kollegen
schweifen, um festzustellen, ob sie mit ihm einig wären.
»Wenn Sie nicht bereit sein sollten, die Sache von einem
rein geschäftlichen Standpunkt aus zu betrachten. Zu welchem Preis wollen Sie Ihr System verkaufen?«
»Für dreißigtausend«, antwortete Kid. »Das macht nur
dreitausend Dollar für jeden.«
Sie besprachen seinen Vorschlag miteinander und nickten
dann zustimmend.
»Und Sie werden uns Ihr System verraten?«
»Selbstverständlich.«
»Und Sie werden uns versprechen, in Dawson nicht mehr
Roulette zu spielen?«
»Fällt mir gar nicht ein«, erklärte Kid bestimmt. »Aber ich
will versprechen, nicht mehr nach diesem System zu spielen.«
»Gott bewahre«, rief Moran entsetzt. »Sie haben also noch
andere Systeme erfunden?«
»Einen Augenblick«, rief Kurz. »Ich muß mit meinem Partner sprechen. Komm mal, Kid... gehen wir ein bißchen abseits.«
Kid folgte ihm in eine ruhige Ecke der Schankstube, während Hunderte von neugierigen Blicken ihn und Kurz betrachteten.

»Hör mal, Kid...«, flüsterte Kurz mit seiner heiseren Stimme. »Vielleicht ist es doch kein Traum. Und in dem Falle würdest du wahnsinnig sein, es so billig zu verkaufen. Du hast die Kerle jetzt da, wo du sie haben wolltest. Es stecken Millionen in der Sache. Aber quetsch sie bis aufs Blut, bis aufs Blut, Kid!«

»Aber wenn es doch nur ein Traum wäre?« fragte Kid freundlich.

»Dann mußt du um des Traumes und des heiligen Michael willen eine tüchtige Menge Pinke aus den verfluchten Spieltischbesitzern herausquetschen. Was zum Deibel hilft dir alles Träumen, wenn du dich nicht zu dem richtigen, wirklichen, todsicheren, endgültigen Schluß durchträumen kannst?«

»Gott sei Dank ist es kein Traum, Kurz.«

»Dann verzeih ich's dir nie, wenn du die Sache für dreißigtausend abgibst.«

»Wenn ich sie für dreißigtausend verkaufen kann, wirst du mir um den Hals fallen, wach werden und feststellen, daß du gar nicht geträumt hast. Es ist nämlich kein Traum, Kurz. In einigen Minuten wirst du entdecken, daß du die ganze Zeit wach gewesen bist. Ich will dir was sagen: Wenn ich es jetzt für dreißigtausend verkaufe, dann tue ich es, weil ich muß.«

Als Kid an den Tisch zurückgekehrt war, teilte er den Spieltischbesitzern mit, daß er an seinem Angebot festhielte. Sie wollten ihm Anweisungen über je dreitausend Dollar geben.

»Verlange gleich Goldstaub«, riet ihm Kurz.

»Ich möchte bemerken, daß ich den Betrag nur in Goldstaub nehme«, sagte Kid.

Der Besitzer des ›Elch‹ bekam die Anweisungen, und Kurz nahm den Goldstaub in Empfang.

»Jetzt will ich gar nicht mehr aufwachen«, kicherte er, als

er das Gewicht der einzelnen Beutel nachprüfte. »Alles in allem macht es ungefähr siebzigtausend Dollar. Es ist ein teurer Spaß geworden, jetzt die Augen aufzumachen, aus den Decken zu kriechen und das Frühstück zuzubereiten.«
»Worin besteht nun Ihr System?« fragte der dicke Burke.
»Wir haben jetzt bezahlt, und wir wollen es auch haben.«
Kid führte sie an den Tisch zurück.
»Jetzt, meine Herren, müssen Sie ein bißchen Geduld haben. Es ist kein gewöhnliches System. Es kann vielleicht kaum ein gesetzmäßiges System genannt werden, aber sein großer Vorteil liegt darin, daß es Erfolg bringt. Ich hege freilich gewisse Zweifel, aber darauf kommt es ja gar nicht an. Sie werden selbst sehen. Herr Bankhalter, wollen Sie sich bereit halten! Warten Sie, bitte, ich werde 26 nehmen. Denken Sie, daß ich darauf setze! Halten Sie sich bereit... Jetzt!«
Die Kugel wirbelte über das Rad.
»Sie haben wohl bemerkt, daß 9 gerade gegenüberliegt.«
Die Kugel blieb auf 26 liegen.
Der dicke Burke fluchte kräftig in den Bart hinein. Alle warteten gespannt.
»Wenn Doppelzero gewinnen soll, muß 11 gegenüberliegen. Versuchen Sie es bitte selbst...«
»Aber das System?« fragte Moran ungeduldig. »Wir wissen schon, daß Sie die Nummern finden können, die gewinnen, und wir wissen selbst, was die Nummern bedeuten... aber wie machen Sie das?«
»Indem ich mir die Reihenfolge gemerkt habe. Durch einen Zufall bemerkte ich zweimal, wie die Kugel lief, wenn 9 gegenüberstand... beide Male gewann 26. Dann sah ich, daß es sich wiederholte. Weiter beobachtete ich andere Reihenfolgen und stellte sie allmählich fest. Wenn Doppelzero gegenüberliegt, gibt es 32, und 11 gibt Doppelzero. Es gelingt nicht immer, aber meistens. Sie werden bemerkt

haben, daß ich ›meistens‹ sage. Wie ich vorhin schon sagte, hege ich einen gewissen Verdacht, aber ich will ja nichts behaupten...«

Plötzlich schien dem dicken Burke ein Licht aufzugehen, und er beugte sich über den Tisch, brachte das Rad zum Stillstand und untersuchte es eingehend. Die Köpfe der neun anderen Spieltischbesitzer beugten sich ebenfalls vor, und alle beteiligten sich eifrig an der Untersuchung. Dann richtete sich der dicke Burke wieder auf und warf einen schnellen Blick auf den Ofen, der ganz in der Nähe stand. »Tod und Teufel!« sagte er. »Es war überhaupt kein System. Der Tisch steht nur zu nahe am Feuer, und das verfluchte Rad ist infolge der Wärme verbogen. Und wir sind gründlich hereingefallen! Kein Wunder, daß er immer diesen Tisch nahm! An den anderen Tischen wäre es ihm schwer geworden, die Bank zu sprengen!«

Harvey Moran atmete erleichtert auf und wischte sich den Schweiß von der Stirn.

»Na, Gott sei Dank«, sagte er. »Und eigentlich ist es nicht teuer bezahlt, wenn festgestellt ist, daß es kein System war.«

Sein Gesicht begann zu zucken, und dann brach er in ein schallendes Gelächter aus. Er schlug Kid freundlich auf die Schulter und sagte: »Kid, Donnerwetter, Sie haben uns einen Schrecken eingejagt! Und dabei haben wir uns schon beglückwünscht, daß Sie unsere Tische in Ruhe ließen! Hören Sie, ich habe einige Flaschen richtigen Schum gekriegt, denen werde ich den Hals abschlagen, wenn ihr mit mir ins Tivoli gehen wollt.«

Als sie später nach ihrer Hütte zurückgekehrt waren, zählte Kurz die gesamten Beutel mit Goldstaub nach und prüfte ihr Gewicht. Dann stellte er sie in Reihe und Glied auf den Tisch, setzte sich auf den Bettrand und begann sich die Mokassins auszuziehen. »Siebzigtausend«, rechnete er nach. »Und sie wiegen dreihundertfünfzig Pfund. Und alles nur

dank einem verbogenen Rad und einem scharfen Blick! Kid, du frißt sie roh, du frißt sie bei lebendigem Leibe, du schwimmst unter Wasser! Du hast mir's nach allen Regeln der Kunst gegeben; aber doch weiß ich, daß es ein Traum ist. Es ist nur ein Traum, daß das Gute in Erfüllung geht. Ich hab' verdammt wenig Lust, wieder aufzuwachen. Ich hoffe sogar, daß ich nie aufgeweckt werde.«
»Nur Mut!« antwortete Kid. »Du wachst nicht auf. Es gibt eine ganze Menge Philosophen, die der Ansicht sind, daß wir Menschen alle Schlafwandler sind. Du befindest dich also in der besten Gesellschaft.«
Kurz stand auf, trat an den Tisch, wählte sich den schwersten Beutel aus und wiegte ihn in seinen Armen, als wäre er ein Wickelkind.
»Mag sein, daß ich ein Schlafwandler bin«, sagte er, »aber jedenfalls befinde ich mich — wie du sagst — in verflucht guter Gesellschaft.«

V *Der Mann am andern Ufer*

Kid hatte noch nicht die lächerliche Grundstücksgesellschaft Tra Li gegründet und weder das historische Geschäft in Eiern gemacht, das den Swiftewater-Bill beinahe an den Bettelstab brachte, noch das Hundewettrennen den Yukon hinab um einen Preis von einer runden Million gewonnen, als er und Kurz sich eines Tages am oberen Klondike voneinander verabschiedeten. Kurz sollte den Klondike hinabfahren, um in Dawson einige Mutungen auf Goldclaims anzumelden, die sie abgesteckt hatten. Kid fuhr mit seinem Hundegespann südwärts. Er wollte den Überraschungssee und die mystischen ›Zwei Hütten‹ finden. Er hatte die Absicht, an den Quellen des Indianerflusses vorbei, durch eine bisher unbekannte Gegend und über die Berge nach dem Stewart zu gehen. Das Gerücht erzählte, daß irgendwo dort herum in einem Rahmen von zackigen Bergen und Gletschern der Überraschungssee läge, dessen Grund, wie berichtet wurde, ganz mit Gold gepflastert war. Vor langer Zeit sollten Jäger, Männer, deren Namen in den Wäldern längst in Vergessenheit geraten waren, in die eisigen Gewässer des Sees hineingesprungen und mit Goldklumpen in den Händen wieder aufgetaucht sein. Zu verschiedenen Zeiten hatten kleine Scharen von den alten Pionieren den Versuch gemacht, die unwirtliche, undurchdringliche Gegend zu durchqueren und den goldenen Grund des Sees zu untersuchen. Allen war das Wasser jedoch gefährlich kalt erschienen — einzelne hatten zwar den kühnen Versuch gemacht zu tauchen, sie waren aber im Wasser vom Tode ereilt und leblos ans Land gezogen worden. Andere waren der Erschöpfung erlegen. Und einer, der ebenfalls getaucht war, kam überhaupt nie wieder zum Vorschein. Die Überlebenden hatten sich alle entschlossen, wieder zurückzukehren, um den See trockenzulegen, aber keinem von ihnen war es gelungen. Stets waren ihnen tödliche Unfälle zugestoßen. Ein Mann war in ein Luftloch unterhalb Forty Miles gefallen. Ein zweiter wurde von seinen Hunden getötet und gefressen. Ein dritter von einem stürzenden Baum erschlagen. Solche Gerüchte umwoben den Überraschungssee mit einem sagenhaften Schein von Zauber und Spuk. Keiner wußte jetzt genau, wo er überhaupt lag. Und das Gold blieb in seiner Tiefe liegen, da keiner sich getraute, ihn trockenzulegen.

Die Lage der ebenfalls von Legenden umwobenen ›Zwei Hütten‹ ließ sich leichter feststellen. Wenn man vom Stewart fünf Tage lang den Mac Question hinaufreiste, kam man zu zwei Hütten. So alt waren sie, daß sie schon vor der Ankunft der ersten bekannten Goldjäger im Yukonland erbaut sein mußten. Umherstreifende Elchjäger, die auch

Kid getroffen und gesprochen hatte, behaupteten, daß sie die beiden Hütten schon vor vielen Jahren gefunden, aber vergebens die Minen gesucht hätten, die diese Abenteurer einer vergangenen Zeit doch bearbeitet haben mußten.

»Mir wäre es am liebsten, wenn du mit mir gehen würdest«, klagte Kurz, als sie Abschied nahmen. »Weil sich dir der Indianerfluß aufs Gehirn geschlagen hat, brauchst du dich doch nicht gleich solchen Gefahren auszusetzen. Es steht nun mal fest, daß es eine verfluchte Gegend ist, wo du hin willst. Es ist kein Zweifel, daß es da vom Morgen bis zum Abend spukt, jedenfalls nach allem, was wir beide gehört haben.«

»Schon gut, Kurz. Ich will nun mal die Fahrt machen, und in sechs Wochen bin ich wieder in Dawson. Die Fährte am Yukon ist getreten, und die ersten hundert Meilen etwa den Stewart hinauf wohl auch. Alte Leute vom Henderson haben mir erzählt, daß einige Trupps mit Ausrüstungen letzten Herbst hinaufgereist sind, nachdem der Fluß zugefroren war. Wenn ich ihre Spur treffe, werde ich ihnen mit einer Schnelligkeit von dreißig bis vierzig Meilen täglich folgen können. Ich denke, daß ich in einem Monat zurück sein kann, wenn ich erst mal soweit bin.«

»Ja, wenn du erst soweit bist... aber die Frage, ob du soweit kommst, ist es ja eben, die mir soviel Sorge macht. Nun, es hilft ja nichts! Also auf Wiedersehen, Kid! Halt deine Augen gut offen und nimm dich in acht vor diesem Spuk. Und schäme dich nicht umzukehren, auch wenn du nichts mitbringst.«

Eine Woche darauf befand sich Kid zwischen den unregelmäßigen Gebirgsketten südlich des Indianerflusses. Auf der Wasserscheide des Klondike ließ er den Schlitten zurück und belud die Wolfshunde mit dem Proviant. Jedes der sechs großen Tiere trug fünfzig Pfund, und er selbst hatte ein ähnliches Bündel auf dem Rücken. Dann nahm er

seinen Weg durch den weichen Schnee, den er mit seinen Schneeschuhen festtrat, und in einer langen Reihe folgten ihm die Hunde mit ihren schweren Lasten.
Er liebte dies einsame Leben, liebte den kalten arktischen Winter, die schweigsame Wildnis, die unendlichen Schneefelder, die keines Menschen Fuß je betreten hatte. Um ihn erhoben sich die eisbekleideten Bergesgipfel, die keine Namen trugen und auf keiner Karte verzeichnet waren. Nirgends sah er den Lagerrauch eines Jägers in der stillen Luft der Täler in den klaren Himmel steigen. Nur er allein bewegte sich durch die unendliche Stille, die über der weiten, sonst von keinem Menschenfuß betretenen Einöde brütete. Aber diese Einsamkeit bedrückte ihn nicht. Er liebte alles hier. Liebte die Arbeit des Tages, das Kläffen der Wolfshunde, das Lagern im langen Zwielicht, die zitternden Sterne am Himmel und die flammende Pracht des Nordlichts.
Besonders liebte er sein Lager, wenn der Tag zu Ende ging. Es bot ihm dann ein Bild, das er sich stets zu malen sehnte und von dem er wußte, daß er es nie in seinem Leben vergessen würde: die festgetretene Stelle im Schnee, wo das Feuer brannte, sein Schlafplatz, der aus einigen über frisch abgeschlagene Fichtenzweige ausgebreiteten Hasenfellen bestand, der von einer Persenning gebildete Windschutz, die in der Weise ausgespannt war, daß sie die Hitze des Feuers auffing und zurückwarf, die von Ruß geschwärzte Kaffeekanne und der an einer langen Stange befestigte Kochtopf, die Mokassins, die auf kleinen Stöcken aufgehängt wurden, um am Feuer zu trocknen, die Schneeschuhe, die aufrecht in den Schnee gesteckt waren ... und um das Feuer herum lagen die Wolfshunde, die sich so nahe wie möglich an die Wärme drängten, sehnsüchtig und eifrig, die zottigen Pelze vom Reif bedeckt, die buschigen Ruten um die Füße gelegt, um sie gegen die Kälte zu schüt-

zen... und rings um das Ganze, nur um ein kleines Stück vom Lichtschein zurückgedrängt, die Mauer der Dunkelheit, die ihn umgab.

In solchen Augenblicken erschienen ihm San Franzisko, ›Die Woge‹ und O'Hara unendlich fern, in eine unbeschreiblich ferne Vergangenheit gebannt... nur Schatten von Träumen, die nie Wirklichkeit wurden. Es wurde ihm schwer zu glauben, daß er je ein anderes Leben als dieses wilde, freie geführt hatte, und noch schwerer fiel es ihm, sich mit der Tatsache auszusöhnen, daß er einst seine Zeit und Kraft in dem Bohemeleben einer großen Stadt verschwendet hatte. Jetzt, da er allein war und niemand hatte, mit dem er sprechen konnte, dachte er über vieles nach, dachte tief und einfach. Er erschrak bei dem Gedanken an die Kräftevergeudung, die seine Jahre in der Stadt gekennzeichnet hatte, die billige Oberflächlichkeit aller philosophischen Schulen und Bücher, die zynische Gescheitheit der Ateliers und Redaktionen, die Heuchelei der Kaufleute in den Klubs. Sie wußten alle nicht, was Nahrung, Schlaf und Gesundheit in Wirklichkeit bedeuteten. Sie hatten keine Ahnung, was Hunger war, kannten nicht den gesunden Schmerz körperlicher Müdigkeit, nicht das Rauschen des starken wilden Blutes, das wie Wein den Körper durchglüht, wenn die schwere Arbeit des Tages vollbracht ist.

Und als er noch in der Stadt lebte, lag dieses schöne weiße Land des herben Nordens immer schon da, ohne daß er etwas davon ahnte. Was ihm aber am rätselhaftesten erschien, war doch, daß er, der in so ungewöhnlichem Maße für dieses Leben befähigt war, damals nicht den leisesten Ruf gehört hatte, nicht von selbst fortgezogen war, um dieses Land aufzusuchen. Doch auch dieses Rätsel sollte er lösen, wenn die Zeit kam.

»Schau her, Gelbgesicht, jetzt hab' ich es!« Der Hund, den er angerufen hatte, hob zuerst die eine, dann die andere

Vorderpfote mit einer raschen und doch beherrschten Bewegung, rollte dann wieder seine buschige Rute über die Beine zusammen und grinste ihn über das Feuer an.
»Herbert Spencer war fast vierzig Jahre alt, bevor er erkannte, was seine größte Fähigkeit und seine tiefste Sehnsucht war. Ich bin nicht so langsam gewesen. Ich brauchte nicht zu warten, bis ich dreißig wurde, um so weit zu kommen. Denn hier liegt das Gebiet, wo ich mein Höchstes leisten kann und wo meine tiefste Sehnsucht gestillt wird. Und fast wünsche ich, liebes Gelbgesicht, daß ich als ein Wolfsjunges geboren und all meine Tage ein Bruder von dir und den Deinen gewesen wäre.«
Tag auf Tag wanderte er durch ein Chaos von Cañons und Wasserscheiden, die kein klares topographisches Bild boten. Es sah aus, als hätte ein weltenschaffender Spaßmacher sie hier in übermütiger Laune hingeschleudert. Vergebens suchte er einen Bach oder Nebenfluß, der südwärts nach dem Mac Question oder dem Stewart führte. Dann kam ein Gebirgssturm, der den Schnee durch diese wirre Anhäufung von hohen und niedrigen Wasserscheiden stieben ließ. Oberhalb der Baumgrenze kämpfte er zwei Tage ohne Feuer und ohne sehen zu können, in vergeblichem Suchen nach tieferen Regionen. Am zweiten Tage gelangte er an den Rand eines mächtigen schroffen Abhangs. Das Schneegestöber war indessen so dicht, daß er nicht sehen konnte, wie tief der Hang abfiel, und deshalb wagte er nicht hinabzuklettern. Er wickelte sich in seine Pelzdecken und sammelte die Hunde mitten in einer großen Schneewehe dicht um sich, gönnte sich aber keinen Schlaf. Gegen Morgen flaute der Sturm ab, und er kroch aus den Decken, um sich zu orientieren. Eine Viertelmeile weiter abwärts lag unzweifelhaft ein eis- und schneebedeckter See, der von zackigen Bergen umgeben war. Ohne es zu wissen, hatte er den Überraschungssee gefunden.

»Der Name ist wirklich sehr zutreffend«, sagte er, als er eine Stunde später am Rande des Sees stand. Eine Gruppe alter Fichten bildete den einzigen Pflanzenwuchs. Auf dem Wege dorthin stolperte er über drei Gräber. Sie waren vom Schnee bedeckt, aber durch Pfähle kenntlich, die jemand mit der Hand zugehauen und mit unleserlichen Inschriften versehen hatte. Am Rande des kleinen Haines lag eine winzige, verfallene Hütte. Er öffnete die Tür und trat ein. In einer Ecke lag etwas, was einst eine Schlafstelle aus Fichtenzweigen gewesen, ein Skelett... es war noch in Pelzwerk eingehüllt, von dem nur halb vermoderte Reste übrig waren. Das ist offenbar der letzte Besucher des Überraschungssees gewesen, dachte Kid, als er einen Goldklumpen vom Boden aufhob, der doppelt so groß wie seine geballte Faust war. Neben dem Goldklumpen stand eine Blechdose, die mit rohen Goldklumpen von Walnußgröße gefüllt war... es war leicht zu sehen, daß sie noch nicht ausgewaschen waren.

Jetzt erschien ihm alles wahr, was er gehört hatte, und er hegte keinen Zweifel, daß das Gold aus der Tiefe des Sees stammte. Da die Eisdecke so dick war, daß das Wasser nicht ohne besondere Vorkehrungen zu erreichen war, konnte er nichts weiter tun. Gegen Mittag warf er deshalb vom Rande des Abhangs einen letzten Blick auf den geheimnisvollen See, den er gefunden hatte.

»Alles sehr schön, mein lieber See«, sagte er. »Du hast ganz recht, wenn du dich hier verbirgst. Aber ich werde wiederkommen und dich trockenlegen... wenn die Gespenster mich nicht erwischen! Ich weiß freilich nicht, wie ich mich hierhergefunden habe, aber meine Fährte wird mir schon zeigen, wie ich dich wiederfinden soll.«

Als er vier Tage später ein kleines Tal erreicht hatte, machte er neben dem eisbedeckten Fluß und im Schutz einiger wohlmeinender Fichten Feuer. Irgendwo in der weißen Einöde, die er hinter sich gelassen, lag also der Überraschungssee... irgendwo, aber wo, das wußte er nicht mehr. Mehr als hundert Stunden hatte er sich herumgetrieben und sich durch dichtes Schneegestöber hindurchgekämpft, und nun konnte er seine Fährte nicht wiederfinden. Er hatte deshalb keine Ahnung, in welcher Richtung der See hinter ihm lag. Er konnte auch nicht mit Sicherheit sagen, ob Tage oder Wochen vergangen waren. Er hatte mit den Hunden zusammen geschlafen, sich über eine schon vergessene Zahl von kleineren Wasserscheiden gekämpft, war durch unheimliche, gewundene Cañons gezogen, die blind endeten, und hatte zweimal vergebens versucht, ein Feuer zu machen und gefrorenes Elchfleisch aufzutauen. Und jetzt war er also hier, hatte gut gegessen und sich ein angenehmes Lager bereitet. Der Sturm war vorbei. Es war klar und kalt geworden. Die Landschaft hatte wieder ihr normales Gepräge angenommen. Der Bach, an dem er lagerte, sah natürlich aus und lief auch, wie er sollte, nach Süden. Der Überraschungssee war ihm aber ebenso verlorengegangen wie allen andern, die ihn in vergangenen Tagen gesucht hatten. Als er den Bach einen halben Tag weiter hinabgezogen war, gelangte er in das Tal eines größeren Flusses, der seiner Ansicht nach der Mac Question sein mußte. Hier erlegte er einen Elch, und jetzt mußten die Wolfshunde wieder Packen mit Lebensmitteln im Gewicht von je fünfzig Pfund tragen. Als er den Mac Question hinabzog, fand er eine Schlittenfährte. Das letzte Schneegestöber hatte sie verdeckt, aber darunter war sie von denen, die hier gegangen waren, festgetreten. Er zog daraus den Schluß, daß zwei Lager hier am Flusse zu finden sein mußten und daß diese Schlittenspur den Verbindungsweg zwischen ihnen darstellte. Es war klar, daß jemand die ›Zwei Hütten‹ gefunden hatte, und zwar waren es Leute vom unteren Lager. Er ging deshalb weiter in der Richtung des Flusses. Als er in dieser Nacht lagerte, war es vierzig Grad Fahrenheit unter Null. Bevor er einschlief, überlegte er sich, was es wohl für Männer sein könnten, die die ›Zwei Hütten‹ wiederentdeckt hatten, und ob er sie am nächsten Tage ausfindig machen würde. Beim ersten Tagesgrauen war er deshalb wieder auf den Beinen, und ohne Schwierigkeit folgte er der halbverwischten Fährte. Mit den großen Schneeschuhen trat er den losen Schnee fest, so daß die Hunde nicht nötig hatten, hindurchzuwaten.

Und dann stürzte sich — an einer Biegung des Flusses — das Unerwartete auf ihn. Ihm schien, als ob er es gleichzeitig hörte und empfand. Der Knall des Stutzens kam von rechts, und die Kugel, die die Schulter seines Drillichüberzuges und seine wollene Jacke durchschlug, versetzte ihm einen so kräftigen Stoß, daß er sich um seine Achse drehte. Er schwankte, da seine Schneeschuhe sich ineinander verwirrt hatten, fand aber das Gleichgewicht wieder. Da hörte er einen zweiten Knall. Diesmal ging die Kugel indessen vorbei. Er wartete keinen weiteren Schuß ab, sondern lief, so schnell er konnte, durch den Schnee den schirmenden Bäumen zu, die hundert Fuß entfernt am Hange standen. Immer und immer wieder knallte die Büchse, und mit Unbehagen stellte er fest, daß ihm etwas Warmes und Feuchtes über den Rücken lief.

Er kletterte den Hang hinauf, die Hunde aufgeregt hinter ihm her, und schlüpfte zwischen Bäume und Büsche. Dann band er die Schneeschuhe los, warf sich der Länge nach hin und spähte vorsichtig hinaus. Es war nichts zu sehen. Wer es auch gewesen sein mochte, der ihn angeschossen hatte, jedenfalls lag der Betreffende in Deckung hinter den Bäumen am andern Ufer.

»Wenn nicht bald irgend etwas geschieht, muß ich mich fortschleichen oder ein Feuer machen, sonst erfrieren mir die Füße«, murmelte er vor sich hin, als eine halbe Stunde vergangen war. »Gelbgesicht, was würdest du tun, wenn du hier in der Kälte lägest und merktest, daß der Blutumlauf immer schwächer würde, während ein Mann versuchte, dich niederzuknallen?«

Er kroch einige Meter zurück, trat den Schnee fest und führte einen Indianertanz auf, bis er merkte, daß das Blut in seine Füße zurückkehrte, und auf diese Weise hielt er es noch eine halbe Stunde aus. Da hörte er unten vom Fluß das unverkennbare Schellengeläut eines Hundegespanns. Als er hinausspähte, sah er einen Schlitten um die Flußbiegung schwenken. Nur ein Mann stand darin, der die Steuerstange führte und gleichzeitig die Hunde antrieb. Das plötzliche Erscheinen eines Menschen machte einen tiefen Eindruck auf Kid, der solange niemand gesehen hatte. Sein nächster Gedanke galt aber dem vermutlichen Mörder, der sich irgendwo auf dem andern Ufer versteckt hielt.

Ohne sich selbst auszusetzen, stieß er einen warnenden Pfiff aus. Der Mann hörte nichts und kam mit rasender Schnelligkeit näher. Wieder pfiff Kid, und diesmal lauter. Der Mann rief seinen Hunden etwas zu und machte halt. Er drehte sich nach der Richtung, wo Kid stand, aber im selben Augenblick knallte ein Schuß. Fast in derselben Sekunde schoß Kid in den Wald hinein, woher der Knall kam. Der Mann am Flusse war indessen schon vom ersten Schuß getroffen worden. Der Schlag der Kugel hatte ihn ins Wanken gebracht. Er taumelte mühselig zum Schlitten. Obgleich nahe am Zusammenbrechen, gelang es ihm, ein Gewehr aus dem Schlitten zu nehmen, wo es unter der Last verborgen lag. Als er sich aber bemühte, es an die Schulter zu bringen, vermochte er sich nicht mehr länger aufrecht zu halten und setzte sich langsam auf den Schlitten. Er konnte

nicht mehr genau zielen, und der Schuß ging deshalb in die Luft. Plötzlich fiel er rücklings über das Gepäck am Schlitten nieder, so daß Kid nur die Beine und den Unterkörper sah.
Von unten her hörte Kid jetzt das Geläut von mehreren Hundeschellen. Der Mann rührte sich indessen nicht. Drei Schlitten schwenkten um die Biegung des Flusses, von einem halben Dutzend Männern gefolgt. Kid rief ihnen eine Warnung zu, aber sie hatten schon gemerkt, was mit dem ersten Schlitten geschehen war, und eilten deshalb zu ihm hin. Es fiel kein Schuß mehr von dem andern Ufer, und Kid befahl deshalb seinen Hunden, ihm zu folgen, und trat aus dem Versteck hervor. Er hörte laute Rufe von den Männern, und zwei von ihnen rissen sich die Fäustlinge von den Händen und warfen ihre Gewehre an die Schulter.
»Komm nur her, du blutbefleckter Mörder!« rief einer von ihnen, ein Mann mit einem schwarzen Bart. »Schmeiß deinen Schießprügel in den Schnee.«
Kid zögerte einen Augenblick, dann warf er sein Gewehr fort und ging zu ihnen hin.
»Untersuch ihn mal, Louis, und nimm ihm die Waffen weg!« befahl der Schwarzbärtige.
Louis, nach Kids Auffassung ein französisch-kanadischer Schlittenfahrer, gehorchte. Seine Untersuchung brachte lediglich Kids Jagdmesser zum Vorschein, das der Schwarzbärtige zu sich steckte.
»Na, was hast du zu deiner Verteidigung zu sagen, Fremder, bevor ich dich totschieße?« fragte er.
»Daß du dich irrst, wenn du glaubst, daß ich den Mann getötet habe«, antwortete Kid.
Einer der Schlittenfahrer stieß plötzlich einen lauten Ruf aus. Er war die Fährte entlanggegangen und hatte Kids Fußspuren gefunden, wo dieser die Fährte verlassen hatte, um auf dem Hang Deckung zu suchen.

»Warum hast du Joe Kinade getötet?« fragte der Schwarzbärtige.
»Ich sage dir ja, daß ich es nicht getan habe«, begann Kid.
»Was soll dieses Gerede? Wir haben dich auf frischer Tat ertappt. Da drüben ist die Stelle, wo du die Fährte verließest, als du ihn kommen hörtest. Du lagst oben im Busch und hast ihn ermordet, dein Schuß fiel aus ganz kurzer Entfernung. Du konntest überhaupt nicht vorbeischießen. Pierre, hol mal den Schießprügel her, den er fortgeworfen hat.«
»Laßt mich doch erzählen, wie es zuging«, wandte Kid ein.
»Halt das Maul!« schnauzte ihn der Mann an. »Ich denke, dein Gewehr wird die Geschichte schon verraten.«
Sie untersuchten Kids Gewehr, nahmen die Patronen heraus und zählten sie. Dann untersuchten sie die Mündung und den Verschluß.
»Nur ein Schuß«, entschied der Schwarzbärtige.
Pierre roch an dem Verschluß, während seine Nasenflügel wie bei einem Hirsch zitterten und sich blähten.
»Erst ganz vor kurzem geschossen«, erklärte er.
»Die Kugel ging am Rücken hinein«, sagte Kid. »Er wandte mir das Gesicht zu, als er erschossen wurde. Ihr seht also, daß der Schuß vom andern Ufer gekommen ist.«
Der Schwarzbart überdachte einen Augenblick diesen Einwand. Dann schüttelte er den Kopf.
»Unsinn, damit kommst du nicht durch. Dreh ihn mal mit dem Gesicht gegen das andere Ufer. Siehst du, so hat er gestanden, als du ihn erschossen hast. Einige von euch könnten ja die Fährte untersuchen, ob ihr einige Spuren nach dem andern Ufer finden könnt.«
Sie berichteten gleich darauf, daß der Schnee auf dieser Seite noch völlig unbetreten war. Nicht einmal ein Polarhase hatte sie durchquert. Der Schwarzbärtige beugte sich über den Toten, und als er sich wiederaufrichtete, hielt er

einen kleinen rauhen wollenen Lappen in der Hand. Er untersuchte ihn und fand darin versteckt die Kugel, die durch den Körper gegangen war. Ihre Spitze war flachgedrückt, so daß sie fast die Größe eines Halbdollarstückes hatte, während das stumpfe Ende, das in einer stählernen Hülse steckte, unbeschädigt war. Er verglich sie mit einer Patrone aus Kids Gürtel.
»Der Beweis hier genügt, um selbst einen Blinden zu überzeugen, Fremder. Die Kugel hat eine weiche Spitze und eine stählerne Hülse... und deine Kugeln sind von derselben Art. Die Kugel hier ist dreißig dreißig... deine auch. Die hier stammt von der J. u. T. Waffenfabrik, genau wie deine. Aber jetzt kommst du mit, dann werden wir den Hang hinaufklettern und an Ort und Stelle sehen, wie es vor sich ging.«
»Ich wurde ja selbst aus dem Hinterhalt getroffen«, sagte Kid. »Hier können Sie das Loch in meiner Parka sehen.«
Während der Schwarzbärtige es untersuchte, öffnete einer der Schlittenfahrer das Gewehr des Toten. Allen war klar, daß er nur einen Schuß abgegeben hatte. Die leere Patronenhülse steckte noch in der Kammer.
»Ein Jammer, daß der arme Joe dir nicht den Garaus gemacht hat«, erklärte der Schwarzbärtige bitter. »Aber es war immerhin ein ganz feiner Schuß, wenn man das Loch in Betracht zieht, das er selbst bekommen hatte. Also komm mit, du...«
»Untersucht doch erst das andere Ufer«, schlug Kid vor.
»Jetzt hältst du deine Schnauze und kommst mit. Dann mögen die Tatsachen selbst reden.« Sie verließen die Fährte an der Stelle, wo Kid sie verlassen hatte, und folgten seinen Spuren den Hang hinauf und unter die Bäume.
»Hier er tanzen, um Füße warm halten«, zeigte Louis...
»Hier er auf Bauche kriechen. Hier Ellbogen stützen beim Schießen.«

»Und bei Gott im Himmel, da liegt sogar die leere Hülse, die er gebraucht hat«, stellte der Schwarzbärtige fest. »Jungens, hier ist nur eins zu tun.«
»Erst müßt ihr mich doch fragen, warum ich geschossen habe«, unterbrach ihn Kid.
»Und ich haue dir eins in die Visage, daß dir die Zähne zum Hintern hinausfliegen, wenn du die Fresse nicht hältst. Du hast nur die Fragen zu beantworten, die wir stellen. Also, Jungens, wir sind anständige Leute und gehorchen dem Gesetz, und wir werden diese Sache korrekt behandeln. Wie weit, denkst du, sind wir heute gefahren, Pierre?«
»Zwanzig Meilen, denke ich.«
»Gut, dann errichten wir hier ein Depot von den Ausrüstungen, die wir mitgebracht haben, und schaffen den Kerl da und den armen Joe nach den ›Zwei Hütten‹ zurück. Ich glaube, wir haben genug gesehen, um zu beweisen, daß er aufgehängt zu werden verdient.«

Drei Stunden nach Eintritt der Dunkelheit erreichten der Tote, Kid und seine Wächter die ›Zwei Hütten‹. Bei dem unsicheren Schein der Sterne konnte Kid ein Dutzend neugebauter Hütten erkennen, die sich um eine größere, ältere Hütte auf einer Ebene am Flußufer scharten. Er wurde in die alte Hütte geworfen und sah, daß sie von einem riesigen jungen Mann, dessen Frau und einem blinden Greis bewohnt war. Die Frau, die der Mann Luzy nannte, war selbst groß und stark; war von dem üblichen Typ, den man in den Grenzbezirken trifft. Der Alte war — wie Kid später erfuhr — in seinen jungen Jahren Trapper am Stewart gewesen und erst im vergangenen Winter völlig erblindet. Er erfuhr ferner, daß das Lager bei den ›Zwei Hütten‹ von einem halben Dutzend Männern errichtet worden war, die letzten Herbst in ebenso vielen mit Proviant belasteten Wrickbooten angekommen waren. Sie hatten den

blinden Trapper hier vorgefunden und ihre Hütten um die seine herum gebaut. Später Eingetroffene, die mit Hundegespannen über das Eis gezogen waren, hatten die Bevölkerung verdreifacht. Es gab große Vorräte von Fleisch im Lager, und sie hatten Kies gefunden, den sie jetzt auswuschen, wenn er auch freilich nicht viel Gold enthielt.
Im Laufe von fünf Minuten hatten sich sämtliche Männer der ›Zwei Hütten‹ im Raum versammelt. Kid, der an Händen und Füßen mit Riemen aus Elchhaut gebunden war, lag in einer Ecke, wo ihn keiner beachtete, und sah zu. Er zählte im ganzen achtunddreißig Mann, eine wilde, ungehobelte Bande, Leute von der Grenze der Staaten oder Schlittenfahrer aus dem oberen Kanada. Die Leute, die ihn gefangengenommen hatten, gaben immer wieder die Geschichte zum besten, und jeder von ihnen bildete dabei den Mittelpunkt einer aufgeregten, empörten Gruppe. Man hörte murmeln, daß man ihn einfach lynchen sollte ... warum zum Teufel warten? Und einmal wurde ein großer aufgeregter Irländer nur mit Gewalt daran gehindert, sich auf den wehrlosen Gefangenen zu stürzen, um ihn zu prügeln. Während Kid die Leute zählte, bemerkte er plötzlich ein ihm bekanntes Gesicht. Es war Breck, der Mann, dessen Boot Kid durch die Wasserfälle geführt hatte. Er wunderte sich, daß Breck nicht zu ihm kam und ihn ansprach, ließ sich selbst aber nicht merken, daß er ihn erkannt hatte. Als Breck sich dann später umdrehte und ihm heimlich ein Zeichen gab, verstand Kid sein Benehmen.
Der Schwarzbärtige, den die anderen Eli Harding nannten, beendete den Streit, ob man Kid sofort lynchen sollte oder nicht.
»Hört jetzt auf mit dem Unsinn!« brüllte Harding. »Macht keinen Quatsch! Der Mann gehört mir. Ich habe ihn gefangen und hierhergebracht. Glaubt ihr denn, daß ich ihn den langen Weg nur geschleppt habe, um ihn lynchen zu las-

sen? Keine Rede davon. Das hätten wir ja auch dort machen können. Ich habe ihn mitgebracht, damit wir ein unparteiisches Urteil fällen, und, bei Gott im Himmel, er soll es auch haben. Er ist gut gebunden, so daß er sich nicht dünnmachen kann. Schmeißt ihn bis morgen früh auf ein Bett... dann werden wir Gericht über ihn halten, wie es sich gehört.«

Kid wachte auf, wie er mit gegen die Wand gekehrtem Gesicht auf seinem Bett lag. Ein eisiger Zugwind bohrte sich scharf wie ein Messer von vorn in seine Schulter. Als er hier angebunden wurde, hatte er den Zug nicht gespürt. Da die Luft aber jetzt von draußen mit einem Druck von dreißig Grad Fahrenheit unter Null in die heiße Atmosphäre der Hütte wehte, wurde ihm klar, daß irgend jemand von außen das Moos zwischen den Brettern der Wand ausgezupft hatte. Er schob sich so nahe, wie seine Fesseln es ihm erlaubten, heran und reckte dann den Hals so weit, daß seine Lippen genau die Stelle erreichten, wo der Riß sein mußte. »Wer ist da?« flüsterte er.

»Breck«, lautete die Antwort. »Passen Sie auf, daß man Sie nicht hört. Ich werde Ihnen ein Messer hineinstecken.«

»Hilft mir nichts«, sagte Kid. »Ich könnte es doch nicht gebrauchen. Die Hände sind mir auf dem Rücken gefesselt und dazu noch an das Bettgestell festgebunden. Außerdem könnten Sie das Messer gar nicht durch das Loch schieben. Aber es muß etwas geschehen. Die Kerle hier haben zweifellos die Absicht, mich aufzuhängen, und ich habe den Mann, wie Sie sich denken können, gar nicht getötet.«

»Das brauchen Sie mir nicht zu sagen, Kid. Und wenn Sie es getan hätten, würden Sie Ihre Gründe gehabt haben. Aber darum handelt es sich ja gar nicht. Sie sind eine verfluchte Rasselbande, die Bengels hier... Sie haben sie ja selbst gesehen. Sie sind ganz von der übrigen Welt abgeschnitten und schustern sich ihre eigenen Gesetze zurecht...

nach Art von Goldgräbern, verstehen Sie. Sie haben neulich zwei Männer erwischt... Proviantdiebe. Den einen jagten sie zum Lager hinaus, ohne ihm eine Unze Lebensmittel oder nur ein einziges Streichholz mitzugehen. Er kam ungefähr vierzig Meilen weit, dann lebte er noch ein paar Tage, ehe er erfror. Vor zwei Wochen haben sie den zweiten Mann hinausgeworfen. Sie ließen ihm die Wahl: keine Lebensmittel oder zehn Peitschenhiebe für jede Tagesration. Er hielt vierzig Hiebe aus, ehe er ohnmächtig wurde. Und jetzt haben diese Leute Sie gefangen, und alle ohne Ausnahme sind überzeugt, daß Sie Kinade ermordet haben.«

»Der Mann, der Kinade tötete, hat auch auf mich geschossen. Seine Kugel machte mir eine Fleischwunde an der einen Schulter. Sorgen Sie nur dafür, daß das Gericht verschoben wird, bis einer dort oben gewesen ist und das Ufer, wo der Mörder sich versteckt hatte, untersucht hat.«

»Hilft nichts. Sie stützen sich auf die Aussage Hardings und der fünf Franzosen, die mit ihm waren. Außerdem haben sie noch keinen aufgehängt, und den Spaß möchten sie doch auch erleben. Sie sehen also, daß die Geschichte verdammt dreckig steht. Sie haben keine ordentlichen Goldfunde gemacht und haben es schon satt, nach dem Überraschungssee zu suchen. Die erste Hälfte des Winters gingen sie noch auf die Goldsuche; aber jetzt haben sie schon Schluß damit gemacht. Der Skorbut meldet sich auch schon bei ihnen. Sie brauchen also irgendeine Sensation, um sich aufzupulvern.«

»Und da soll ich ihnen das Vergnügen machen«, fügte Kid hinzu. »Sagen Sie mal, Breck, wie sind Sie denn überhaupt darauf gekommen, mit so einer gottverlassenen Bande Gold zu suchen?«

»Als ich meine Claims am Squaw-Bach richtig in Schuß gebracht und einige Leute dort zum Arbeiten eingestellt hat-

te, kam ich, auf der Suche nach den ›Zwei Hütten‹, den Stewart herauf. Die Leute waren mir indessen zuvorgekommen, und deshalb ging ich den Fluß weiter hinauf. Gestern kam ich zurück, weil ich keinen Proviant mehr hatte.«
»Haben Sie etwas gefunden?«
»Nicht viel. Aber ich denke, daß ich die Geschichte mit einer hydraulischen Einrichtung machen kann, die ich aufbauen werde, wenn das Land erst zugänglich gemacht ist. Oder ich werde einen Goldkratzer aufstellen.«
»Hören Sie«, unterbrach ihn Kid. »Warten Sie noch einen Augenblick. Ich muß nur etwas überlegen.«
Er lauschte sorgfältig auf das Schnarchen der schlafenden Männer, während er den Gedanken erwog, der ihm durch den Kopf geschossen war.
»Sagen Sie mal, Breck, haben die Leute hier schon meine Bündel mit Lebensmitteln geöffnet, die die Hunde trugen?«
»Nur ein paar davon. Ich war die ganze Zeit dabei. Sie haben sie in Hardings Depot gelegt.«
»Haben sie etwas gefunden?«
»Ja, Fleisch!«
»Gut... Sie müssen sehen, daß Sie den braunen Leinensack finden, der mit Elchfell geflickt ist. Dann werden Sie einige Pfund Rohgold finden. Sie haben hierzulande noch nie solches Gold gesehen... und auch kein anderer. Und nun hören Sie, was Sie weiter zu tun haben.«
Eine Viertelstunde später entfernte sich Breck, nachdem er genau instruiert worden war. Er klagte auch schon, daß seine Füße zu erfrieren begännen. Kids Nase und eine Wange begannen auch zu erfrieren, weil er sie so nahe an die Ritze gehalten hatte; er mußte sie eine halbe Stunde gegen die Decke reiben, bevor das Gefühl, daß das Blut zurückkehrte, ihm die Sicherheit gab, daß seine Haut wieder einmal gerettet war.

»Natürlich bin ich ganz sicher, daß es so ist. Es ist gar kein Zweifel, daß er Kinade getötet hat. Wir haben ja die ganze Geschichte gestern abend gehört! Wozu alles jetzt wiederholen? Ich stimme für schuldig!«
So begann die Gerichtsverhandlung gegen Kid. Der gesprochen hatte, war ein schlottriger harter Mann aus Colorado. Er war offenbar ärgerlich und unwillig, als Harding seinen Vorschlag ablehnte, weil er seinerseits wünschte, daß die Verhandlung in ordentlicher und anständiger Weise vor sich gehen sollte. Harding ernannte darauf einen von ihnen, Shunk Wilson, zum Richter und Leiter der Verhandlung. Die übrige Bevölkerung der ›Zwei Hütten‹ bildete die Geschworenen. Jedoch wurde, nachdem man über die Sache hin und her geredet hatte, entschieden, daß die Frau, Luzy, nicht berechtigt sein sollte, in der Frage über Kids Schuld oder Unschuld zu stimmen.
Während dies vor sich ging, hörte Kid, der auf seinem Lager in der einen Ecke lag, einer Unterredung zu, die Breck flüsternd mit einem Goldgräber führte.
»Können Sie mir nicht fünfzig Pfund Mehl verkaufen?«
»Sie haben nicht Gold genug, um den Preis zu bezahlen, den ich von Ihnen verlange«, lautete die Antwort.
»Ich zahle zweihundert.«
Der Mann schüttelte den Kopf.
»Dreihundert . . . dreihundertfünfzig . . .«
Als sie bei vierhundert angelangt waren, nickte der Mann und sagte: »Kommen Sie mit in meine Hütte! Dort können Sie den Goldstaub abwiegen.«
Die beiden schlichen sich zur Tür und glitten leise hinaus. Einige Minuten darauf kam Breck allein wieder.
Harding wollte gerade seine Aussage machen, als Kid sah, daß die Tür sich vorzeitig öffnete und in der schmalen Spalte das Gesicht des Mannes erschien, der das Mehl an Breck verkauft hatte. Er schnitt Gesichter und gab einem im

Raum, der nahe am Ofen saß, allerlei merkwürdige Zeichen. Dann stand dieser auf und schob sich zur Tür hin.
»Wo gehst du hin, Sam?« fragte Shunk Wilson.
»Ich bin gleich wieder da«, erklärte Sam. »Ich muß nur für einen Augenblick hinaus.«
Kid bekam Erlaubnis, die Zeugen auszufragen, und er befand sich gerade mitten in einem Kreuzverhör Hardings, als man von draußen das Heulen von Schlittenhunden und das Knirschen von Kufen hörte. Einer, der an der Tür saß, sah hinaus.
»Es sind Sam und sein Partner, die mit ihrem Hundegespann nach dem Stewart fahren, was das Zeug nur halten kann«, berichtete der Mann.
Eine halbe Minute lang sprach keiner, aber die Männer sahen sich verständnisinnig an. Sie begannen alle nervös und unruhig zu werden. Kid benutzte die Gelegenheit, um einen verstohlenen Blick auf Breck zu werfen, der sich flüsternd mit Luzy und ihrem Mann unterhielt.
»Mach weiter, du«, sagte Shunk Wilson kurz zu Kid. »Und so schnell wie möglich. Wir wissen schon, was du beweisen willst ... daß das andere Ufer nicht untersucht wurde. Der Zeuge gibt das auch zu, und wir auch. Aber es war auch nicht nötig. Es führten keine Fußspuren nach dem Hang dort. Der Schnee war ganz unberührt.«
»Und es war doch ein Mann auf der andern Seite«, behauptete Kid unerschütterlich.
»An dem Strohhalm kannst du nicht lange hängen bleiben, junger Freund. Wir sind nicht so viele hier am Mac Question, und wir wissen Bescheid, wo jeder von uns sich aufhält.«
»Wer war denn der Mann, den ihr vor zwei Wochen aus dem Lager gejagt habt?« fragte Kid.
»Alonzo Miramar. Ein Mexikaner. Aber was hat der verfluchte Dieb damit zu tun?«

»Nichts, außer daß Sie ihn nicht in Betracht gezogen haben, Herr Richter.«
»Er ging den Fluß hinab, nicht hinauf ...«
»Wie könnt ihr wissen, wo er hinging?«
»Ich sah ihn verschwinden.«
»Und das ist alles, was ihr von ihm wißt?«
»Nein, das ist es nicht, junger Mann. Ich weiß, wir alle wissen, daß er nur für vier Tage Nahrungsmittel und kein Gewehr hatte, um sich Fleisch zu verschaffen. Wenn er nicht die Kolonie am Yukon erreicht hat, muß er längst vorher verreckt sein.«
»Ich vermute, daß Sie alle Gewehre, die es in dieser Gegend gibt, kennen«, erklärte Kid mit großem Nachdruck.
Jetzt wurde Shunk Wilson ärgerlich.
»Nach deinen Fragen zu urteilen, scheinst du dir einzubilden, daß ich der Gefangene bin und nicht du. Laßt jetzt den nächsten Zeugen vortreten. Wo ist Franzosen-Louis?«
Während Franzosen-Louis nach vorne ging, öffnete Luzy die Tür.
»Wo gehst du hin?« rief Shunk Wilson ihr zu.
»Ich brauche hier wohl nicht sitzen zu bleiben«, antwortete sie höhnisch. »Am allerwenigsten, wenn ich doch kein Stimmrecht habe.«
Einige Minuten später ging ihr Mann ihr nach. Der Richter bemerkte es erst, als er die Tür hinter sich zuwarf.
»Wer war denn das?« unterbrach er Pierre, der mitten in seiner Aussage war.
»Bill Peabody«, antwortete einer. »Er sagte, er wollte seine Frau was fragen und dann gleich wiederkommen.«
Aber statt Bills kam Luzy wieder herein. Sie zog ihren Pelz aus und setzte sich wieder wie vorher an den Ofen.
»Ich glaube nicht, daß wir noch nötig haben, die übrigen Zeugen zu vernehmen«, sagte Shunk Wilson, als Pierre seine Aussage beendet hatte. »Wir wissen ja, daß sie nur

die Tatsachen bestätigen können, die wir bereits gehört haben. Du, Sörensen, geh mal und hol den Peabody wieder herein! Wir werden jetzt abstimmen, ob der Kerl schuldig ist oder nicht. Und dann kannst du, Fremder, ja inzwischen aufstehen und erzählen, wie es deiner Meinung nach zugegangen ist. Um keine Zeit zu verlieren, werden wir dann die beiden Gewehre, die Munition und die zwei Kugeln, womit geschossen wurde, herumgehen lassen.«
Mitten in seiner Darstellung, wie er nach diesem Teile des Landes gekommen sei, und als er eben beschreiben wollte, wie er selbst plötzlich angeschossen wurde und den Hang hinauffloh, wurde Kid von dem entrüsteten Shunk Wilson unterbrochen.
»Junger Mann, was zum Teufel erzählst du uns da für Räubergeschichten? Wir verschwenden damit ja bloß die kostbare Zeit. Natürlich hast du das Recht, uns etwas vorzuschwindeln, um deinen Hals zu retten, aber wir haben keine Lust, uns solchen Quatsch vorbeten zu lassen. Das Gewehr, die Munition und die Kugeln, die Joe Kinade getötet haben, alles spricht gegen dich... na, was ist denn nu wieder los? Mach mal einer die Tür auf!«
Die eisige Luft wehte herein und verdichtete sich in dem heißen Raum. Und durch die offene Tür hörte man gleichzeitig das Heulen von Hundegespannen, das immer schwächer wurde, je weiter sie sich entfernten.
»Es sind Sörensen und Peabody«, rief einer. »Sie hauen mit den Peitschen auf die Hunde los und fahren den Fluß hinab.«
»Da soll doch der leibhaftige Satan...« Shunk Wilson schwieg mit offenem Munde und starrte Luzy an.
»Vielleicht können Sie uns eine Erklärung geben, Frau Peabody?« Sie schüttelte den Kopf und preßte die Lippen zusammen. Shunks zorniger und mißtrauischer Blick schweifte weiter und blieb auf Breck haften.

»Und ich denke mir, daß der Fremde da, mit dem Sie so lange geflüstert haben, die Sache erklären könnte, wenn er Lust hätte.«

Breck merkte mit Unbehagen, daß alle Blicke sich auf ihn richteten.

»Sam hat auch lange mit ihm gequatscht, ehe er vorhin abhaute«, sagte einer.

»Sehen Sie mal, Herr Breck«, fuhr Shunk Wilson fort. »Sie haben die Verhandlung hier unterbrochen, und Sie müssen uns erklären, warum Sie das getan haben. Was haben Sie da vorhin geflüstert?«

Breck räusperte sich ängstlich und antwortete: »Ich wollte etwas Proviant von ihm kaufen.«

»Und womit wollten Sie bezahlen?«

»Mit Goldstaub natürlich.«

»Wo haben Sie den denn her?«

Breck antwortete nicht.

»Er hat sich immer am Stewart herumgeschlichen und geschnüffelt«, gab einer ungefragt zum besten.

»Ich stieß vor einer Woche, als ich auf der Jagd war, auf sein Lager. Und ich kann euch sagen, daß er verdammt geheimnisvoll tat.«

»Der Staub stammt ja gar nicht dorther«, sagte Breck. »Ich habe es mit einer einfachen Hydraulik geschafft.«

»Bringen Sie mal Ihren Beutel und lassen Sie sehen, wie er aussieht, Ihr Goldstaub«, befahl Wilson.

»Ich sage Ihnen ja, daß er gar nicht von dort ist...«

»Wir wollen ihn trotzdem sehen, verstehen Sie?«

Breck tat, als hätte er sich am liebsten geweigert, aber er sah überall nur drohende Gesichter. Widerstrebend begann er in seiner Tasche zu suchen. Als er eine Büchse herausholen wollte, stieß sie gegen etwas in der Tasche, das ein harter Gegenstand zu sein schien.

»Nehmen Sie alles heraus«, donnerte Wilson.

Und da kam der große Goldklumpen zum Vorschein, ein erstklassiges Ding, gelb wie kein anderes Gold, das die Zuschauer je gesehen hatten. Wilson schnappte nach Luft. Ein halbes Dutzend, das einen schnellen Blick darauf geworfen hatte, stürzte zur Tür. Sie erreichten sie gleichzeitig, und fluchend und keifend schoben und stießen sie einander hindurch. Der Richter entleerte den Inhalt der Büchse auf den Tisch, aber bei dem Anblick des ungewaschenen Goldklumpens stürzte wieder ein halbes Dutzend zur Tür.
»Wo wollt ihr hin?« fragte Harding, als selbst der Richter Shunk Wilson sich anschickte, den andern zu folgen.
»Mir meine Hunde holen natürlich.«
»Wollt ihr ihn denn nicht aufhängen?«
»Das würde jetzt zuviel Zeit nehmen. Er bleibt ja, bis wir wiederkommen... ich gehe davon aus, daß die Verhandlung für heute geschlossen ist. Jetzt haben wir keine Zeit, hier sitzen zu bleiben.«
Harding zögerte noch einen Augenblick. Er warf Kid einen grimmigen Blick zu, sah, wie Pierre Louis von der Tür aus Zeichen machte. Dann warf er noch einen letzten Blick auf den Goldklumpen und faßte einen raschen Entschluß.
»Versuch nicht wegzulaufen!« rief er Kid über die Schulter zu. »Außerdem werde ich mir gestatten, mir deine Hunde zu leihen.«
»Was ist denn los... wieder so ein verdammter Wettlauf nach dem Golde?« fragte der blinde Trapper in einem komisch-keifenden Falsett, als das Gebrüll der Männer und das Geheul der Hunde vor den Schlitten durch die Stille des Raumes hallten.
»Ja, natürlich«, antwortete Luzy. »Ich habe auch nie solch Gold gesehen. Fühl es mal an, Alter!«
Sie legte ihm den Goldklumpen in die Hand. Er interessierte sich aber nur wenig dafür.
»Das war hier einst ein schönes Pelzland«, klagte er, »be-

vor diese verflixten Goldsucher kamen und das Wild vertrieben.«

Die Tür öffnete sich, und Breck trat ein.

»Schön«, sagte er. »Jetzt sind wir vier allein im ganzen Lager. Es sind vierzig Meilen bis zum Stewart, wenn man den Richtweg einschlägt, wie ich es getan habe. Selbst der schnellste Fahrer braucht mindestens fünf oder sechs Tage. Jetzt wird es aber Zeit, daß Sie wegkommen, Kid.«

Breck zerschnitt mit seinem Jagdmesser die ledernen Fesseln des andern und warf der Frau einen vielsagenden Blick zu.

»Ich hoffe, daß Sie uns keine Schwierigkeiten machen werden«, sagte er mit eindringlicher Höflichkeit.

»Wenn ihr schießen wollt«, rief der Alte, »dann bitte, bringen Sie mich zuerst aus der Hütte.«

»Nur los... nehmt keine Rücksicht auf mich«, antwortete Luzy. »Wenn ich nicht gut genug bin, um einen Mann an den Galgen zu bringen, bin ich auch nicht gut genug, ihn festzuhalten.«

Kid stand auf und rieb sich die Gelenke, deren Blutumlauf die Fesseln unterbunden hatten.

»Ich habe ein Bündel für Sie fertiggemacht«, sagte Breck. »Für zehn Tage Proviant, Decken, Streichhölzer, Tabak, eine Axt und einen Stutzen.«

»Nehmen Sie«, ermunterte Luzy Kid. »Bringen Sie sich in Sicherheit, Fremder. Und machen Sie es so schnell, wie es Ihnen der liebe Herrgott erlaubt.«

»Ich möchte aber immerhin erst was Ordentliches zu essen haben, ehe ich verdufte«, sagte Kid. »Und wenn ich dann abhaue, werde ich den Mac Question hinauf- und hinabgehen. Ich möchte, daß Sie mit mir kommen, Breck. Wir wollen das andere Ufer nach dem Kerl untersuchen, der sich dort verborgen hält.«

»Wenn Sie auf meinen Rat hören wollen, Kid, so gehen

Sie den Stewart und den Yukon hinab«, wandte Breck ein. »Wenn diese Rasselbande von meiner sogenannten Hydraulik zurückkommt, werden sie alle wütend sein.«
Kid lachte und schüttelte den Kopf.
»Ich will mich nicht aus dem Lande drücken. Ich habe hier jetzt Interessen wahrzunehmen. Ich will hierbleiben und mich rechtfertigen, Breck. Mir kann es ja schnuppe sein, ob Sie mir glauben oder nicht, aber ich habe tatsächlich den Überraschungssee gefunden. Von dort stammt ja auch das Gold. Außerdem haben die Burschen ja auch meine Hunde genommen, und ich werde hier warten, bis ich sie zurückbekomme. Außerdem weiß ich, was ich will. Es lag ein Mann am andern Ufer verborgen. Er hat fast sein ganzes Magazin auf mich verschossen.«
Als Kid eine halbe Stunde später mit einer großen Schüssel Elchbraten vor sich am Tisch saß und gerade eine mächtige Tasse Kaffee an die Lippen führte, sprang er plötzlich auf. Er war der erste, der das Geräusch hörte. Luzy öffnete schnell die Tür.
»Tag, Spike, Tag, Methody«, begrüßte sie zwei Männer, die sich, mit Reif bedeckt, um ein schweres Bündel bemühten, das auf ihrem Schlitten lag.
»Wir kommen eben vom oberen Lager«, sagte der eine, als sie in die Hütte getreten waren. Sie behandelten das Bündel, das sie mit in den Raum trugen, mit größter Sorgfalt und Vorsicht.
»Und das hier haben wir unterwegs gefunden. Ich denke, es ist schon aus mit ihm.«
»Legt ihn auf das Bett, dort«, sagte Luzy.
Sie beugte sich über das Bündel, entfernte das Pelzwerk und enthüllte ein Gesicht, das hauptsächlich aus großen, starrenden Augen und aus Haut bestand, die durch die Kälte schwarz und wund geworden und sich straff über die Knochen spannte.

»Das ist ja Alonzo«, rief sie. »Du armer, verhungerter Teufel!«
»Das ist der Mann vom andern Ufer!« sagte Kid leise zu Breck.
»Wir fanden ihn, als er gerade ein Depot plündern wollte, das Harding wohl angelegt hat«, erklärte der eine von den beiden Männern. »Er saß da und fraß rohes Mehl und gefrorenen Speck, und als wir ihn erwischten, schrie er und heulte wie ein Habicht. Schaut ihn euch nur an: Er ist ganz verhungert und größtenteils erfroren dazu. Er kann jede Minute verrecken!«

Eine halbe Stunde später legten sie das Pelzwerk über das Gesicht der erstarrten Gestalt im Bett. Dann wandte Kid sich an Luzy und sagte: »Wenn Sie nichts dagegen haben, Frau Peabody, möchte ich gern noch so ein Beefsteak haben. Aber, bitte, schneiden Sie es nicht zu dünn und braten Sie es vor allem nicht zu sehr durch.«

VI *Ein Wettlauf um eine Million*

»He! Jetzt schnell in die herrlichen Lumpen!« Kurz betrachtete seinen Partner mit gespieltem Neid. Kid, der sich vergebens bemühte, die Druckfalten aus den Hosen, die er soeben angezogen hatte, zu entfernen, wurde ärgerlich.
»Für einen getragenen Anzug sitzt er gar nicht so schlecht!« fuhr Kurz fort. »Wieviel hat er eigentlich gekostet?«
»Hundertfünfzig der ganze Anzug«, antwortete Kid. »Der Mann hatte fast genau meine Größe. Ich fand, daß es ein sehr vernünftiger Preis war. Warum meckerst du denn eigentlich?«
»Wer? Ich? Ach, gar nichts! Mir fiel nur ein, daß es wirklich einen großen Fortschritt für einen Bärenfleischliebha-

ber bedeutet, der im Packeis nach Dawson kam und damals nur eine Garnitur Unterzeug, ein Paar Mokassins und ein Paar Überziehhosen sein eigen nannte, die ebenso durchlöchert waren wie das Wrack der Hesperus ... und der nichts zu fressen hatte. Siehst ja verflucht vornehm aus, Kompagnon! Verdammt vornehm ... Sag mal ...«

»Was willst du denn?« fragte Kid mürrisch.

»Wie heißt sie denn eigentlich?«

»Sie? Was heißt hier ›sie‹? Es gibt gar keine ›sie‹. Ich bin zum Mittagessen bei Oberst Bowie eingeladen, wenn du es unbedingt wissen willst. Ich will dir sagen, was mit dir los ist, Kurz: du bist einfach neidisch, weil ich in so vornehmer Gesellschaft verkehre und du nicht auch eingeladen bist.«

»Kommst du nicht ein bißchen spät?«

»Wie meinst du das?«

»Zum Mittagessen, meine ich. Sie werden die Suppe schon gegessen haben, ehe du kommst.«

Kid wollte gerade mit raffiniertem Sarkasmus berichten, wie es auf vornehmen Gesellschaften zugeht, als er merkte, daß der andere ihn zum besten hielt. Er vollendete daher seine Toilette so schnell wie möglich. Mit Fingern, die ihre frühere Gewandtheit verloren hatten, band er seine Krawatte zu einer großen Schleife unter den weichen Kragen.

»Schade, daß ich all meine steifen Kragen zur Wäsche gegeben habe«, murmelte Kurz mit aufrichtigem Mitgefühl. »Ich hätte dir sonst gern einen gepumpt.«

Kid bemühte sich gerade, ein Paar richtige Schuhe anzuziehen. Die plumpen wollenen Socken waren indessen zu dick, so daß sie nicht in die Schuhe hineingingen. Er warf Kurz einen flehenden Blick zu. Der aber schüttelte den Kopf.

»Nichts zu machen! Selbst wenn ich ein Paar dünne hätte, würde ich sie dir doch nicht pumpen. Kehre lieber reumütig zu deinen Mokassins zurück, Kompagnon! Deine Zehen

werden in so einem Paar enger Hinterflossenüberzieher todsicher erfrieren.«
»Ich habe fünfzehn Dollar dafür gegeben, getragen natürlich«, klagte Kid.
»Ich glaube, daß kein einziger dasein wird, der nicht Mokassins trägt.«
»Aber es kommen ja auch Damen, Kurz. Ich muß mit richtigen Damen bei Tisch sitzen... mit Frau Bowie und mehreren anderen, wie mir der Oberst erzählte.«
»Na — und? Mokassins werden ihnen den Appetit nicht verderben«, erklärte Kurz. »Ich möchte wissen, was der Oberst mit dir vorhat.«
»Ich habe keine Ahnung... wenn er nicht vielleicht gehört hat, daß ich den Überraschungssee gefunden habe. Es wird ja ein Vermögen kosten, ihn trockenzulegen, und die Guggenheims wollen gern Geld anlegen.«
»So was wird es vermutlich sein. Na, aber halt du dich nur ruhig an die Mokassins! Du gütiger Himmel, der Rock ist da reichlich zerknittert, und zu eng ist er auch noch dazu. Darfst eben nicht zuviel futtern, Kamerad... wenn du es tust, wirst du einfach platzen! Und wenn die Frauenzimmer ihre Taschentücher auf den Boden fallen lassen, müssen sie hübsch liegenbleiben, heb sie um Gottes willen nicht auf! Was du auch sonst tust, das darfst du auf keinen Fall.«

Wie es sich für einen hochbezahlten Sachverständigen und den Vertreter der angesehenen Firma Guggenheim gehört, bewohnte Oberst Bowie eines der vornehmsten Häuser Dawsons.
Es war freilich, wie alle die andern, aus vierkantigen, grob behauenen Balken erbaut, hatte aber zwei Stockwerke und war von so extravaganter Größe, daß es mit einem großen Wohnzimmer prahlen konnte, das tatsächlich nur als Wohnzimmer diente. Große Bärenfelle lagen auf dem rau-

hen Bretterboden, und an den Wänden hingen Geweihe von Elchen und Rentieren. Hier gab es sogar einen offenen Kamin und einen mächtigen Ofen, in dem ein herrliches Feuer prasselte. Hier traf Kid die gesellschaftliche Auslese Dawsons — Männer wie Warburton Jones, Forschungsreisender und Schriftsteller, Hauptmann Consadine von der berittenen Polizei, Haskell, Goldkommissar des Nordwest-Territoriums, und Baron v. Schroeder, der ein Günstling des deutschen Kaisers war und einen internationalen Ruf als Duellant genoß. Und hier traf Kid auch Joy Gastell, die ihn in einem richtigen Gesellschaftskleid bezauberte — bisher hatte er sie ja nur unterwegs in Pelz und Mokassins gesehen. Beim Essen war sie seine Tischdame.

»Ich fühle mich wie ein Fisch, der aus seinem Element herausgezogen ist«, gestand er. »Die Gäste hier sind alle wirklich bedeutende Persönlichkeiten, nicht wahr? Außerdem hätte ich mir nie träumen lassen, daß es eine solche orientalische Üppigkeit in Klondike gäbe. Sehen Sie sich mal Herrn von Schroeder an! Er hat tatsächlich einen richtigen Frack an, und Consadine trägt sogar ein gestärktes Hemd. Ich habe indessen festgestellt, daß er auch Mokassins trägt. Was sagen Sie zu meiner Ausstattung?«

Um Joys Beifall zu erlangen, bewegte er die Schultern hin und her wie ein Vogel, der sich die Federn putzt.

»Es sieht aus, als seien Sie dicker geworden, seit Sie hierhergekommen sind«, lachte sie.

»Stimmt nicht! Raten Sie noch einmal...«

»Dann gehört der Anzug einem anderen.«

»Diesmal haben Sie es getroffen! Ich habe den Anzug zu einem sehr anständigen Preis von einem Angestellten der A.-C.-Gesellschaft gekauft.«

»Es ist wirklich schade, daß Kontoristen immer so schmale Schultern haben«, sagte sie mitfühlend. »Aber Sie haben gar nicht gesagt, wie Ihnen meine Ausstattung gefällt.«

»Das kann ich einfach nicht«, erklärte er. »Ich habe die Sprache verloren. Ich lebe schon zu lange auf den ewigen Fahrten! So etwas wie das hier wirkt völlig betäubend auf mich. Ich hatte tatsächlich vergessen, daß Frauen überhaupt Arme und Schultern haben. Morgen früh werde ich wach werden und, genau wie mein Freund Kurz, glauben, daß alles nur ein Traum gewesen ist. Letztes Mal, als ich Sie am Squaw-Bach sah...«
»Da benahm ich mich ganz wie eine indianische Squaw«, unterbrach sie ihn.
»Das wollte ich nicht sagen. Ich erinnerte mich nur, daß ich am Squaw-Bach die Entdeckung machte, daß Sie Füße besitzen.«
»Und ich werde Ihnen nie vergessen, daß Sie sie gerettet haben«, sagte sie. »Ich habe seither immer gewünscht, Sie wiederzusehen, um Ihnen meinen Dank abzustatten.« Er zuckte abwehrend die Achseln. »Und deshalb sind Sie heute auch hier eingeladen.«
»Sie haben also den Oberst veranlaßt, mich einzuladen?«
»Nein, aber seine Frau. Und ich habe sie auch gebeten, Sie mir als Tischherrn zu geben. Und jetzt habe ich also endlich die Gelegenheit, Ihnen etwas anzuvertrauen. Jetzt ist die Unterhaltung ja schon allgemein, so daß man nicht hört, was ich Ihnen sage. Passen Sie gut auf und unterbrechen Sie mich nicht. Sie kennen ja den Mono-Bach?«
»Natürlich.«
»Es hat sich gezeigt, daß er sehr viel Gold führt... unerhört reich ist er. Man berechnet, daß jeder Claim eine Million oder mehr wert ist. Er ist erst ganz vor kurzem entdeckt.«
»Ich erinnere mich, wie wild die Leute damals waren.«
»Das ganze Gebiet wurde auch bis zum Horizont abgesteckt und abgepfählt und die Nebenflüsse ebenfalls. Aber eben in diesen Tagen ist ein Claim frei geworden, nämlich Nummer drei am Hauptstrom unterhalb des Finderclaims. Die

Entfernung bis zum Mono-Bach ist so groß, daß der Kommissar sechzig Tage nach der Markierung als Frist für Eintragung der Mutungen festgesetzt hat. Jetzt sind auch alle Mutungen eingetragen, mit Ausnahme von Claim 3. Es war Cyrus Johnson, der es abgesteckt hatte. Und das war auch alles, was er getan hat. Seitdem ist er nämlich spurlos verschwunden. Kein Mensch hier weiß, ob er gestorben oder ob er den Fluß hinauf- oder hinabgegangen ist. Jedenfalls wird in sechs Tagen die letzte Frist zum Einregistrieren verstrichen sein. Dann wird es bekommen, wer es absteckt, als erster Dawson erreicht und es dort einregistrieren läßt.«
»Eine Million Dollar«, murmelte Kid.
»Gilchrist, der den zweiten Claim oberhalb des Finderclaims bekommen hat, hat mit einer einzigen Pfanne aus dem Flußbett sechshundert Dollar erzielt. Er hat ein Loch in den Boden gebrannt. Und das Feld unterhalb soll noch reicher sein. Das weiß ich.«
»Aber warum weiß das sonst keiner?« fragte Kid skeptisch.
»Sie fangen auch schon an, davon zu reden. Lange wurde es geheimgehalten, und erst jetzt ist es durchgesickert. In den nächsten vierundzwanzig Stunden werden gute Hundegespanne zu erschwingen sein. Jetzt müssen Sie so diskret wie möglich verschwinden, sobald wir vom Tisch aufstehen. Ich habe schon alles vorbereitet. Ein Indianer kommt mit einem Brief für Sie, den Sie lesen, und dann tun Sie, als ob es furchtbar Wichtiges wäre, entschuldigen sich und gehen.«
»Ich verstehe nicht ganz...«
»Dummkopf«, sagte sie leise. »Sie werden heute nacht schon unterwegs sein, um sich ein paar Hundegespanne zu verschaffen. Ich weiß zwei, die zu haben sind. Da ist Hansons Gespann, sieben große Hunde von der Hudsonbucht... er verlangt vierhundert Dollar für das Stück. Das ist heute der höchste Preis, morgen wird er aber schon höher sein.

Und Sitka Charley hat acht Malemutes, für die er dreitausendfünfhundert Dollar verlangt. Morgen wird er jeden auslachen, der ihm fünftausend bietet. Und dann haben Sie Ihr eigenes Gespann und müssen sich noch einige dazu verschaffen. Es wird Ihre Sache sein, sie noch heute nacht zu bekommen. Nehmen Sie nur die Besten! Es sind ebensosehr die Hunde wie die Männer, die das Rennen gewinnen werden. Es sind hundertundzehn Meilen, und Sie müssen sooft wie überhaupt möglich die Hunde wechseln.«
»Ich sehe ja, Sie möchten gern, daß ich einen Versuch mache«, sagte Kid langsam.
»Wenn Sie nicht Geld genug für die Hunde haben, werde...«
»Ich kann die Hunde schon kaufen... aber glauben Sie nicht, daß das Spiel ein bißchen zu hoch für mich ist?«
»Nach dem, was Sie an der Roulette im ›Elch‹ geleistet haben«, erwiderte sie, »glaube ich nicht, daß Sie das zu fürchten brauchen. Es ist natürlich eine rein sportliche Leistung, auf die es ankommt, wenn Sie es so nehmen. Ein Wettlauf um eine Million und mit einigen von den besten Hundefahrern und Läufern in diesem Lande als Gegner. Sie sind freilich in diesem Augenblick noch nicht darauf vorbereitet, aber morgen um diese Zeit werden sie es schon sein. Dann werden die Hunde so teuer sein, daß nur die reichsten Männer sich den Preis leisten können. Der Große Olaf ist in der Stadt... er kam vorigen Monat aus Circle hierher. Er ist einer der gewiegtesten Hundefahrer im Land, und wenn er mitgeht, wird er der gefährlichste Gegner für Sie sein. Arizona-Bill wird auch ein schlimmer Konkurrent sein. Er ist jahrelang professioneller Schlittenfahrer und Postführer gewesen. Wenn er auch mitgeht, wird das Hauptinteresse sich auf ihn und den Großen Olaf richten.«
»Und da wollen Sie, daß ich sozusagen als Außenseiter mitlaufe?«

»Vollkommen richtig! Und das wird auch seine Vorteile haben. Von Ihnen wird man nicht erwarten, daß Sie das Rennen gewinnen. Sie wissen ja selbst, daß Sie noch immer als Chechaquo betrachtet werden! Sie sind noch keine vier Jahre hier. Niemand wird Notiz von Ihnen nehmen, ehe Sie die Führung der letzten Strecke auf dem Heimweg übernommen haben.«

»Und auf dieser letzten Strecke soll der Außenseiter also zeigen, daß er in guter Form ist.«

Sie nickte und sprach dann ernst weiter: »Vergessen Sie nicht, daß ich mir nie verzeihen kann, Sie am Squaw-Bach hinters Licht geführt zu haben, und daß ich das erst tun kann, wenn Sie den Claim am Mono-Bach gewinnen. Und wenn es jemand gibt, der das Rennen gegen die alten Leute gewinnen kann, dann sind Sie es.«

Es war die Art, wie sie es sagte... er fühlte einen warmen Strom seinen Körper durchfluten und ihm Kopf und Herz heiß machen. Dann warf er einen schnellen, prüfenden Blick auf ihr Gesicht — ohne es zu wollen, und doch voller Ernst. Und im selben Augenblick, in dem er ihren Augen begegnete, die ihn fest ansahen, ehe sie sich wieder senkten, glaubte er etwas in ihnen zu lesen, was ihm unendlich wertvoller war als der Claim, den Cyrus Johnson zu registrieren vergessen hatte.

»Ich werde es tun«, sagte er. »Und ich werde gewinnen.«

Das frohe Aufleuchten ihrer Augen schien ihm einen köstlicheren Preis zu versprechen als alles Gold des Mono-Baches. Er bemerkte eine Bewegung ihrer Hand, die ihm am nächsten lag. Vom Tischtuch verborgen, streckte er ihr unwillkürlich die seine entgegen und empfand selig den leisen und warmen Druck von den Fingern einer Frau. Und wieder durchspülte eine Woge von Wärme seinen Körper.

»Was wird Kurz sagen?« war der nächste Gedanke, der heiter und neckisch durch sein Gehirn blitzte, als er seine

Hand vorsichtig wieder zurückzog. Fast eifersüchtig sah er die Gesichter v. Schroeders und Jones an und sann erstaunt darüber nach, ob sie denn nicht entdeckt hatten, welch herrliche, seltene Frau hier neben ihm saß.

Ihre Stimme riß ihn aus seinen Träumen, und er mußte feststellen, daß sie schon einige Minuten sprach, ohne daß er zugehört hatte.

»Sie sehen also, Arizona-Bill ist ein weißer Indianer«, erzählte sie. »Und der Große Olaf ist ... nun, er ist ein Mann, der mit einem Bären ringen kann, ein König der Schneefelder, ein mächtiger Herrscher der wilden Einöden. Er kann laufen und durchhalten, wie nur die Indianer es können, und er hat nie ein anderes Leben kennengelernt als das im Eis und in der Wildnis.«

»Von wem sprechen Sie?« fragte Hauptmann Consadine über den Tisch hinweg.

»Vom Großen Olaf«, antwortete sie. »Ich erzählte Herrn Bellew eben, daß er ein so glänzender Läufer ist.«

»Da haben Sie wirklich recht«, bestätigte Hauptmann Consadine mit seiner mächtigen Stimme. »Der Große Olaf ist der beste Läufer in ganz Yukon. Ich würde gegen den Teufel selbst auf ihn setzen, wenn es sich um Fahrten durch Eis und Schnee handelte. Er war es ja, der 1895 die Regierungsdepeschen herbrachte, nachdem zwei Kuriere am Chilcoot erfroren und der dritte im offenen Wasser bei den ›Dreißig Meilen‹ ertrunken war.«

Auf der Fahrt nach dem Mono-Bach hatte Kid sich nicht übereilt, weil er fürchtete, seine Hunde abzuhetzen, bevor das entscheidende Rennen begann. Er hatte außerdem die Gelegenheit benutzt, um jede Meile des Weges kennenzulernen und die Stellen auszuwählen, wo er die Hunde wechseln wollte. So viele Männer wollten an dem Rennen teilnehmen, daß die ganze Strecke von hundertundzehn

Meilen fast wie ein einziges zusammenhängendes Dorf aussah. Überall am Wege waren Relaisstationen eingerichtet. Herr v. Schroeder, der sich ausschließlich des Spaßes halber an dem Rennen beteiligte, hatte nicht weniger als elf Hundegespanne... also ein Gespann auf je zehn Meilen. Arizona-Bill mußte sich mit acht Gespannen begnügen, der Große Olaf mit sieben und Kid mit ebenso vielen. Außer ihnen waren mehr als drei Dutzend Männer beteiligt. Selbst hier im goldenen Norden betrug der Preis eines Hundewettrennens nicht jeden Tag eine ganze Million. Das Land war völlig reingefegt von Hunden. Kein Tier von irgendwie vernünftiger Schnelligkeit und Ausdauer war dem feinzähnigen Kamm entgangen, der die Bäche und Goldlager gestriegelt hatte. Die Preise für Gespanne waren auf das Doppelte und Vierfache gestiegen, solange diese wahnsinnige Spekulation anhielt.

Der dritte Claim unterhalb des Finderclaims lag zehn Meilen von der Mündung flußaufwärts. Die übrigen hundert Meilen mußte man auf dem zugefrorenen Yukon zurücklegen. Auf Claim 3 waren nicht weniger als fünfzig Zelte und dreihundert Hunde untergebracht. Die alten Pfähle, die Cyrus Johnson vor sechzig Tagen eingerammt hatte, standen noch, und alle Teilnehmer hatten ein Mal über das andere die Grenzen des Claims überschritten, denn dem Rennen der Hunde ging ein Wettlauf der Männer selbst voraus. Jeder Interessent mußte selbst den Claim für sich abzeichnen, und das bedeutete, daß er zwei Mittelpfähle und vier Eckpflöcke einrammen und den Bach zweimal überqueren mußte, ehe er mit seinen Hunden nach Dawson fahren konnte.

Außerdem war es so geregelt, daß keiner dem andern zuvorkommen konnte. Erst wenn es Freitag nacht zwölf schlug, wurde der Claim für den Neuerwerb geöffnet, es war also erst nach Mitternacht erlaubt, Pfähle einzurammen. So hatte der Goldkommissar von Dawson die Sache organisiert, und Hauptmann Consadine hatte eine Schwadron der berittenen Polizei hinausgeschickt, um dafür zu sorgen, daß man sich nach dieser Bestimmung richtete. Es hatten auch eifrige Diskussionen stattgefunden, ob man sich nach der Zeitangabe der Polizei oder nach der Sonnenzeit zu richten hätte, aber Hauptmann Consadine hatte die Entscheidung getroffen, daß die polizeilichen Zeitangaben maßgebend seien, und um jedem Schritt vorzubeugen, hatte er ferner angeordnet, daß man sich nach der Uhr des Leutnants Pollock zu richten hätte.

Der Weg führte durch das ebene Flußbett, und da dieses nur zwei Fuß breit war, glich es eher einer engen Rinne, die auf beiden Seiten von dem Schnee dreier Monate wie von einer hohen Wand eingerahmt wurde. Kein Wunder, daß alle sich mit dem Problem beschäftigten, wie mindestens vierzig Schlitten und dreihundert Hunde auf einer so engen Bahn starten sollten.

»Pfui Deibel«, sagte Kurz. »Das wird das saumäßigste Holterdiepolter, das es je gegeben hat. Ich sehe keinen andern Ausweg, Kid, als brutale Kraft anzuwenden und sich mit Fäusten und Ellbogen durchzuschlagen. Selbst wenn der ganze Bach schneefrei wäre, böte er doch kaum Platz für zwölf Gespanne. Mein Riecher sagt mir, daß es eine mordsmäßige Keilerei geben wird, ehe das Rennen losgeht. Und wenn es dazu kommt, mußt du es mir überlassen, die Keile auszuteilen.«

Kid zuckte die Achseln und lachte vielsagend.

»Um Gottes willen, halt die Finger davon«, rief sein Partner erschrocken. »Was auch geschieht, du darfst dich nicht hineinmischen. Du kannst die Hunde nicht hundert Meilen mit zerschundenen Knöcheln fahren... und das wird es bedeuten, wenn du dich an der Keilerei beteiligst.«

Kid nickte.

»Du hast recht, Kurz. Ich will unsere Chance nicht dadurch verderben.«

»Und vergiß nicht«, fügte Kurz hinzu, »daß ich die ersten zehn Meilen schaffen muß, während du es dir so bequem wie nur möglich machst. Ich werde dich schon bis zum Yukon durchschleppen. Dann mußt du mit den Hunden den Rest schaffen... Sag mal, was, glaubst du, hat der Schroeder vor? Er hat sein erstes Gespann eine Viertelmeile flußabwärts aufgestellt und will es an einer grünen Laterne erkennen. Aber wir werden ihm die Kunst schon ablauschen! Wir werden uns ein rotes Licht anschaffen.«

Der Tag war klar und kalt gewesen, aber gegen Abend hatte eine Decke von Wolken den Himmel verhüllt. Als die Nacht kam, wurde es warm und dunkel, und eine Andeutung von Schnee lag in der Luft. Das Thermometer zeigte fünfzehn Grad unter Null — und in Klondike betrachtet man eine Wintertemperatur von nur fünfzehn Grad Kälte als mild.

Wenige Minuten vor Mitternacht verließ Kid Kurz, der mit den Hunden etwa fünfhundert Meter flußabwärts stehenblieb, und schloß sich den vielen Bewerbern um Claim 3 an. Es waren im ganzen fünfundvierzig, die an dem Wettrennen um die Million teilnehmen wollten, welche Cyrus Johnson hinterlassen hatte, als er sich in sein eisiges Grab legte. Alle hatten sechs Pflöcke und einen schweren hölzernen Hammer bei sich und trugen eine kittelartige Parka aus schwerem Drillich.

Leutnant Pollock stand in seinem dicken Bärenpelz da und sah beim Schein einer Laterne auf die Uhr. Es fehlte noch eine Minute an zwölf.

»Achtung!« rief er und hob den Revolver in seiner Rechten, während er den Sekundenzeiger der Uhr beobachtete, der seine letzte Runde vor Mitternacht machte.

Die fünfundvierzig Kapuzen der Parkas wurden zurückgeschlagen. Fünfundvierzig Händepaare zogen die Fäustlinge aus. Fünfundvierzig Fußpaare drückten sich fest und energisch in den hartgetretenen Schnee. Und fünfundvierzig Pflöcke wurden in den Schnee gesteckt, während ebenso viele Hämmer sich hoben.
Der Schuß knallte. Die Hammerschläge erdröhnten — Cyrus Johnsons Anrecht auf die Million war erloschen. Um völlige Verwirrung zu vermeiden, hatte Leutnant Pollock bestimmt, daß zuerst der untere Mittelpflock, dann der südöstliche und in derselben Reihenfolge die andern, der obere Mittelpflock aber unterwegs gerammt werden sollte.
Kid schlug seinen ersten Pflock ein und lief als einer der ersten weiter. An den Ecken brannten Feuer, und an jedem Feuer stand ein Polizist, der die Namen der Läufer in eine Liste eintrug, die er in der Hand hielt. Jeder mußte ihm seinen Namen nennen und sein Gesicht zeigen. Es sollte nach Möglichkeit verhindert werden, daß jemand einen andern an seiner Statt die Pfähle einrammen ließ, während er selbst schon nach der Stadt unterwegs war.
An der ersten Ecke schlug v. Schroeder seinen Pflock neben den Kids ein. Sie gebrauchten gleichzeitig ihre Hämmer. Während sie noch hämmerten, kamen andre hinzu, und zwar so ungestüm, daß einer dem andern im Wege stand und ein verworrenes Hin- und Hergestoße veranlaßte. Während Kid sich den Weg durch die Menge bahnte, um dem Polizisten seinen Namen zu nennen, sah er, wie der Baron mit einigen von den andern Läufern zusammenstieß, den Halt verlor und in den Schnee fiel. Kid wartete indessen nicht ab, daß er wieder auf die Beine kam. Andere waren ihm schon zuvorgekommen. Im Schein des erlöschenden Lichtes sah er den mächtigen Rücken des Großen Olaf, und an der südwestlichen Ecke rammte er seinen Pflock neben dem Olafs ein.

Es war durchaus keine leichte Aufgabe, dieses Hindernisrennen. Die Grenzen des Claims hatten eine Gesamtlänge von fast einer Meile, und der größte Teil des Rennens ging über eine unebene, verschneite Fläche, die voll von großen Knorren war. Um Kid herum stolperten und strauchelten die Männer, und mehrmals fiel er selbst kopfüber hin und kroch auf allen vieren herum. Einmal stürzte der Große Olaf unmittelbar vor ihm und riß ihn im Fall mit, so daß sie aufeinander zu liegen kamen.

Der oberste Mittelpfahl wurde unmittelbar am Rande des Uferhanges eingerammt, und dann wälzten sich die Läufer den Hang hinab, über das gefrorene Flußbett und das andere Ufer hinauf. Als Kid hier herumkroch, packte ihn eine Hand am Fußgelenk und zog ihn zurück. Im flackernden Schein des fernen Feuers konnte er das Gesicht des Mannes nicht sehen, der ihm diesen Streich gespielt hatte. Aber Arizona-Bill, dem dasselbe geschehen war, stand auf und versetzte dem Angreifer einen Faustschlag ins Gesicht. Kid sah und hörte das, während er sich noch bemühte, auf die Beine zu kommen, aber im selben Augenblick bekam er selbst einen Faustschlag, so daß er halb bewußtlos in den Schnee taumelte. Er kam jedoch wieder hoch und merkte sich den Mann, der es getan hatte. Er hob schon die Faust, um ihm eins auszuwischen, als er sich der Warnung Kurz' erinnerte und sich beherrschte. Im nächsten Augenblick wurde er aber unterhalb des Knies von einem Körper getroffen, der gegen ihn fiel, und stürzte wieder zu Boden. Das gab ihm einen Vorgeschmack von dem, was geschehen sollte, wenn die Männer ihre Schlitten erreichten. Immer wieder strömten Leute vom andern Ufer herbei und stürzten sich ins Getümmel. Haufenweise kletterten sie den Hang herauf, und haufenweise wurden sie von ihren ungeduldigen Nebenbuhlern zurückgezerrt. Es fielen viele Schläge, unzählige Flüche entstiegen dem Klumpen keuchender Männer, die noch so viel Luft hatten, daß sie etwas entbehren konnten, während Kid, der seltsamerweise das Gefühl hatte, als schwebte Joys Gesicht immer vor seinen Augen, von ganzem Herzen hoffte, daß die Hämmer nicht als Kampfwaffen benutzt werden würden. Ein Mal über das andere wurde er umgestoßen, mit Füßen getreten, oft mußte er im tiefen Schnee nach den Pflöcken suchen, aber schließlich gelang es ihm, aus dem Knäuel herauszukommen, so daß er den Hang etwas weiter abwärts erklettern konnte. Freilich taten viele andere dasselbe, und es war ihm nicht möglich, zu verhindern, daß ihn viele bei dem Rennen um die nordwestliche Ecke überholten.

Als er die Hälfte des Weges nach der vierten Ecke hinter sich hatte, stellte ihm jemand ein Bein, er flog weit hin und verlor seinen letzten Pflock. Mindestens fünf Minuten suchte er im Dunkeln, bis er ihn wiedergefunden hatte, und während dieser ganzen Zeit hasteten die keuchenden Männer an ihm vorbei. Aber von der letzten Ecke bis zum Bach begann er mehrere zu überholen, denen das Rennen über eine Meile doch zuviel gewesen war. Unten auf dem Bach selbst herrschte das wildeste Tohuwabohu. Ein Dutzend Schlitten waren ineinandergefahren und umgekippt, und fast hundert Hunde befanden sich in einer wilden Keilerei. Dazwischen bemühten sich Männer, die ineinander verstrickten Tiere wieder aus dem verworrenen Haufen zu ziehen, und schlugen mit ihren Hämmern auf sie los. Kid sah es nur flüchtig, im Vorbeilaufen, aber er fragte sich, ob Doré je ein Bild von einer ähnlichen grotesken Unheimlichkeit gezeichnet hätte.

Er sprang von der überfüllten Verkehrsstraße den Abhang ein Stück hinunter und erreichte die festgetretene Schlittenbahn, wo er schneller laufen konnte. Hier war der Schnee neben dem Wege an zahlreichen Stellen festgestampft, so daß eine ganze Reihe von Lagerplätzen gebildet waren, wo Schlitten und Männer standen und auf die Wettläufer warteten, die noch nicht abgefahren waren. Hinter sich hörte Kid das Heulen und Stampfen laufender Hunde und hatte eben noch Zeit, in den tiefen Schnee neben dem Wege zu springen, als der Schlitten schon vorbeihuschte; er konnte den Mann sehen, der, auf den Knien liegend, die Hunde wie ein Rasender anfeuerte. Aber kaum war der Schlitten vorbei, als er mitten in einem wilden Kampfgetümmel steckenblieb. Die aufgeregten Hunde eines anderen Schlittens, die neben dem Wege warteten und eifersüchtig auf die Tiere waren, die vorbeiliefen, hatten sich losgerissen und waren auf sie losgesprungen.

Kid bog um sie herum und schlüpfte glücklich vorbei. Er konnte die grüne Laterne v. Schroeders und daneben das rote Licht sehen, das sein eigenes Gespann kenntlich machte. Zwei Männer überwachten das Gespann Schroeders und streckten große Knüppel abwehrend vor sich aus.

»Hierher, Kid, hierher!« hörte er Kurz ängstlich rufen.

»Ich komme schon«, keuchte er zurück.

Bei dem roten Schein sah er, daß der Schnee aufgewühlt und voller Fußtapfen war, und aus der Art, wie sein Freund keuchte, konnte er schließen, daß es einen schweren Kampf gegeben hatte.

Er taumelte zum Schlitten, und im selben Augenblick, da er sich hinwarf, knallte Kurz mit der Peitsche und rief: »Hü, ihr Deubel, hü!«

Die Hunde sprangen in die Sielen, und mit einem Ruck glitt der Schlitten fort. Es waren große Tiere — Hansons Preisgespann von der Hudson Bay — und Kid hatte sie für die erste Strecke, die zehn Meilen des Mono-Bachs, dann den sehr ungangbaren Richtweg über die Ebene an der Mündung und endlich die ersten zehn Meilen am Yukon gewählt.

»Wie viele sind uns voraus?« fragte er.

»Schnauze halten und Puste sparen«, antwortete Kurz. »Hü, ihr Bestien, hü, zum Teufel, hü!«
Er lief hinter dem Schlitten her, durch ein kurzes Seil daran festgebunden. Kid konnte weder ihn noch den Schlitten, auf dem er lag, sehen. Die Feuer verschwanden schon weit hinter ihnen, und sie sausten, so schnell die Hunde laufen konnten, durch eine Mauer von schwarzer Dunkelheit dahin. Diese Finsternis war fast klebrig; sie war zu einer festen Materie geworden.
In einer scharfen Kurve merkte Kid, wie der Schlitten nach der Seite kippte und nur auf einer Kufe lief; von vorne hörte er das Fauchen von Tieren und die Flüche streitender Männer. Später wurde diese Episode die ›Barnes-Slocum-Kollision‹ genannt. Es waren nämlich die Gespanne dieser beiden, die zuerst ineinanderfuhren, und in sie sausten dann Kids sieben große Kampfhunde in voller Fahrt hinein. Sie waren kaum etwas anderes als halbgezähmte Wölfe, und die Aufregung der Nacht am Klondike hatte schon in allen Tieren die Kampflust erweckt. Die Klondike-Hunde werden ohne Zügel gefahren, können also nur durch Zurufe angehalten werden. Es war daher ganz unmöglich, dem wilden Kampfgetümmel in der Enge des Bachbetts ein Ende zu machen. Hinter ihnen kamen Schlitten auf Schlitten und sausten in das Chaos hinein. Männer, die ihre Gespanne schon aus dem Knäuel befreit hatten, wurden von neuen Lawinen ankommender Schlitten überrannt. Und dabei waren all diese Hunde wohlgenährt, gut ausgeruht und kampflustig.
»Hier gibt es nur eins: losschlagen, sich hinaushauen und durchstoßen«, heulte Kurz seinem Kameraden ins Ohr. »Und paß gut auf deine Hände auf. Das Dreschen überlaß mir.«
Kid wußte später nie genau, was eigentlich in der nächsten halben Stunde geschah. Aber schließlich tauchte er doch aus

dem Knäuel auf, völlig erschöpft und nach Luft schnappend. Das Kinn schmerzte von einem Fausthieb, die eine Schulter war von einem Hammerschlag zerquetscht, das Blut lief in einem warmen Strom über sein Bein, das von den Fängen eines Hundes verwundet worden war. Beide Ärmel seiner Parka waren zerfetzt. Wie im Traume half er Kurz die Hunde wieder anzuschirren, während die Schlacht hinter ihnen weitertobte. Einen sterbenden Hund schnitten sie aus den Strängen und bemühten sich eifrig in der Dunkelheit, das zerrissene Geschirr wieder instand zu setzen.
»Jetzt legst du dich hin und sorgst dafür, daß du wieder Luft kriegst«, befahl Kurz.
Und dann sausten die Hunde wieder durch die dunkle Nacht. Ihre Kräfte waren noch frisch und unverbraucht, und so liefen sie schnell den Mono-Bach hinab und schlugen die Richtung nach dem Yukon ein. Hier, wo sie wieder die ausgefahrene Schlittenbahn erreichten, hatte irgend jemand ein Feuer angezündet, und hier verabschiedete sich auch Kurz von Kid. Und hier, beim Schein des flackernden Feuers, hatte Kid wieder ein unvergeßliches Bild aus dem Lande des Nordens, als der Schlitten hinter den weiterstürmenden Hunden dahinglitt. Es war das Bild seines Kameraden, der wankend dastand, bis er in den Schnee sank. Und selbst als er erschöpft im Schnee lag, ein Auge geschwollen und von gewaltigen Faustschlägen geschlossen, die Knöchel blutig und zerschlagen, den einen Arm von den Fängen der kampfwilden Hunde zerrissen, so daß ein Strom von Blut sich über ihn ergoß — selbst da noch spornte er seinen Freund durch Zurufe an.

»Wie viele sind noch vor mir?« fragte Kid, als er auf der ersten Station die ermüdeten Hudsonbucht-Hunde sich hinlegen ließ und auf den wartenden Schlitten sprang.

»Ich habe elf gezählt!« rief der Mann ihm nach, denn Kid war mit seinen eilenden Hunden schon weit weg. Sie sollten ihn fünfzig Meilen weit über die nächste Wegstrecke bringen, bis er die Mündung des Weißen Flusses erreichte. Es waren nicht weniger als neun Hunde, aber es war trotzdem sein schlechtestes Gespann. Die fünfundzwanzig Meilen vom Weißen Fluß bis zu den ›Sechzig Meilen‹ hatte er in zwei Strecken eingeteilt, weil dort viel Packeis lag. Für diese Strecken hatte er seine beiden kräftigsten Gespanne bereitgestellt.
Er lag ausgestreckt, das Gesicht nach unten, auf dem Schlitten und hielt sich mit beiden Händen fest. Sobald die Hunde in der höchsten Schnelligkeit nachließen, erhob er sich auf die Knie, wobei er sich vorsichtig mit der einen Hand festhielt, und trieb sie mit Worten und Peitschenschlägen an. Obgleich es ein minderwertiges Gespann war, hatte er doch, bevor er den Weißen Fluß erreichte, zwei Schlitten überholt. Hier hatte bei dem Zufrieren des Flusses das Packeis eine Schranke gebildet, so daß das Wasser auf einer Strecke von mehr als einer halben Meile unterhalb der Barriere zu einer ganz glatten Fläche hatte gefrieren können. Das ermöglichte den Wettfahrern, die Schlitten im Fahren zu wechseln, und auf dem Wege unterhalb des Packeises stand deshalb ein Ersatzschlitten neben dem andern. Als Kid über das Packeis auf die glatte Eisebene hinausfuhr, rief er immer wieder laut: »Billy... Billy...«
Billy hörte seinen Ruf und gab Antwort. Im Schein der vielen Feuer, die auf dem Eise brannten, sah Kid einen Schlitten von der Seite her gerade auf sich zukommen. Die Hunde waren ausgeruht und überholten ihn. Als die beiden Schlitten nebeneinanderliefen, sprang er auf den neuen hinüber, während Billy sich sofort fallen ließ.
»Wo ist der Große Olaf?« rief Kid.
»An der Spitze«, gab Billys Stimme zur Antwort. Und

schon lagen die vielen Feuer hinter ihm, und Kid sauste weiter durch die schwere Dunkelheit.

Im Packeis dieser Strecke, als der Weg ihn durch ein Chaos von hochkant stehenden Eisschollen führte, ließ sich Kid vom Schlitten gleiten, spannte sich selbst vor und lief neben den Hunden her. Dennoch überholte er drei Schlitten. Sie hatten Unfälle gehabt, und er hörte die Männer laut fluchen, während sie die Hunde aus dem Geschirr schnitten, um es reparieren zu können.

Als er über das Packeis der nächsten Strecke nach den ›Sechzig Meilen‹ fuhr, überholte er wieder zwei Schlitten. Aber es sollte ihm selber auch nicht besser ergehen, denn einer seiner Hunde verrenkte sich die Schulter, so daß Kid nicht weiterfahren konnte und das Gespann anhielt. Die andern Hunde waren erbost und griffen ihren Genossen mit den Fängen an, so daß Kid genötigt war, sie mit dem dicken Ende seiner Peitsche zurückzutreiben.

Als er das verletzte Tier vom Strang schnitt, hörte er das Heulen andrer Hunde hinter sich und die Stimme eines Mannes, die ihm bekannt vorkam. Es war Herr v. Schroeder. Kid stieß einen warnenden Ruf aus, um einen Zusammenstoß zu vermeiden. Der Baron rief seinen Hunden etwas zu, legte die Steuerstange um, und es gelang ihm, in einem Abstand von wenigen Fuß vorbeizuschlüpfen. Aber so undurchdringlich war die Dunkelheit, daß Kid ihn wohl vorbeifahren hörte, aber nicht sah.

Auf der ebenen Eisfläche bei der Handelsstation von ›Sechzig Meilen‹ überholte Kid noch zwei Schlitten. Alle drei hatten hier die Gespanne gewechselt, und fünf Minuten lang fuhren sie Seite an Seite; die Männer auf den Knien liegend, während sie die Hunde durch Rufe und Peitschenhiebe antrieben. Kid hatte sich diese Strecke besonders genau eingeprägt und bemerkte jetzt den hohen Fichtenbaum, der in dem schwachen Schein der vielen Feuer nur undeutlich zu erkennen war. Hinter dem Baum, wo es wieder ganz dunkel wurde, hörte die glatte Fläche plötzlich auf. Kid wußte auch, daß der Weg sich dort verengte, so daß nur für einen Schlitten Platz war. Er beugte sich vor, ergriff den Strang und zog den Schlitten an den letzten Hund heran. Er ergriff das Tier an dem einen Hinterbein und warf es um. Unter wütendem Bellen versuchte es ihn zu beißen, aber die andern Hunde zogen es weiter. Es hatte doch mit Erfolg als Bremse gewirkt, und die beiden andern Schlitten, die noch immer nebeneinanderliefen, sausten vor ihm in die schmale Passage hinein. Kid hörte das Krachen und das Getümmel, als sie zusammenstießen. Schnell gab er den Deichselhund wieder frei, sprang an die Steuerstange und ließ das Gespann rechts in den weichen Schnee einschwenken, wo die Hunde bis an den Hals versanken. Es war eine anstrengende Arbeit, aber er kam an den festgefahrenen Schlitten vorbei und erreichte weiter vorne wieder den festgetretenen Weg.

Von den ›Sechzig Meilen‹ ab hatte Kid sein zweitschlechtestes Gespann. Obgleich es sonst an sich eine gute Strecke war, hatte er sich doch entschlossen, es nur fünfzehn Meilen weit zu benutzen. Zwei weitere Gespanne sollten ihn dann nach Dawson und dem Büro des Goldkommissars bringen, und für diese Strecke hatte Kid die beiden besten Gespanne bestimmt. Sitka Charley selbst wartete auf ihn mit seinen acht Malemuts, die Kid die nächsten zwanzig Meilen fahren sollten. Das Schlußrennen wollte er dann mit seinen eigenen Hunden machen, die ihn fünfzehn Meilen fahren mußten... es war dasselbe Gespann, das er den ganzen Winter gebraucht hatte und das mit ihm auf der Suche nach dem Überraschungssee gewesen war.
Die beiden Männer, die er bei den ›Sechzig Meilen‹ nach dem Zusammenstoß hinter sich ließ, überholten ihn nicht

wieder, anderseits aber gelang es auch seinem Gespann nicht, einen der drei Schlitten einzuholen, die noch immer an der Spitze waren. Wenn es seinen Tieren auch an Kraft und Schnelligkeit fehlte, so waren sie doch willig, und er brauchte sie nicht anzutreiben, damit sie ihr Bestes hergaben. Kid hatte nichts zu tun, als ruhig, das Gesicht nach unten, auf dem Schlitten zu liegen und sich mit beiden Händen anzuklammern. Ein Mal über das andere tauchte er aus der Dunkelheit im Lichtkreis eines flackernden Feuers auf, sah im Vorbeifahren pelzgekleidete Männer, die bei wartenden Hundegespannen standen, und tauchte dann wieder in der Finsternis unter. Meile auf Meile sauste er dahin, ohne etwas andres zu hören als das Knirschen und Kreischen der Kufen über den Schnee. Fast automatisch hielt er sich fest, während der Schlitten vorwärts sauste, in die Luft geschleudert wurde oder bei den Wegbiegungen halb umkippte. Immer wieder tauchten unterwegs drei Gesichter in seinem Bewußtsein auf: das Joy Gastells, lachend und kühn, das seines Freundes Kurz, zerschlagen und blutig nach der Schlacht am Mono-Bach, und das John Bellews, gefurcht und abgehärtet, wie in Eisen gegossen, unerbittlich in seiner Strenge. Und hin und wieder fühlte Kid das Bedürfnis, in laute Rufe auszubrechen, eine wilde Jubelhymne anzustimmen, wenn er sich der Redaktion der ›Woge‹ erinnerte oder an die lange Erzählung aus San Franzisko, die er nie zu Ende gebracht hatte, oder wenn er an all die andern Nichtigkeiten jener tatenlosen Tage dachte.

Als er seine erschöpften Hunde gegen die acht Malemuts auswechselte, brach der graue Morgen an. Sie waren leichter als die Hudson-Bai-Hunde und waren auch entsprechend schneller. Sie besaßen die geschmeidige Unermüdlichkeit echter Wölfe. Sitka Charley rief ihm die Reihenfolge nach, in der die Schlitten vor ihm fuhren. Der Große Olaf führte, Arizona-Bill war der zweite, Baron von Schroeder der dritte. Sie waren die drei besten Schlittenfahrer im Lande. Tatsächlich hatten die Leute schon, ehe Kid Dawson verließ, in derselben Reihenfolge auf die drei gesetzt. Während sie selbst ihr Rennen um eine Million machten, betrug der Einsatz, den andre auf sie setzten, schon fast eine halbe Million. Kein einziger hatte auf Kid gesetzt, wurde er doch trotz seiner verschiedenen Fahrten, die ihm einen gewissen Ruf verschafft hatten, noch immer als ein Chechaquo betrachtet, der noch viel zu lernen hatte. Als es heller wurde, sah Kid vor sich einen Schlitten, und nach einer halben Stunde war sein Führerhund schon unmittelbar dahinter. Erst als der Mann den Kopf wandte, um ihm einen Gruß zuzurufen, sah Kid, daß es Arizona-Bill war. Herr v. Schroeder hatte ihn offenbar überholt. Der festgetretene Pfad durch den weichen Schnee war zu schmal, und eine zweite halbe Stunde war Kid deshalb genötigt, hinter ihm zu bleiben. Dann fuhren sie über Packeis und schwenkten auf eine glatte Ebene ein, wo mehrere Relaisstationen errichtet waren und man den Schnee überall in weitem Umkreis festgetreten hatte. Kid trieb seine Tiere an; er lag auf den Knien und knallte unter lauten Zurufen mit der Peitsche. Er bemerkte, daß der rechte Arm Arizona-Bills unbeweglich herabhing und daß er gezwungen war, die Peitsche mit der Linken zu schwingen. So unbequem es auch war, konnte er sich nicht am Schlitten festhalten und mußte deshalb hin und wieder die Peitsche hinlegen und sich mit der linken Hand festhalten, um nicht vom Schlitten zu fallen. Kid erinnerte sich des Kampfes im Flußbett beim Claim 3 und verstand, was los war. Der Rat, den Kurz ihm gegeben hatte, war wirklich sehr klug gewesen.

»Was ist geschehen?« fragte er, als er den andern einholte.

»Weiß nicht!« antwortete Arizona-Bill. »Ich glaube, ich habe mir bei einer Keilerei die Schulter verrenkt.«

Nur mit größter Mühe gelang es Kid, ihn zu überholen, als aber die letzte Relaisstation in Sicht kam, war Arizona-Bill immerhin um eine halbe Meile hinter ihm. Vor sich konnte Kid den Großen Olaf und Herrn von Schroeder nebeneinander sehen. Wieder hob Kid sich auf die Knie und hetzte seine erschöpften Hunde zu einer letzten verzweifelten Anstrengung, wie es nur einem Manne möglich ist, der mit dem sicheren Instinkt des Hundefahrers geboren ist. Er kam unmittelbar an den Schlitten von Schroeders heran, und in dieser Reihenfolge sausten die drei Schlitten über die glatte Fläche unterhalb einer Ansammlung von Packeis, wo viele Männer mit wartenden Gespannen standen. Die Entfernung bis Dawson betrug jetzt nur noch fünfzehn Meilen.
Herr v. Schroeder, der jede zehnte Meile das Gespann wechselte, hatte das auch fünf Meilen vorher getan und sollte erst nach weiteren fünf Meilen ein neues Gespann übernehmen. Er fuhr also mit voller Geschwindigkeit weiter. Der Große Olaf und Kid wechselten im Fahren die Schlitten, und ihre frischen Gespanne holten gleich wieder den Vorsprung, den der Baron inzwischen erobert hatte, auf. Es gelang dem Großen Olaf, vorbeizukommen, und Kid folgte ihm auf der engen Bahn.
›Gut, aber nicht gut genug‹, zitierte Kid in Gedanken Herbert Spencer.
Herrn von Schroeder, der jetzt hinter ihm war, brauchte er nicht mehr zu fürchten, aber vor sich hatte er den besten Hundefahrer des ganzen Landes. Ihn zu überholen schien fast unmöglich. Immer und immer wieder, ein Mal über das andere, brachte Kid seinen Leithund direkt an den Schlitten des anderen heran, aber jedesmal machte auch der Große Olaf eine letzte Kraftanstrengung, und es gelang ihm immer wieder, den Abstand zu vergrößern. Kid mußte sich darauf beschränken, sich dicht hinter ihm zu

halten, und er tat es mit grimmiger Energie. Das Rennen war nicht verloren, solange keiner gewonnen hatte, und auf einer Strecke von fünfzehn Meilen konnte noch allerlei geschehen.
Drei Meilen vor Dawson geschah auch wirklich etwas Unerwartetes. Zu Kids großer Überraschung hob der Große Olaf sich auf die Knie und begann mit Flüchen und Peitschenhieben die letzte Unze Kraft aus seinen Hunden herauszupressen. Es war eine Anspannung, die eigentlich den letzten hundert Metern und nicht dem Beginn des Drei-Meilen-Schlußrennens hätte vorbehalten bleiben müssen. Obgleich es der reine Hundemord war, mußte Kid doch seinem Beispiel folgen. Sein eigenes Gespann war prachtvoll. Keine Hunde am Yukon hatten je schwerere Arbeit geleistet, aber keine waren auch besser in Form. Außerdem hatte Kid viel mit ihnen zusammen erlebt, hatte mit ihnen gegessen und geschlafen und kannte jeden einzelnen durch und durch, kannte ihre Eigenarten und wußte, wie man die Intelligenz der Tiere aufpeitschen und den äußersten Grad von Willigkeit aus ihnen herausholen konnte. Wieder krochen sie über Packeis, und wieder kamen sie auf die glatte Ebene. Der Große Olaf war nur um fünfzig Fuß voraus. Da schoß ein Schlitten heran und sauste ihnen entgegen, und mit einem Schlage verstand Kid die furchtbare Anspannung des Großen Olaf. Er hatte nur versucht, einen Vorsprung zu gewinnen, um das Gespann wechseln zu können. Dieses frische Gespann, das hier wartete, um ihn die letzte Strecke des Heimweges zu fahren, war eine besondere Überraschung, die er sich vorbehalten hatte. Selbst die Männer, die ihr Geld auf ihn gesetzt, hatten nichts davon gewußt.
Kid kämpfte wie ein Verzweifelter, um vorbeizukommen, ehe der andere den Schlitten gewechselt hatte. Er hetzte seine Hunde vorwärts, bis er die fünfzig Meter, die zwi-

schen den beiden lagen, überwunden hatte. Durch Zurufe und Peitschenhiebe gelang es ihm, den andern einzuholen, so daß sein Leithund Seite an Seite mit dem letzten Hund des Großen Olaf lief. Auf der anderen Seite lief der Relaisschlitten. So schnell fuhren sie alle drei, daß der Große Olaf den Sprung auf den Relaisschlitten nicht wagen durfte. Wenn er zu kurz sprang und stürzte, übernahm Kid die Führung, und das Rennen war verloren.
Der Große Olaf versuchte, einen Vorsprung zu erreichen, er trieb die Hunde prachtvoll an, aber Kids Leithund hielt sich noch immer neben dem Deichselhund des anderen. Eine halbe Meile liefen die drei Schlitten Seite an Seite. Sie näherten sich dem Ende der glatten und dem Anfang einer ganz schmalen Strecke, als der Große Olaf es wagte. Während die Schlitten noch nebeneinanderherhasteten, sprang er, und im selben Augenblick hatte er sich schon auf die Knie geworfen und trieb das frische Gespann mit Peitsche und Stimme an. Der glatte Weg verengte sich und wurde zu einem schmalen Pfad, aber er hetzte die Hunde vorwärts und erreichte den Pfad mit einem Vorsprung von einem knappen Meter.
Aber ein Mann ist erst besiegt, wenn er ganz vernichtet ist, sagte sich Kid und trieb seine Tiere an, sosehr ihn auch der andere — wenn auch vergeblich — abzuhängen versuchte. Keins von den andern Gespannen, die Kid heute gefahren, hätte eine so tödliche Hetze ertragen, kein anderes sich mit frischen Hunden auf der Höhe halten können, kein einziges außer diesem! Aber das Rennen galt jetzt Tod und Leben, und als sie um den Hügel bei Klondike City schwenkten, spürte Kid, daß seine Tiere nachzulassen begannen. Es war freilich fast unmerkbar, daß sie zurückblieben, und nur Fuß um Fuß gelang es dem Großen Olaf, die Führung zu erlangen, bis er sich schließlich einen Vorsprung von einigen Metern erobert hatte.

Die ganze Bevölkerung von Klondike City, die sich auf dem Eise versammelt hatte, brach in begeisterte Hochrufe aus. Hier fließt der Klondike in den Yukon, und eine halbe Meile weiter, am Nordufer, lag Dawson. Die Menge brach in einen wahnsinnigen Sturm von Hochrufen aus, und Kid sah einen Schlitten, der zu ihm heransauste. Er erkannte sofort die prachtvollen Tiere, die den Schlitten zogen. Es war Joy Gastells Gespann, und sie führte es selbst. Sie hatte die Kapuze ihrer Parka aus Eichhörnchenpelz zurückgeschlagen, so daß man das kameenhafte Oval ihres Gesichtes sehen konnte, das sich von dem Hintergrund des schweren, dunklen Haares abhob. Die Handschuhe hatte sie ausgezogen und klammerte sich mit den bloßen Händen an Peitsche und Schlitten.

»Spring«, rief sie, als ihr Leithund Kids Gespann anknurrte.

Kid sprang auf den Schlitten hinter sie. Der schwankte gewaltig unter dem Gewicht seines Körpers, aber Joy hielt sich auf den Knien und schwang die Peitsche.

»Hü... Hü... vorwärts!... Hü...«, schrie sie, und die Hunde heulten und bellten vor Eifer und Anstrengung, den Schlitten des Großen Olaf einzuholen.

Und als dann der Leithund wirklich den Schlitten Olafs erreichte und sich Fuß um Fuß vorwärts arbeitete, bis die Gespanne Seite an Seite liefen, wurde die Bevölkerung von Dawson wahnsinnig vor Begeisterung. Es war wirklich eine ungeheure Menge von Zuschauern, denn die Männer von allen Bächen und allen Minen hatten ihr Gerät liegenlassen, um hierherzukommen und selbst den Ausgang des Rennens zu sehen. Und ein totes Rennen über eine Strecke von hundertundzehn Meilen war Grund genug, um vor Begeisterung verrückt zu werden.

»Sobald wir die Führung haben, springe ich ab«, schrie Joy Kid über die Schulter zu.

Kid versuchte zu protestieren.

»Und achten Sie gut auf die scharfe Kurve halbwegs auf dem Hange«, warnte sie ihn.

In einem Abstand von sechs Fuß liefen die beiden Schlitten jetzt nebeneinander her, aber nur eine knappe Minute hielt der Große Olaf durch Peitsche und Stimme die Stellung, dann begannen ihn die Hunde Joys Zoll um Zoll zu überholen.

»Halten Sie sich bereit«, rief Joy Kid zu. »In einer Minute springe ich ab. Nehmen Sie die Peitsche.«

Als er die Hand frei machte, um die Peitsche zu ergreifen, hörten sie einen warnenden Ruf vom Großen Olaf, aber es war schon zu spät. Der Leithund Olafs hatte sich empört, weil er überholt wurde, und war zum Angriff übergegangen. Seine Fänge bohrten sich Joys Leithund in die Seite. Die beiden rivalisierenden Gespanne stürzten aufeinander. Die Schlitten liefen in den Knäuel der kämpfenden Tiere hinein und überschlugen sich. Kid kämpfte sich auf die Beine und versuchte Joy beim Aufstehen zu helfen. Aber sie schob ihn fort und rief ihm zu: »Gehen Sie doch!«

Der Große Olaf, der noch immer entschlossen war, das Rennen zu gewinnen, hatte schon zu Fuß einen Vorsprung von fünfzehn Meter gewonnen. Kid gehorchte Joy, und als die beiden Männer den Fuß des Hanges bei Dawson erreichten, war er dem anderen schon auf den Fersen. Aber auf dem Wege den Hang hinauf raffte Olaf sich mächtig zusammen, schob seinen riesigen Körper vorwärts und gewann einen neuen Vorsprung von fast vier Meter.

Das Büro des Goldkommissars lag in der Hauptstraße fünf Häuserblocks weiter. Die Straße war so voll von Menschen wie bei einer Parade. Es fiel Kid diesmal nicht so leicht, seinen großen Gegner zu erreichen, und als es ihm endlich gelang, konnte er nicht an ihm vorbeikommen. Seite an Seite liefen sie durch die schmale Rinne zwischen den fe-

sten Mauern pelzgekleideter Männer, die ›hoch‹ schrien. Bald gewann der eine, bald der andere durch übermenschliche Anstrengung einen Vorsprung von vielleicht einem Zoll, aber nur, um ihn sofort wieder zu verlieren.
Hatte das Rennen den Hunden fast das Leben gekostet, so wurde es den beiden selbst nicht leichter. Aber sie liefen um den Preis einer Million und um großen Ruhm im ganzen Yukon-Land. Der einzige Eindruck von außen, dessen Kid sich von dieser letzten wahnsinnigen Strecke erinnerte, war das Erstaunen, daß es so viele Menschen in Klondike gab. Er hatte sie noch nie alle an einem Ort beisammen gesehen.
Er merkte, daß er gegen seinen Willen zurückblieb, und der Große Olaf kam tatsächlich fast um einen ganzen Schritt vor. Kid hatte das Gefühl, daß sein Herz bersten wollte, während er jede Empfindung in den Beinen verlor. Er wußte wohl, daß sie sich unter ihm bewegten, aber er ahnte nicht, wie er sie dazu brachte, sich zu bewegen, oder wie es ihm gelang, seinen Willen stärker auf sie wirken zu lassen, oder wie er sie zwang, ihn bis an die Seite des riesigen Nebenbuhlers zu bringen.
Vor ihnen tauchte die offene Tür des Kommissariatsbüros auf. Beide machten eine letzte vergebliche Anstrengung, aber keinem gelang es, sich von dem anderen zu lösen, und Seite an Seite erreichten sie die Tür, stießen mit großer Gewalt gegeneinander und fielen dann beide kopfüber in das Büro hinein.
Sie setzten sich beide auf, wo sie hingefallen waren, beide zu müde, um aufzustehen. Der Schweiß strömte dem Großen Olaf übers Gesicht, er atmete schwer, rang röchelnd nach Atem, griff in die Luft und versuchte zu sprechen. Dann streckte er in unverkennbarer Absicht die Hand aus, und Kid reichte ihm die seine. Sie schüttelten sie sich kräftig.
»Es ist totes Rennen«, hörte Kid den Kommissar sagen,

aber es war wie im Traum, und die Stimme erschien ihm unwirklich und aus weiter Ferne zu kommen. »Ich kann nur sagen, daß Sie beide gewonnen haben. Sie müssen den Claim miteinander teilen. Sie sind Kompagnons.«
Die beiden Männer hoben die Arme und ließen sie wieder sinken, um ihr Einverständnis kundzugeben. Der Große Olaf nickte nachdrücklich mit dem Kopfe und gab allerlei seltsame Laute von sich, aber schließlich gelang es ihm, herauszustoßen, was er sagen wollte.
»Sie verfluchter Chechaquo«, sagte er, aber in seinem Tonfall lag Bewunderung. »Ich weiß nicht, wie Sie es geschafft haben, aber geschafft haben Sie's.«
Vor dem Büro lärmte und brüllte die dichtgedrängte Menge, und der Raum selbst war von begeisterten Männern überfüllt. Kid und Olaf versuchten aufzustehen und halfen einander, auf die Beine zu kommen. Kid merkte, daß seine Beine ganz kraftlos waren und daß er dastand und hin und her schwankte. Dann taumelte Olaf zu ihm hin und sagte: »Es tut mir leid, daß meine Hunde Ihre überfielen.«
»Es war nichts dabei zu machen«, gab Kid stöhnend zurück. »Ich hörte, wie Sie uns warnten...«
»Aber wissen Sie«, sagte Olaf mit leuchtenden Augen. »Das Mädel da... das war ein verdammt feines Mädel...«
»Ein ganz verdammt feines Mädel«, stimmt Kid ihm zu.

VII *Die Geschichte eines kleinen Mannes*

»Wenn du nur nicht so verdammt eigensinnig wärst«, murrte Kurz. »Mir flößt der verdammte Gletscher da eine Hundeangst ein. Kein vernünftiger Mensch würde ganz allein mit so einem Biest anbinden.«
Kid lachte heiter und ließ den Blick über die blinkende

Oberfläche des kleinen Gletschers schweifen, der den Eingang zu dem engen Tal versperrte. »Jetzt haben wir schon August, und in den zwei letzten Monaten sind die Tage immer kürzer geworden«, sagte er, um Kurz die Situation klarzumachen. »Du verstehst dich auf Quarz, und ich habe keine Ahnung davon. Aber ich kann den Proviant hierherschaffen, während du die Mutterader suchst. Also auf Wiedersehen solange. Morgen abend bin ich wieder da.«
Er drehte sich um und schickte sich zum Gehen an.
»Aber ich habe das Gefühl, daß etwas geschehen wird«, rief Kurz ihm nach.
Kid antwortete nur mit einem übermütigen Lachen und setzte seinen Weg durch das kleine Tal fort. Ab und zu wischte er sich den Schweiß von der Stirn. Im Gehen zertraten seine Stiefel die reifen Berghimbeeren und die zarten Farnkräuter neben den kleinen eisbedeckten Pfützen, die die Sonnenstrahlen noch nicht erreicht hatten.
Zeitig im Frühjahr waren Kurz und er den Stewart hinaufgezogen und hatten sich in das seltsame Chaos begeben, das diese Gegend kennzeichnete, wo auch der Überraschungssee lag. Und sie hatten den ganzen Frühling und den halben Sommer mit vergeblichen Wanderungen vergeudet. Bis sie endlich – als sie schon drauf und dran waren umzukehren – zum erstenmal die tückische Wasserfläche erblickten, die in ihrer Tiefe soviel Gold barg und die eine ganze Generation von Goldsuchern verlockt und ins Unglück geführt hatte.
Sie ließen sich in der Hütte, die Kid bei seinem ersten Besuche gefunden hatte, häuslich nieder und entdeckten bald dreierlei.
Erstens, daß große Goldklumpen den Boden des Sees bedeckten, zweitens, daß man an den seichteren Stellen nach dem Golde tauchen konnte, daß aber die niedrige Temperatur des Wassers jeden Menschen töten mußte, und drittens,

daß das Trockenlegen des Sees eine viel zu große Arbeit war, als daß zwei Männer sie im Laufe der kürzeren Hälfte eines an sich kurzen Sommers hätten ausführen können. Sie ließen sich dadurch aber nicht von ihrem Plan abschrecken. Und aus der Größe der Goldkörner zogen sie den Schluß, daß es nicht von weit her kommen konnte. Sie begannen deshalb die Mutterader zu suchen. Sie überquerten den großen Gletscher, der düster und drohend am südlichen Rande des Sees lag, und widmeten ihre Kräfte zunächst einer genauen Untersuchung des verworrenen Labyrinths von kleinen Tälern und Cañons, die in einer sehr wenig gebirgsmäßigen Weise nach dem See führten oder einst geführt hatten.

Das Tal, in das Kid jetzt hinabstieg, erweiterte sich allmählich nach Art jedes normalen Tales, aber sein unteres Ende wurde ganz unerwartet von hohen und schroffen Wänden eingeengt, um plötzlich von einer Querwand ganz versperrt zu werden. Am Fuße dieser Wand verschwand das Bächlein in einem Tohuwabohu von Felsen und fand offenbar seinen Ablauf irgendwo unter der Oberfläche. Als Kid die Felswand erklommen hatte, sah er vom Gipfel aus den See tief unter sich liegen. Im Gegensatz zu anderen Bergseen, die er gesehen hatte, war dieser nicht blau, sondern von intensiver pfauengrüner Farbe, und er schloß daraus, daß er sehr seicht sein mußte; diese Seichtheit ermöglichte es eben, ihn trockenzulegen. Zu allen Seiten war der See von einem Gewirr von Bergen umgeben, deren eisglitzernde Zinnen und Gipfel groteske Gestalten und Gruppen bildeten. Es war alles chaotisch und planlos anzusehen... fast wie der böse Traum eines Doré. So phantastisch und unwirklich erschien ihm das ganze Bild, daß es auf Kid eher den Eindruck machte, ein landschaftlicher Witz des Schöpfers als ein vernünftiger Teil der Erdoberfläche zu sein. In den Cañons sah er viele Gletscher... die meisten waren freilich ziemlich klein, aber während er noch dastand, kalbte vor seinen Augen ein größerer am nördlichen Ufer des Sees unter Getöse und Schaumspritzern. Am gegenüberliegenden Ufer des Sees — scheinbar nur eine halbe Meile, in Wirklichkeit aber, wie er wußte, mehr als fünf Meilen entfernt — konnte er den kleinen Fichtenhain und die Hütte sehen. Er spähte noch einmal, um seiner Sache sicher zu sein, hinüber und sah ganz deutlich Rauch aus dem Schornstein aufsteigen. Er überlegte sich, daß irgend jemand offenbar ganz unerwartet den See gefunden haben mußte. Dann wandte er sich ab, um die südliche Wand zu erklettern.

Von deren Gipfel gelangte er in ein kleines Tal, das von bunten Blumen und dem schläfrigen Summen der Bienen erfüllt war. Dieses Tälchen benahm sich ganz wie andere Täler, jedenfalls insofern, als es in traditioneller Weise nach dem See führte. Aber doch stimmte seine Länge nicht, denn es war kaum hundert Schritt lang. Es begann an einer Felswand, die mindestens tausend Fuß hoch war und von der ein Bach sich wie ein Nebelschleier ins Tal stürzte. Und wieder sah er hier Rauch. Diesmal stieg er jedoch irgendwo hinter einem vorspringenden Felsblock träge durch den warmen Sonnenschein. Als Kid um den Felsen bog, hörte er das metallische Geräusch von Hammerschlägen und ein heiteres Pfeifen, das den Takt markierte. Dann sah er einen kleinen Mann, der einen Schuh mit der Sohle nach oben zwischen den Knien hielt und große Bergsteigernägel hineinschlug.

»Donnerwetter«, lautete der Gruß des Fremden, und sofort schloß Kid den kleinen Mann in sein Herz. »Sie kommen gerade rechtzeitig, um einen Happen mitzuessen. Hier ist Kaffee genug im Topf, ein paar kalte Pfannkuchen und ein bißchen Pemmikan.«

»Ich wäre ein Esel, wenn ich ein so freundliches Angebot ablehnen würde«, erklärte Kid und nahm Platz. »Bei den letzten Mahlzeiten habe ich ein bißchen sparen müssen. Aber sonst haben wir Lebensmittel genug in der Hütte drüben.«

»Auf der andern Seite des Sees? Da wollte ich ja eben hin.«

»Es sieht aus, als sei der Überraschungssee plötzlich volkstümlich geworden«, klagte Kid, während er die Kaffeekanne leerte.

»Der Überraschungssee? ... Na hören Sie mal, Sie machen doch Spaß, nicht wahr?« sagte der Mann, und auf seinem Gesicht malte sich Erstaunen.

Kid lachte. »Ja, so wirkt der See auf alle. Sehen Sie die Felsterrasse drüben? Von dort habe ich den See zum erstenmal gesehen. Ganz unverhofft. Auf einmal sah ich den ganzen See vor mir liegen. Und ich hatte es damals schon aufgegeben, ihn überhaupt je zu finden.«

»So ging es mir auch«, stimmte der andere ihm bei. »Ich wollte gerade umkehren und hatte gedacht, heute abend den Stewart zu erreichen, als ich plötzlich den See entdeckte. Aber wenn das da der Überraschungssee ist, wo zum Teufel ist dann der Stewart? Und wo bin ich die ganze Zeit gewesen? Und wie sind Sie hierhergekommen? Und wie heißen Sie eigentlich?«

»Bellew ... Kid Bellew.«

»Oh, dann kenne ich Sie ja.« Die Augen und das ganze Gesicht des kleinen Mannes leuchteten vor heller Freude, und er reichte Kid eifrig die Hand.

»Ich habe schon allerlei von Ihnen gehört.«

»Sie lesen vermutlich die Polizeinachrichten?« fragte Kid bescheiden.

»Nee, doch nicht«, lachte der Mann und schüttelte den Kopf.

»Nur die Tagesgeschichte von Klondike. Ich hätte Sie ja gleich erkannt, wenn Sie glattrasiert gewesen wären. Ich war mit dabei und habe Sie gesehen, als Sie das ganze Spielergesindel mit der Roulette im ›Elch‹ zum besten hielten.

Ich heiße Carson — Andy Carson. Und ich kann gar nicht sagen, wie ich mich freue, daß ich Sie getroffen habe.«
Er war ein kleiner schlanker Mann, hatte aber Muskeln wie Stahl, lebhafte blaue Augen und eine anziehende, kameradschaftliche Art.
»Und das hier ist also wirklich der Überraschungssee?« murmelte er ungläubig.
»Ganz gewiß.«
»Und sein Boden ist mit Gold gepflastert?«
»Vollkommen richtig. Hier sehen Sie ein paar von den Pflastersteinen.« Kid steckte die Hand in die Hosentasche und zog ein halbes Dutzend Goldklumpen heraus. »So sehen die Dinger aus. Sie brauchen also nur zu tauchen — einfach ins Blinde — und können eine ganze Handvoll sammeln. Dann müssen Sie freilich nachher eine halbe Meile laufen, um den Blutumlauf wieder in Ordnung zu bringen.«
»Hol mich der Teufel, da sind Sie mir also zuvorgekommen«, fluchte Carson launig, aber er war ganz offensichtlich sehr enttäuscht. »Und ich bildete mir schon ein, daß ich die ganze Goldmühle für mich allein haben sollte. Na, ich habe ja jedenfalls das Vergnügen gehabt, den Weg hierher zu finden.«
»Das Vergnügen?« rief Kid. »Wenn es uns gelingt, alles Gold, das dort in der Tiefe liegt, in die Finger zu kriegen, wird Rockefeller ein Waisenknabe gegen uns sein.«
»Es gehört ja alles Ihnen«, wandte Carson ein.
»Quatsch, lieber Freund. Sie müssen sich mal klarmachen, daß noch nie, solange es Goldminen gibt, ein solches Goldlager gefunden worden ist wie dieses. Wir brauchen Sie und mich und meinen Partner und alle Freunde, die wir finden können, um das Gold in die Finger zu kriegen. Bonanza und Eldorado zusammen sind nicht soviel wert wie ein halber Morgen da unten, selbst wenn man sie beide in einen Topf schmeißt. Die Frage ist nur, wie man den See

trockenlegt. Das wird Millionen kosten. Und ich habe eine Befürchtung. Es ist nämlich so viel Gold darin, daß es, wenn wir es nicht zurückhalten, einfach im Wert fallen wird.«
»Und Sie sagen, daß ich...« Carson verstummte, sprachlos und verblüfft.
»Und wir sind froh, daß Sie mitmachen. Wir werden ein oder zwei Jahre und alles Geld, das wir haben, brauchen, um den See trockenzulegen. Aber es ist zu machen! Ich habe den Boden genau untersucht. Aber wir werden jeden Mann im Lande brauchen, der für guten Lohn arbeiten will. Wir brauchen ein ganzes Heer, und jetzt im Anfang vor allem anständige Menschen, die mitmachen wollen. Wollen Sie mit dabeisein?«
»Ob ich will? Sehe ich nicht so aus? Ich fühle mich schon dermaßen als Millionär, daß ich Angst habe, den großen Gletscher dort zu überschreiten. Jetzt kann ich es mir nicht mehr leisten, das Genick zu brechen. Ich möchte gern noch einige von den großen Nägeln da haben. Ich schlug mir gerade die letzten ein, als Sie kamen. Wie sind Ihre denn? Lassen Sie mal sehen?«
Kid hob den einen Fuß.
»Glattgescheuert wie 'ne Schlittschuhbahn!« rief Carson. »Die müssen Sie gründlich gebraucht haben. Warten Sie einen Augenblick, dann ziehe ich einige von meinen heraus und gebe sie Ihnen.«
Aber Kid wollte nichts davon wissen. »Außerdem«, fügte er hinzu, »habe ich ungefähr zwölf Meter Seil da, wenn wir ans Eis kommen. Mein Partner und ich haben es gebraucht, als wir hinübergingen. Es ist ganz einfach.«

Es war ein mühseliges und warmes Klettern. Die Sonne blendete sie auf der flimmernden Eisfläche, der Schweiß strömte aus allen Poren, und sie stöhnten vor Anstrengung. Es waren Stellen da, die von unzähligen Rissen und Spalten durchquert wurden, wo sie nach einer gefährlichen und mühseligen Arbeit von einer Stunde kaum mehr als hundert Meter weitergekommen waren. Als sie um zwei Uhr nachmittags eine kleine Wasserpfütze, die sich im Eis gesammelt hatte, erreichten, machte Kid halt.

»Wollen wir nicht ein bißchen Pemmikan futtern?« sagte er. »Ich bin etwas knapp mit Proviant, und ich merke, daß mir die Knie zittern. Außerdem haben wir schon das Schlimmste hinter uns. Wir haben nur noch dreihundert Meter bis zu den Felsen drüben, und es ist kein schlimmer Weg, mit Ausnahme von einigen unangenehmen Spalten und einer besonders bösen, die uns zu dem Vorsprung führt ... es kommt freilich eine etwas schwächliche Eisbrücke, aber Kurz und ich sind damals doch hinübergegangen.«

Während die beiden Männer aßen, lernten sie einander besser kennen, und Andy Carson machte keine Mördergrube aus seinem Herzen, sondern erzählte seine ganze Lebensgeschichte.

»Ich wußte ja, daß ich den Überraschungssee finden würde«, sagte er zwischen zwei Bissen. »Und ich mußte es auch. Denn ich kam zu spät bei den Franzosenbänken, beim großen Skookum und bei Monte Christo ... und da hieß es eben Überraschungssee oder sich aufhängen. Und da bin ich also jetzt. Meine Frau wußte auch, daß ich es schaffen würde. Ich habe schon Vertrauen genug, aber es ist gar nichts gegen das ihrige. Sie ist überhaupt prima, primissima ... Edelware ... geht keiner Arbeit aus dem Wege, reines Gold vom Scheitel bis zur Sohle, ein Prachtstück, kennt weder das Wort ›niemals‹ noch ›kann nicht‹ oder so was. Eine Kampfnatur durch und durch. Die einzige Frau für mich, waschecht und alles, was dazugehört. Sehen Sie nur mal ...«

Er öffnete seine Uhr, und auf der Innenseite des Deckels sah Kid eine kleine dort eingeklebte Photographie. Sie

zeigte eine blondhaarige Frau und zu jeder Seite das lachende Gesicht eines Kindes.
»Jungens?« fragte er.
»Junge und Mädel«, antwortete Carson stolz. »Er ist anderthalb Jahre älter.« Er seufzte. »Sie hätten ja älter sein können, aber wir mußten eben so lange warten. Sehen Sie, meine Frau war krank. Die Lunge ... aber sie hat den Kampf mit der Krankheit aufgenommen. Was zum Kuckuck verstanden wir davon? Ich war im Büro — bei der Eisenbahn, Chikago —, als wir heirateten. Ihre Verwandten waren alle tuberkulös. Damals hatten die Ärzte ja nicht viel Schimmer. Sie sagten, daß es erblich wäre! Die ganze Familie hatte Tuberkulose. Einer bekam es vom andern, nur dachten sie nie daran. Bildeten sich alle ein, damit geboren zu sein. Schicksal! Sie und ich lebten die ersten Jahre mit den andern zusammen. Ich hatte keine Angst. In meiner Familie gab es keine Tuberkulose. Aber ich kriegte sie. Das gab mir zu denken. Es war also ansteckend. Ich kriegte sie, weil ich die Ausdünstung der andern einatmete.
Wir besprachen die Sache. Sie und ich. Dann schickte ich den alten Hausarzt zum Teufel und fragte einen modernen Spezialisten um Rat. Der erzählte mir, was ich mir selbst ausgeknobelt hatte. Und sagte auch, daß Arizona die richtige Gegend für uns wäre. Da brachen wir unsere Zelte ab und reisten hin. Keine Moneten. Nicht einen Cent. Ich fand eine Stellung als Schafhirt und ließ die Frau in der Stadt, einer richtigen Lungenstadt, so voll von Lungenkranken, daß man kaum spucken konnte.
Na, ich lebte und schlief ja im Freien und begann mich bald zu erholen. Ich war immer monatelang draußen. Und jedesmal, wenn ich zurückkam, ging es ihr schlechter. Sie konnte einfach nicht gesund werden. Aber wir hatten was gelernt. Ich nahm sie weg aus der verfluchten Stadt. Sie ging einfach mit mir Schafe hüten. Vier Jahre, Sommer und

Winter, in Hitze und Kälte, im Regen, Schnee und Frost und allem Dreckwetter schliefen wir im Freien. Nie unter Dach. Und wir wechselten immer wieder unsern Lagerplatz. Sie hätten nur den Unterschied sehen sollen... braun wie Kaffeebohnen, mager wie Indianer, zäh wie frisch gegerbtes Leder. Als wir uns einbildeten, geheilt zu sein, gingen wir nach San Franzisko zurück. Aber wir waren zu voreilig gewesen. Schon im zweiten Monat hatten wir leichte Blutstürze. Sofort flüchteten wir wieder nach Arizona und zu unseren Schafherden. Blieben noch zwei Jahre dort. Dann waren wir in Ordnung. Vollkommen geheilt. Ihre ganze Familie ist ausgestorben. Wollten nicht hören, was wir ihnen sagten. Wir hielten uns aber von allen Städten fern. Zogen die Küste des Pazifiks hinunter. Das südliche Oregon gefiel uns besonders gut. Wir ließen uns im Rogue-River-Tal nieder. Äpfel! Hat eine große Zukunft. Ich bekam meinen Grund und Boden — natürlich in Pacht — für vierzig Dollar den Morgen. In zehn Jahren wird er fünfhundert wert sein.
Aber wir haben ja auch anständig geschuftet. Kostet auch viel Geld, so was. Und anfangs hatten wir keinen Cent, verstehn Sie, und mußten das Haus bauen, die Scheune, Pferde, Pflüge und alles andere anschaffen. Sie hielt zwei Jahre lang Schule. Dann kam der Junge! Sie sollten nur die Bäume sehen, die wir gepflanzt haben... hundert Morgen voll! Fast alle tragen jetzt. Aber damals machte es ja nur Kosten... und dazu waren auch immer noch die Hypothekenzinsen zu bezahlen. Deshalb bin ich ja hier. Sie macht die Sachen dort unten, und ich sitze hier... ein erstklassiger, verfluchter Millionär... wenn man nach den Aussichten gehen darf.«
Er warf einen glücklichen Blick über das Eis, das im Sonnenschein flimmerte, nach dem grünen See in der Ferne. Dann sah er auch die Photographie an und murmelte: »Sie

ist ein Prachtstück von einer kleinen Frau, das ist sie. Donnerwetter, wie sie geschuftet hat! Sie wollte einfach nicht sterben, obgleich sie nur noch Haut und Knochen war, die um ein kleines Häufchen brennenden Feuers gewickelt waren, als wir mit den Schafen losgingen. Oh, sie ist immer noch dünn, sie wird auch nie dick werden. Aber es ist die süßeste Dünnheit, die ich je gesehen habe, und wenn ich zurückkomme, und die Bäume tragen, und die Kleinen gehen in die Schule, dann werden wir beide, meine Frau und ich, nach Paris fahren. Ich habe freilich nicht viel Vertrauen zu der verdammten Stadt, aber sie hat sich ihr ganzes Leben danach gesehnt.«

»Nun, und hier liegt ja das Gold, das Sie nach Paris bringen wird«, versicherte ihm Kid. »Wir brauchen nur die Hand danach auszustrecken.«

Carson nickte mit leuchtenden Augen. »Ich sage ja, unsere Farm ist der hübscheste Obstgarten Gottes an der ganzen Pazifikküste. Und ein herrliches Klima dazu! Unsere Lungen werden nicht mehr zum Teufel gehen. Leute, die Tuberkulose gehabt haben, müssen sonst vorsichtig sein, wissen Sie! Wenn Sie sich mal irgendwo ansässig machen wollen, dann werfen Sie zuerst einen Blick in unser Tal, ehe Sie sich entscheiden. Das müssen Sie tun! Unbedingt! Und fischen kann man dort. Donnerwetter! Haben Sie je einen Lachs von fünfunddreißig Pfund mit einer Angelrute von sechs Unzen gefangen?«

»Ich bin um vierzig Pfund leichter als Sie«, sagte Carson. »Lassen Sie mich vorangehen.«

Sie standen am Rande der großen Spalte. Sie war wirklich ungeheuer groß und alt, mindestens hundert Fuß breit und hatte schräge, vom Alter verwitterte Hänge statt scharfer Ränder. An der Stelle, wo Kid und Carson standen, wurde sie von einem riesigen Haufen festgeballten Schnees

überbrückt, der halb zu Eis geworden war. Sie konnten nicht einmal sehen, wo dieser Schneehaufen aufhörte, oder wie tief er in den Spalt hinabreichte, und noch weniger, wie tief dieser Spalt selbst war. Die Brücke begann indessen schon zu schmelzen und zu zerbröckeln und drohte jeden Augenblick zusammenzubrechen. Man konnte sehen, daß Teile davon erst kürzlich abgebröckelt waren. Und selbst in dem Augenblick, als die beiden diese Brücke untersuchten, brach ein Stück im Gewicht von einer halben Tonne ab und stürzte in die Tiefe.
»Sieht scheußlich unsicher aus«, gab Carson zu, während er bedenklich den Kopf schüttelte. »Und sie sieht viel schlimmer aus als damals, als ich noch kein Millionär war.«
»Aber wir müssen losgehen«, sagte Kid. »Wir sind schon zu weit, um umkehren zu können. Und die ganze Nacht hier oben auf dem Eis lagern können wir auch nicht. Es gibt keinen andern Weg. Kurz und ich haben eine ganze Meile zu beiden Seiten geforscht. Aber die Brücke war damals, als wir sie überschritten, freilich in besserem Zustande.«
»Sie kann nur einen tragen. Lassen Sie mich zuerst hinübergehen.« Carson nahm Kid den Schlag des Seiles aus der Hand. »Sie müssen loslassen. Ich nehme das Seil und die Hacke. Geben Sie mir die Hand, so daß ich leichter hinuntersteigen kann.«
Langsam und vorsichtig kletterte er einige Fuß bis zur Brücke hinunter, auf der er dann einen Augenblick stehenblieb, um die letzten Vorbereitungen für den gefährlichen Übergang zu treffen. Auf dem Rücken trug er seine Ausrüstung. Das Seil legte er sich um den Hals, so daß es auf seinen Schultern ruhte. Das eine Ende war indessen um seinen Körper festgebunden.
»Ich würde einen ansehnlichen Teil meiner künftigen Million für eine Bande tüchtiger Brückenarbeiter geben«, sagte er, aber sein heiteres, launisches Lächeln strafte seine

Worte Lügen. Dann fügte er hinzu: »Alles in Ordnung! Ich bin die reine Katze.«

Die Hacke und die lange Stange, die er als Alpenstock benutzte, hielt er des Gleichgewichts wegen waagerecht vor sich wie ein Seiltänzer. Er setzte erst den einen Fuß prüfend vor, zog ihn wieder zurück und nahm sich mit sichtlicher Anstrengung zusammen.

»Ich möchte lieber eine arme Laus sein«, sagte er lächelnd; »wenn ich diesmal kein Millionär werde, versuche ich es nie wieder. Es ist doch zu unbequem.«

»Wird schon gehen«, ermunterte ihn Kid. »Ich bin ja schon einmal hinübergekommen. Lassen Sie mich lieber zuerst versuchen.«

»Ausgerechnet Sie mit Ihren vierzig Pfund Mehrgewicht«, gab der kleine Mann eifrig zurück. »In einer Minute bin ich bereit. Ich bin es schon.«

Diesmal hatte er seine Nerven sofort in der Gewalt. »Gut, hier geht es um den Rogue River und die Äpfel«, sagte er, als er den Fuß vorsetzte. Diesmal aber ließ er ihn leicht und vorsichtig stehen, während er den andern langsam und sachte hob und an ihm vorbeischob. Mit großer Umsicht und Sorgfalt setzte er dann den Weg über die zerbrechliche Brücke fort, bis er zwei Drittel des Weges zurückgelegt hatte. Dann machte er halt, um eine Vertiefung zu untersuchen, die er überschreiten mußte. Er bemerkte aber darin einen frischen Riß und blieb zögernd stehen. Kid, der ihn die ganze Zeit beobachtete, sah, daß er erst zur Seite und dann in die Tiefe hinunterblickte und darauf leise hin und her zu schwanken begann.

»Nicht nach unten blicken«, befahl Kid barsch. »Weitergehen... sofort!«

Der kleine Mann gehorchte und schwankte nicht mehr unterwegs. Der von der Sonne zernagte Abhang auf der andern Seite der Kluft war schlüpfrig, aber nicht steil, und es gelang ihm, ein schmales Felsstück zu erreichen, das aus der Wand vorsprang. Dort wandte er sich mit dem Gesicht gegen Kid und setzte sich.

»Jetzt ist die Reihe an Ihnen!« rief er ihm zu. »Aber bleiben Sie nicht stehen und sehen Sie auch nicht nach unten. Und jetzt los! Der ganze Mist hier taugt schon nichts mehr.«

Kid begann mit waagerecht gehaltenem Stock den Übergang. Es war klar, daß die Brücke schon in ihren letzten Zügen lag. Er vernahm ein Knistern unter seinen Füßen. Die ganze Schneemasse schien sich zu bewegen. Das Knistern wurde immer stärker. Dann hörte er einen einzelnen scharfen Knack. Er erkannte, daß irgend etwas Schlimmes hinter ihm geschah. Hätte er es sonst nicht gespürt, so würde schon der gespannte und erregte Ausdruck in Carsons Gesicht es ihm enthüllt haben. Aus der Tiefe hörte er das leise und schwache Plätschern eines rieselnden Baches, und ganz unwillkürlich und unfreiwillig warf er einen schnellen Blick in den schimmernden Abgrund. Dann nahm er sich zusammen und starrte wieder geradeaus. Als er die zwei Drittel zurückgelegt hatte, war er bei der Vertiefung angelangt. Die scharfen Ränder des Risses, die von der Sonne noch kaum berührt waren, zeigten deutlich, wie frisch er war. Kid hob bereits den einen Fuß, um den Riß zu überqueren, als dieser langsam breiter zu werden begann, während Kid gleichzeitig eine Reihe von scharfen, schnappenden Geräuschen vernahm. Er wollte sich beeilen, weiterzukommen, und machte deshalb den Schritt länger als beabsichtigt. Aber dadurch glitt sein Schuh, dessen Nägel abgeschliffen waren, auf der andern Seite des Risses aus. Er fiel auf sein Gesicht und rutschte sofort in den Spalt der Brücke hinab. Seine Beine schwebten frei in der Luft, aber es war ihm gelungen, im Fallen den Stock quer über die Lücke zu legen, und er konnte jetzt seine Brust dagegen stemmen... Zuerst wurde ihm ganz übel, weil sein Herz mit unheimlicher Schnelligkeit klopfte. Sein erster Gedanke war indessen nur Staunen, daß er nicht tiefer gefallen war. Hinter sich vernahm er Krachen und Knistern und ein Schütteln, das seinen Stock zittern ließ. Und tief, tief unter sich, aus dem Herzen des Gletschers, drang das leise und hohle Dröhnen der Schneemassen zu ihm herauf, die sich losgerissen hatten und auf den Boden des Abgrundes schlugen. Dennoch hielt die Brücke immer noch, obgleich sie an der andern Seite fast völlig vom Felsen losgerissen war und in der Mitte den großen Riß hatte, während der Teil, den er bereits zurückgelegt hatte, in einem Winkel von zwanzig Grad abwärts hing. Er konnte sehen, daß Carson, der auf seinem Vorsprung saß, die Füße fest gegen die allmählich schmelzende Oberfläche stemmte, schnell das Seil von der Schulter nahm und es abzuwickeln begann.

»Warten Sie«, rief er. »Rühren Sie sich nicht, sonst stürzt die ganze Geschichte mit Ihnen hinunter.«

Mit einem schnellen Blick berechnete Carson den Abstand, löste das Tuch, das er um den Hals trug, und knüpfte es an das Seil, das er durch ein zweites Tuch, das er in seiner Tasche hatte, noch weiter verlängerte. Das Seil selbst war aus Schlittentauen und kurzen, zusammengeflochtenen Lederstängen geknüpft und sowohl leicht wie stark. Carson warf es sehr gewandt und hatte gleich Erfolg, so daß es Kid gelang, es zu ergreifen. Er hatte offenbar die Absicht, mit dem Seil in der Hand aus dem Spalt zu kriechen. Aber Carson, der inzwischen das andere Ende des Seils um seinen Körper gebunden hatte, hinderte ihn daran.

»Binden Sie es sich auch um«, befahl er.

»Wenn ich dann hinunterstürze, ziehe ich Sie mit«, wandte Kid ein. Der kleine Mann erlaubte keinen Widerspruch.

»Halten Sie den Mund«, kommandierte er. »Der Klang Ihrer Stimme genügt vollkommen, um das Ding da zum Einsturz zu bringen.«

»Wenn ich aber wirklich zu gleiten beginne...«, begann Kid.

»Halten Sie jetzt gefälligst die Schnauze... Sie werden überhaupt nicht zu fallen beginnen, verstanden? Nun tun Sie, wie ich gesagt habe... so... so ist's richtig... unter die Achsel. Binden Sie es gehörig fest... Jetzt... Los! Aber vorsichtig! Ich werde das Seil schon einholen! Kommen Sie jetzt!... So, richtig! Vorsicht... Vorsicht...«

Kid war vielleicht zehn Schritt weit gekommen, als die Brücke völlig zusammenzubrechen begann. Lautlos und stoßweise zerbröckelte sie und stellte sich dabei immer schräger.

»Schnell«, rief Carson und holte mit beiden Händen das Seil ein, das sich durch Kids Bewegung gelockert hatte.

Als es dann krachte, krampften sich Kids Finger in die harte Wand, während sein Körper von der zerbröckelnden Brücke nach unten gezogen wurde. Carson saß, die Beine gespreizt und gegen den Boden gestemmt, da und holte das Seil aus allen Kräften ein. Durch diese Bemühungen wurde Kid wohl an die Wand heran-, gleichzeitig aber Carson aus der Höhlung, in der er saß, herausgezerrt. Er schnellte wie eine Katze herum, krallte sich mit wilder Energie am Eise fest, glitt aber doch hinab. Unter ihm — mit vierzig Fuß Seil zwischen ihnen — kämpfte Kid ebenso verzweifelt, um sich festzuhalten. Aber ehe das Dröhnen aus der Tiefe ihnen meldete, daß die Brücke den Boden des Abgrunds erreicht hatte, waren beide hängengeblieben. Carson fand zuerst eine Stelle, und das bißchen Gewicht, das er jetzt in seinen Zug am Seil noch legen konnte, genügte, um seinen eigenen Sturz aufzuhalten.

Beide blieben in kleinen Vertiefungen stecken, aber die von Kid waren so schmal, daß er ohne Hilfe von oben doch tiefer gestürzt wäre, obgleich er sich aus allen Kräften an die Wand drückte und festkrallte. Er hing über einem Vor-

sprung an der Felswand und konnte deshalb nicht hinabsehen. Einige Minuten vergingen, während deren beide sich bemühten, sich Klarheit über ihre Lage zu verschaffen. Auch machten sie verblüffende Fortschritte in der Kunst, sich an dem nassen und glitschigen Eise festzukrallen. Der kleine Mann war der erste, der zu sprechen begann. »Kreuzdonnerwetter«, sagte er. Und fügte dann eine Minute später hinzu: »Wenn Sie sich einen Augenblick festhalten und das Seil ein bißchen lockern, werde ich mich umdrehen können. Versuchen Sie es mal.«
Kid machte einen Versuch, stützte sich aber dann wieder auf das Seil.
»Es geht«, meinte er. »Sagen Sie mir, wann Sie bereit sind. Aber schnell.«
»Ungefähr drei Fuß unter mir ist eine Stelle, wo meine Hacken Halt finden können«, sagte Carson. »Ich brauche nur einen Augenblick dazu. Sind Sie bereit?«
»Nur los.«
Es war eine schwere Arbeit, die paar Meter hinabzukriechen und sich dann umzudrehen und hinzusetzen. Aber es war noch schwerer für Kid, sich eng an die Eiswand zu pressen und in einer Lage zu verharren, die von Minute zu Minute immer höhere Anforderungen an seine Muskeln stellte. Er merkte schon, wie er ganz leise, fast unmerklich, hinabzurutschen begann, als das Seil sich endlich wieder straffte. Da sah er auch schon das Gesicht Carsons über sich. Kid bemerkte, daß die sonnengebräunte Haut Carsons ganz fahl war, weil ihm das Blut aus dem Gesicht gewichen war, und er dachte, wie er selbst wohl aussehen mochte. Als er dann aber sah, wie Carson mit zitternden Fingern nach seinem Messer tastete, sagte er sich, daß er Schluß machen müßte. Der Mann war offenbar außer sich vor Angst und wollte das Seil durchschneiden.
»Kü..kü..kümmern Sie si..si..sich nur nicht um mi..mi..

mich...«, stotterte der kleine Mann. »Mir i..i..ist ga..gar nicht ba..bange. Es sind n..nur meine Ne..nerven..ho..hol sie der T..teufel...In einer Mi..mi..nu..nute geht es wie..wie..wieder.«
Und Kid beobachtete ihn, wie er dalag: ganz zusammengekauert, die Schultern zwischen den Knien, zitternd und linkisch. Mit der einen Hand straffte er das Seil ein bißchen, mit der andern, die das Messer hielt, schlug und hieb er Löcher für seine Absätze in das Eis.
Kid wurde es ganz warm ums Herz. »Hören Sie mal, Carson. Sie können mich nie da hinaufziehen, und es hat keinen Zweck, daß wir beide zum Teufel gehen. Machen Sie Schluß und schneiden Sie das Seil durch...«
»Halten Sie doch die Schnauze«, lautete die empörte Antwort. »Wem gehört der Laden hier?«
Und Kid merkte, daß der Zorn ein gutes Heilmittel für die Nerven des andern war. Für seine eigenen Nerven war es eine schlimme Belastung, eng an das Eis gedrückt dazuliegen, ohne etwas anderes tun zu können, als sich festzukrallen. Ein Stöhnen und ein schneller Ruf: »Halten Sie sich fest!« warnten ihn. Das Gesicht gegen die Eiswand gedrückt, machte er eine äußerste Anspannung, um sich festzuhalten, merkte, daß das Seil sich lockerte, und erkannte, daß Carson im Begriff war, zu ihm herunterzugleiten. Er wagte erst aufzublicken, als er merkte, daß das Seil sich wieder straffte, und wußte, daß der andere einen neuen Halt gefunden hatte.
»Pfui Deibel...Das war aber auf der Kippe«, stotterte Carson. »Ich bin mehr als einen Meter weit gerutscht. Nun müssen Sie ein bißchen warten. Ich muß mir einen neuen Halt hauen. Wenn dies verfluchte Eis nicht so verdammt brüchig wäre, würden wir besser dran sein.«
Und während der kleine Mann mit der einen Hand das Seil so straff hielt, wie es für Kid dringend notwendig war,

zerhieb und zerriß er das Eis mit dem Messer, das er in der andern hielt. So vergingen zehn Minuten.

»Jetzt werde ich Ihnen sagen, was wir zu tun haben«, rief Carson zu Kid hinunter. »Ich habe Löcher für Ihre Hände und Füße neben mir gehauen. Jetzt werde ich das Seil ganz langsam und vorsichtig einholen, und dann kommen Sie herauf. Aber halten Sie sich gut fest, und machen Sie nicht zu schnell! Ich will Ihnen vorher noch was sagen. Ich halte Sie am Seil fest, und Sie werfen unterdessen das ganze Gepäck weg. Verstanden?«

Kid nickte und löste mit unendlicher Vorsicht seinen Rucksackriemen. Dann schüttelte er kräftig die Schultern, so daß der Rucksack abfiel.

Carson sah, wie das Gepäck über den Vorsprung kollerte und in der Tiefe verschwand.

»Jetzt werfe ich meinen weg«, rief er hinab. »Inzwischen müssen Sie sich nur ruhig verhalten.«

Fünf Minuten darauf begann für Kid der Kampf, um nach oben zu gelangen. Erst wischte er sich die Hände an der Innenseite seiner Ärmel ab, dann begann er vorsichtig hinaufzuklettern... kroch auf dem Bauche, klammerte, krallte und krampfte sich an die Wand... unterstützt und festgehalten von dem Zug Carsons am Seil. Allein wäre er nicht einen Zoll vorwärts gekommen. Trotz seinen stärkeren Muskeln konnte er nicht wie Carson klettern, weil sein Mehrgewicht von vierzig Pfund ihn behinderte. Als er ein Drittel des Weges hinter sich hatte und die Wand steiler und das Eis weniger brüchig wurde, fühlte er, daß der Zug am Seil nachließ. Immer langsamer ging es vorwärts. Hier war es aber ausgeschlossen, stehenzubleiben und zu warten. Und selbst mit der größten Anstrengung war es ihm nicht möglich, weiterzukommen. Er merkte auch schon, wie er wieder hinabzugleiten begann.

»Ich rutsche«, rief er nach oben.

»Ich auch«, lautete die Antwort, die Carson mit Mühe durch die Zähne hervorstieß.
»Dann lassen Sie das Seil fahren.«
Kid merkte, daß das Seil sich eine Sekunde in einer vergeblichen Anspannung straffte... dann rutschte er schneller nach unten, und während er zu seinem früheren Standpunkt, ja über den Vorsprung hinabglitt, sah er gerade noch, wie Carson dort auf den Rücken gefallen war und wie ein Wahnsinniger mit Armen und Beinen zappelte, um nicht weiter hinabgezogen zu werden. Zu Kids Staunen stürzte er selbst, als er den Vorsprung passiert hatte, nicht jäh in die Tiefe. Das Seil hielt ihn etwas zurück, als er einen noch schrofferen Abhang hinunterrutschte, der jedoch gleich wieder sanfter wurde, und schließlich blieb er in einer neuen Vertiefung am Rande eines neuen Vorsprungs liegen. Carson konnte er jetzt gar nicht mehr sehen, denn der lag ihm verborgen an der Stelle, die Kid vorher eingenommen hatte.
»Pfui Deibel«, hörte er Carson mit klappernden Zähnen stottern.
Einen Augenblick herrschte Stille. Dann merkte Kid, daß das Seil angezogen wurde.
»Was machen Sie denn?« rief er hinauf.
»Ich haue neue Löcher für Hände und Füße«, lautete die zitternde Antwort. »Sie müssen eben so lange warten. Ich werde Sie im Handumdrehen heraufziehen. Kehren Sie sich nicht daran, wie ich spreche! Ich bin eben ein bißchen aufgeregt! Sonst bin ich aber ganz auf der Höhe. Warten Sie nur, dann werden Sie sehen!«
»Sie halten mich ja nur durch Ihre Kraft«, wandte Kid ein. »Früher oder später, wenn das Eis schmilzt, rutschen Sie mir nach. Das einzige, was Sie zu tun haben, ist, das Seil durchzuschneiden. Tun Sie, wie ich Ihnen sage! Es hat doch keinen Zweck, daß wir beide zum Teufel gehen. Sie sind

der größte kleine Mann in der ganzen Welt, und Sie haben Ihr Bestes getan. Schneiden Sie mich jetzt los.«
»Nun halten Sie doch endlich einmal Ihre werte Schnauze. Ich haue jetzt hier Löcher, und diesmal so tief, daß ich ein ganzes Pferdegespann heraufziehen könnte.«
»Sie haben mich schon lange genug festgehalten«, erklärte Kid eindringlich. »Lassen Sie mich fahren.«
»Wie oft habe ich Sie gehalten?« fragte der kleine Mann wütend.
»Mehrmals... und jedesmal war einmal zuviel... Sie rutschen ja selbst immer weiter herunter.«
»Und dabei lerne ich immer mehr, wie die Sache zu deichseln ist. Ich werde Sie festhalten, bis wir aus diesem Schlamassel heraus sind. Verstehen Sie? Als Gott mich zu einem Leichtgewichtler machte, wußte er schon, denke ich mir, was er tat. Also... Maul halten und still sein! Ich habe hier zu tun...«
Wieder vergingen einige Minuten in Schweigen. Kid konnte den metallischen Klang des Messers hören, mit dem der Kleine auf das Eis losschlug, und hin und wieder glitten kleine Eisstückchen über den Vorsprung zu ihm herab. Da er durstig war, fing er, sich mit Händen und Füßen festkrallend, einige dieser Stückchen mit den Lippen und ließ sie im Munde zergehen, um sich auf diese Weise zu erfrischen.
Er hörte Carson schwer atmen, vernahm ein klagendes Stöhnen der Verzweiflung und merkte, daß das Seil wieder nachließ, so daß er sich aus allen Kräften festhalten mußte. Das Seil straffte sich jedoch gleich wieder. Mit großer Anstrengung gelang es ihm, einen Blick den Steilhang hinaufzuwerfen. Er spähte einige Sekunden vergeblich empor... dann sah er, wie das Messer mit der Spitze nach unten über den Rand des Vorsprungs zu ihm herunterglitt. Er preßte seine Wange dagegen, zuckte zusammen, als er fühlte, wie

die Schneide seine Haut zerschnitt, drückte wieder stärker und merkte dann, daß das Messer liegenblieb.
»Ich bin doch ein Esel«, klang es bedauernd von oben.
»Nur ruhig, ich habe es«, antwortete Kid.
»Schön... aber warten Sie ein bißchen. Ich habe eine Menge Bindfaden in der Tasche. Ich lasse ihn zu Ihnen hinab, und dann schicken Sie mir das Messer wieder herauf.«
Kid antwortete nicht. Ihm schoß plötzlich ein Einfall durch den Kopf.
»Hallo, Sie da... jetzt kommt der Bindfaden! Sagen Sie mir, ob Sie ihn bekommen haben.«
Ein kleines Taschenmesser, das am Ende des Bindfadens festgebunden war, glitt über das Eis herab. Kid fing es auf. Durch eine rasche Bewegung mit den Zähnen und der einen Hand gelang es ihm, die große Klinge zu öffnen; er überzeugte sich, daß sie scharf war. Dann band er das Messer an den Bindfaden.
»Hinaufziehen!« rief er.
Mit gespannten Blicken beobachtete er, wie das Messer nach oben gezogen wurde. Aber er sah noch mehr... er sah einen kleinen Mann, der voll tödlicher Angst und dennoch unerschrocken, zitternd und mit klappernden Zähnen, krank vor Schwindel, Übelkeit und Furcht heldenmütig überwand. Seit Kid Kurz getroffen, hatte er noch keinem so schnell aufrichtige und warme Freundschaft entgegengebracht wie diesem Manne.
»Glänzend«, erklang die Stimme von oben über den Vorsprung zu ihm hinab. »Jetzt werden wir im Handumdrehen aus diesem Eisloch heraus sein.«
Die erschütternde Anstrengung, Mut und Hoffnung aufrechtzuerhalten, die aus Carsons Stimme herausklang, war für Kid entscheidend.
»Hören Sie, Carson«, sagte er ruhig, während er sich vergeblich bemühte, das Bild Joy Castells aus seinem Gehirn

zu bannen. »Ich habe Ihnen das Messer hinaufgeschickt, damit Sie sich aus dieser Lage befreien. Ich werde jetzt mit dem Taschenmesser das Seil durchschneiden. Es genügt, wenn einer von uns beiden zum Teufel geht. Verstanden?«
»Beide oder keiner«, kam die barsche, aber zitternde Antwort zurück. »Wenn Sie noch eine Minute ausharren...«
»Ich habe schon zu lange ausgeharrt. Ich bin nicht verheiratet. Ich habe keine anbetungswürdige dünne Frau, keine Kinder und keine Apfelbäume, die auf mich warten. Jetzt müssen Sie sehen, daß Sie wenigstens aus dem Dreck herauskommen... und das bald...«
»Warten Sie doch... um Gottes willen, warten Sie...«, schrie Carson zu ihm herab. »Das dürfen Sie nicht! Geben Sie mir doch eine Möglichkeit, Sie zu retten. Nur ruhig, alter Freund! Wir werden es schon kriegen! Sie werden sehen! Ich haue jetzt Löcher, die groß genug sind, um ein ganzes Haus mit Scheune heraufzuholen.«
Kid antwortete nicht. Ruhig und sicher, wie gebannt von dem, was er im Geiste sah, sägte er weiter mit dem Messer, bis der eine von den drei Strängen, die das Seil bildeten, durchschnitten war.
»Was tun Sie«, rief Carson verzweifelt. »Wenn Sie es durchschneiden, verzeihe ich es Ihnen nie... Niemals... Ich sage Ihnen ja: entweder kommen wir beide aus dem Dreck hinaus oder keiner von uns... Wir werden die Sache schon deichseln... Nur warten! Um Gottes willen...«
Und Kid, der den durchschnittenen Strang, der kaum fünf Zoll vor seinen Augen baumelte, anstarrte, empfand eine so jämmerliche Furcht wie noch nie in seinem Leben. Er wollte nicht sterben... er prallte zurück, als er in den schimmernden Abgrund unter sich blickte, und die sinnlose Angst ließ sein Gehirn die törichtesten Vorwände hervorsuchen, um die Sache in die Länge zu ziehen...
»Gut«, rief er hinauf. »Ich werde noch warten. Tun Sie, was

Sie können. Aber ich sage Ihnen, Carson, sobald wir wieder zu gleiten beginnen, schneide ich das Seil durch.«
»Pscht... Nicht daran denken... Wenn wir uns wieder bewegen, geht es nach oben! Ich klebe wie eine Klette... ich würde hier hängenbleiben, und wenn es doppelt so steil wäre... Ich habe schon ein reines Riesenloch für den einen Absatz fertig... und jetzt werden Sie still sein und mich arbeiten lassen.«
Nur langsam vergingen die Minuten. Kid konzentrierte all seine Gedanken auf einen dumpfen Schmerz, den ihm ein Niednagel an dem einen Finger verursachte. Er hatte ihn am selben Morgen abschneiden wollen — er schmerzte schon damals, überlegte er. Und er faßte den Entschluß, ihn abzuschneiden, wenn er nur erst aus dieser verdammten Klemme herausgekommen war. Als er aber den Finger und den Niednagel in solcher Nähe betrachtete, kam ihm ein ganz neuer Gedanke. Gleich — bestenfalls in wenigen Minuten — waren dieser Niednagel, dieser Finger, der mit so kunstfertigen und geschmeidigen Gelenken versehen war, vielleicht Teile einer zerschmetterten Leiche in der Tiefe der Schlucht. Als er sich seiner Angst bewußt wurde, fühlte er Haß gegen sich selbst. Liebhaber von Bärenfleisch mußten aus anderem Holz geschnitzt sein! In der Wut über seine eigene Furcht begann er wieder mit dem Messer auf das Seil loszusägen...
Da hörte er wieder Carson stöhnen und seufzen. Eine plötzliche Lockerung des Seils warnte ihn.
Er begann zu gleiten.
Die Bewegung war zuerst sehr langsam. Das Seil wurde treu und brav wieder angezogen — aber er glitt dennoch immer weiter. Carson konnte ihn nicht mehr halten, sondern wurde mit hinabgezogen! Er fühlte sich mit der Fußspitze vor und merkte den leeren Raum unter sich; jetzt, wußte er, mußte er senkrecht nach unten stürzen. Und er

war sich gleichzeitig darüber klar, daß sein Körper im Fall sofort Carson mitreißen würde.

Dann wurde ihm auf einmal klar, was Recht und was Unrecht war. In blinder Verzweiflung setzte er wieder das Messer an das Seil, sah, wie die zerschnittenen Stränge auseinanderplatzten. Fühlte dann, wie er immer schneller glitt und schließlich in die Tiefe stürzte...

Was dann geschah, wußte er nicht. Er war nicht bewußtlos, aber alles geschah so schnell und kam so unerwartet. Statt im Todessturz zu zerschmettern, schlugen seine Füße fast augenblicklich gegen Wasser, und er setzte sich mitten in eine Pfütze, die ihn mit kalten Spritzern durchnäßte.

»Oh, warum haben Sie das getan?« hörte er eine klagende Stimme von oben rufen.

»Hören Sie«, rief er hinauf. »Ich bin vollkommen heil. Sitze hier bis zum Hals im Wasser. Und unsere beiden Rucksäcke sind auch da. Ich setze mich darauf. Es ist Platz für ein halbes Dutzend hier. Wenn Sie heruntergleiten, halten Sie sich nur dicht an die Wand, und Sie werden heil landen wie ich. Aber sonst machen Sie, daß Sie schnell hinaufklettern und wegkommen. Gehen Sie nach der Hütte. Es muß jemand drinnen sein. Ich habe den Rauch ja gesehen. Verlangen Sie dort ein Seil oder etwas, das ein Seil vorstellen kann... dann kommen Sie wieder und holen mich hinauf.«

»Ist es wirklich wahr?« rief Carson zweifelnd.

»So wahr ich hier sitze und hoffe, daß ich einst sterben werde. Machen Sie jetzt, daß Sie wegkommen... sonst erkälte ich mich und hole mir den Tod.«

Kid hielt sich warm, indem er mit seinen Füßen einen Kanal durch die Eisdecke hämmerte. Er hatte eben das letzte Wasser durch die Rinne abgeleitet, als ein Ruf ihm anzeigte, daß Carson den oberen Rand der Kluft erreicht hatte.

Darauf verwendete Kid die Zeit in aller Ruhe dazu, seine Kleider zu trocknen. Die späte Nachmittagssonne schien

warm auf ihn herab, während er seine Kleider wrang und sie rings um sich ausbreitete.
Seine Streichholzschachtel war wasserdicht, und es gelang ihm, genügend Tabak und Reispapier zu trocknen, um sich Zigaretten drehen zu können.
Als er zwei Stunden später auf den beiden Rucksäcken saß und rauchte, hörte er von oben eine Stimme, in der er sich nicht irren konnte.
»Aber Kid, Kid!«
»Tag, Fräulein Gastell!« rief er zurück. »Wo in aller Welt kommen Sie denn her?«
»Haben Sie sich verletzt?«
»Keine Spur!«
»Papa wirft Ihnen jetzt das Seil hinunter... Können Sie es sehen?«
»Jawohl... und ich hab' es auch schon gefangen«, antwortete er. »Sie müssen nur so freundlich sein, ein paar Minuten zu warten!«
»Was ist denn los?« fragte sie ängstlich nach einigen Minuten. »Oh, ich weiß, Sie haben sich doch verletzt.«
»Nein, durchaus nicht... ich muß mich nur anziehen...«
»Anziehen?«
»Ja... ich hab' ein bißchen gebadet... So, sind Sie bereit? Also, ziehen Sie!«
Er ließ zuerst die beiden Rucksäcke hinaufziehen und mußte dafür eine kleine Rüge von Fräulein Gastell einstecken... dann erst folgte er selber.
Joy Gastell sah ihn mit leuchtenden Augen an, während ihr Vater und Carson sich bemühten, das Seil aufzuwickeln.
»Es war prachtvoll, daß Sie·das Seil durchschnitten«, erklärte sie. »Es war... es war einfach herrlich...«
Kid lehnte die Bewunderung mit einer Handbewegung ab.
»Ich habe schon die ganze Geschichte gehört...«, erklärte

sie. »Carson erzählte sie mir. Sie haben sich geopfert, um ihn zu retten.«

»Keine Rede davon«, log Kid. »Ich hatte ja schon längst das kleine Schwimmbecken unter mir gesehen.«

VIII *Wie Cultus George gehängt werden sollte*

Der Weg stieg schroff auf durch tiefen, lockeren Schnee, in dem bisher weder Schlittenspuren noch Mokassinfährten zu sehen waren. Kid, der den Zug anführte, zertrat die zarten, glitzernden Kristalle unter seinen breiten, kurzen Schneeschuhen. Es gehörten gute Muskeln und Lungen dazu, um den Schnee festzutreten, aber Kid stürzte sich mit aller Kraft in diese Arbeit. Auf dem Wege, den er auf diese Weise schuf, folgten ihm die sechs Hunde in einer langen Reihe... ihr Atem, der wie Dampfstrahlen aus den Nüstern quoll, zeigte, wie schwer sie arbeiteten und wie eisig die Luft war. Zwischen dem Deichselhund und dem Schlitten schuftete Kurz, der seine Kräfte teils zum Steuern, teils zum Ziehen verwandte, denn ziehen mußte er so gut wie einer der Hunde. Jede halbe Stunde lösten Kid und er sich ab, denn das Feststampfen des Schnees war doch noch schwerer als die Arbeit an der Lenkstange.

Alle — Männer und Hunde — waren gut ausgeruht und glänzend in Form. Das Ganze war ja auch nichts als ein schweres Stück Alltagsarbeit, die eben gemacht werden mußte — diese Fahrt über eine Wasserscheide mitten im Winter. Auf dieser schweren Strecke waren zehn Meilen eine sehr anständige Leistung. Sie blieben dabei in Übung, waren aber doch abends, wenn sie in ihre Schlafpelze krochen, sehr müde. Es war schon sechs Tage her, daß sie das lustige Lager von Mucluc am Ufer des Yukon verlassen hatten. Sie hatten nur zwei Tage gebraucht, um mit ihren hochbepackten

Schlitten den bereits festgetretenen Weg von fünfzig Meilen den Moose-Bach hinauf zurückzulegen. Dann hatte der Kampf mit dem vier Fuß dicken, jungfräulichen Schnee begonnen, der in Wirklichkeit gar kein Schnee war, sondern aus Eiskristallen bestand. Dieser Schnee war so locker, daß er, wenn man ihn mit den Füßen berührte, wie Kristallzucker hochspritzte. In drei Tagen hatten sie mit unendlicher Mühe die dreißig Meilen den Minnow-Fluß hinauf geschafft und eine Reihe von niedrigen Wasserscheiden, all die verschiedenen kleinen Flüsse, die südwärts in den Siwash fließen, überschritten. Jetzt hatten sie die großen Wasserscheiden hinter den ›Bald Buttes‹ vor sich, von wo aus der Weg den Porcupine-Bach hinab nach dem mittleren Laufe des Milchflusses führte. Wenn man dem Milchfluß weiter aufwärts folgte, sollte man, einem allgemein verbreiteten Gerücht zufolge, Kupferablagerungen finden. Und diesem Ziele strebten sie zu... einem Hügel aus reinem Kupfer, der eine halbe Meile rechts ab lag, und dann von der Stelle aus, wo der Milchfluß in einer tiefen Schlucht entsprang, durch einen ausgedehnten, stark bewaldeten Talgrund, den ersten Bach hinauf. Sie würden den Hügel schon erkennen, wenn sie ihn nur fanden. Der einäugige McCarthy hatte ihn bis in die kleinsten Einzelheiten beschrieben. Es war unmöglich, sich zu irren... vorausgesetzt daß McCarthy nicht gelogen hatte.

Kid ging an der Spitze. Die vereinzelten kleinen Fichten begannen noch seltener und kleiner zu werden, als er einen abgestorbenen und eingetrockneten Baum sah, der mitten auf dem Wege stand. Sie brauchten sich kein Wort zuzurufen. Der Blick, den Kid Kurz zuwarf, wurde mit einem laut gebrüllten ›Brr...‹ beantwortet. Die Hunde blieben im Geschirr stehen, bis sie sahen, daß Kurz sie losband und Kid den abgestorbenen Baumstamm mit der Axt umzuschlagen begann. Dann warfen sich die Tiere in den tiefen

Schnee, rollten sich wie Kugeln zusammen und legten den buschigen Schwanz über die wulstigen Füße und die reifbedeckte Schnauze.
Die Männer arbeiteten mit der Schnelligkeit, die nur lange Übung verleiht. In Goldpfanne, Kaffeetopf und Kochtöpfen schmolzen die Schneehaufen schnell zu Wasser. Kid holte eine Portion Bohnen vom Schlitten, die im voraus mit einer verschwenderischen Menge in Würfel geschnittenen, teils geräucherten, teils grüngesalzenen Specks zusammen gekocht waren. Sie wurden in gefrorenem Zustand transportiert, so daß sie leicht zu verstauen und sofort gebrauchsfertig waren. Er schlug große Brocken mit der Axt ab, als ob es Brennholz wäre, und tat sie zum Auftauen in den Kochtopf. Kuchen aus gefrorenem Sauerteig wurden in derselben Weise aufgetaut. Zwanzig Minuten, nachdem sie haltgemacht hatten, war die Mahlzeit fertig.
»Ungefähr vierzig Grad Fahrenheit unter Null!« murmelte Kurz zwischen zwei mächtigen Happen Bohnen. »Ich hoffe, daß es nicht kälter wird... und auch nicht wärmer. Es ist gerade richtig so für eine Schlittenfahrt.«
Kid antwortete nicht. Während er, den Mund voller Bohnen, dasaß und aus aller Kraft kaute, hatte er zufällig einen Blick auf den Leithund geworfen, der ein halbes Dutzend Fuß von ihm entfernt lag. Dieser graue, reifbedeckte Wolf starrte ihn mit der unbeschreiblicher Trauer und dem Ernst an, die man so oft in den Augen der Nordlandhunde glimmen und glühen sieht. Kid kannte diesen Ausdruck so gut wie nur einer, aber immer wieder mußte er über die unfaßbaren Rätsel in diesen Augen staunen. Als wollte er ihren merkwürdig suggestiven Einfluß abschütteln, setzte er seinen Teller und seine Kaffeetasse hin und machte sich daran, den Sack mit den getrockneten Fischen zu öffnen.
»Aber Kid!« protestierte Kurz. »Was tust du denn?«
»Ich will einmal gegen alle Gesetze, Erfahrungen und Ge-

wohnheiten des Schlittenlebens verstoßen«, antwortete Kid. »Ich will die Hunde mitten am Tage füttern ... nur dies eine Mal. Sie haben furchtbar geschuftet, und es ist noch die letzte Strecke bis zum Kamm der Wasserscheide zu bewältigen. Außerdem hat der gute Bright mir mit seinen Augen etwas erzählt ... Dinge, die Worte nie ausdrücken können.«
Kurz lachte ironisch. »Na, dann verwöhne sie nur ruhig. Es wird wohl nicht lange dauern, und du manikürst ihnen die Nägel. Ich möchte dir Coldcream und elektrische Massage empfehlen ... hat sich glänzend bewährt für Schlittenhunde. Ein türkisches Bad ab und zu ist auch ganz gesund für sie.«
»Ich hab' es noch nie getan«, verteidigte sich Kid. »Und ich werde es auch nie wieder tun. Aber dies eine Mal muß ich. Es ist so etwas wie eine Eingebung.«
»Ach so ... na, wenn es eine Vorahnung ist, dann kannst du es ruhig tun.« Sein Ton zeigte, wie schnell er besänftigt war. »Man muß Rücksicht auf Vorahnungen seines Kameraden nehmen.«
»Es ist keine Vorahnung mit im Spiel, Kurz. Der gute Bright hat meine Phantasie nur ein bißchen angeregt. Er erzählte mir mit seinen Augen in einer einzigen Minute mehr, als ich in tausend Jahren in allen Büchern lesen könnte. Seine Blicke waren voll vom Geheimnis allen Lebens! Es war, als ob sie sich in Schmerzen krümmten und wanden. Das Schlimme ist, daß ich sie beinahe ergründet hätte und es dann doch nicht tat. Ich bin also nicht weiser geworden, als ich war, aber es fehlt nicht viel. Ich kann es dir nicht erzählen, aber die Augen des Hundes strömten buchstäblich von Andeutungen über, was das Leben eigentlich ist ... Entwicklung und Sternenstaub ... und sie erzählten vom Saft des Weltalls und allem andern ... kurz, von allem Möglichen und Unmöglichen.«
»Und wenn man das alles in die Alltagssprache übersetzt,

bedeutet es, daß du abergläubisch bist«, behauptete Kurz. Kid warf jedem Hund einen getrockneten Lachs vor, dann schüttelte er den Kopf.

»Aber ich sage, Kid«, erklärte Kurz. »Es ist todsicher eine Vorahnung. Irgend etwas wird uns zustoßen, ehe der Tag zu Ende ist. Du wirst schon sehen. Es steckt etwas hinter dieser Geschichte mit den getrockneten Lachsen.«

»Das mußt du mir erst beweisen«, sagte Kid.

»Brauche ich nicht. Der heutige Tag wird schon selbst die Sache in die Hand nehmen und es dir beweisen. Aber hör mal, was ich dir sagen will. Ich habe jetzt selbst das Gefühl, daß etwas hinter deiner Ahnung steckt. Ich setze elf Unzen gegen drei Zahnstocher, daß ich recht habe. Und wenn ich so ein Gefühl habe, schäme ich mich auch nicht, es einzugestehen.«

»Du kannst die Zahnstocher setzen, dann setze ich die elf Unzen«, gab Kid zurück.

»Keine Rede davon. Das wäre der reine Raub. Ich gewinne. Ich weiß schon, wenn ich eine Ahnung kriege. Ehe der Tag zu Ende ist, wird etwas geschehen . . . und dann werden wir wissen, was hinter den Lachsen steckte.«

»Verdammter Quatsch!« sagte Kid, um die Diskussion abzuschließen.

»Verdammt wird es schon werden«, antwortete Kurz. »Und ich halte drei weitere Zahnstocher gegen dich, daß es ganz niederträchtig verdammt sein wird.«

»Gemacht«, sagte Kid.

»Ich gewinne«, jauchzte Kurz. »Aber es müssen Zahnstocher aus Kükenfedern sein.«

Eine Stunde später hatten sie die Wasserscheide überschritten, tauchten hinter den ›Bald Buttes‹ in einen scharfwinkeligen Cañon und schlugen dann den Weg über den schroffen, kahlen Hang ein, der zum Porcupine hinabführte.

Kurz, der an der Spitze war, blieb plötzlich stehen, und Kid ließ die Hunde sich hinlegen. Unterhalb der Stelle, wo sie sich befanden, sahen sie eine Reihe menschlicher Wesen den Hang heraufziehen, eine Reihe, die, wenn auch mit großen Zwischenräumen, fast eine Viertelmeile lang war.
»Die bewegen sich ja wie ein Leichenbegräbnis«, bemerkte Kurz.
»Sie haben keine Hunde«, sagte Kid.
»Nein, die Schlitten werden von Männern gezogen.«
»Hast du gesehen, wie der Mann umfiel? Da ist etwas los, Kurz, und es müssen mindestens zweihundert sein.«
»Schau mal, wie sie taumeln, wie besoffen... da ist schon wieder einer gefallen.«
»Es ist ein ganzer Stamm. Kinder sind ja auch dabei.«
»Kid, ich gewinne«, verkündete Kurz. »Ahnung ist Ahnung, und es ist nichts dagegen zu machen. Da kommen sie! Schau sie dir an! Sie kommen an wie eine Kompanie Leichen.«
Die Indianer, die jetzt die beiden Männer gesichtet hatten, brachen in ein Jubelgeschrei aus und beschleunigten ihren Gang.
»Sie sind ziemlich wacklig auf den Beinen«, meinte Kurz.
»Sie fallen haufen- und rudelweise um.«
»Sieh dir mal das Gesicht des vordersten an«, sagte Kid. »Es ist Hunger... das ist es, was mit ihnen los ist. Sie haben ihre Hunde aufgegessen.«
»Was wollen wir tun? Weglaufen?«
»Und Schlitten und Hunde zurücklassen?« fragte Kid vorwurfsvoll.
»Sie werden uns auffressen, wenn wir es nicht tun. Sie sehen hungrig genug aus. Hallo, alter Freund, was ist mit dir los? Schau den Hund nicht so an... den kriegst du doch nicht in deinen Kochtopf... verstehst du?«
Die ersten waren schon angelangt und scharten sich jetzt

um die beiden, während sie klagten und wimmerten, aber in einer Sprache, die weder Kid noch Kurz verstand. Kid fand diesen Auftritt ebenso lächerlich wie schreckenerregend. Es war kein Zweifel, daß sie Hunger litten. Ihre Gesichter mit den eingefallenen Wangen und der Haut, die sich straff über die Knochen spannte, schienen Totenköpfen anzugehören. Immer mehr kamen heran und umdrängten Kid und Kurz, bis sie von der wahnsinnigen Schar völlig umzingelt waren.
»Geht weg da... weg, zum Teufel!« schrie Kurz jetzt wieder auf englisch, nachdem er vergebliche Versuche mit seinen indianischen Brocken gemacht hatte.
Männer, Frauen und Kinder wankten und taumelten auf ihren zitternden Beinen, und sie wurden immer aufdringlicher. Ihre Augen füllten sich mit Tränen der Schwäche und brannten von dem Feuer der Gier. Stöhnend wankte eine Frau an Kurz vorbei und fiel mit ausgebreiteten Armen über den Schlitten. Ein alter Mann folgte ihrem Beispiel und begann mit zitternden Händen, stöhnend und ächzend die Riemen zu lösen, um an die Proviantsäcke heranzukommen. Ein junger Mann, mit einem gezückten Messer in der Hand, versuchte sich heranzudrängen, wurde aber von Kid zurückgeworfen. Jetzt aber drang die ganze Bande auf sie ein, und der Kampf begann.
Anfangs stießen, schoben und schleuderten Kid und Kurz die Angreifer nur zurück. Dann aber waren sie genötigt, Peitschenstiele und die bloßen Fäuste gegen die ausgehungerte Schar zu gebrauchen. Und den Hintergrund dazu bildete der Kreis wimmernder und jammernder Frauen und Kinder. Hier und da gelang es den Angreifern, die Gepäckriemen zu durchschneiden. Männer krochen auf dem Bauch heran, ohne sich um den Regen von Schlägen und Hieben zu kümmern, die auf ihre Rücken herniederprasselten, verblendet von der Hoffnung, die Lebensmittel zu

erreichen. Kid und Kurz mußten sie buchstäblich am Kragen packen und gewaltsam zurückschleudern. Und so groß war die Schwäche dieser Armen, daß sie beim leichtesten Stoß umfielen. Sie machten auch keinen Versuch, den beiden Männern, die ihre Schlitten verteidigten, etwas Böses anzutun.

Ausschließlich die Schwäche der Indianer war schuld daran, daß Kurz und Kid nicht überrannt wurden. Im Laufe von fünf Minuten war die Mauer aufrecht stehender, kämpfender Indianer in einen Haufen Gefallener verwandelt, die wimmernd und ächzend im Schnee lagen, während sie schrien und greinten und mit tränenden Augen den Proviant anstarrten, der für sie das Leben bedeutete und den sie so leidenschaftlich begehrten, daß der Geifer vor ihrem Munde stand. Und hinter diesem Haufen erhob sich das klagende Geschrei der Frauen und Kinder.

»Haltet doch den Mund! Hört doch auf!« brüllte Kurz, der sich vergebens die Finger in die Ohren steckte, während er vor Anstrengung laut stöhnte. »Ah, das wolltest du... so, das wolltest du...«, rief er, sprang vorwärts und schlug einem Mann, der auf dem Bauch durch den Schnee gekrochen war und den Versuch machte, dem Leithund die Kehle durchzuschneiden, mit einem Fußtritt das Messer aus der Hand.

»Furchtbar«, murmelte Kid.

»Mir ist auch ganz heiß geworden«, antwortete Kurz, als er zurückkam, nachdem er Bright das Leben gerettet hatte. »Was wollen wir nun mit diesem ganzen Lazarett hier anstellen?«

Kid schüttelte den Kopf, aber im selben Augenblick wurde das Problem gelöst. Ein Indianer kam herangekrochen. Sein eines Auge war auf Kid und nicht auf den Schlitten gerichtet... und Kid konnte in ihm lesen, wie der gesunde Verstand um die Herrschaft kämpfte. Kurz erinnerte sich, daß er dem Mann einen Faustschlag auf das andere Auge gegeben hatte, das auch schon geschwollen und vorläufig geschlossen war. Der Indianer erhob sich auf den Ellbogen und sprach: »Mich, MacCarluk! Mich gut Siwash. Mich kennen weißen Mann serr gutt. Mich serr hungrig. Alle Leute hier serr hungrig. Aber Leute nich kennen weißen Mann. Mich kennen. Mich essen Proviant. Alle Leute essen Proviant. Wir kaufen Proviant. Wir villes Gold. Sommer kein Lachs Milch Fluß. Winter kein Elch kommen. Kein Proviant. Mich sprechen alle Leute. Mich sagen ville weißen Leute Yukon kommen. Weißen Mann villen Proviant. Weißen Mann lieben Gold. Lieben serr. Wir bringen ihm Gold, gehen Yukon, weißen Mann geben Proviant. Serr villes Gold. Mich wissen, weißen Mann lieben Gold.« Mit seinen abgezehrten Fingern tastete er an einer Tasche, die er am Gürtel trug, herum.

»Ihr machen zu viel Lärm«, unterbrach Kurz ihn ärgerlich. »Du sagen Squaws, sie sagen Papusse, sie halten jetzt Mund.«

Carluk drehte sich um und sprach auf die klagenden Weiber ein. Andere Männer, die auf seine Worte gelauscht hatten, erhoben ihre Stimmen gebieterisch, und allmählich verstummten die Frauen und brachten auch die Kinder zum Schweigen.

Carluk löste die Schnur seines Tabakbeutels und hielt die Finger mehrmals in die Höhe.

»So ville sein Volk tot«, sagte er.

Und Kid, der nachgezählt hatte, stellte fest, daß fünfundsiebzig Mitglieder des Stammes verhungert waren.

»Mich kaufen Proviant«, sagte Carluk, als er endlich den Beutel geöffnet hatte, und zog einen großen Klumpen schweren Metalls hervor. Andere folgten seinem Beispiel, und auf allen Seiten tauchten ähnliche Klumpen auf. Kurz starrte sie an.

»Herr Gott!« rief er. »Kupfer! Rohes, rotes Kupfer... und sie glauben, es sei Gold.«

»Ihn Gold sein«, versicherte Carluk vertrauensvoll. Mit seiner schnellen Auffassungsgabe hatte er sofort den Sinn des Ausrufs verstanden.

»Und die armen Teufel haben ihr ganzes Vertrauen darauf gesetzt«, murmelte Kid. »Schau es dir an. Der Klumpen da wiegt mindestens vierzig Pfund. Sie haben viele hundert Pfund davon, und sie haben es hierhergeschleppt, obgleich sie kaum Kraft genug hatten, sich selbst zu schleppen... Sieh mal, Kurz... wir müssen ihnen etwas zu essen geben.«

»So so... das klingt ja verflucht einfach! Aber wie steht es mit deinen geliebten Zahlen? Wir haben zusammen Proviant für einen Monat... also dreißig mal sechs Mahlzeiten, im ganzen hundertundachtzig Mahlzeiten. Hier sind zweihundert Indianer, die alle einen erstklassigen ausgewachsenen Appetit haben. Wir können ihnen also nicht einmal eine einzige Mahlzeit geben.«

»Dann haben wir das Hundefutter!« antwortete Kid. »Einige hundert Pfund getrockneter Lachs werden schon ein bißchen helfen. Wir müssen es jedenfalls tun. Sie haben ihre ganze Hoffnung auf den weißen Mann gesetzt, weißt du.«

»Selbstverständlich können wir sie nicht im Stich lassen«, stimmte Kurz ihm bei, »und daher haben wir jetzt zwei verdammt eklige Dinge zu tun, eines genau so eklig wie das andere. Einer von uns muß ein Wettrennen nach Mucluc machen und dort versuchen, eine Hilfsexpedition auf die Beine zu bringen. Der andere muß hierbleiben, das Lazarett in Betrieb bringen und sich höchstwahrscheinlich auch noch fressen lassen. Aber vergiß allergütigst nicht, daß wir sechs Tage gebraucht haben, um hierher zu gelangen... und wenn man auch ohne großes Gepäck reist und dazu

noch besonderes Glück hat, so kann man doch den Rückweg bestenfalls in drei Tagen machen.«
Einen Augenblick ließ Kid sich die vielen Meilen, die sie zurückgelegt hatten, durch den Kopf gehen, indem er sie an seinen Kräften maß, um auszurechnen, wie lange er wohl dazu brauchen würde. Dann sagte er: »Ich kann morgen abend dort sein.«
»Schön!« bestätigte Kurz zufrieden. »Dann werde ich hierbleiben und mich auffressen lassen.«
»Aber ich muß einen Fisch für jeden Hund mitnehmen«, erklärte Kid. »Und eine Mahlzeit für mich selbst.«
»Die wirst du auch dringend brauchen, wenn du morgen abend in Mucluc sein willst.«
Durch Vermittlung Carluks legte Kid jetzt das Programm fest.
»Machen Feuer, lange Feuer, viele Feuer...«, schloß er seine Ansprache. »Sehr viele weiße Mann leben Mucluc. Weiße Mann sehr gut. Weiße Mann sehr viel Futter. Fünf Tage mich zurückkommen viel Proviant. Dieser Mann Kurz sehr gut Freund von mir. Er bleiben hier. Ein großer Häuptling... verstanden?«
Carluk nickte und übersetzte.
»Aller Proviant hierbleiben. Kurz auch Proviant geben. Er Häuptling... verstanden?«
Wieder übersetzte Carluk. Durch Nicken und rauhe Gaumenlaute gaben die andern Indianer ihre Zustimmung zu erkennen.
Kid blieb noch und half, bis alle Vorbereitungen in Schwung gekommen waren. Diejenigen, welche noch imstande waren sich zu bewegen, krochen oder wankten herum, um Brennholz zu sammeln. Lange Feuer wurden nach Indianerart so gemacht, daß alle an ihnen Platz fanden. Kurz hatte sich ein Dutzend Leute zu Hilfe genommen, die alle mit einem kurzen Knüppel bewaffnet waren, womit sie all-

zu hungrige Finger am Stehlen hinderten. Er stürzte sich mit Feuereifer auf seine Tätigkeit als Koch. Die Frauen übernahmen es, in allen verfügbaren Töpfen Schnee zu tauen. Zunächst wurde ein kleines Stück Räucherspeck unter sämtliche Indianer verteilt, und dann bekamen sie je einen Teelöffel Zucker, um den allerschlimmsten Hunger zu stillen. Bald kochten viele Töpfe mit Bohnen über einem kreisförmigen Feuer, in dessen Mitte Kurz sich befand. Mit entrüsteten Blicken achtete er darauf, daß keiner mogelte — wie er sagte —, während er die dünnsten Eierkuchen buk, die er je in seinem Leben zubereitet hatte.
»Mich jetzt großer Kochmeister«, sagte er zum Abschied zu Kid. »Und du machst, daß du die Beine rührst. Lauf den ganzen Weg hin und komm im Galopp zurück. Ich rechne, daß du heute und morgen brauchst, um hinzukommen, und mindestens drei Tage für den Rückweg. Morgen werden sie den letzten Fisch verschlingen, und dann gibt's keinen Krümel, bevor du in drei Tagen zurück bist. Du mußt die Beine rühren, Kid, sie ganz verdammt schnell rühren.«

Der Schlitten war leicht, da er ja nur mit den sechs Lachsen, einigen Pfunden gefrorener Bohnen und Speck und einem Schlafsack beladen war. Aber dennoch konnte Kid keine große Schnelligkeit erzielen. Statt auf dem Schlitten zu liegen und die Hunde anzutreiben, mußte er neben der Lenkstange durch den Schnee trotten. Außerdem hatten sie alle schon eine ganze Tagesarbeit hinter sich, und sowohl er wie die Hunde waren müde. Die lange arktische Dämmerung war bereits angebrochen, als er die Wasserscheide überschritt und die ›Bald Buttes‹ hinter sich ließ.
Den Hang hinab ging es schneller, und er konnte öfters, jedenfalls für kurze Zeit, auf den Schlitten springen und die Hunde zu einer Schnelligkeit von sechs Meilen antreiben. Aber die Dunkelheit brach herein, und er verirrte sich

in dem weiten Tal eines unbekannten Baches. Hier lief der Strom in mächtigen hufeisenförmigen Kurven über den Felsgrund, und um keine Zeit zu verlieren, durchquerte Kid das Gelände, statt sich an den Bach zu halten. Als es ganz dunkel wurde, mußte er nach dem Bach zurückkehren, um die Fährte zu suchen. Nachdem er eine ganze Stunde mit vergeblichem Suchen verloren hatte, hielt er es für klüger, jetzt nicht weiter zu suchen, und machte Feuer, gab jedem Hund einen halben Fisch und verzehrte selbst die Hälfte seiner Ration. Als er in seinen Schlafsack gekrochen war, gelang es ihm, vor dem Einschlafen das Problem zu lösen.

Die letzte Niederung, die er durchquert hatte, lag dort, wo der Bach sich in mehrere Arme teilte. Er hatte sich folglich um eine Meile von der Fährte entfernt. Er befand sich jetzt am Hauptstrom unterhalb der Stelle, wo seine und Kurz' Fährte das Tal durchquerte, um sich über ein kleines Bächlein und die niedrige Wasserscheide auf der andern Seite zu schlängeln.

Beim ersten leisen Morgendämmern machte er sich, ohne gefrühstückt zu haben, wieder auf den Weg und watete den Bach eine Meile aufwärts, um die verlassene Fährte wiederzufinden. Ohne daß er oder die Hunde etwas zu essen bekamen, fuhr er dann wieder los. Es wurde kein Halt unterwegs gemacht — acht Stunden lang durchquerten er und seine Tiere die ganze Reihe von kleinen Bächen und niedrigen Wasserscheiden und setzten unverdrossen den Weg am Minnow-Bach entlang fort. Es war gegen vier Uhr nachmittags geworden, und fast undurchdringliche Finsternis umgab ihn schon, als er den hartgetretenen Weg nach dem Moose-Bach erreichte. Fünfzig Meilen mußte er diesem noch folgen, ehe die Tagesarbeit beendet war. Er hielt die Tiere an, machte Feuer, gab den Hunden den Rest der Fische, taute seine letzten Bohnen auf und verzehrte

sie. Dann sprang er auf den Schlitten, schrie sein ›Hü‹, und die Hunde warfen sich energisch in die Sielen.
»Hü... schnell, schnell, meine Hunde!« rief er. »Hü... hott... schnell, dann bekommt ihr zu fressen... In Mucluc ist Futter genug für euch... Los, ihr Wölfe! Los... Hü...!

Im Wirtshaus ›Annie Mine‹ zeigte die Uhr schon dreiviertel eins. Im Schankraum waren noch viele Gäste. In dem großen Saal glühten die dickbauchigen Öfen, und da die Ventilation viel zu wünschen übrigließ, herrschte eine ungesunde Hitze. Das harte Klappern des Spielgeldes und das Lärmen der Spieler am Würfeltisch schufen einen eintönigen Hintergrund zu dem ebenso eintönigen Gemurmel der vielen Männer, die rings in dem großen Raum saßen oder standen und sich in größeren oder kleineren Gruppen unterhielten. Die Männer an den Goldwaagen hatten vollauf zu tun, denn Goldstaub war das übliche Zahlungsmittel, und jedes Getränk an der Bar mußte den Männern an den Waagen in Staub bezahlt werden.
Die Wände des Schankraums bestanden aus Balken, die noch die Rinde trugen, und die Zwischenräume waren mit arktischem Moos ausgefüllt, das deutlich zu sehen war. Zu der offenen Tür des Tanzsaals klangen die heiteren Töne eines Klaviers und einer Geige heraus. Das chinesische Lottospiel war gerade zu Ende, und der glückliche Gewinner, dem der Gewinn schon an der Waage ausgezahlt war, wollte ihn mit einigen Zechgenossen vertrinken. An den Pharao- und Roulettetischen war jeder Platz besetzt, und hier herrschte eifriges Schweigen. Ebenso war es an den Tischen, wo die Kartenspieler saßen, um die sich eine Schar von Kiebitzen gesammelt hatte. An einem Tisch wurde mit großem Ernst und vieler Feierlichkeit Sechsundsechzig gespielt. Nur von dem Tisch, wo gewürfelt wurde, hörte man Lärm und

Rufen, wenn der Spieler die Würfel mit flottem Schwung auf das grüne Tuch warf, wo sie ihrem sehnsüchtig begehrten, aber immer unerreichten Ziel entgegenstrebten. Dabei rief er unaufhörlich mit lauter Stimme: »Oh, Freundchen... gib doch vier... gib mir einen ordentlichen Treffer... Donnerwetter: Sechs, bring mir doch 'nen richtigen Treffer, mein kleines Freundchen!«

Cultus George, ein großer, kräftiger Indianer aus Circle City, hielt sich abseits und lehnte sich mürrisch an die Balkenwand. Er war ein zivilisierter Indianer, falls man einen Indianer zivilisiert nennen kann, weil er wie die weißen Männer lebt. Er fühlte sich sichtlich beleidigt, obgleich dies Beleidigtsein sich über lange Zeit erstreckte. Jahrelang hatte er ja dieselbe Arbeit geleistet wie die Weißen und hatte sie auch an der Seite der Weißen getan, oft genug besser als die Weißen. Er trug auch die gleichen Hosen wie sie, die gleichen schweren Wollhemden. Er besaß eine Uhr wie sie, trug das Haar gescheitelt wie sie und aß dasselbe wie sie... Räucherspeck, Bohnen und Mehl, und doch war ihm der Zutritt zu ihren Hauptvergnügungen, ihrer begehrtesten Belohnung nach der Arbeit, verboten: er durfte keinen Whisky trinken. Cultus George verdiente viel Geld. Er hatte Goldfelder gefunden und Goldfelder gekauft und verkauft. Im Augenblick war er Fuhrherr und besorgte mit seinen Hundegespannen weite Frachttransporte. Er erhielt zwei Schilling das Pfund für eine Winterfahrt von den ›Sechzig Meilen‹ bis Mucluc, für den Transport von Räucherspeck sogar drei Schilling, wie es Sitte war. Seine Tasche strotzte von Goldstaub... und doch hätte kein Mann an der Bar ihm etwas zu trinken gegeben. Der Whisky, dies herrlichste Geschenk der Zivilisation, das die schnellste und gründlichste Befriedigung schuf, existierte für ihn nicht. Nur auf geheimnisvollen, verborgenen und sehr kostspieligen Wegen konnte er sich hin und wieder ein Glas verschaffen. Und er empfand diesen Unterschied immer noch ebenso tief wie am ersten Tage. Heut abend war er ganz besonders durstig, und deshalb haßte er die weißen Männer, mit denen er sonst so emsig wetteiferte, noch bitterer als sonst. Der weiße Mann erlaubte ihm allergnädigst, sein Geld am Spieltisch zu verlieren, aber weder für Geld noch für Freundschaft konnte er einen Trunk an ihrer Bar erlangen. Deshalb war er sehr schüchtern und dachte sehr logisch, und seine Logik war besonders bissig.

Der Tanz in dem anliegenden Raum schloß mit einem wilden Finale, das jedoch die drei Säufer, die unter dem Klavier lagen und schnarchten, nicht störte.

»Alle Paar an die Bar!« rief der Vortänzer, als die Musik eine Pause machte. Und dann marschierten sämtliche Paare durch die Türöffnung in den Schankraum — die Männer in Mokassins und Pelzen, die Damen in weichen, zarten Kleidern, in seidenen Strümpfen und Tanzschuhen. Eben in diesem Augenblick wurde die doppelte Haustür aufgerissen, und Alaska-Kid wankte erschöpft herein.

»Was ist denn los, Kid?« fragte Matson, der Inhaber der ›Annie Mine‹.

Nur mit Mühe gelang es Kid, seinen Mund von den Eisklumpen zu befreien, die in seinem Barte hingen.

»Ich hab' meine Hunde draußen ... sie sind zum Sterben erschöpft«, sagte er heiser. »Einer von euch muß hinausgehen und sich ihrer annehmen... dann erzähle ich euch, was los ist.«

In abgebrochenen Sätzen berichtete er, was geschehen war. Selbst der Würfelspieler hatte sein Geld auf dem Tisch liegengelassen und war — obgleich er noch immer nicht seinen großen Treffer gemacht hatte — zu Kid getreten. Er war der erste, der jetzt sprach: »Da müssen wir was tun! Das ist klar... aber was? Du hast Zeit gehabt, dir die Sache zu überlegen... Was meinst du?«

»Ja«, sagte Kid. »Jetzt sollt ihr hören, was ich mir ausgedacht habe. Wir müssen so bald wie möglich einige leichte Schlitten abgehen lassen. Sagen wir hundert Pfund Proviant auf jedem. Die Ausrüstung des Führers und das Hundefutter erhöhen das Gewicht um weitere fünfzig Pfund. Aber sie werden eine gehörige Schnelligkeit erzielen können. Sagen wir, daß wir fünf solcher Schlitten abschicken... aber sofort... die schnellsten Gespanne, die besten Hundefahrer und Fährtensucher. Auf der weichen Bahn können die Schlitten spielend vorwärts kommen. Sie müssen aber gleich abfahren... Bestenfalls vergehen doch drei Tage, bis die Schlitten hingelangen, und so lange haben die Indianer nichts zu essen. Und sobald die leichteren Schlitten abgeschickt sind, werden wir mit schwerbeladenen nachkommen. Ihr könnt es ja selbst ausrechnen. Zwei Pfund für den Tag ist das allerwenigste, womit wir die Indianer halbwegs anständig auf den Beinen halten können. Das macht vierhundert Pfund täglich, und da sie Kinder und alte Leute mitführen, brauchen wir mindestens fünf Tage, um sie nach Mucluc zu bringen. Was wollt ihr also machen?«

»Eine Sammlung veranstalten, um den Proviant zu kaufen«, sagte der Würfelspieler.

»Den Proviant nehme ich auf mich«, sagte Kid ungeduldig.

»Gibt's hier nicht!« unterbrach ihn der andere. »Du hast hier nichts auszugeben... Wir machen alle mit. Einer von uns holt eine Waschschüssel. Die ganze Geschichte wird nur ein paar Minuten dauern... Und hier ist der Anfang.«

Er zog einen schweren Goldbeutel aus der Tasche, öffnete ihn und ließ einen Strom von grobem Goldstaub und Klumpen in die Waschschüssel rinnen, die inzwischen herbeigeschafft worden war. Ein Mann neben ihm riß seine Hand mit einem kräftigen Ruck beiseite und fluchte mächtig, während er die Öffnung des Sackes nach oben drehte, um den

Goldstrom zurückzuhalten. Sechs oder sieben Unzen waren jedoch loser Schätzung nach in die Schüssel gefallen.
»Sei nicht solch ein Protz!« schrie der zweite. »Du bist nicht der einzige, der hier Gold hat. Ich bin auch noch da.«
»Nanu«, knurrte der Würfelspieler. »Du glaubst wohl, daß es ein Wettrennen ist, so verdammt eifrig bist du.«
Die Männer drängten und stießen sich, um ihren Anteil geben zu können, und als sie alle ihr Vergnügen gehabt hatten, hob Kid die gefüllte Schüssel hoch und lachte zufrieden.
»Das genügt, um den ganzen Stamm den ganzen Winter durchzufüttern«, sagte er. »Und wie steht es jetzt mit den Hunden? Zunächst fünf leichte Gespanne, die den Teufel im Leibe haben.«
Ein ganzes Dutzend Gespanne wurde zur Verfügung gestellt, und das gesamte Lager, das sich zu einem Komitee aufgeworfen hatte, debattierte und diskutierte, nahm an und verwarf.
Sobald ein Gespann gewählt war, eilte der Besitzer, von fünf bis sechs Gehilfen begleitet, hinaus, um sofort anzuschirren und sich bereit zu machen.
Ein Gespann wurde zurückgewiesen, weil es erst am selben Nachmittag müde heimgekommen war. Ein Hundebesitzer stellte sein Gespann zur Verfügung, zeigte aber einen verbundenen Fuß, der es ihm unmöglich machte, es selbst zu lenken. Dies Gespann übernahm Kid, ohne sich an die Einwände der andern zu kehren, die behaupteten, daß er zu erschöpft sei.
Der lange Bill Haskell erklärte, daß der Dicke Olsen nicht in Frage käme, obgleich sein Gespann glänzend wäre, denn er hätte das Gewicht eines ausgewachsenen Elefanten. Der Dicke Olsen empfand seine zweihundertvierzig Pfund als eine tiefe Beleidigung. Tränen des Zorns füllten seine Augen, und seinen unendlichen Wortschwall konnte man erst beschwichtigen, als man versprach, ihm einen Platz in der

schweren Division zu geben. Der Würfelspieler ergriff eifrig die Gelegenheit, um das Gespann des Dicken Olsen zu übernehmen.
Endlich waren fünf Gespanne gewählt und wurden angeschirrt, während man die Schlitten belud. Das Komitee hatte indessen nur vier Hundefahrer als tüchtig genug für die fliegende Division angesehen.
»Da haben wir ja Cultus George«, rief einer. »Er ist der richtige Meilenfresser, außerdem ganz ausgeruht und glänzend in Form.«
Aller Augen richteten sich auf den Indianer, dessen Gesicht aber unbeweglich blieb. Er sprach auch kein Wort.
»Willst du ein Gespann übernehmen?« fragte Kid.
Wie ein elektrischer Schlag durchfuhr alle das Gefühl, daß jetzt irgend etwas Unerwartetes geschehen würde. Alle verließen schnell ihre Plätze und bildeten einen Kreis um Kid und Cultus George, die Angesicht zu Angesicht dastanden. Kid fühlte, daß er einstimmig zum Vertreter seiner Kameraden gewählt worden und ihrer Zustimmung sicher war, was jetzt auch geschehen würde. Er war zudem tief empört. Er begriff überhaupt nicht, daß ein anständiger Mensch, der noch dazu den Eifer der Freiwilligen gesehen hatte, sich in einem solchen Falle zurückhalten konnte. Im übrigen hatte Kid auch, während sich das Folgende abspielte, gar keine Ahnung von dem tatsächlichen Standpunkt Cultus Georges ... es fiel ihm nicht ein, daß der Indianer andere Gründe als rein geschäftliche und selbstische für seine Zurückhaltung haben könnte.
»Selbstverständlich werden Sie ein Gespann übernehmen«, sagte Kid.
»Für wieviel?« fragte Cultus George.
Unwillkürlich entrang sich allen Kehlen ein drohendes Knurren. Alle Lippen schürzten sich verächtlich. »Wartet einen Augenblick, Kameraden«, rief Kid. »Vielleicht hat

er uns nicht richtig verstanden. Laßt mich ihm die Sache erklären. Hör mal, George, siehst du nicht, daß hier niemand etwas bekommt? Sie tragen alle ihr Scherflein bei, um zweihundert Indianer vom Hungertod zu retten.«
»Wieviel?« wiederholte Cultus George.
»Wartet, Kameraden... Hör, George. Wir wollen nicht, daß du einen Fehler machst. Die Leute, die jetzt verhungern, gehören deinem eigenen Volke an. Es ist freilich ein anderer Stamm, aber es sind doch Indianer. Nun hast du gesehen, was die weißen Männer hier alle ohne Ausnahme tun... sie geben ihren Goldstaub, sie geben ihre Hunde, ihre Schlitten, streiten sich sogar, wer die Fahrt mitmachen soll. Nur der beste Fahrer kann die Führung übernehmen. Sieh dir mal den Dicken Olsen da an! Er war bereit, sich zu schlagen, nur weil sie ihn nicht gehen lassen wollten. Du müßtest mächtig stolz sein, daß die Männer dich für den besten Hundetreiber halten. Es geht hier nicht um wieviel, sondern um wie schnell.«
»Wieviel?« wiederholte Cultus George.
»Schlagt ihn tot!«—»Haut ihm den Schädel ein!«—»Teert und federt ihn!« lauteten einige von den Rufen, die man aus dem jetzt entstehenden wilden Getümmel zu hören bekam. Der Geist der Menschenliebe und der guten Kameradschaft war mit einem Schlage einer brutalen Roheit gewichen.
Im Zentrum des Sturms stand Cultus George vollständig unberührt und ruhig, während Kid die Zudringlichsten zurückschob und rief: »Seid doch ruhig! Wer von uns soll die Sache hier machen?« Der Lärm verstummte. »Bringt mir ein Seil«, fügte er dann ruhig hinzu.
Cultus George zuckte die Achseln. Sein Gesicht verzerrte sich zu einem ungläubigen und mürrischen Grinsen. Er kannte die weißen Männer. Er hatte zu oft schwere Fahrten mit ihnen gemacht und Mehl und Speck und Bohnen

mit ihnen gegessen, um sie nicht gründlich zu kennen. Er wußte, daß es eine Rasse war, die dem Gesetz gehorchte. Er wußte das voll und ganz. Sie bestraften stets den Mann, der sich gegen das Gesetz verging. Er aber hatte kein einziges Gesetz übertreten. Er kannte die Gesetze der Weißen. Er hatte selbst nach diesen Gesetzen gelebt. Er hatte weder gemordet noch gestohlen, noch falsches Zeugnis abgelegt. Es gab keine Bestimmung in den Gesetzen des weißen Mannes, die ihm verbot, Bezahlung zu nehmen oder den Preis so hoch zu schrauben, wie es ihm beliebte. Sie verlangten alle ihren Preis und schraubten ihn so hoch, wie sie Lust hatten. Er tat auch jetzt nichts anderes, also nur das, was sie ihn selbst gelehrt hatten. Außerdem — wenn er nicht gut genug war, um mit ihnen zu trinken, so war er auch nicht gut genug, um den Philanthropen mit ihnen zu spielen oder sich sonst irgendwie an ihren verrückten Unternehmungen zu beteiligen.
Als das Seil herbeigeschafft war, legten der Lange Bill Haskell, der Dicke Olsen und der Würfelspieler sehr ungeschickt, aber mit dem Eifer der Entrüstung eine Schlinge um den Hals des Indianers und warfen das Ende des Seils über einen Dachbalken.
Cultus George leistete keinen Widerstand. Er wußte, was es war — nur Bluff. Die Weißen waren überhaupt tüchtig im Bluffen. War nicht Poker ihr Lieblingsspiel? Betrieben sie nicht alle ihre Geschäfte, kauften und verkauften und machten Preistreibereien mit Bluff und Schwindel? Ein halbes Dutzend Männer ergriffen das Seil und hielten sich bereit, den Indianer in die Höhe zu ziehen.
»Wartet noch!« befahl Kid. »Bindet ihm die Hände. Wir wollen nicht, daß er da oben herumklettert.«
Noch mehr Theater, dachte Cultus George und ließ sich die Hände ohne Widerstand auf dem Rücken binden.
»Jetzt geb' ich dir die letzte Chance, George«, sagte Kid.

»Willst du eines von den Gespannen übernehmen?«
»Wieviel?« fragte Cultus George.
Kid gab den Kameraden das Zeichen—befremdet von seinem eigenen Tun und gleichzeitig empört über die unglaubliche Selbstsucht des Indianers. Und Cultus George war nicht weniger erstaunt, als er fühlte, wie die Schlinge sich mit einem Ruck um seinen Hals zusammenzog und er selber plötzlich vom Boden gehoben wurde. Im selben Augenblick brach sein Eigensinn zusammen. Auf seinem Gesicht malten sich in schneller Folge Überraschung, Angst und Schmerz.
Kid wartete unruhig, was geschehen würde. Da er selbst noch nie aufgehängt worden war, fühlte er sich auf diesem Gebiete als Neuling. Der Körper des Indianers zuckte krampfhaft, die gefesselten Hände bemühten sich, die Bande zu sprengen, und aus der Kehle kam ein unheimliches Röcheln. Kid hob die Hand.
Die Männer waren ärgerlich, daß die Strafe nur so kurz dauerte, ließen aber den Indianer wieder herunter. Seine Augen quollen aus ihren Höhlen, er konnte kaum auf den Beinen stehen, schwankte hin und her, während er mit den gefesselten Händen in die Luft griff. Kid erriet, was er wollte. Rücksichtslos steckte er die Finger zwischen das Seil und den Hals und lockerte die Schlinge mit einem harten Ruck. Jetzt erst konnte Cultus George, tief aufatmend, seine Lungen mit Luft füllen.
»Du übernimmst also ein Gespann?« fragte Kid.
Cultus George antwortete nicht gleich. Im Augenblick dachte er nur daran, Luft zu schöpfen.
»O ja, du hast ganz recht«, erklärte Kid, um die Pause auszufüllen. Ihm war selbst die Rolle, die er hier spielen mußte, zuwider. »Wir Weißen sind richtige Bestien. Wir würden unsere Seele für Gold verkaufen und so weiter, aber es kann geschehen, daß wir das mal vergessen, uns davon

losreißen und etwas tun, ohne nur einen Augenblick daran zu denken, wieviel wir damit verdienen können. Und wenn wir das tun, Cultus George, dann mußt du aufpassen. Was wir jetzt wissen wollen, ist: Willst du ein Gespann übernehmen?«

Cultus George überlegte hin und her. Er war kein Feigling. Vielleicht würden sie ihren Bluff nicht weitertreiben, und dann war er ein Esel, wenn er jetzt nachgab. Und während er überlegte, litt Kid alle Höllenqualen der Angst, daß dieser starrköpfige Indianer darauf bestehen würde, gehängt zu werden.

»Wieviel?« wiederholte Cultus George.

Kid wollte schon ein Zeichen geben, ihn wieder hochzuziehen.

»Mich lieber gehen!« sagte Cultus George sehr schnell, bevor das Seil wieder angezogen wurde.

»Und als die Hilfsexpedition ankam«, erzählte Kurz in der ›Annie Mine‹, »war dieses Indianerbiest von Cultus George der erste; er hatte sogar Kid um drei Stunden geschlagen, und ihr dürft nicht vergessen, daß Kid immerhin der zweite war. Na ... es war aber auch Zeit, als ich Cultus George seine Hunde oben vom Kamm der Wasserscheide antreiben hörte, denn diese verfluchten Siwashs hatten schon meine Mokassins, meine Handschuhe, die Lederriemen und meine Messerscheide aufgefressen, und einige von ihnen begannen hungrige Blicke auf meine Person zu werfen — ich war ja besser gefüttert als sie, versteht ihr.

Und Kid? Er war mehr als halb tot. Er fummelte ein bißchen herum und half, das Essen für die zweihundert hungrigen Siwashs zu bereiten ... aber dann schlief er ein, als er gerade auf dem Hintern saß und sich einbildete, daß er einen Eimer mit Schnee füllte, um ihn aufzutauen. Ich schleppte ihn dann auf mein Bett, und der Teufel soll mich holen, wenn ich ihn nicht hineinlegen mußte, so hin war er... Ja, selbstverständlich habe ich meine Zahnstocher gewonnen. Die Hunde hatten wahrhaftig die sechs Lachse nötig, die Kid ihnen mitten am Tage gab.«

IX Ein Mißgriff der Schöpfung

»Brrr!« brüllte Kid den Hunden zu und warf sich mit seinem Gewicht gegen die Lenkstange, um den Schlitten zum Stehen zu bringen. Kid, genannt Alaska-Kid, der ehemalige Journalist, der in Alaska zum Manne herangereift war, zu einem der kühnsten Männer des wilden Nordens.
»Was willst du denn?« klagte Kurz, sein ständiger Gefährte. »Hier ist doch kein Wasser unter dem Schnee.«
»Nein, aber sieh dir mal die Fährte an, die hier nach rechts abschwenkt«, antwortete Kid. »Ich hätte nicht geglaubt, daß jemand hier in der Gegend überwinterte.«
Im selben Augenblick, als sie anhielten, legten sich die Hunde in den Schnee und begannen die kleinen Eisstücke, die zwischen ihren Zehen saßen, abzuknabbern. Noch vor fünf Minuten war dieses Eis Wasser gewesen. Die Tiere waren durch eine dünne, von Schnee bedeckte Eisschicht eingebrochen, und unter dem Eis verbarg sich die Quelle, die am Hang entsprang und auf der drei Fuß dicken Winterkruste des Nordbeskaflusses kleine Pfützen bildete.
»Das ist das erstemal, daß ich von Menschen hier in Nordbeska höre«, sagte Kurz und starrte die fast gänzlich verwischte Fährte an, die, von zwei Fuß tiefem Schnee verdeckt, das Flußbett in einem rechten Winkel verließ und nach der Mündung eines Baches führte, der von links geflossen kam.
»Vielleicht sind es Jäger gewesen«, meinte er. »Jäger, die längst wieder abgezogen sind.«

Kid fegte den lockeren Neuschnee mit den in Fäustlingen steckenden Fingern beiseite, blieb einen Augenblick stehen, um sich die Fährte anzusehen, fegte wieder, sah abermals nach.

»Nein«, entschied er dann. »Die Spuren laufen nach beiden Richtungen, aber die jüngere geht den Bach hinauf. Wer es auch sein mag, so muß er jedenfalls noch da sein. Es ist mehrere Wochen her, daß jemand hier ging. Aber was hält ihn noch dort? Das möchte ich wissen.«

»Und was ich wissen möchte, ist, wo wir heute nacht lagern werden«, sagte Kurz und betrachtete den Horizont im Südwesten mit mißtrauischen Blicken. Die Dunkelheit der kommenden Nacht begann bereits das Zwielicht des Nachmittags zu verdrängen.

»Wir können ja der Fährte den Bach hinauf folgen«, schlug Kid vor. »Wir haben trockenes Holz genug hier. Wir können lagern, wann es uns beliebt.«

»Ja, natürlich können wir lagern, wann es uns beliebt. Aber wenn wir nicht hungern wollen, müssen wir marschieren, und es handelt sich auch darum, die rechte Richtung einzuschlagen.«

»Bachaufwärts werden wir schon etwas finden«, erklärte Kid.

»Aber schau dir doch den Proviant an! Schau dir die Hunde an!« rief Kurz. »Schau... na, meinetwegen los... du sollst deinen Willen haben.«

»Es wird die Reise nicht um einen Tag verlängern«, meinte Kid, »wahrscheinlich nicht einmal um eine Meile.«

»Es ist vorgekommen, daß Männer um weniger als eine Meile verreckt sind«, antwortete Kurz und schüttelte mit finsterer Miene den Kopf. »Aber nur los jetzt! Auf, ihr armen wundfüßigen Viecher. Auf jetzt... Los, Bright... Hü!« Der Leithund gehorchte, und das ganze Gespann schleppte sich müde weiter durch den lockeren Schnee.

»Brrr... halt!« schrie Kurz. »Hier müssen wir uns die Fährte selbst stampfen.«
Kid holte seine Schneeschuhe unter der Schlittenpersenning hervor, band sie an seine in Mokassins steckenden Füße und ging voraus, um die lockere Oberfläche für die Hunde festzutreten.
Es war eine mühselige Arbeit. Hunde und Männer hatten seit Tagen nur kleine Rationen erhalten, und die Kraft, die sie noch in Reserve hatten, war sehr begrenzt und armselig. Sie folgten dem Bachbett, welches aber so steil abfiel, daß der jähe, unzugängliche Hang ihnen viel Mühe machte. Die hohen Felswände zu beiden Seiten verengten sich schnell immer mehr zu einer Schlucht, in der es, da die hohen Berge die lang anhaltende Dämmerung nicht hereinließen, fast ganz dunkel war.
»Das ist ja die reine Falle«, sagte Kurz. »Verdammt eklig ist es überhaupt hier. Es ist ein Loch im Boden. Hier wird das Pech nur so herausquellen.«
Kid antwortete nicht. Und die nächste halbe Stunde zogen sie wortlos weiter. Dann brach Kurz wieder das Schweigen.
»Das Unheil marschiert schon«, murrte er. »Es ist schon an der Arbeit... und ich will es dir erzählen, wenn du es hören magst.«
»Nur los«, sagte Kid.
»Gut, meine Ahnung sagt mir ganz offen und einfach, daß wir nie und nimmer aus diesem verdammten Dreckloch herauskommen, jedenfalls erst nach vielen, vielen Tagen. Wir werden verflucht viel Pech haben und sehr lange Zeit und noch einige Tage dazu hierbleiben müssen...«
»Sagt deine Ahnung nichts von Proviant?« fragte Kid unfreundlich. »Denn wir haben ja nicht Proviant für Tage und Tage und noch einige Zeit dazu.«
»Nee... kein Wort von Proviant. Ich glaube ja noch, daß wir die Sache deichseln werden, aber ich will dir was sa-

gen, Kid, offen und ehrlich, ich esse jeden Hund hier im Gespann, aber Bright nicht. Bei Bright mache ich halt.«
»Hör jetzt auf«, schalt Kid. »Meine Ahnung ist auch an der Arbeit, und zwar ganz gewaltig. Sie sagt mir, daß es kein Essen aus Hundefleisch geben wird und daß wir uns fett und dick fressen werden, mag es nun an Elch- oder Rentierfleisch oder Kaviar sein.«
Kurz gab seinen Widerwillen nur durch ein verächtliches Grunzen kund, und wieder verging eine Viertelstunde in tiefem Schweigen.
»Jetzt beginnt dein Unheil schon«, sagte Kid und machte halt. Dann starrte er auf einen Gegenstand, der neben der alten Fährte lag.
Kurz verließ die Lenkstange und trat zu ihm. Gemeinsam starrten sie auf den Körper eines Mannes, der im tiefen Schnee lag.
»Er ist gut genährt«, sagte Kid.
»Sieh dir mal seine Lippen an«, sagte Kurz.
»Steif wie ein Besenstiel«, erklärte Kid, als er den einen Arm der Leiche hob. So steif war der Arm, daß der ganze Körper der Bewegung folgte.
»Wenn du ihn aufhebst und wieder fallen läßt, zerbricht er in Stücke«, sagte Kurz.
Der Mann lag auf der Seite und war völlig gefroren. Aus dem Umstand, daß er nicht mit Schnee bedeckt war, schlossen sie, daß er erst ganz kurze Zeit hier lag.
»Vor drei Tagen hat es ja mächtig geschneit«, erinnerte sich Kurz.
Kid nickte, dann beugte er sich über die Leiche, drehte sie halb um, so daß sie das Gesicht sahen, und zeigte auf eine Schußwunde in der einen Schläfe. Er untersuchte den Boden zu beiden Seiten und zeigte nickend auf einen Revolver, der im Schnee lag.
Einige hundert Meter weiter fanden sie eine zweite Lei-

che, die mit dem Gesicht nach unten im Schnee lag. »Zweierlei ist klar«, sagte Kid. »Sie sind gut genährt. Es handelt sich also nicht um Hungersnot. Aber sie haben auch nicht viel Gold gefunden, sonst hätten sie nicht Selbstmord begangen.«
»Wenn sie das getan haben«, wandte Kurz ein.
»Das haben sie ganz sicher. Es sind ja keine Spuren außer ihren eigenen vorhanden, und sie sind beide vom Pulver verbrannt.«
Kid zog die Leiche beiseite und grub mit der Spitze seines Mokassins einen Revolver aus dem Schnee, wo er unter der Leiche gelegen hatte.
»Damit hat er es getan. Ich sagte dir ja, daß wir etwas finden würden.«
»Es sieht sogar aus, als ob wir kaum erst beim Anfang wären. Aber warum haben die beiden dicken Kerle sich wohl erschossen?«
»Wenn wir das erst entdecken, dann wissen wir auch, wie es mit dem Unheil zusammenhängt, das du uns prophezeit hast«, antwortete Kid. »Komm. Wir müssen weiter... es ist schon verflucht dunkel.«
Es war wirklich schon sehr dunkel, als Kid mit seinen Schneeschuhen über eine dritte Leiche stolperte. Dann fiel er quer über einen Schlitten, neben dem eine vierte lag. Und als er den Schnee, den er im Fallen in den Kragen bekommen, entfernt und ein Streichholz angezündet hatte, sahen er und Kurz noch eine Leiche, die, in Decken gehüllt, neben einem halbfertigen Grab lag. Ehe das Streichholz erlosch, hatten sie noch ein halbes Dutzend Gräber daneben entdeckt.
»Pfui Teufel«, erklärte Kurz schaudernd. »Ein Selbstmörderlager. Alle dick und gut genährt. Ich vermute, daß die ganze Gesellschaft tot ist.«
»Nein... sieh dort!« Kid starrte auf einen schwachen Licht-

schimmer in der Ferne. »Und dort ist noch ein Licht... und dort ein drittes... Komm... schnell!«
Sie fanden keine weiteren Leichen, und wenige Minuten später hatten sie auf einem festgetretenen Weg das Lager erreicht.
»Das ist ja eine Stadt!« flüsterte Kurz. »Es müssen mindestens zwanzig Hütten sein. Und nicht ein einziger Hund. Ist das nicht seltsam?«
»Und damit ist auch die ganze Geschichte erklärt. Es ist die Expedition Laura Sibleys«, flüsterte Kid sehr erregt zurück. »Erinnerst du dich noch? Die Leute kamen letzten Herbst mit der Port Townsend Nummer Sechs den Yukon herauf. Sie fuhren an Dawson vorbei, ohne anzuhalten. Der Dampfer muß sie an der Mündung des Baches an Land gesetzt haben.«
»Ich weiß schon... es waren Mormonen.«
»Nein, Vegetarier«, sagte Kid und grinste in der Dunkelheit. »Sie wollten kein Fleisch essen und die Hunde nicht arbeiten lassen.«
»Ist ja alles Jacke wie Hose... der Allweise hatte ihnen selbst den Weg zum Gold gezeigt. Und Laura Sibley wollte sie spornstreichs dorthin führen, wo sie alle Millionäre werden sollten.«
»Ja, sie war ihre Seherin... hatte Visionen und ähnliches. Ich dachte, sie wären den Nordenskjöld hinaufgezogen.«
»Pst... hör mal...«
Kurz tippte Kid warnend gegen die Brust, und beide lauschten auf ein tiefes, langgezogenes Stöhnen, das aus einer der Hütten kam. Bevor es verstummte, kam ein neues aus einer andern Hütte und dann wieder aus einer andern... es war wie das furchtbare Stöhnen einer leidenden Menschheit... es wirkte unheimlich wie ein Alpdruck.
»Pfui Deibel!« Kurz erschauerte. »Mir wird ganz übel davon. Wir wollen hingehen und sehen, was los ist.«

Kid klopfte an die Tür einer Hütte, in der Licht brannte. Und als von drinnen ›Herein‹ gerufen wurde — offenbar von der Stimme, die vorher gestöhnt hatte —, traten beide ein.
Es war eine ganz einfache Hütte aus rohen Balken, die Wände mit Moos gedichtet, der lehmige Boden mit Hobelspänen und Sägemehl bestreut. Das Licht rührte von einer Öllampe her, und in seinem Schein konnten sie fünf Betten sehen. In dreien davon lagen Männer, die sofort zu stöhnen aufhörten, um die Neuankömmlinge anzustarren.
»Was ist los?« fragte Kid einen Mann, dessen breite Schultern und mächtige Muskeln die Bettdecke nicht zu verbergen vermochte. Seine Augen waren jedoch von Schmerz verdunkelt und seine Wangen ausgehöhlt. »Pocken? Oder was sonst?«
Statt zu antworten zeigte der Mann auf seinen Mund und öffnete mit großer Mühe die schwarzen und geschwollenen Lippen. Kid erschauerte, als er ihn ansah. »Skorbut«, flüsterte er Kurz zu. Und der Mann nickte, um die Richtigkeit der Feststellung zu bestätigen.
»Lebensmittel genug?« fragte Kurz.
»Jawohl«, antwortete der Mann. »Aber ihr müßt euch selber helfen. Es ist massenhaft da. Die nächste Hütte auf der andern Seite steht leer. Das Depot liegt daneben. Geht nur hin.«

In allen Hütten, die sie in dieser Nacht besuchten, fanden sie dasselbe Bild. Das ganze Lager war vom Skorbut ergriffen. Es waren auch ein Dutzend Frauen da, aber die bekamen sie nicht gleich zu sehen. Ursprünglich waren es im ganzen dreiundneunzig Männer und Frauen gewesen, aber zehn waren gestorben und zwei kürzlich verschwunden. Kid erzählte, wie sie die beiden gefunden hatten, und drückte sein Erstaunen darüber aus, daß es keinem eingefallen war, die Fährte eine so kurze Strecke zu verfolgen und selbst Untersuchungen anzustellen. Was aber ihm und Kurz besonders auffiel, war die völlige Hilflosigkeit dieser Leute. Ihre Hütten waren unordentlich und unsauber. Die Teller standen ungewaschen auf den roh gezimmerten Tischen. Sie halfen sich auch nicht gegenseitig. Die Sorgen einer Hütte waren nur ihre Sorgen allein, ja, die Leute hatten sogar schon aufgehört, ihre Toten zu begraben.

»Es ist wirklich ganz unheimlich«, sagte Kid zu Kurz. »Ich habe viele Gauner und Taugenichtse in meinem Leben getroffen, aber noch nie so viele auf einmal. Du hörst ja selbst, was sie sagen. Sie haben die ganze Zeit keine Hand zur Arbeit gerührt. Ich wette, sie haben sich nicht einmal die Gesichter gewaschen. Kein Wunder, daß sie Skorbut bekommen haben.«

»Aber Vegetarier sollten doch eigentlich gar nicht Skorbut bekommen können«, wandte Kurz ein. »Man glaubt ja immer, daß nur Leute, die Salzfleisch essen, Skorbut bekommen. Und die Leute hier essen ja gar kein Fleisch, weder frisches noch gepökeltes, weder rohes noch gekochtes oder sonst irgendwie zubereitetes.«

Kid schüttelte den Kopf. »Ich weiß schon. Und mit vegetarischer Kost heilt man Skorbut, was keine Medizin vermag. Pflanzen, namentlich Kartoffeln, sind die einzigen Gegenmittel. Aber vergiß eines nicht, Kurz: Wir haben es hier nicht mit einer Theorie, sondern mit der Wirklichkeit zu tun. Es ist eine Tatsache, daß diese Grasfresser alle Skorbut bekommen haben.«

»Es ist vielleicht ansteckend.«

»Nein, soviel wissen die Ärzte jedenfalls. Skorbut ist keine ansteckende Krankheit. Man wird nicht angesteckt. Er entsteht im Organismus selbst. Soviel ich weiß, ist die Ursache das Fehlen irgendeines Stoffes im Blut. Es kommt nicht davon, daß sie etwas gekriegt haben, sondern daß ih-

nen etwas fehlt. Ein Mensch bekommt Skorbut, wenn ihm gewisse Chemikalien in seinem Blut fehlen, und diese Chemikalien zieht man nicht aus Pulvern und Flaschen, sondern nur aus Pflanzen.«
»Und diese Leute haben nichts als Gras gefressen«, stöhnte Kurz. »Und sie sind bis über die Ohren damit vollgestopft. Das beweist, daß du auf einem falschen Gleis bist, Kid. Du hast wieder mal so eine Theorie, aber die Tatsachen schlagen deiner Theorie den Boden aus. Skorbut steckt an, und deshalb sind sie alle angegriffen, und das sogar ganz niederträchtig! Und wir beide werden auch krank werden, wenn wir in dieser Gegend bleiben. Pfui Deibel, ich kann schon merken, wie der Dreck mir durch den ganzen Körper dringt.«
Kid lachte spöttisch und klopfte an die Tür einer Hütte.
»Ich denke, daß wir hier ganz dieselbe Lage vorfinden werden«, sagte er. »Komm, wir müssen sehen, wie die Geschichte zusammenhängt.«
»Was wünschen Sie?« rief eine scharfe Frauenstimme.
»Wir möchten sehen, wie es mit Ihnen steht«, antwortete Kid.
»Wer sind Sie?«
»Zwei Ärzte aus Dawson«, rief Kid ohne zu überlegen. Sein Leichtsinn bewog Kurz, ihm mit dem Ellbogen einen Rippenstoß zu geben.
»Ich will keinen Arzt sehen«, sagte die Frau. Ihre Stimme klang abgerissen und heiser vor Schmerz und Ärger. »Gehen Sie! Gute Nacht. Wir glauben nicht an Doktoren.«
Kid drückte die Türklinke nieder und öffnete die Tür. Drinnen drehte er die kleingeschraubte Öllampe hoch, so daß sie sehen konnten. Die vier Frauen in den vier Betten hörten mit Stöhnen und Seufzen auf, um die Eindringlinge anzustarren. Zwei von ihnen waren junge Geschöpfe mit ausgemergelten Gesichtern, die dritte war eine ältere, sehr

kräftige Frau, und die vierte, die Kid an der Stimme wiedererkannte, war das magerste und gebrechlichste Exemplar der menschlichen Rasse, das er je gesehen. Er erfuhr bald, daß es Laura Sibley selbst war... die Seherin und berufsmäßige Wahrsagerin, die die Expedition in Los Angeles auf die Beine gebracht und nach dem Todeslager in Nordbeska geführt hatte. Die Unterredung, die jetzt stattfand, war recht ungemütlich. Laura Sibley glaubte nicht an Ärzte. Zu ihrer Entschuldigung muß gesagt werden, daß sie auch schon fast aufgehört hatte, an sich selbst zu glauben.
»Warum haben Sie nicht nach Hilfe geschickt?« fragte Kid, als sie erschöpft und atemlos einen Augenblick schwieg. »Unten am Stewart ist doch ein Lager, und Dawson selbst können Sie im Laufe von achtzehn Tagen erreichen.«
»Warum ist Amos Wentworth denn nicht hingegangen?« fragte sie in einem an Hysterie grenzenden Wutanfall.
»Ich habe nicht die Ehre, den Herrn zu kennen«, gab Kid zur Antwort. »Was macht er denn?«
»Nichts, gar nichts... aber er ist der einzige, der keinen Skorbut hat. Und warum hat er ihn nicht bekommen? Das will ich Ihnen erzählen... nein... ich will es lieber nicht...«
Die dünnen Lippen, die so ausgezehrt waren, daß sie fast durchsichtig erschienen, preßten sich so fest zusammen, daß Kid sich einbildete, die Zähne nebst ihren Wurzeln sehen zu können. »Und was hätte es auch genützt? Was weiß ich? Ich bin nicht so blöd! Unsere Depots sind voll von Fruchtsäften und eingekochten Gemüsen. Wir sind besser gegen den Skorbut geschützt als alle anderen Lager in ganz Alaska. Es gibt keine Sorte von Gemüsen, Obst und Nüssen, die wir nicht in Mengen hätten... und wie!«
»Da hat sie dir eins ausgewischt, Kid«, rief Kurz eifrig. »Hier geht es aber um eine Tatsache und nicht um Theorien. Du sagst, Gemüse heilt! Hier ist Gemüse genug... aber wo bleibt die Heilung?«

»Es gibt anscheinend keine Erklärung, das räume ich ja ein«, gestand Kid. »Aber dennoch gibt es kein Lager in ganz Alaska wie dieses. Ich habe früher schon Skorbut gesehen... vereinzelte Fälle hier und da. Aber ich habe nie ein ganzes Lager angegriffen gesehen und auch nie so furchtbare Fälle wie hier. Damit kommen wir jedoch nicht weiter, Kurz! Wir müssen jedenfalls für die Leute tun, was wir können, aber zuerst wollen wir uns selber einrichten und für unsere Hunde sorgen. Wir werden Sie morgen wieder besuchen... Frau Sibley.«

»Fräulein Sibley«, fauchte sie. »Und nun hören Sie, junger Mann, was ich Ihnen sage! Wenn Sie hier herumlungern, den Idioten spielen und uns so eine Doktormixtur geben wollen, dann werde ich Sie mit Kugeln durchlöchern, daß Sie wie ein Sieb aussehen.«

»Sie ist wirklich reizend, die göttliche Seherin«, lachte Kid, als er und Kurz durch die Dunkelheit nach der leeren Hütte tappten, die sie zuerst betreten hatten. Sie konnten hier feststellen, daß sie bis vor kurzem von zwei Männern bewohnt gewesen war. Vermutlich waren es die beiden Selbstmörder gewesen, deren Leichen sie gefunden hatten. Sie untersuchten das Depot und fanden, daß es mit ungeahnten Mengen von Lebensmitteln versehen war, die alle eingemacht, pulverisiert, kondensiert oder gedörrt waren.

»Wie in aller Teufel Namen haben die Leute sich den Skorbut geholt?« fragte Kurz und zeigte auf die kleinen Pakete mit pulverisierten Eiern und italienischen Champignons. »Sieh dir mal das an... und das da!« Er zog Büchsen mit Tomaten und Mais und Gläser mit gefüllten Oliven hervor. »Und dabei hat selbst die göttliche Lenkerin Skorbut bekommen. Was sagst du dazu?«

»Lenkerin... wie kommst du darauf?« fragte Kid.

»Na, ganz einfach«, antwortete Kurz. »Hat sie nicht ihre Schafe nach diesem verdammten Loch gelenkt?«

Am nächsten Morgen, als es hell geworden war, sah Kid einen Mann, der ein mächtiges Bündel Brennholz trug. Es war ein kleiner Kerl, aber er war sauber gekleidet und sah recht keck aus. Trotz der schweren Bürde bewegte er sich rasch und leicht. Kid fühlte unwillkürlich einen gewissen Unwillen gegen ihn.

»Was ist mit Ihnen los?« fragte er.

»Gar nichts«, antwortete der Kleine.

»Das dachte ich mir schon«, erklärte Kid. »Eben deshalb habe ich gefragt. Dann sind Sie also Amos Wentworth. Aber sagen Sie mir, warum in aller Welt haben Sie keinen Skorbut gekriegt, wie alle andern?«

»Weil ich mir tüchtig Bewegung gemacht habe«, lautete die rasche Antwort. »Die andern hätten ihn auch nicht zu kriegen brauchen, wenn sie sich nur ein bißchen Bewegung gemacht und gearbeitet hätten. Warum haben sie das nicht getan? Sie haben nur gemurrt, gemeckert und geschimpft, weil es kalt und die Nächte zu lang und das Leben zu schwer war, haben über ihre Schmerzen und Leiden und über alles mögliche geklagt. Sie haben tagsüber in ihren Betten gepennt, bis sie so aufgedunsen waren, daß sie sie überhaupt nicht mehr verlassen konnten. Das ist die ganze Geschichte. Sehen Sie mich an! Ich habe geschuftet. Kommen Sie nur mit in meine Hütte.«

Kid folgte ihm.

»Schauen Sie sich nur ruhig um! Alles blitzblank, nicht? Was sagen Sie nun? Alles piekfein und sauber! Ich würde auch die Späne und das Sägemehl nicht auf dem Boden liegen lassen, wenn es nicht warm hielte... aber es sind saubere Späne und sauberes Sägemehl, kann ich Ihnen sagen. Schauen Sie sich mal den Fußboden in den andern Hütten an, Verehrtester! Sauställe, sag' ich Ihnen. Ich pflege auch nicht von ungewaschenen Tellern zu futtern. Nee, besten Dank, Verehrtester. Aber es heißt arbeiten, und ge-

arbeitet hab' ich wie ein Vieh, und deshalb hab' ich auch keinen Skorbut gekriegt! Darauf können Sie sich verlassen, Verehrtester!«
»Da haben Sie offenbar den Nagel auf den Kopf getroffen«, gab Kid zu. »Aber ich sehe, daß Sie hier nur ein Bett haben... Warum sind Sie so ungesellig?«
»Weil es mir lieber so ist! Es ist leichter, nach einem sauberzumachen als nach zweien. Die stinkfaulen Pennbrüder! Kein Wunder, daß sie Skorbut gekriegt haben.«
Das klang ja alles sehr überzeugend, aber Kid konnte sich dennoch nicht von einem Gefühl des Unbehagens dem Mann gegenüber befreien.
»Was hat Laura Sibley eigentlich gegen Sie?« fragte er plötzlich.
Amos Wentworth warf ihm einen raschen Blick zu. »Die ist ja verrückt«, antwortete er. »Im übrigen sind ja alle verrückt... aber der Himmel bewahre mich vor Leuten, deren Verrücktheit darin besteht, daß sie die Teller, von denen sie gefressen haben, nicht abwaschen wollen, und von der Sorte sind all die Trottel hier.«
Wenige Minuten später sprach Kid mit Laura Sibley. Auf zwei Stöcke gestützt, humpelte sie im Lager herum und war vor Wentworth' Hütte stehengeblieben.
»Was haben Sie eigentlich gegen Wentworth?« fragte er ganz unvermittelt, als er sich mit ihr unterhielt. Die Frage kam so unerwartet, daß sie nicht darauf vorbereitet sein konnte.
Ihre grünen Augen blitzten erbost auf, ihr ausgemergeltes Gesicht verzerrte sich vor Wut, und ihre wunden Lippen konnten nur mit Mühe einen unbeherrschten, unbesonnenen Ausbruch zurückhalten. Aber sie gab nur ein hörbares Stöhnen und einige unverständliche Laute von sich. Dann gelang es ihr, sich durch eine furchtbare Willensanspannung zu beherrschen.

»Weil er gesund geblieben ist«, ächzte sie. »Nur weil er keinen Skorbut gekriegt hat! Weil er keinem von uns die geringste Hilfe leisten will! Weil er uns verrecken läßt, ohne einen Finger zu rühren, um uns Wasser oder Brennholz zu bringen! So ein Biest ist er. Das ist alles. Aber er soll sich in acht nehmen.«
Stöhnend und ächzend humpelte sie weiter. Als Kid aber fünf Minuten später aus seiner Hütte trat, um die Hunde zu füttern, sah er, wie sie sich in die Hütte von Amos Wentworth schlich.
»Hier stimmt etwas nicht, Kurz, das ist todsicher«, sagte er und schüttelte düster den Kopf, als sein Kamerad zur Tür herauskam, um einen Eimer mit Abwaschwasser auszugießen.
»Zweifle gar nicht daran«, antwortete Kurz gut gelaunt. »Und wir beide werden den Dreck auch noch kriegen – du wirst schon sehen.«
»Ich meine gar nicht den Skorbut.«
»Ach so, du meinst die göttliche Lenkerin. Die würde selbst einen Toten ausziehen, wenn sie was davon hätte! Sie ist das gierigste Frauenzimmer, das ich je gesehen habe.«

»Es ist nur die Bewegung, Kurz, die uns beide gesund hält. Und dadurch ist auch Wentworth gesund geblieben. Du siehst ja, wie es den andern ergangen ist, weil sie nicht für Bewegung gesorgt haben. Jetzt müssen wir also den Patienten hier Bewegung verordnen. Ich ernenne dich hiermit zur Oberschwester.«
»Was sagst du? Ausgerechnet mich?« rief Kurz entgeistert. »Ich lege das Amt nieder.«
»Nein, das tust du nicht. Ich werde dir schon behilflich sein, denn es wird ja wahrscheinlich keine Sinekure werden. Wir wollen sie schon springen lassen. Zuallererst müssen sie ihre Toten begraben. Die Kräftigsten stecken wir in die

Begräbnisschicht. Die Zweitstärksten kommen in die Holzfällerschicht ... sie sind in ihren Betten geblieben, um Brennholz zu sparen ... und so geht's weiter. Dann kommt der Fichtentee. Den darfst du um Gottes willen nicht vergessen. Die Leute hier haben nie davon gehört.«
»Da werden wir ja genug zu tun haben«, grinste Kurz. »Aber ich glaube, daß wir selbst doch vorher ein paar Kugeln in den Bauch kriegen werden.«
»Du könntest recht haben... zuerst wollen wir uns also damit beschäftigen«, sagte Kid. »Nur los.«
Im Laufe der nächsten Stunde machten sie die Runde durch sämtliche zwanzig Häuser. Die gesamte Munition, alle Stutzen, Schrotbüchsen und Revolver wurden beschlagnahmt.
»Hört mal, ihr Invaliden«, rief Kurz den Kranken zu, »her mit den Schießprügeln! Wir brauchen sie.«
»Wer sagt denn das?« wurde gleich in der ersten Hütte gefragt.
»Zwei Ärzte aus Dawson«, gab Kurz zur Antwort. »Und was die sagen, wird getan. Nur her damit! Her mit eurer Munition!«
»Was wollt ihr denn damit?«
»Einen kleinen Feldzug gegen Büchsenfleisch unternehmen, das den Cañon heraufmarschiert... Und ich rate euch, gut aufzupassen, denn es steht eine Überschwemmung von Fichtentee bevor. Also los.«
Und das war nur der Anfang des ersten Tages. Mit Hilfe von Überredungskunst und Kommandieren, und hin und wieder auch mit Gewalt, gelang es ihnen, die Männer aus den Betten zu jagen und sie so weit zu bringen, daß sie sich anzogen. Kid suchte sich die leichtesten Fälle für die Beerdigungsschicht heraus. Eine zweite Schicht erhielt den Befehl, Holzscheite herbeizuschaffen, mit denen die Gräber durch den Schnee bis zur gefrorenen Erde gebrannt

wurden. Eine dritte Schicht mußte Brennholz schlagen und es unparteiisch in den Hütten verteilen. Wer zu schwach war, um ins Freie zu gehen, mußte die Hütten säubern, Fußböden schrubben und Kleider waschen. Eine besondere Schicht mußte Fichtenzweige in Mengen sammeln; sämtliche Öfen wurden geheizt, damit man genügend Fichtentee zubereiten konnte.

Aber was Kurz und Kid auch taten, die Lage blieb doch äußerst ernst und unbehaglich. Mindestens dreißig schlimme und offenbar unheilbare Kranke mußten sie in den Betten liegenlassen, nachdem sie mit Grauen und Ekel ihren Zustand geprüft hatten. In Laura Sibleys Hütte starb eine der Frauen. Aber strenge Maßnahmen waren ja unter den gegebenen Verhältnissen unvermeidlich.

»Es geht mir gegen den Strich, kranke Leute zu verhauen«, erklärte Kurz und ballte drohend die Fäuste. »Aber ich würde ihnen den Kopf abschlagen, wenn ich sie dadurch heilen könnte. Und was euch Taugenichtsen not tut, ist Dresche! Also los! Heraus aus den Decken und etwas willig, oder ich mache eure schönen Gesichter zu Apfelmus.«

Alle Arbeitsschichten stöhnten, seufzten und schluchzten. Und die Tränen strömten ihnen aus den Augen und gefroren noch während der Arbeit auf den Wangen zu Eiszapfen.

Als die Arbeiter dann gegen Mittag in die Hütten zurückkehrten, fanden sie anständig zubereitetes Essen, das die schwächeren Leute inzwischen unter Kids und Kurz' Fuchtel und Anleitung gekocht hatten, auf den Tischen vor.

»Und jetzt genug für heute«, sagte Kid gegen drei Uhr nachmittags. »Jetzt ist Schluß! Geht zu Bett! Ihr fühlt euch natürlich sehr schlecht, aber morgen wird es schon besser gehen. Selbstverständlich ist es kein Spaß, wieder gesund zu werden, aber ich werde euch schon zurechtkriegen.«

»Zu spät«, erklärte Wentworth mit einem leisen Lächeln,

als er Kids Bemühungen betrachtete. »Sie hätten schon letzten Herbst auf diese Weise anfangen müssen.«
»Kommen Sie mal mit«, antwortete Kid. »Nehmen Sie die beiden Eimer hier. Ihnen fehlt ja nichts.«
Dann gingen die drei Männer von Hütte zu Hütte und flößten jedem einen ganzen Liter Fichtentee ein. So ganz leicht ging das freilich nicht.
»Ihr könnt sicher sein, daß wir nicht spaßen«, erklärte Kid dem ersten Widerspenstigen, der in seinem Bett auf dem Rücken liegenblieb und mit zusammengebissenen Zähnen ächzte. »Pack an, Kurz!« Kurz faßte den Patienten an der Nase und gab ihm mit der andern Hand einen Stoß in das Zwerchfell, daß er den Mund öffnen mußte. »So, und jetzt hinunter damit.«
Und hinunter kam der Fichtentee, wenn der Patient auch die unvermeidlichen prustenden und röchelnden Laute von sich gab.
»Nächstes Mal wird es schon besser gehen«, tröstete Kurz das Opfer, während er den Mann im Nebenbett an der Nase packte.
»Ich für mein Teil würde ja lieber Rizinus nehmen«, gestand Kurz vertraulich, bevor er die eigene Portion hinunterwürgte. »Lieber Gott!« war alles, was er laut sagen konnte, als er den bitteren Trank eingenommen hatte. »Klein wie ein Mäuschen, aber stark wie ein Elefant... das hat's in sich.«
»Wir werden diese Fichtenteerunde viermal täglich machen, und jedesmal müssen achtzig Personen betreut werden«, teilte Kid Laura Sibley mit. »Wir haben also keine Zeit, Allotria zu treiben... Wollen Sie den Tee schlucken oder soll ich Sie an der Nase fassen?« Er hob Daumen und Zeigefinger in sehr beredter Weise. »Er ist ja aus Fichtennadeln hergestellt, der Tee, so daß Sie sich keine Gewissensbisse zu machen brauchen.«

»Gewissensbisse!« prustete Kurz. »Bei Gott im Himmel, nein... es ist eine himmlische Medizin.«
Laura Sibley zögerte immer noch. Sie verschluckte jedoch, was sie sagen wollte.
»Na? Wird's?« fragte Kid barsch.
»Ich werde ... werde es ja schon nehmen«, sagte sie zitternd. »Aber machen Sie schnell.«
Als es Abend wurde, krochen Kid und Kurz ins Bett, müder, als sie selbst nach den längsten Schlittenfahrten und Wanderungen je gewesen.
»Es macht mich ganz krank«, gestand Kid. »Es ist furchtbar, wie sie dabei leiden. Aber Bewegung ist wirklich das einzige Mittel, das ich weiß, und wir müssen es natürlich gründlich versuchen. Ich möchte nur, wir hätten einen einzigen Sack Kartoffeln.«
»Sparkins kann nicht mehr Teller abwaschen«, sagte Kurz. »Er hat solche Schmerzen, daß er schwitzt. Ich mußte ihn wieder ins Bett bringen, so hilflos war der arme Kerl.«
»Wenn wir nur rohe Kartoffeln hätten«, spann Kid seinen Gedanken weiter. »Das Entscheidende, das Wesentliche fehlt in dem eingemachten Fraß. Das, was Leben schafft, ist einfach herausgekocht.«
»Und wenn der junge Bengel, der Jones aus der Hütte von Brownlow, nicht abkratzt, ehe es Morgen wird, kannst du mich einen Affen schimpfen.«
»Um Gottes willen, sei doch nicht solch Schwarzseher!« rügte Kid.
»Wir werden ihn wohl begraben dürfen, nicht wahr?« fauchte Kurz entrüstet. »Ich sage dir, dem jungen Burschen geht es verdammt dreckig.«
»Halt's Maul«, rief Kid.
Nachdem Kurz noch ein paarmal entrüstet gegrunzt hatte, schlief er unter lautem Schnarchen ein.

Am nächsten Morgen zeigte es sich, daß nicht nur Jones tatsächlich im Laufe der Nacht gestorben war, sondern auch einer der Kräftigeren, der in der Brennholzschicht gearbeitet hatte. Er hatte sich aufgehängt. Und jetzt begann eine Reihe von Tagen, die ein wahrer Alpdruck waren. Eine ganze Woche gelang es Kid noch, seine Bestimmungen in bezug auf Fichtentee und Bewegung durchzuführen, obgleich er sich sehr hart machen mußte, um es erzwingen zu können. Er war aber doch genötigt, bald einen, bald mehrere der Kranken von der Arbeit zu befreien. Allmählich sah er ein, daß Bewegung ungefähr das schlimmste Mittel war, das man Skorbutkranken empfehlen konnte. Die Beerdigungsschicht, die täglich kleiner wurde, hatte unaufhörlich Arbeit genug und mußte jetzt immer ein halbes Dutzend Gräber in Bereitschaft halten, die auf ihre Opfer warteten.

»Sie hätten auch keinen schlechteren Platz für das Lager wählen können als diesen«, sagte Kid zu Laura Sibley. »Sehen Sie sich nur um... er liegt tief unten in einer engen Schlucht, die von Osten nach Westen geht. Die Mittagssonne steigt nie über den Rand der Schlucht empor. Es muß ja Monate her sein, daß Sie überhaupt die Sonne gesehen haben.«

»Aber wie konnte ich das wissen?«

Er zuckte die Achseln.

»Ich weiß eigentlich nicht, warum Sie es nicht hätten wissen sollen, wenn Sie imstande waren, hundert Verrückte nach einer Goldmine zu führen.«

Sie warf ihm einen bösen Blick zu und humpelte weiter. Als er einige Minuten später von einem Spaziergang nach der Stelle zurückkehrte, wo eine Schicht ächzender Patienten Fichtenzweige sammelte, sah er die Seherin in die Hütte Amos Wentworth' treten und folgte ihr. Noch vor der Tür hörte er ihre Stimme wimmern und betteln.

»Nur für mich«, bat sie, als Kid eintrat. »Ich werde es keiner Seele verraten.«
Beide starrten den Ankömmling eigentümlich schuldbewußt an, und Kid hatte den Eindruck, daß er dicht vor einer Entdeckung stand, wenn er auch nicht wußte, um was es ging, und er fluchte sich, daß er nicht an der Tür gehorcht hatte.
»Heraus damit!« befahl er barsch. »Was ist los?«
»Was soll los sein?« fragte Amos Wentworth mürrisch.
Und Kid konnte aus guten Gründen keine nähere Erklärung geben, was los sein sollte.

Die Lage wurde immer unheimlicher. In der Tiefe der dunklen Schlucht, wo nie die Sonne hereinschien, stieg die Sterbeliste von Tag zu Tag. Und täglich untersuchten Kid und Kurz gegenseitig ihren Mund, aus Furcht, daß der Gaumen und die Schleimhäute anfangen sollten, weiß zu werden... das erste sichere Zeichen, daß sie von der Krankheit befallen wären.
»Jetzt hab' ich genug«, erklärte Kurz eines Abends. »Ich hab' mir die Sache genau überlegt. Ich hab' genug davon. Ich mache gern mit, wenn es gilt, Sklaven an die Arbeit zu treiben, aber Krüppel anzutreiben, ist mehr, als mein Magen verträgt. Es wird immer schlimmer mit ihnen! Es sind im ganzen kaum noch zwanzig Mann, die ich an die Arbeit treiben kann. Ich sagte heute abend zu Jackson, daß er ruhig wieder ins Bett kriechen sollte. Er stand am Rande des Selbstmords. Ich konnte es ihm direkt ansehen. Bewegung tut nicht gut.«
»Das hab' ich auch eingesehen«, antwortete Kid.
»Wir werden sie alle von der Arbeit befreien mit Ausnahme von einem Dutzend, die uns helfen müssen. Sie können sich ja ablösen. Und dann wollen wir mit dem Fichtentee aufhören. Der hilft auch nichts.«

»Ich bin fast derselben Ansicht«, seufzte Kid. »Aber er schadet ihnen jedenfalls nichts.« —
»Wieder ein Selbstmord«, berichtete Kurz am nächsten Morgen. »Philips hat Schluß gemacht. Ich hab' es schon seit Tagen kommen sehen.«
»Ja, wir haben das Schicksal jetzt gegen uns«, klagte Kid. »Was würdest du vorschlagen, Kurz?«
»Wer? Ich? Ich gebe mich nicht mit Vorschlägen ab. Die Sache muß eben ihren schiefen Gang weitergehen.«
»Aber das würde bedeuten, daß alle sterben«, protestierte Kid.
»Mit Ausnahme von Wentworth«, knurrte Kurz ärgerlich, denn er teilte schon längst den Unwillen seines Partners gegen diesen Menschen.
Kid war ganz verblüfft über den immer noch guten Zustand Wentworth', der unter den gegebenen Verhältnissen das reine Wunder schien. Warum in aller Welt war er der einzige, der keinen Skorbut bekam? Und warum haßte Laura Sibley ihn... während sie doch gleichzeitig winselte und bettelte und ihn anflehte, um irgend etwas Geheimnisvolles von ihm zu bekommen? Was war dieses Geheimnisvolle, das sie von ihm erhalten und das er ihr nicht geben wollte? Kid hatte sich daran gewöhnt, hin und wieder einen Besuch in der Hütte Wentworth' abzustatten, wenn der seine Mahlzeiten einnahm. Aber das einzige Verdächtige, das er feststellen konnte, war lediglich Wentworth' Mißtrauen gegen ihn. Bei der nächsten Gelegenheit versuchte er, Laura Sibley auszufragen. »Rohe Kartoffeln würden ja die ganze Gesellschaft kurieren«, bemerkte er zu der Seherin. »Das weiß ich. Ich habe schon früher gesehen, wie gut sie tun.«
In ihren Augen blitzte Zustimmung auf, wurde aber sofort von Haß und Bitterkeit verdrängt. Er merkte, daß er auf die richtige Spur gekommen war.

»Warum haben Sie keine rohen Kartoffeln auf dem Dampfer mitgebracht?«

»Das taten wir ja auch. Als wir aber den Fluß heraufkamen, verkauften wir sie in Bausch und Bogen in Fort Yukon. Wir hatten ja reichlich Eingemachtes und wußten, daß es sich besser hielt.«

Kid stöhnte.

»Und Sie haben wirklich alle verkauft?« fragte er.

»Ja, Wie konnten wir denn wissen...«

»Nein... aber blieben nicht vielleicht ein paar Säcke übrig?... So ganz zufällig, wissen Sie... irgendwo auf dem Dampfer versteckt?« Es kam ihm vor, als zögerte sie ein bißchen, ehe sie den Kopf schüttelte.

»Aber wäre das nicht doch möglich?« beharrte er.

»Wie soll ich das wissen?« fauchte sie wütend. »Ich hatte nicht das Amt des Proviantverwalters.«

»Das hatte wohl Amos Wentworth...« Plötzlich fiel ihm die Möglichkeit ein. »...gut, sehr gut... aber was meinen Sie denn rein persönlich über diese Sache? Ganz unter uns. Glauben Sie, daß Wentworth irgendwo rohe Kartoffeln versteckt hält?«

»Nein... sicher nicht... warum sollte er?«

»Warum sollte er nicht?«

Aber sie zuckte nur die Achseln.

»Wentworth ist ein Sauvieh«, gab Kurz seine Meinung von der Sache kund, als Kid ihm seinen Verdacht mitgeteilt hatte.

»Und das ist Laura Sibley auch«, fügte Kid hinzu. »Sie glaubt, daß er Kartoffeln hat, hält es aber geheim, weil sie hofft, daß er mit ihr teilen werde.«

»Und er will nicht?« Kurz fluchte der Schwäche des menschlichen Charakters mit ausgesuchten Verwünschungen, bis er kaum noch japsen konnte.

Als es Nacht geworden war und das ganze Lager schnarchte und ächzte oder stöhnte, ohne schlafen zu können, suchte Kid die bereits dunkle Hütte Wentworth' auf.
»Hören Sie mal, Wentworth«, sagte er. »Ich habe in diesem Beutel genau tausend Dollar in Goldstaub. Ich gelte als ein reicher Mann hier im Lande und kann es mir leisten. Ich fürchte, daß ich auch angesteckt worden bin... Geben Sie mir eine rohe Kartoffel, und der Staub gehört Ihnen. Hier... nehmen Sie.«
Es schauderte Kid, als Amos Wentworth wirklich die Hand ausstreckte und das Gold nahm. Kid hörte ihn in seinem Bett herumwühlen, und dann merkte er, wie ihm... nicht das Gold, sondern eine richtige Kartoffel in die Hand gedrückt wurde.
Kid wartete den nächsten Morgen nicht ab. Er und Kurz fürchteten, daß die zwei am meisten angegriffenen ihrer Patienten jeden Augenblick sterben würden, und sie suchten deshalb deren Hütten auf. Sie zerrieben die Kartoffel im Werte von tausend Dollar mit der Schale und dem Schmutz, der daran klebte, in einer Tasse und träufelten von dieser breiigen Masse jede Stunde ein wenig in die furchtbaren Löcher, die einst Münder gewesen waren. Die ganze Nacht hindurch lösten sie einander ab, so daß sie den Patienten in regelmäßigen Zwischenräumen den Kartoffelsaft einflößen konnten.
Als der nächste Tag zu Ende ging, schien ihnen die Besserung im Zustande der Patienten fast wunderbar. Sie waren schon nicht mehr die Kränksten. Und als die Kartoffel nach achtundvierzig Stunden verbraucht war, waren die beiden Patienten außer Gefahr, wenn auch noch längst nicht geheilt.
»Ich will Ihnen sagen, was ich jetzt tun möchte«, sagte Kid zu Wentworth. »Ich besitze viele Grundstücke hier im Lande, und mein Kredit ist so gut wie nur einer. Ich gebe Ih-

nen fünfhundert Dollar für jede Kartoffel bis zum Gesamtbetrag von fünfzigtausend Dollar. Also für insgesamt hundert Kartoffeln.«
»War das aller Staub, den Sie hatten?« fragte Wentworth.
»Kurz und ich haben alles zusammengescharrt, was wir bei uns hatten. Aber, offen gesagt, er und ich sind zusammen mehrere Millionen schwer.«
»Ich habe keine Kartoffeln mehr«, sagte Wentworth schließlich. »Es ist wirklich schade. Die Kartoffel, die ich Ihnen gab, war die einzige... Ich habe sie den ganzen Winter über aufbewahrt, aus Angst, daß ich Skorbut kriegen würde. Ich habe sie nur abgegeben, um mir eine Fahrkarte kaufen und das Land verlassen zu können.«
Obgleich die beiden Patienten keinen Kartoffelsaft mehr bekamen, hielt die Besserung noch am dritten Tage an. Die Fälle aber, die nicht behandelt worden waren, wurden unterdessen immer schlimmer. Am vierten Morgen wurden vier gräßlich aussehende Leichen begraben. Kurz machte alles geduldig mit, aber dann wandte er sich zu Kid und sagte: »Du hast jetzt deine Methode versucht. Jetzt bin ich an der Reihe.«
Er ging direkt in die Hütte Wentworth'. Er hat aber später nie — nicht einmal Kid — berichtet, was dort vor sich ging. Er kam jedoch mit zerschlagenen, wunden Knöcheln wieder zum Vorschein, und das Gesicht Wentworth' wies nicht nur alle Anzeichen einer ziemlich unfreundlichen Behandlung auf, er trug auch längere Zeit den Kopf schief und hatte einen steifen Hals. Diese eigentümliche Haltung war zum Teil verständlich, wenn man die vier blauen und schwarzen Flecken auf der einen und einen blauschwarzen Fleck auf der andern Seite seiner Kehle bemerkte. Es waren ganz deutliche Spuren von Fingern.
Hierauf begaben Kid und Kurz sich nach der Hütte Wentworth'. Ihn selbst warfen sie in den Schnee hinaus, wäh-

rend sie alles in seiner Hütte auf den Kopf stellten. Laura Sibley half ihnen mit dem Eifer einer Verrückten beim Suchen.

»Du kriegst nicht soviel, wie auf meiner Hand liegen kann, altes Mädchen, und wenn wir eine ganze Tonne finden«, versicherte Kurz ihr. Aber sie sollte ebenso enttäuscht werden wie Kid und Kurz. Sie fanden nicht das geringste, obgleich sie sogar den Boden aufbrachen.

»Ich bin dafür, ihn über einem langsamen Feuer zu rösten, bis er nachgibt«, schlug Kurz vor.

Kid schüttelte abweisend den Kopf.

»Er ist doch ein Mörder«, erklärte Kurz. »Er tötet ja all die armen Trottel ebenso, wie wenn er ihnen mit einer Keule den Kopf zerschlüge.«

Und wieder verging ein Tag, an dem sie alle Bewegungen Wentworth' überwachten. Mehrmals näherten sie sich wie zufällig seiner Hütte, wenn er mit seinem Eimer ausging, um Wasser aus dem Bach zu holen, und jedesmal eilte er zurück, ehe er Wasser geschöpft hatte.

»Die Kartoffeln sind offenbar in seiner Hütte versteckt«, sagte Kurz. »So sicher, wie Gott das Mistzeugs geschaffen hat. Aber wo, zum Teufel, hat er sie denn? Wir haben doch wirklich alles auf den Kopf gestellt.« Er stand auf und zog sich die Fäustlinge an. »Ich werde sie finden, und wenn ich die Hütte abreißen sollte.«

Er sah Kid an, der mit einem abwesenden, nach innen gewandten Ausdruck dasaß und gar nicht zugehört hatte.

»Was ist denn mit dir los?« fragte Kurz empört. »Du wirst mir doch nicht erzählen wollen, daß du Skorbut gekriegt hast?«

»Ich versuche mich an etwas zu erinnern.«

»An was denn?«

»Das weiß ich eben nicht. Das ist ja das Verfluchte. Es war etwas sehr Gutes, wenn ich mich nur entsinnen könnte.«

»Nun hör aber mal, Kid! Du vertrottelst doch wohl hier nicht allmählich?« sagte Kurz eindringlich. »Denk auch ein bißchen an mich! Laß deinen Gehirnapparat etwas schneller arbeiten. Komm und hilf mir die Hütte abreißen. Ich würde sie anzünden, wenn wir nicht riskierten, die Kartoffeln dabei mitzubraten.«

»Ich hab's«, rief Kid und sprang auf. »Das war es eben, an was ich mich zu erinnern suchte. Wo steht die Petroleumkanne? Ich bin dabei, Kurz. Die Kartoffeln kriegen wir schon.«

»Was ist es denn?«

»Warte nur ab, mein Junge, dann wirst du schon sehen«, neckte ihn Kid.

Kurz darauf schlichen die beiden Männer – im blaßgrünen Schein des Nordlichts – nach der Hütte von Amos Wentworth. Lautlos und vorsichtig gossen sie Petroleum über die Balken und besonders sorgfältig über Tür und Fensterrahmen. Dann strichen sie ein Zündholz an, blieben stehen und sahen zu, wie das brennende Öl sich ausbreitete.

Sie sahen, wie Wentworth aus der Hütte stürzte, mit wildem Schrecken die Feuersbrunst anstarrte und dann wieder hineinstürmte. Kaum eine Minute war vergangen, als er wiederkam ... diesmal aber ganz langsam und tief gebückt unter der Last, die er auf seinem Rücken trug. Es war ganz unverkennbar ein schwerer Sack. Kid und Kurz sprangen wie ein paar hungrige Wölfe auf ihn los. Sie trafen ihn gleichzeitig von links und rechts. Er brach zusammen unter dem Gewicht des Sacks, den Kid kräftig drückte, um den Inhalt mit Sicherheit festzustellen. Da merkte Kid, wie Wentworth' Arme seine Knie umfaßten, während der Mann ihm ein leichenfahles Gesicht zuwandte.

»Geben Sie mir ein Dutzend, nur ein Dutzend ... ein halbes Dutzend nur, dann überlasse ich Ihnen den Rest«, heulte er. Er bleckte die Zähne und wollte, halb verrückt vor

Wut, Kid in die Beine beißen. Aber dann änderte er seinen Entschluß und begann zu betteln: »Nur ein halbes Dutzend«, wimmerte er. »Ich wollte sie Ihnen ja sowieso morgen geben. Ja, ja, morgen früh...sie sind das Leben... sie sind das Leben! Nur ein halbes Dutzend!«
»Wo ist der andere Sack?« bluffte ihn Kid.
»Den habe ich aufgegessen«, lautete die zweifellos aufrichtige Antwort. »Nur dieser Sack ist übriggeblieben. Geben Sie mir doch ein paar... Sie können den ganzen Rest behalten.«
»Du hast sie aufgegessen?« brüllte Kurz. »Einen ganzen Sack voll! Und die armen Schlucker da drüben sterben, weil sie keine haben! Da hast du... und hier... und hier... und da... Du verfluchtes Dreckschwein... du Lausebengel!«
Der erste Hieb riß Wentworth von Kids Beinen fort, die er noch immer umklammert hielt. Der nächste schlug ihn in den Schnee. Aber Kurz hieb immer wieder auf ihn los.
»Nimm deine Zehen in acht«, war das einzige, was Kid sagte.
»Ich brauche ja auch nur die Absätze«, antwortete Kurz. »Hol mich der Teufel... ich schlage ihm den Kopf in den Bauch hinein, daß er zwischen den eigenen Rippen herausguckt und glaubt, er sitze hinter schwedischen Gardinen. Ich schlage ihn zu Spinat... Da... und da... Nur schade, daß ich Mokassins und keine Stiefel anhabe. Du stinkiges Mistschwein!«
Diese Nacht wurde im Lager wenig geschlafen. Stunde um Stunde machten Kid und Kurz die Runde und gossen den lebenserneuernden Kartoffelsaft in die kranken Schlünde der Bevölkerung. Jedesmal wurde nur ein viertel Löffel voll gegeben. Und den ganzen folgenden Tag setzten sie diese Arbeit fort, doch wechselten sie jetzt miteinander ab, um auch selbst etwas Schlaf zu bekommen.
Todesfälle gab es nicht mehr. Selbst die am schwersten An-

gegriffenen begannen, sich zu erholen, und zwar kam die Besserung so plötzlich, daß man staunen mußte. Am dritten Tage waren Männer, die viele Wochen lang nicht das Bett verlassen hatten, imstande, aufzustehen und herumzugehen, wenn auch nur auf Krücken. Und an diesem Tag war die Sonne, die schon seit zwei Monaten auf dem Anmarsch war, so liebenswürdig, zum ersten Male einen freundlichen Blick über den Rand der Schlucht zu werfen.
»Nicht soviel Kartoffeln, wie auf meiner bloßen Hand«, sagte Kurz zu dem wimmernden und flehenden Wentworth. »Sie haben ja gar keinen Skorbut. Sie haben einen ganzen Sack voll aufgefressen und sind also gegen Skorbut für die ersten zwanzig Jahre gefeit. Jetzt, nachdem ich Sie kennengelernt habe, verstehe ich erst den lieben Gott. Ich konnte nie begreifen, warum er den Teufel am Leben ließ. Jetzt weiß ich aber, warum. Er ließ ihn am Leben, genau wie ich Sie am Leben lasse. Aber es ist eigentlich ein Mordsskandal.«
»Nur einen freundschaftlichen Rat«, flüsterte Kid Wentworth zu. »Die Leute werden jetzt schnell gesund sein. Und Kurz und ich können nur noch eine Woche hierbleiben — dann gibt es keinen mehr, der Sie beschützen kann, wenn die Leute sich für Sie interessieren sollten. Dort geht der Weg! Nach Dawson sind es nur achtzehn Tage ...«
»Ja, machen Sie sich lieber dünne«, stimmte Kurz ihm bei, »sonst befürchte ich, daß das, was ich Ihnen so freundlich gegeben habe, nur ein bescheidener Vorgeschmack von dem sein wird, was Ihnen die andern Herren zuteilen werden.«
»Meine Herren, ich bitte Sie, schenken Sie mir doch Gehör«, heulte Wentworth. »Ich bin ja ganz fremd in diesem schrecklichen Land. Ich weiß nicht einmal den Weg! Ich kenne die Sitten hier nicht! Lassen Sie mich mit Ihnen gehen! Ich gebe Ihnen tausend Dollar, wenn Sie mich mit Ihnen reisen lassen.«

»Glaub' ich ja gern«, grinste Kid boshaft. »Aber meinetwegen, wenn Kurz nichts dagegen hat.«
»Wer? Ich?« Kurz erstarrte wie in einer ungeheuren Anspannung. »Ich? Ich bin ein Herr Garnichts. Ich bin nur ein Wurm, eine Made, ein bescheidener Bruder der kleinsten Kröte, das jüngste Kind von einem Brummer ... ich fürchte freilich weder, was kreucht noch was fleucht... und bin auch sonst nicht sehr schüchtern. Aber mit einer solchen Mißgeburt reisen... geh weg, Mann... daß ich nicht kotze!«
Und Amos Wentworth mußte allein abreisen. Und allein mußte er seinen Schlitten ziehen, der mit genügend Proviant für die Fahrt nach Dawson beladen war. Eine Meile von dem Lager entfernt wurde er von Kurz eingeholt.
»Du... komm mal her«, lautete Kurz' Gruß... »Komm mal her... ein bißchen fix! Her mit der Pinke!«
»Ich verstehe nicht, was Sie meinen«, erklärte Wentworth zitternd, denn er hatte die beiden Portionen Prügel noch nicht vergessen, die Kurz ihm gegeben hatte.
»Ich meine die tausend Dollar, verstanden, mein Herr?... Die tausend Dollar, die Kid Ihnen als Bezahlung für die lausige kleine Kartoffel gegeben hat. Das war Wucher... heraus damit!«
Wentworth warf ihm den Sack mit dem Goldstaub zu.
»Hoffentlich wirst du von einem Stinktier gebissen, du Schwein... und kriegst echte Tollwut!«, so lautete Kurz' letzter Abschiedsgruß an Amos Wentworth.

X *Eier*

An einem klaren Wintermorgen gab Lucille Arral in dem großen Laden der A. C. Company Kid über den Ladentisch hinweg einen geheimnisvollen Wink. Der Verkäufer war auf einer Forschungsreise in das Innere der Lagerräume verschwunden, und trotz dem dickbäuchigen, rotglühenden Ofen hatte Lucille sich wieder ihre Handschuhe angezogen.
Kid gehorchte bereitwillig. In Dawson gab es keinen Mann, dem eine Auszeichnung Lucilles nicht geschmeichelt hätte. Sie war nämlich die sehr beliebte und fesche Soubrette der kleinen Sängertruppe, die allabendlich in der Palast-Oper auftrat.
»Es ist schrecklich langweilig hier«, klagte sie mit einer bezaubernden Ausgelassenheit, sobald sie Kid die Hand gegeben hatte. »Eine ganze Woche lang ist gar nichts Interessantes vorgefallen. Und der Maskenball, den Stiff Mitchell arrangieren wollte, ist verschoben worden. Es wird gar kein Goldstaub umgesetzt! Nicht einmal das Opernhaus ist abends voll. Und es ist länger als zwei Wochen her, daß wir die letzte Post bekamen. Die ganze Stadt ist in ihre Höhle gekrochen und schläft den Winterschlaf... Wir müssen etwas anstellen... es muß Leben in die Bude kommen, und das können wir beide schon schaffen. Wenn jemand die Stadt auf den Kopf stellen kann, dann sind wir beide es. Ich habe übrigens mit Wild Water gebrochen, wissen Sie.«
Kid sah sogleich zwei Bilder vor sich. Das eine stellte Joy Gastell dar. Das andere zeigte ihn selbst im Schein des kalten nördlichen Mondes auf einem öden Schneefeld liegend, und es war der obenerwähnte Herr Wild Water, der ihn mit gutgezielten und schnellen Schüssen niedergeknallt hatte. Kids Neigung, die Stadt mit Lucille Arrals Hilfe

auf den Kopf zu stellen, war demgemäß so gering, daß sie es bemerken mußte. »Ich meine gar nicht das, was ich Ihrer Meinung nach jetzt meinen sollte... danke schön«, sagte sie, schnippisch lachend, aber doch ein bißchen gekränkt. »Wenn ich mich Ihnen einmal an den Hals werfe, so müssen Sie Ihre Augen wirklich besser aufmachen... sonst wissen Sie gar nicht, wie ich aussehe.«

»Andere Männer wären einfach am Herzschlag tot umgefallen, wenn ihnen ein so unerhörtes Glück in den Schoß gefallen wäre«, murmelte er und versuchte vergeblich seine Erleichterung zu verbergen.

»Sie Lügner«, antwortete sie gutgelaunt. »Sie wären wohl eher aus Angst gestorben. Aber ich will Ihnen etwas erzählen, Herr Alaska-Kid: nichts liegt mir ferner, als mit Ihnen zu flirten, und wenn Sie es wagen sollten, mir den Hof zu machen, so wird Herr Wild Water sich Ihrer schon annehmen. Sie kennen ihn ja. Außerdem... außerdem habe ich nicht ganz mit ihm gebrochen.«

»Na... nur weiter mit Ihren Rätseln«, neckte er sie. »Vielleicht kriege ich doch noch heraus, was Sie eigentlich wollen, wenn Sie mir nur ein bißchen Zeit lassen... ich hab' so eine lange Leitung.«

»Da gibt es gar nichts herauszukriegen, Kid. Ich will es Ihnen ganz offen erklären. Wild Water glaubt, ich hätte mit ihm gebrochen... verstehen Sie?«

»Ja, aber haben Sie es oder haben Sie es nicht?«

»Ich habe es nicht, daß Sie's wissen! Aber das bleibt unter uns beiden... auf Ehre! Ich habe nur ein bißchen Krach mit ihm gemacht, so als ob ich mit ihm brechen wollte... und er hat es auch verdient, glauben Sie mir... wirklich!«

»Und wo bleibt mein Stichwort?« fragte Kid.

»Wie? Na ja, Sie werden eine Menge Geld verdienen, und wir machen Wild Water ein bißchen lächerlich und stellen dabei ganz Dawson auf den Kopf... und, was das Allerbeste ist... Wild Water wird eine gesunde kleine Lehre erhalten. Er hat es wirklich nötig... aber wirklich, sage ich Ihnen. Er ist... na, ich weiß nicht, wie ich es ausdrücken soll... er ist eben ein bißchen zu wild, der liebe Junge! Er macht sich so furchtbar wichtig... und nur, weil er so 'n großer Lümmel ist und weil er so viel Claims hat, daß er sie nicht mehr zählen kann...«

»Und weil er mit dem süßesten kleinen Weibsstück in ganz Alaska verlobt ist«, fügte Kid schnell hinzu.

»Ja, deshalb auch, ich danke schön... aber deshalb braucht er doch wirklich keinen Koller zu kriegen! Gestern abend hat er wieder mal solch einen Anfall gehabt... hat den ganzen Fußboden bei M. & M. mit Goldstaub überstreut... es waren mindestens tausend Dollar. Öffnete einfach seinen Goldsack und streute den Staub vor die Füße der Tanzenden... Sie haben es natürlich schon gehört.«

»Ja, natürlich, heute morgen schon... ich hätte nichts dagegen gehabt, Reinemachefrau zu sein. Aber ich verstehe noch immer nicht, was ich machen soll.«

»Jetzt hören Sie zu! Er war zu verrückt, und da habe ich unsere Verlobung aufgehoben, und jetzt läuft er herum, macht Theater und spielt den Mann mit dem gebrochenen Herzen... und jetzt kommen wir zu dem springenden Punkt. Ich esse leidenschaftlich gern Eier.«

»Aber großer Gott!« schrie Kid verzweifelt. »Was in aller Welt haben die Eier mit mir zu tun?«

»Warten Sie doch ab.«

»Ja, aber sagen Sie mir doch, was Eier und Ihr Appetit mit dieser Sache zu tun haben?« fragte er.

»Sehr viel sogar, wenn Sie nur Geduld hätten.«

»Ach Geduld, holde Himmelsgabe.«

»Also hören Sie bitte jetzt um Himmels willen zu! Ich liebe Eier über alles. Aber es gibt nur eine begrenzte Menge von Eiern hier in Dawson.«

»Vollkommen richtig. Das weiß ich auch. Die meisten hat Slavovitschs Restaurant. Schinken und ein Ei, drei Dollar! Schinken und zwei Eier — fünf Dollar. Das heißt also zwei Dollar das Ei, im Kleinhandel... und es sind nur Protzen und natürlich Menschen wie die schöne kleine Lucille Arral oder wie Wild Water, die sich Eier leisten können.«
»Er liebt Eier auch«, erklärte sie weiter. »Aber darauf kommt es jetzt nicht an. Ich liebe sie! Ich pflege jeden Morgen um elf bei Slavovitsch zu frühstücken. Und ich esse immer zwei Eier.« Sie hielt inne, um Eindruck auf ihn zu machen. »Denken wir uns nun... denken wir uns nun, daß jetzt irgend jemand in Eiern spekulieren würde.«
Sie wartete die Wirkung ihrer Worte ab und kassierte vergnügt die bewundernden Blicke ein, die Kid ihr sandte. Er mußte auch in seinem Herzen gestehen, daß Wild Water wirklich einen guten Geschmack bezeigt hatte, als er sie zu seiner Auserwählten machte.
»Sie hören ja gar nicht zu«, rief sie.
»Aber ja«, sagte er. »Nur weiter. Ich gebe das Rätselraten auf. Was soll ich denn antworten?«
»Gott, haben Sie eine lange Leitung! Sie kennen doch Wild Water. Wenn er sieht, daß ich Eier haben möchte... und ich lese ja in ihm wie in einem offenen Buch... und ich weiß auch, wie ich ihm zeigen soll, daß ich Lust auf Eier habe... na, was glauben Sie, daß er dann tun wird?«
»Geben Sie lieber selbst die Antwort. Also weiter.«
»Nun... er wird sofort zu dem Mann hinstürzen, der das Eiergeschäft gemacht hat. Er wird den ganzen Vorrat aufkaufen, einerlei, was es kostet. Also stellen Sie sich vor: Ich komme gegen elf in das Restaurant von Slavovitsch. Wild Water wird am Nebentisch sitzen. Er wird schon dafür sorgen, daß er da ist, wenn ich komme. ›Zwei Spiegeleier, bitte‹, werde ich dem Kellner sagen. ›Tut mir leid, Fräulein Arral‹, wird der Kellner antworten. ›Tut mir sehr leid, aber

wir haben keine Eier mehr.‹ Dann sagt Wild Water mit seiner gewaltigen Brummbärstimme: ›Ober, sechs Eier, weich gekocht.‹ Und der Ober antwortet: ›Jawohl, Herr...‹, und er bringt wirklich die Eier. Nächstes Bild: Wild Water wirft mir einen Blick zu, und ich sehe wie ein ganz außergewöhnlich entrüsteter Eiszapfen aus und rufe den Kellner: ›Tut mir wirklich sehr leid, Fräulein Arral‹, sagt er, ›aber die Eier da sind Privateigentum des Herrn Wild Water. Verstehen Sie, gnädiges Fräulein, er ist ihr Besitzer.‹ Neues Bild: Wild Water tut sein Bestes, um den Gleichmütigen zu markieren, während er triumphierend seine sechs Eier verzehrt.

Neues Bild: Herr Slavovitsch bringt mir in höchsteigener Person zwei Spiegeleier und sagt: ›Mit einem ergebenen Gruß von Herrn Wild Water, Fräulein.‹ Was kann ich dann tun? Natürlich nur Wild Water freundlich anlächeln, und dann sprechen wir uns selbstverständlich aus, und er wird es billig finden, selbst wenn er zehn Dollar für das Stück bezahlt hat, und zwar für alle vorhandenen Eier.«

»Nur weiter, immer weiter«, rief Kid. »Was habe ich denn mit der Geschichte zu tun?«

»Gott, sind Sie blöd! Sie machen doch eben die Spekulation in den Eiern. Und Sie müssen gleich anfangen, noch heute. Sie können sämtliche Eier in Dawson für drei Dollar das Stück kaufen und sie an Wild Water mit soviel Gewinn verkaufen, wie Sie wollen. Und nachher lassen wir dann durchsickern, wie alles zugegangen ist. Dann wird man Wild Water tüchtig auslachen! Vielleicht wird er dann vernünftiger werden... Und wir beide werden die Ehre davon haben. Außerdem verdienen Sie eine Stange Gold dabei, und Dawson wird durch ein ordentliches Gelächter aus seinem Winterschlaf geweckt. Aber wenn Sie meinen, daß die Sache zu gefährlich ist, dann gebe ich Ihnen natürlich das Geld dazu.«

Das war doch zu starker Tabak für Kid. Da er nur ein sterblicher Mann des Westens mit den gewöhnlichen verschrobenen Vorstellungen von Geld und Frauen war, lehnte er mit tiefer Entrüstung ihr Angebot ab, ihm Goldstaub zur Verfügung zu stellen.

»Holla, Kurz!« brüllte Kid durch die Hauptstraße seinem Partner zu. Dort kam nämlich Kurz mit seinem langsamen, schlotternden Gang. In der einen Hand hielt er eine nicht eingepackte Flasche so, daß alle sie sehen konnten; der Inhalt schien gefroren zu sein.

Kid überschritt den Fahrdamm. »Wo warst du denn den ganzen Tag?« fragte er.

»Beim Doktor«, antwortete Kurz und hielt die Flasche hoch. »Sally ist nicht ganz in Ordnung. Als ich sie heute nacht fütterte, sah ich, daß sie die Haare im Gesicht und an den Flanken zu verlieren beginnt. Der Doktor sagt...«

»Laß das jetzt«, unterbrach Kid ihn ungeduldig. »Was ich wollte...«

»Was ist denn mit dir los?« fragte Kurz entrüstet und erstaunt. »Bei dem verflixten Wetter wird Sally eines schönen Tages ganz nackt herumspazieren müssen.«

»Laß Sally doch warten. Hör mal zu.«

»Ich sage dir ja, daß sie nicht warten kann. Es ist die reine Tierquälerei. Sie erfriert ja. Warum bist du denn plötzlich so verrückt?«

»Das werde ich dir schon erzählen. Aber du mußt mir einen Gefallen tun, Kurz.«

»Selbstverständlich«, sagte Kurz heiter. Er war sofort versöhnt und dienstbereit. »Was gibt's denn? Schieß nur los! Ich stehe ganz zu deiner Verfügung.«

»Ich möchte, daß du Eier für mich kaufst.«

»Schön... und Kölnisch Wasser und Talkumpuder, wenn du willst! Und die arme Sally verliert unterdessen ihre

Haare, daß es ein Skandal ist. Weißt du, Kid, wenn du ein so üppiges Leben führen willst, kannst du wirklich selbst deine Eier kaufen...«

»Ich kaufe auch, aber du mußt mir behilflich sein. Halt jetzt die Schnauze, Kurz. Jetzt bin ich dran! Du gehst sofort zu Slavovitsch. Zahle bis zu drei Dollar das Stück, aber nimm alle, die er hat...«

»Drei Dollar«, stöhnte Kurz. »Und ich habe noch gestern sagen hören, daß er nicht weniger als siebenhundert auf Lager hat. Zweitausendeinhundert Dollar für Eier! Ich will dir einen guten Rat geben, Kid. Lauf du lieber umgehend zum Doktor! Er wird dir schon sagen, was los ist. Und er nimmt höchstens eine Unze für die erste Untersuchung. Auf Wiedersehen nachher! Ich muß meine Flasche nach Hause bringen.«

Aber Kid hielt seinen Partner an der Schulter fest.

»Kid, du weißt ja, daß ich alles für dich täte«, protestierte Kurz ernst. »Wenn du einen Schnupfen hättest und gleichzeitig mit gebrochenen Armen zu Bett lägest, würde ich Tag und Nacht neben dir sitzen und dir die Nase putzen. Aber ich will in alle Ewigkeit verflucht sein, wenn ich zweitausendeinhundert Dollar für Eier wegschmeiße.«

»Erstens sind es gar nicht deine Dollars, sondern meine, Kurz. Ich habe etwas vor. Ich will einfach sämtliche gesegneten Eier aufkaufen, die es in Dawson, in Klondike und am ganzen Yukon gibt. Du mußt mir dabei behilflich sein! Ich habe keine Zeit, dir zu erzählen, wie es mit dem Geschäft eigentlich zusammenhängt. Das tue ich hinterher, und du kannst halbpart machen, wenn du Lust hast. Aber jetzt gilt es, die Eier schnellstens zu bekommen. Also mach, daß du zu Slavovitsch kommst, und kauf alle, die er hat.«

»Aber was soll ich ihm denn sagen? Er weiß doch, daß ich sie nicht alle fressen kann.«

»Gar nichts sollst du ihm sagen. Geld spricht für sich. Er

verkauft sie gekocht für zwei Dollar. Biete ihm bis zu drei für die ungekochten Eier. Wenn er neugierig werden sollte, kannst du ihm ja erzählen, daß du eine Hühnerfarm einrichten willst. Was ich haben muß, sind Eier. Also mach schnell! Und vergiß nicht, daß die kleine Frau auf der andern Seite der Sägemühle — die die Mokassins macht — auch welche hat.«
»Gut, wenn du durchaus willst, Kid. Aber Slavovitsch scheint ja derjenige zu sein, an den wir uns hauptsächlich heranmachen müssen.«
»Also beeil dich jetzt! Und heut abend werde ich dir die ganze Geschichte erzählen...«
Aber Kurz schwenkte die Flasche. »Erst muß ich Sally kurieren. Solange können die Eier schon noch warten. Wenn sie bis jetzt nicht aufgefressen sind, werden sie es auch nicht, weil ich mich um einen armen kranken Hund kümmere, der mehr als einmal dein und mein Leben gerettet hat.«

Nie ging eine Spekulation schneller vor sich. Ehe drei Tage vergangen waren, hatten Kid und Kurz sämtliche Eier, die es in Dawson gab — ein paar Dutzend ausgenommen — in der Hand. Kid war beim Einkauf der Großzügigste gewesen. Ohne zu erröten gestand er, daß er einem alten Mann in Klondike City fünf Dollar das Stück für seine zweiundsiebzig Eier gegeben hatte. Kurz hatte die meisten gekauft und einen richtigen Kuhhandel dabei getrieben. Der Frau mit den Mokassins hatte er nur zwei Dollar das Ei gegeben, und er war ganz stolz, daß er Slavovitsch an die Wand gedrückt und seine siebenhundertundfünfzig Eier zu einem Durchschnittspreis von nur zweieinhalb Dollar bekommen hatte. Dagegen ärgerte er sich aufrichtig, daß das kleine Restaurant auf der andern Seite der Straße einen Preis von eindreiviertel Dollar das Stück für hundertdreißig schäbige Eier verlangt hatte.

Die wenigen Dutzend, die noch übrig waren, befanden sich in den Händen von nur zwei Personen. Die eine, mit der Kurz verhandelte, war eine Indianerin, die in einer Hütte auf dem Hügel hinter dem Krankenhaus wohnte.

»Ich werde sie schon kleinkriegen«, erklärte Kurz am nächsten Morgen. »Du wäschst die Teller ab, Kid. Ich bin im Handumdrehen wieder da, wenn ich mir nicht die Zunge verrenken muß, um sie zu überreden. Laß mich mit Männern Geschäfte machen, wenn es sein soll, aber diese verdammten Frauenzimmer... es ist einfach traurig, wie sie einen mit ihrem Quatsch aufhalten.«

Als Kid nachmittags zurückkehrte, fand er Kurz auf dem Boden sitzen, eifrig beschäftigt, Sallys Rute mit Öl einzureiben. Sein Gesicht war so ausdruckslos, daß es direkt verdächtig war.

»Na, wie ist es dir ergangen?« fragte Kurz gleichgültig.

»Nichts zu machen«, sagte Kid. »Hoffentlich hattest du Erfolg bei deiner Indianerin?«

Kurz wies triumphierend mit dem Kopf auf einen Eimer voller Eier, der auf dem Tisch stand. »Sieben Dollar das Stück«, gestand er, nachdem er noch einige Minuten schweigend die Rute des Hundes eingerieben hatte.

»Ich habe schließlich sogar zehn Dollar geboten«, erzählte Kid, »und dann sagte der Kerl mir, daß er die Eier schon verkauft hätte. Die Sache sieht also dreckig aus, Kurz. Es ist offenbar noch jemand auf dem Markt. Diese achtundzwanzig Eier können uns die ganze Suppe versalzen. Du weißt ja, daß der Erfolg lediglich davon abhängt, daß wir auch das letzte Ei haben.«

Er schwieg plötzlich, um seinen Partner anzustarren. Dessen Ausdruck hatte sich unverkennbar verändert... er war sichtbar aufgeregt, verbarg es aber hinter einer Maske scheinbarer Beherrschung... Dann machte Kurz die Salbenbüchse zu, wischte sich die Hände ruhig und bedächtig

an Sallys dichtem Pelz ab, stand auf, ging in die andere Ecke, sah sich das Thermometer an und kam dann wieder zurück. Er sprach mit einer leisen, tonlosen und übertrieben höflichen Stimme.
»Würdest du vielleicht die Güte haben zu wiederholen, wieviel Eier es waren, die der Mann dir nicht verkaufen wollte«, fragte er.
»Achtundzwanzig...«
»Hm«, sagte Kurz bei sich und nickte gleichgültig zur Bestätigung mit dem Kopfe. Dann starrte er mit steigender Erbitterung auf den Ofen. »Du, Kid, wir müssen uns bald einen neuen Ofen bauen... er ist falsch gebaut, der Ofen, unser Brot verbrennt immer.«
»Laß den Ofen«, rief Kid herrisch, »sage mir, was los ist.«
»Los? Du willst wissen, was los ist? Bitte, dann hab nur die Güte, deine außergewöhnlich schönen Augen auf den Eimer zu richten, der auf dem Tisch da steht. Hast du ihn gesehen?«
Kid nickte.
»Gut, dann will ich dir etwas sagen: nur eine einzige Sache... In dem Eimer sind ganz genau, weder mehr noch weniger, achtundzwanzig Eier! Und sie kosten, jedes verfluchte Ei, genau die enorme Summe von sieben herrlichen, großen, runden Dollar. Wenn du irgendwelche weiteren Auskünfte dringend brauchst, stehe ich dir ausschließlich zur Verfügung.«
»Nur weiter«, sagte Kid.
»Nun meinetwegen...der Trottel, mit dem du gehandelt hast, war ein großer plumper Indianer... nicht wahr?«
Kid nickte und nickte auch zu allen folgenden Fragen. »Er hat nur eine Backe; die andere ist ihm fast ganz von einem Grisly abgerissen... Nicht wahr? Er ist Hundehändler... stimmt's? Er heißt ›Narbengesicht‹, richtig? Da ist es also, nicht wahr? Verstehst du?«

»Du meinst also, daß wir beide...«
»Gegeneinander geboten haben. Uns überboten, ja. Daran ist nicht zu tippen. Die Indianerin ist seine Frau, und sie wohnen beide hinter dem Krankenhaus. Ich hätte die Eier für zwei Dollar das Stück haben können, wenn du nicht dazwischengekommen wärest.«
»Und ebenso wäre es gewesen«, lachte Kid, »wenn du dich nicht in die Sache gemischt hättest. Aber das ist an sich ganz schnuppe. Wir wissen jetzt, daß wir die Eier haben. Darauf kommt es ja schließlich an.«
Kurz verbrachte die nächste Stunde damit, mit einem Bleistiftstummel etwas auf den Rand einer drei Jahre alten Zeitung zu kritzeln. Und je unbestimmter und geheimnisvoller seine Figuren wurden, desto gemütlicher wurde er selbst.
»Hier steht's...«, sagte er, »... schwarz auf weiß. Schön, nicht wahr? Donnerwetter ja. Laß dir mal die Gesamtsumme sagen. Du und ich besitzen in diesem seligen Augenblick nicht weniger als neunhundertdreiundsiebzig Eier. Sie kosten uns genau zweitausendsiebenhundertundsechzig Dollar, wenn ich den Goldstaub zum Kurs von sechzehn Dollar die Unze nehme und die Zeit nicht berechne. Und jetzt hör mal! Wenn es uns gelingt, Wild Water die Eier zu einem Stückpreis von zehn Dollar aufzuschwatzen, dann haben wir, rein netto gerechnet, alles in allem, sechstausendneunhundertundsiebzig Dollar verdient. Siehst du, das ist eine Buchführung, die sich gewaschen hat! Das kannst du jedem erzählen. Und ich mache halbpart mit dir. Es ist eine feine Sache, Kid.«

Gegen elf Uhr am selben Abend wurde Kid von Kurz aus tiefem Schlaf geweckt. Seine Pelzparka war mit frischem Reif bedeckt, und Kid fühlte an seinem Kinn, wie eiskalt seine Hände waren.

»Was ist denn jetzt los?« murrte Kid. »Hat Sally die letzten Haare verloren?«
»Unsinn! Aber ich muß dir ein paar gute Neuigkeiten mitteilen. Ich habe mit Slavovitsch gesprochen. Oder richtiger, Slavovitsch hat mit mir gesprochen, denn er war es, der anfing. Er sagte zu mir: ›Sie, Kurz, ich möchte mal wegen dieser Eiergeschichte mit Ihnen sprechen. Ich habe bisher mit keinem davon gesprochen. Niemand weiß, daß ich sie Ihnen verkauft habe. Aber wenn Sie eine Spekulation damit machen wollen, so kann ich Ihnen einen guten Tip geben.‹ Und das hat er auch getan, Kid. Nun, was glaubst du, was es für ein Tip war?«
»Nur weiter. Erzähle!«
»Schön... vielleicht klingt es unwahrscheinlich. Aber der Tip war Herr Wild Water Charley! Er will Eier kaufen. Er kam bei Slavovitsch vorbei und bot ihm fünf Dollar das Stück, und ehe er ging, war er schon bei acht Dollar angelangt. Und der gute Slavovitsch hat ja keine Eier mehr. Das letzte, was Wild Water sagte, war, daß er dem Slavovitsch den Kopf abhauen würde, wenn er je hörte, daß Slavovitsch seine Eier irgendwo versteckt hätte. Slavovitsch mußte ihm erzählen, daß er die Eier verkauft hatte, daß aber der Käufer nicht bekannt zu werden wünschte.«
Und Kurz fügte hinzu: »Slavovitsch bat, Wild Water erzählen zu dürfen, wer die Eier bekommen hat. ›Kurz‹, sagte er, ›Wild Water wird sofort zu Ihnen laufen. Sie können ihm die Dinger für acht Dollar das Stück verkaufen.‹ ›Acht Dollar‹, sagte ich. ›Sie alte Großmama... er wird zehn geben müssen, ehe ich mit ihm zu tun haben will.‹ Jedenfalls würde ich mir die Sache überlegen und ihm morgen früh Bescheid geben, sagte ich zu Slavovitsch. Natürlich werden wir ihm erlauben, Wild Water Bescheid zu sagen. Nicht wahr?«
»Selbstverständlich, Kurz. Gleich morgen früh werden wir

Slavovitsch Bescheid geben. Laß ihn ruhig Wild Water erzählen, daß alle Eier dir und mir gehören.« Fünf Minuten später wurde Kid wieder von Kurz geweckt.
»Du... Kid... Kid, zum Teufel...«
»Ja?«
»Nicht einen Cent unter zehn Dollar, nicht?«
»Ganz einverstanden«, antwortete Kid schläfrig.
Am nächsten Morgen traf Kid zufällig wieder Lucille Arral am Ladentisch.
»Jetzt läuft die Sache«, rief er begeistert. »Sie läuft, wie sie soll. Wild Water war schon bei Slavovitsch und hat versucht, Eier von ihm zu kaufen oder aus ihm herauszuquetschen... und in diesem heiligen Augenblick wird Slavovitsch ihm schon erzählt haben, daß Kurz und ich in Eiern spekulieren.«
Die Augen der hübschen Lucille Arral blitzten vor Freude.
»Ich gehe jetzt frühstücken«, rief sie. »Und ich werde Eier beim Kellner bestellen, und wenn es keine gibt, werde ich klagen und jammern, daß es ein steinernes Herz erweichen würde. Und Sie wissen ja, daß Wild Waters Herz gar nicht aus Stein ist. Er wird die Eier kaufen, und wenn es ihn seine sämtlichen Minen kosten sollte. Und Sie halten jetzt den Rücken steif! Ich bin nicht zufrieden, wenn Sie weniger als zehn Dollar das Stück bekommen; und wenn Sie wirklich billiger verkaufen, verzeihe ich es Ihnen nie.«
Als es Mittag wurde und beide zu Hause in ihrer Hütte saßen, stellte Kurz einen Topf Bohnen, die Kaffeekanne mit frischgebackenem Brot, eine Dose mit Butter und eine Büchse eingemachte Sahne auf den Tisch. Dann kam noch eine Schüssel mit dampfendem Elchbraten und Räucherspeck und eine Schüssel mit Kompott aus getrockneten Pfirsichen hinzu. Als alles bereitstand, rief Kurz zu Tisch: »Komm, Kid. Das Essen ist fertig! Aber sieh zuerst mal nach Sally.«
Kid legte das Hundegeschirr, an dem er gerade genäht hat-

te, beiseite, öffnete die Tür und sah, daß Sally und Bright mit großem Eifer und Gekeif dabei waren, eine Bande von Schlittenhunden, die auf Plünderung ausgegangen war, aus der Nachbarhütte zu verjagen. Er sah aber noch etwas, das ihn veranlaßte, die Tür schnell wieder zuzuwerfen und zum Ofen zu stürzen. Die Bratpfanne, die noch ganz heiß von dem Elchfleisch mit Speck war, stellte er wieder auf das vorderste Herdloch. Dann legte er einen tüchtigen Klumpen Butter darauf, nahm ein Ei, zerschlug es und warf es in die Pfanne, wo es in der heißen Butter zischte. Als er die Hand nach einem zweiten Ei ausstreckte, stellte Kurz sich neben ihn und hielt empört seinen Arm fest.
»Aber großer Gott, was tust du denn?« fragte er.
»Mache Spiegeleier«, erklärte ihm Kid, während er das zweite Ei zerschlug und sich von Kurz' Hand befreite, die ihn zurückhalten wollte. »Kannst du denn nicht mehr sehen?«
»Ist dir vielleicht nicht ganz wohl?« fragte Kurz seinerseits entrüstet, als Kid ein drittes Ei zerschlug und sich durch einen kräftigen Stoß vor die Brust von Kurz' Griff befreite. »Da hast du schon für dreißig Dollar Eier verschwendet.«
»Und ich werde für sechzig Dollar Eier braten«, lautete Kids Antwort, während er das vierte in die Pfanne warf. »Geh weg, Kurz. Wild Water ist unterwegs hierher; in fünf Minuten kann er schon hiersein.«
Kurz stieß einen tiefen Seufzer von Verständnis und Erleichterung aus und setzte sich an den Tisch. Fast im selben Augenblick wurde, wie erwartet, an die Tür geklopft. Kid setzte sich auch schnell an den Tisch, und jeder von ihnen hatte einen Teller mit drei heißen Spiegeleiern vor sich.
»Herein!« rief Kid. Wild Water Charley — ein gutgewachsener, junger Riese, der kaum um einen Zoll weniger als sechs Fuß maß und gut hundertneunzig Pfund wog — trat ein und gab ihnen die Hand.

»Nehmen Sie Platz, Herr Wild Water«, lud Kurz ihn ein. »Kid, mach doch ein paar Spiegeleier für ihn. Ich bin überzeugt, daß er schon als kleiner Junge gern Eier gegessen hat.« Kid tat noch drei Eier in die Pfanne und setzte einige Minuten später die fertigen Spiegeleier dem Gast vor, der sie mit einem so seltsamen und gespannten Ausdruck anstarrte, daß Kurz später gestand, er hätte Angst gehabt, Wild Water würde die Eier gleich in die Tasche stecken und mitnehmen.

»Sehen Sie, die großen Leute in den Staaten haben es nicht viel besser als wir, was das Essen betrifft«, protzte Kurz. »Hier sitzen Sie und Kid und ich und essen Eier im Wert von neunzig Dollar, ohne mit der Wimper zu zucken.«

Wild Water starrte immer noch die Eier an, die mit verblüffender Schnelligkeit verschwanden. Er sah aus, als wäre er zu Stein geworden.

»Greifen Sie nur zu und essen Sie«, sagte Kid aufmunternd.

»Sie sind ... sind aber doch keine zehn Dollar wert«, sagte Wild Water langsam.

Kurz nahm die Herausforderung an. »Jede Sache hat den Wert, den man dafür bekommen kann ... nicht wahr?« sagte er.

»Ja ... aber ...«

»Gar kein Aber. Ich sage Ihnen ja nur, was wir dafür bekommen können. Zehn das Stück. Wir sind Eiertrust, Kid und ich, vergessen Sie das nicht.« Er tippte mit einer Brotkruste die Butter vom Teller. »Ich glaube, ich könnte noch ein paar essen«, seufzte er. Dann machte er sich an die Bohnen.

»Sie sollten aber nicht auf diese Weise Eier essen«, wandte Wild Water ein. »Das ist ... das ist einfach unrecht.«

»Wir sind nun mal auf Eier versessen, Kid und ich«, entschuldigte sich Kurz.

Wild Water leerte seinen Teller halb in Gedanken und starrte dann die beiden Partner mit etwas mißtrauischen Blicken an. »Sagt mal, Kameraden, ihr könntet mir einen großen Dienst erweisen«, begann er vorsichtig. »Verkauft mir... leiht mir etwa ein Dutzend Eier.«
»Gern«, antwortete Kid. »Ich weiß ja selbst, was es heißt, Appetit auf Eier zu haben. Aber wir sind nicht so arm, daß wir unsere Gastfreundschaft zu verkaufen brauchen. Sie kosten nichts.« Als er so weit war, verriet ihm ein energischer Fußtritt unter dem Tisch, daß Kurz ängstlich zu werden begann. »Ein Dutzend, sagten Sie, Wild Water?«
Wild Water nickte.
»Du, Kurz«, fuhr Kid fort. »Brate sie doch für ihn! Ich verstehe ihn gut... Ich habe selbst Augenblicke gehabt, da ich ein ganzes Dutzend essen konnte, eines nach dem andern.«
Aber Wild Water legte dem eifrigen Kurz die Hand auf den Arm, um ihn zurückzuhalten, und erklärte: »Ich meine ja nicht gebraten... ich möchte sie roh mit der Schale haben.«
»Zum Mitnehmen?«
»Ganz recht.«
»Ja, aber das hat nichts mehr mit Gastfreundschaft zu tun«, wandte Kurz ein. »Das ist ja... das ist Geschäft.«
Kid nickte zum Einverständnis.
»Das ist ja etwas ganz anderes, Wild Water. Ich dachte, Sie wollten sie essen. Sehen Sie, wir haben sie ja auf Spekulation gekauft.«
Das stets gefährlich drohende Blau in Wild Waters Augen begann noch bedrohlicher auszusehen. »Ich will sie natürlich bezahlen«, sagte er schneidend.
»Wieviel?«
»Kein Dutzend natürlich«, antwortete Kid. »Wir können kein Dutzend verkaufen. Wir sind ja keine Kleinhändler. Wir sind eben Spekulanten geworden. Wir können uns

doch nicht selbst den Markt verderben! Wir haben eine richtig gute Spekulation gemacht...«
»Wie viele habt ihr denn, und was wollt ihr dafür haben?«
»Wie viele haben wir eigentlich, Kurz?« fragte Kid. Kurz räusperte sich und begann laut nachzurechnen.
»Laß mal sehen. Neunhunderteinundsiebzig weniger neun, das macht also neunhundertzwoundsechzig. Und wenn ich das Stück zu zehn Dollar rechne, macht die ganze Geschichte genau neuntausendsechshundertundzwanzig gute runde Dollar aus. Selbstverständlich sind wir kulante Kaufleute mit Dienst am Kunden und so weiter und geben das Geld für jedes Ei, das nicht gut ist, zurück. Aber das ist das einzige, was ich noch nie hier in Klondike gesehen... ein schlechtes Ei. Niemand ist so verrückt, ein faules Ei hierherzubringen.«
»So ist's recht«, fügte Kid hinzu. »Wir geben das Geld für die schlechten Eier zurück, Wild Water. Und da haben Sie unseren Vorschlag: neuntausendsechshundertundzwanzig Dollar, und alle Eier, die es in Klondike gibt, gehören ihnen.«
»Sie werden sicher den Preis auf zwanzig Dollar treiben und also Ihre Auslagen doppelt wieder einbringen können«, meinte Kurz.
Wild Water schüttelte melancholisch den Kopf und tröstete sich mit den Bohnen.
»Das ist zu teuer, Kurz. Ich will ja nur einige wenige haben. Ich gebe euch zehn Dollar das Stück, wenn ihr mir ein paar Dutzend ablaßt.«
»Alle oder gar keine«, lautete Kids Ultimatum.
»Seht mal her, ihr beiden«, sagte Wild Water in einem plötzlichen Anfall von Vertrauensseligkeit. »Ich will ganz aufrichtig zu euch sein, aber ihr dürft es nicht zu weit treiben. Ihr wißt ja, daß ich mit Fräulein Arral verlobt war. Na, und sie hat jetzt mit mir gebrochen. Das wißt ihr na-

türlich auch... alle Leute wissen es ja. Und die Eier möchte ich gern für sie haben.«
»Ach so«, sagte Kurz ironisch. »Dann begreifen wir schon, daß Sie sie ausgerechnet in den Schalen haben wollen. Aber das hätte ich doch nicht von Ihnen gedacht.«
»Was gedacht?«
»Das ist ja ein ganz gemeines Mittel, jawohl«, fuhr Kurz mit wachsender Entrüstung fort. »Und es sollte mich gar nicht wundern, wenn Ihnen jemand dafür eine Kugel durch den Kopf schösse... verdienen täten Sie's.«
Wild Water war nahe daran, einen seiner bekannten Wutanfälle zu bekommen.
Er ballte die Fäuste, bis die billige Gabel, die er hielt, sich zu krümmen begann, und seine blauen Augen blitzten feurige Warnungen.
»Nun sagen Sie mal, Kurz, was meinen Sie denn? Wenn Sie etwas dabei im Sinne haben...«
»Ich meine, was ich meine«, gab Kurz eigensinnig zurück. »Und Sie können darauf schwören, daß es keine Hinterlist ist. Wenn Sie etwas tun wollen, so kann es nur offen und ehrlich geschehen. Denn anders können Sie sie ja gar nicht schmeißen.«
»Was schmeißen?«
»Eier, Pflaumen, Fußbälle, was Sie wollen. Aber, Wild Water, machen Sie keine Dummheit! Für so etwas gibt es hier kein Publikum. Nur weil sie Sängerin ist, haben Sie kein Recht, sie mit Eiern zu bombardieren.«
Einen Augenblick schien es, als wollte Wild Water entweder einen Wutanfall oder einen Schlaganfall bekommen. Er trank schnell einen Schluck von dem heißen Kaffee und gewann langsam seine Selbstbeherrschung wieder. »Sie irren sich, Kurz«, sagte er mit kühler Ruhe. »Ich habe nicht die Absicht, sie mit Eiern zu bewerfen. Fällt mir nicht ein, Mensch!« brüllte er dann in plötzlich wachsender Erre-

gung. »Ich will ihr die Eier schenken, auf einem Teller...
Spiegeleier, zum Teufel... so ißt sie sie am liebsten.«
»Na, ich konnte mir ja schon denken, daß ich mich irrte...«, erklärte Kurz großzügig, »...ich wußte ja, daß Sie solche Gemeinheiten nicht machen würden.«
»Das stimmt auch wirklich, Kurz«, sagte Wild Water versöhnlich. »Aber reden wir wieder geschäftlich. Ihr seht also, warum ich die Eier kaufen möchte.«
»Sie wollen also wirklich neuntausendsechshundertundzwanzig dafür zahlen?« fragte Kurz.
»Das ist der reine Nepp, jawohl«, erklärte Wild Water erbost.
»Geschäft, nur Geschäft«, erwiderte Kurz. »Sie glauben doch wohl nicht, daß wir die Eier nur unserer Gesundheit wegen aufgekauft haben?«
»Nee... aber jetzt seid doch mal ein bißchen vernünftig«, sagte Wild Water eindringlich. »Ich möchte nur ein Dutzend haben. Ich gebe gern zwanzig Dollar das Stück. Was in aller Welt soll ich denn mit all den Eiern?«
»Deswegen brauchen Sie sich doch nicht aufzuregen«, beschwichtigte Kurz ihn. »Wenn Sie sie nicht haben wollen, ist die Sache ja erledigt. Wir zwingen Sie doch nicht, die Eier zu kaufen...«
»Aber ich will sie ja haben«, klagte Wild Water.
»Na, dann wissen Sie ja, was sie kosten... es macht genau neuntausendsechshundertundzwanzig Dollar, und wenn ich falsch gerechnet habe, komme ich für den Fehler auf.«
»Aber vielleicht tun die Eier es gar nicht«, wandte Wild Water ein. »Vielleicht hat Fräulein Arral jetzt gar keinen Appetit mehr auf Eier.«
»Ich muß zugeben, daß Fräulein Arral schon den Preis für die Eier wert ist«, warf Kid ruhig ein.
»Wert?« Wild Water wurde so eifrig, daß er aufstand. »Sie ist eine Million wert. Sie ist alles wert, was ich habe.

Sie ist alles Gold wert, das es in Klondike gibt.« Er setzte sich wieder und fuhr dann mit ruhiger Stimme fort: »Aber deshalb brauche ich doch nicht zehntausend Dollar für ein Frühstück für sie wegzuschmeißen. Ich will euch einen Vorschlag machen. Leiht mir ein Dutzend von diesen verdammten Eiern. Ich werde sie Slavovitsch geben. Er wird sie wieder Fräulein Arral mit einem Gruß von mir geben. Es ist schon länger als hundert Jahre her, daß sie mich angelächelt hat. Wenn die Eier mir ein Lächeln von ihr eintragen, dann nehme ich euch den ganzen Laden ab.«
»Wollen wir einen Vertrag in diesem Sinne abschließen?« sagte Kid schnell. Er wußte ja genau, Lucille Arral würde Wild Water anlächeln, wenn sie die Eier bekam.
Wild Water ächzte. »Ihr seid ja verdammt schnell hier oben, wenn es sich um Geschäfte handelt.«
»Wir nehmen ja nur Ihren eigenen Vorschlag an«, antwortete Kid.
»Das ist wahr ... also bringt das Papier ... und legt mir Handschellen an«, rief Wild Water.
Kid verfaßte die Urkunde, durch die Wild Water sich verpflichtete, sämtliche Eier, die ihm geliefert wurden, zum Preise von zehn Dollar das Stück abzunehmen, vorausgesetzt, daß die zwei Dutzend, die ihm zur Verfügung gestellt wurden, ihm ein Lächeln von Lucille Arral eintrugen.
Als Wild Water die Feder, mit der er eben unterzeichnen wollte, in der erhobenen Hand hielt, besann er sich. »Einen Augenblick«, sagte er. »Wenn ich Eier kaufe, nehme ich nur gute Eier ab.«
»Es gibt ja gar keine schlechten Eier in Klondike«, erklärte Kurz entrüstet.
»Ganz einerlei... wenn ich ein schlechtes Ei finde, müßt ihr es mir ersetzen...«
»Einverstanden«, sagte Kid vermittelnd.

»Und ich verpflichte mich, alle schlechten Eier aufzufuttern«, fügte Kurz hinzu.
Kid schob das Wort ›gut‹ in den Vertrag ein, und Wild Water unterzeichnete mürrisch. Dann bekam er die zwei Dutzend, die er zur Probe genommen hatte, zog sich die Handschuhe an und öffnete die Tür.
»Guten Abend, ihr beiden Räuber«, knurrte er und knallte wütend die Tür zu...

Am nächsten Morgen war Kid ein gespannter Zuschauer des Auftritts, der sich im Restaurant von Slavovitsch abspielte. Er war von Wild Water eingeladen worden, und sie aßen zusammen am Tisch neben dem, an welchem Fräulein Arral zu sitzen pflegte. Alles ging wirklich fast wortgetreu vor sich, wie sie es vorausgesagt hatte.
»Haben Sie wirklich immer noch keine Eier?« fragte sie den Kellner mit rührend-kläglicher Stimme.
»Nein, meine Dame«, lautete die Antwort. »Irgend jemand in Dawson hat sämtliche Eier aufgekauft. Herr Slavovitsch hat selbst versucht, extra für Sie ein paar zu kaufen. Aber der Spekulant will nichts abgeben.«
Eben in diesem Augenblick rief Wild Water den Besitzer zu sich, legte ihm die Hand auf die Schulter und zog seinen Kopf zu sich herab, um ihm ins Ohr flüstern zu können.
»Hören Sie mal, Slavovitsch«, sagte Wild Water leise und heiser. »Ich habe Ihnen doch heute nacht ein paar Dutzend Eier gegeben. Wo haben Sie die?«
»Im Safe... mit Ausnahme von den sechs, die ich schon aufgetaut und für Sie bereitgestellt habe...«
»Ich will sie ja gar nicht selber haben«, flüsterte Wild Water noch leiser und heiserer. »Machen Sie Spiegeleier daraus und lassen Sie sie Fräulein Arral reichen.«
»Ich werde sie persönlich servieren«, versicherte ihm Herr Slavovitsch.

»Und vergessen Sie nicht... mit einem Gruß von mir«, fügte Wild Water hinzu und ließ die Schulter des Wirtes wieder los.
Die hübsche Lucille Arral starrte gerade verzweifelt ihr aus einem kleinen Häppchen Speck und Kartoffelmus bestehendes Frühstück an, als Herr Slavovitsch die zwei Spiegeleier auf ihren Tisch stellte.
»Mit einem ergebenen Gruß von Herrn Wild Water«, hörten die beiden am Nachbartisch ihn sagen.
Kid mußte einräumen, daß sie blendend Komödie zu spielen verstand... dieser schnelle, freudige Blick in ihren Augen, die impulsive Drehung des Köpfchens, der halb unfreiwillige Vorläufer eines Lächelns, das durch eine bewundernswerte Selbstbeherrschung zurückgehalten wurde, mit der sie sich auch wieder dem Wirt zuwandte, um einige freundliche Worte zu sagen. Kid merkte, daß Wild Waters Fuß im Mokassin ihm unter dem Tisch ein Zeichen gab.
»Wird sie sie auch essen... darauf kommt es ja an... ob sie sie jetzt auch wirklich essen will?« flüsterte er ganz außer sich vor Spannung.
Und als sie heimlich Lucille beobachteten, sahen sie, wie sie einen Augenblick zögerte, nahe daran war, die Schüssel fortzuschieben, dann aber doch der Versuchung unterlag.
»Ich nehme die Eier also«, sagte Wild Water zu Kid... »Der Vertrag tritt jetzt in Kraft. Haben Sie sie beobachtet? Haben Sie alles gesehen? Sie war nahe daran zu lächeln! Ich kenne sie... Es ist alles in Ordnung. Morgen wieder zwei Eier, dann wird sie mir verzeihen, und wir werden uns wieder aussöhnen. Wenn sie nicht dabei wäre, würde ich Ihnen die Hand schütteln, Kid... ich bin Ihnen wirklich dankbar. Sie sind gar kein Räuber, wie ich gestern sagte... Sie sind ein... ein Menschenfreund.«

Kid kehrte triumphierend in die Hütte auf dem Hügel zurück und fand dort Kurz, der einsam in schwarzer Verzweiflung dasaß und Karten legte. Wenn sein Partner allein Karten legte, dann — das wußte Kid — bedeutete es, daß der Himmel über ihm eingestürzt war.
»Geh... sprich lieber nicht zu mir«, lautete die erste Abfuhr, die Kid bekam.
Kurz taute indessen bald auf und begann frisch von der Leber weg zu erzählen.
»Jetzt ist's vorbei mit dem großen Schweden«, stöhnte er. »Unsere Spekulation ist zum Teufel gegangen. Morgen werden sie in allen Kneipen Sherry mit einem Ei für einen Dollar das Glas verkaufen. Es gibt kein hungriges Waisenkind in ganz Klondike, das sich nicht in Eiern vollfressen kann. Was, glaubst du, hab ich heute erlebt? Einen verfluchten Idioten hab ich getroffen, der dreitausend Eier hergebracht hat... verstehst du? Dreitausend... direkt aus Forty Mile.«
»Das ist doch nicht wahr«, meinte Kid zweifelnd.
»Wahr wie die Hölle... ich hab ja die Eier höchstpersönlich gesehen. Gauteraux heißt der Lümmel... ein großer, blöder blauäugiger Bengel von französischem Kanadier. Erst fragte er nach dir, dann nahm er mich beiseite und traf mich direkt ins Herz! Es war unsere Eierspekulation, die ihn auf den Weg gebracht hatte. Er hatte von den dreitausend gehört, die in Forty Mile lagen, ging einfach hin und kriegte sie. ›Zeigen Sie sie mir‹, sagte ich zu ihm. Und das tat er auch. Da stand sein Hundegespann mit ein paar indianischen Fahrern, die am Uferhang so warteten, wie sie soeben aus Forty Mile gekommen waren. Und auf dem Schlitten lagen Seifenkisten... dünne hölzerne Kisten.
Wir nahmen eine mit auf das Eis, mitten auf den Fluß, und öffneten sie. Eier, so wahr ich lebe! Unmengen von Eiern! Alle in Sägespäne eingepackt. Wir haben das Spiel

verloren, Kid. Wir haben eben Hasard gespielt. Weißt du, was er die Frechheit hatte, mir zu sagen? Daß wir sie alle für zehn Dollar das Stück bekommen könnten. Und weißt du, was er tat, als ich seine Hütte verließ? Er zeichnete ein Plakat, auf dem er die Eier zum Verkauf anbot. Sagte, er habe uns das Vorkaufsrecht gegeben, für zehn Dollar das Stück bis zwei Uhr heut nachmittag ... und wenn wir bis dahin nicht handelseinig seien, würde er uns das Geschäft verderben. Er sagte, er sei kein Geschäftsmann, aber er könne schon sehen, wenn eine Sache gut wäre ... und damit meinte er, soviel ich verstehen konnte, dich und mich.«

»Das ist ja alles nicht so schlimm«, sagte Kid zufrieden. »Verlier nur nicht den Kopf und laß mich einen Augenblick überlegen. Hier helfen nur kaltes Blut und schnelles Handeln! Um zwei Uhr werde ich Wild Water hierherbestellen, um die Eier abzunehmen. Inzwischen kaufst du die Eier von Gauteraux. Versuch, den Preis zu drücken. Aber selbst wenn du zehn Dollar das Stück bezahlen mußt, wird Wild Water sie uns ja zum selben Preis abnehmen müssen. Wenn du sie billiger kriegst, schön, dann verdienen wir auch an ihnen. Aber sorg dafür, daß sie nicht später als bis zwei Uhr hier sind. Leih dir die Hunde von Oberst Bowie und nimm auch unser Gespann mit. Punkt zwei mußt du hier sein.«

»Du, Kid ...«, rief Kurz, als sein Partner die Anhöhe hinabging. »Nimm lieber einen Regenschirm mit. Es sollte mich nicht wundern, wenn es Eier zu regnen begänne, bevor du zurückkommst.«

Kid fand Wild Water bei M. & M., und es wurde eine ziemlich stürmische Sitzung.

»Ich muß Ihnen sagen, daß wir noch einige Eier dazubekommen haben«, sagte Kid, als Wild Water sich bereit erklärt hatte, den Goldstaub um zwei Uhr nach der Hütte zu

bringen und die Ware bei sofortiger Abnahme zu bezahlen.
»Ihr habt offenbar mehr Glück bei eurer Eiersuche als ich«, gab Wild Water zu. »Nun, wie viele Eier habt ihr denn im ganzen, und wieviel Staub muß ich mitbringen?«
Kid schlug in seinem Notizbuch nach. »So, wie es jetzt steht, macht es nach Kurz' Berechnung genau dreitausendneunhundertzweiundsechzig Eier... multipliziert mit zehn...«
»Vierzigtausend Dollar«, brüllte Wild Water. »Sie sagten doch, es wären im ganzen nur ungefähr neunhundert Eier da! Das ist ja der reine Nepp... da mach ich nicht mit.«
Kid zog den Vertrag aus der Tasche und zeigte auf die Worte: ›Zahlbar bei Abnahme.‹ »Es steht kein Wort da, wie viele Eier abzunehmen sind. Sie haben sich bereit erklärt, zehn Dollar für jedes Ei zu zahlen, das wir Ihnen liefern. Wir haben die Eier bekommen, und Vertrag bleibt Vertrag! Ich gebe gern zu, daß wir nichts von den Eiern wußten, als wir mit Ihnen abschlossen. Aber dann kauften wir sie, um uns das Geschäft nicht zu verderben.«
Fünf lange Minuten herrschte ein schwüles Schweigen. Wild Water kämpfte einen schweren Kampf mit sich. Dann gab er widerstrebend nach.
»Ich bin im Nachteil«, sagte er mit gebrochener Stimme. »Das ganze Land scheint Eier auszuspucken. Und je schneller ich die Sache erledige, um so besser! Sonst gibt es noch eine wahre Sturzflut von Eiern. Ich werde um zwei Uhr bei euch sein... aber vierzigtausend Dollar!«
»Es sind übrigens nur neununddreißigtausendsechshundertundzwanzig«, berichtigte Kid.
»Das wiegt mehr als zweihundert Pfund«, wütete Wild Water. »Ich muß das Geld mit einem Gespann hinausfahren.«
»Wir werden Ihnen unsere Hunde zur Verfügung stellen, um die Eier abzutransportieren«, erbot sich Kid freundlich.
»Aber wo, zum Teufel, soll ich sie aufbewahren? Wo schaf-

fe ich sie nur hin? Na...nichts zu machen. Um zwei bin ich da. Aber solange ich lebe, werde ich kein Ei mehr anrühren.«

Um halb zwei kam Kurz, der den schroffen Hang hinauf ein doppeltes Gespann gebraucht hatte, mit Gauteraux' Eiern an. »Wir können unsern Gewinn, hol mich der Teufel, fast verdoppeln«, erzählte er Kid, als sie die Seifenkisten in die Hütte brachten. »Ich hab den Preis auf acht Dollar gedrückt. Nachdem er zuerst ganz verdammt auf französisch geflucht hatte, gab er schließlich nach. Wir haben also einen regulären Nettoprofit von zwei Dollar das Ei, und es sind im ganzen dreitausend. Ich habe sie in bar bezahlt. Hier hast du die Quittung...«

Während Kid die Goldwaage hervornahm und alles für die Ablieferung der Ware bereitmachte, vertiefte Kurz sich in Berechnungen.

»Hier haben wir es schwarz auf weiß«, berichtete er triumphierend. »Es ergibt einen Gewinn von zwölftausendneunhundertsiebzig Dollar. Und Wild Water tun wir nichts Böses an. Er gewinnt ja seine Lucille dabei. Außerdem bekommt er alle die herrlichen Eier. Es ist also für beide Teile ein gutes Geschäft. Keiner wird geschädigt.«

»Selbst Gauteraux verdient seine vierundzwanzigtausend«, lachte Kid. »Natürlich mit Abzug seiner Unkosten für Kauf und Transport der Eier. Und wenn Wild Water die Eier hält, kann er auch noch einen Profit herauspressen.«

Als Kurz um Punkt zwei hinausguckte, sah er Wild Water den Hügel heraufkommen. Als er in die Hütte trat, war er kurz angebunden und sehr geschäftsmäßig.

»Bringt die Eier her, ihr Räuber«, begann er. »Und ich gebe euch den guten Rat, nie mehr in meiner Anwesenheit von Eiern zu reden, jedenfalls nicht, wenn ihr in Freundschaft mit mir leben wollt.«

Sie machten den Anfang mit den verschiedenen Posten des ursprünglichen Corners, und alle drei beteiligten sich an der Nachzählung. Als die ersten zweihundert erreicht waren, zerschlug Wild Water plötzlich ein Ei am Tischrand.
»Hallo... was soll das...!« protestierte Kurz.
»Es ist ja mein Ei, oder etwa nicht?« brummte Wild Water mürrisch. »Ich bezahle ja meine zehn guten Dollar dafür, nicht wahr? Aber ich pflege keine Katze im Sack zu kaufen. Wenn ich zehn runde Dollar für ein Ei zahlen muß, will ich auch wissen, daß es gut ist.«
»Wenn es Ihnen nicht gut genug ist, bin ich bereit, es zu essen«, erbot sich Kurz ironisch.
Wild Water guckte das Ei an, beroch es und schüttelte den Kopf. »Nee, daraus wird nichts, Kurz. Das Ei ist gut! Geben Sie mir einen Topf. Ich werde es heut abend selber essen.«
Dreimal noch zerschlug Wild Water versuchsweise ein Ei, aber sie waren alle gut, und er tat sie in den neben ihm stehenden Topf.
»Es sind zwei mehr, als Sie gerechnet haben, Kurz«, sagte er, als sie endlich sämtliche Eier nachgezählt hatten. »Neunhundertdreiundsechzig, nicht einundsechzig.«
»Da hab ich mich also geirrt«, gab Kurz artig zu. »Die kriegen Sie als Gratisbeigabe.«
»Glaub schon, daß ihr euch den Spaß leisten könnt«, räumte Wild Water grimmig ein. »Den Posten nehme ich also ab. Neuntausendsechshundertzwanzig Dollar. Ich bezahle gleich! Schreiben Sie die Quittung aus, Kid.«
»Warum nehmen Sie nicht lieber auch gleich den Rest ab?« schlug Kid vor. »Dann können Sie alles auf einmal zahlen.«
Wild Water schüttelte den Kopf.
»Ich bin nicht so gut im Rechnen. Jeder Posten für sich und kein Fehler, das ist meine Methode.«

Er trat zu seinem Pelz und zog aus den Taschen zwei Beutel mit Goldstaub, die so dickbäuchig und lang waren, daß sie wie Salamiwürste aussahen.
Als er den ersten Posten bezahlt hatte, blieben nur wenige hundert Dollar in den Säcken.
Jetzt wurde eine Seifenkiste auf den Tisch gestellt, und sie begannen die dreitausend abzuzählen. Als sie die ersten hundert voll hatten, schlug Wild Water ein Ei hart gegen die Kante des Tisches.
Es ging aber nicht entzwei.
»Durch und durch gefroren«, sagte er und schlug noch härter. Dann hielt er das Ei hoch, und sie sahen alle drei, daß die Schale an der Stelle, wo er sie gegen den Tisch geschlagen, in ganz feine Stückchen zersplittert war.
»Hm«, sagte Kurz. »Es muß ja auch gefroren sein, da es eben erst den weiten Weg von Forty Mile hierhergebracht worden ist. Wir müssen es mit einer Axt zerschlagen.«
»Dann geben Sie eine Axt«, sagte Wild Water.
Kid holte die Axt, und mit dem sicheren Auge und der geübten Hand des Holzfällers teilte Wild Water das Ei mit einem Hieb in zwei gleiche Teile. Das Aussehen des Eis war durchaus nicht befriedigend. Kid wurde von einer unheimlichen Ahnung durchschauert. Kurz war zuversichtlicher. Er hielt die eine Hälfte an seine Nase.
»Riecht sehr gut«, sagte er.
»Aber sieht verdammt schlecht aus«, behauptete Wild Water. »Stinken kann es ja gar nicht, weil der Geruch mitgefroren ist. Warten Sie nur einen Augenblick, dann werden Sie es schon merken.«
Er legte beide Hälften in eine Bratpfanne, die er dann auf den heißen Ofen stellte. Dann standen die drei Männer eine Weile da und warteten mit weit geöffneten Nüstern der Dinge, die da kommen sollten. Langsam begann ein unverkennbarer Geruch sich durch den Raum zu verbrei-

ten. Wild Water blieb stumm, und auch Kurz schwieg, obgleich er schon überzeugt war.

»Werfen Sie es weg«, rief Kid, nach Luft schnappend. »Was hilft das?« fragte Wild Water. »Wir müssen die andern ja auch nachprüfen.«

»Nicht hier im Haus.« Kid hustete, und ihm wurde recht übel. »Zerschlagen Sie sie mit dem Beil, dann brauchen wir sie nur anzusehen. Schmeiß es doch weg, Kurz... hinaus damit! Pfui Deibel!«

Kiste auf Kiste wurde geöffnet. Ein Ei nach dem andern wurde in zwei Stücke zerschlagen. Und jedes trug dieselben unverkennbaren Merkmale; sie waren ohne Ausnahme unrettbar und hoffnungslos verdorben.

»Ich verlange nicht, daß Sie alle aufessen, Kurz«, spottete Wild Water. »Und wenn Sie nichts dagegen haben, will ich mich schleunigst aus dem Staube machen. Mein Vertrag lautet auf gute Eier! Wenn Sie mir einen Schlitten und Ihr Gespann zur Verfügung stellen wollen, werde ich die guten Eier entführen, bevor sie angesteckt sind.«

Kid half ihm die Eier auf den Schlitten zu verstauen. Kurz blieb am Tisch sitzen, die Karten vor sich, bereit, sobald sie allein waren, eine Patience zu legen.

»Sagen Sie mal, wie lange habt ihr beide eigentlich die Eier gehalten?« lauteten die spöttischen Abschiedsworte Wild Waters.

Kid gab keine Antwort, sondern begann, nach einem schnellen Blick auf seinen Partner, die Seifenkisten in den Schnee hinauszuwerfen.

»Sag mal, Kurz, wieviel hast du eigentlich für die dreitausend bezahlt?«

»Acht Dollar... Aber geh, sprich nicht... ich rechne genau so gut wie du. Wir haben siebzehntausend Dollar an der Geschichte verloren, wenn jemand auf einem Schlitten angefahren kommen sollte, um dich zu fragen. Ich hab es aus-

gerechnet, während wir warteten, daß das erste Ei schmelzen sollte.«
Kid überlegte einige Minuten, dann begann er wieder zu sprechen: »Sag mal, Kurz. Vierzigtausend Dollar wiegen gut zweihundert Pfund. Wild Water lieh sich unsern Schlitten und unser Gespann, um die Eier wegzuschaffen. Er kam ohne Schlitten den Hügel herauf. Die beiden Säcke mit Goldstaub, die er in den Taschen trug, hatten ein Gewicht von kaum zwanzig Pfund je. Wir hatten verabredet, daß er bei Abnahme bezahlen sollte. Und doch brachte er nur so viel Staub mit, daß er die guten Eier bezahlen konnte. Er hatte offenbar gar nicht daran gedacht, die dreitausend zu bezahlen. Mit andern Worten: er wußte, daß sie schlecht waren. Und wie hat er denn wissen können, daß sie nicht gut waren?... Was meinst du dazu, Kurz?«
Kurz sammelte die Karten und mischte sie, um eine neue Patience zu legen, hielt dann aber inne: »Hm... die Frage ist ja sehr einfach. Jedes Kind kann sie beantworten. Wir haben siebzehntausend Dollar verloren. Wild Water hat also siebzehntausend gewonnen. Die Eier von Gauteraux haben die ganze Zeit Wild Water gehört. Möchtest du sonst noch etwas wissen?«
»Ja«, sagte Kid. »Warum hast du denn nur die Eier nicht untersucht, bevor du sie bezahltest?«
»Ebenso einfach wie deine erste Frage. Wild Water hat das verfluchte Spiel auf Minute und Sekunde zurechtgelegt. Ich mußte mich schon genug beeilen, um sie herzubringen, so daß wir sie rechtzeitig liefern konnten. Und jetzt, Kid, mußt du mir erlauben, dir eine offene, anständige Frage zu stellen: Wie hieß der Mann, der die Idee zu dieser Spekulation gab?« Kurz hatte seine sechzehnte Patience verloren, und Kid war schon dabei, das Abendbrot vorzubereiten, als Oberst Bowie an die Tür klopfte, Kid einen Brief überreichte und gleich nach seiner eigenen Hütte weiterging.

»Hast du sein Gesicht gesehen?« wütete Kurz. »Er mußte sich ordentlich zusammennehmen, um ernst zu bleiben. Jetzt gibt es ein Mordsgelächter... aber auf unsere Kosten, Kid. Wir werden nie wieder den Mut haben, unsere Gesichter in Dawson sehen zu lassen.«
Der Brief war von Wild Water, und Kid las ihn vor:

›Liebe Freunde Kid und Kurz!
Ich schreibe, um Euch zu bitten, mich mit Eurer Anwesenheit heute abend zu einem Essen im Restaurant Slavovitsch zu beehren. Fräulein Arral wird kommen und Gauteraux ebenfalls. Er und ich waren in Circle vor fünf Jahren Kompagnons. Er ist in jeder Beziehung ein ausgezeichneter Mensch und wird mein Trauzeuge sein. Was die Eier betrifft, so kamen sie schon vor fünf Jahren ins Land. Sie waren bei der Ankunft verdorben. Sie waren es schon, als sie Kalifornien verließen. Sie sind überhaupt immer verdorben gewesen. Einen Winter haben sie in Carluk und einen in Nutlik verbracht, wo sie gegen Erstattung der Lagerspesen verkauft wurden. Diesen Winter werden sie vermutlich in Dawson verbringen. Aber lagern Sie sie nicht in einem geheizten Raum! Lucille sagt, ich soll Ihnen sagen, daß Sie beide und ich Dawson jetzt ein paar gemütliche Stunden verschafft haben. Und ich sage, daß Sie eine Runde schmeißen müssen; darüber kann kein Zweifel sein.
Ihr ergebener Freund

W. W.‹

»Na, was sagst du nun?« fragte Kid. »Wir nehmen die Einladung natürlich an, nicht wahr?«
»Eins möchte ich aber doch noch bemerken«, antwortete Kurz, »nämlich, daß Wild Water nie zu hungern braucht, wenn es ihm schiefgehen sollte. Denn er ist ein guter Schauspieler... ein ganz gottverfluchter, gerissener Schauspie-

ler. Und dann muß ich noch bemerken, daß meine Zahlen alle falsch gewesen sind. Wild Water hat einen Gewinn von siebzehntausend Dollar gehabt, aber in Wirklichkeit hat er noch mehr gewonnen. Wir beide haben ihm alle guten Eier, die es in Klondike gibt, geschenkt... neunhundertvierundsechzig, davon zwei als Gratiszugabe. Und er war so unsagbar knickerig, daß er die drei, die er öffnete, in einem Topf mitnahm! Und dann habe ich noch eine letzte Bemerkung zu machen. Wir beide sind Grubenbesitzer und verstehen uns auf Goldminen. Wenn es sich aber um richtige ›Geschäfte‹ handelt, sind wir die armseligsten Trottel, die je die verrückte Idee bekommen haben, schnell reich zu werden. Nach dieser Geschichte haben wir nichts anderes zu tun, als uns an unzugängliche Felsen und große Baumstämme zu halten... und wenn du noch einmal das Wort Ei aussprichst, dann sind wir geschiedene Leute... Verstanden?«

XI *Die neue Stadt*

Kid und Kurz, die aus entgegengesetzten Richtungen kamen, trafen sich an der Ecke, wo das Schanklokal ›Elchgeweih‹ lag. Kid sah sehr vergnügt aus und ging flott und rasch, während Kurz anscheinend sehr niedergeschlagen dahertrottete.
»Was ist los?« fragte Kid übermütig.
»Ich will ewig verflucht sein, wenn ich es selbst ahne«, gab Kurz mißmutig zur Antwort. »Ich möchte es tatsächlich gern wissen. Es gibt auch nichts, was mich ein bißchen aufrütteln könnte. Zwei Stunden lang habe ich die blödesten, langweiligsten Patiencen gelegt... keine Aufregung, keine Trümpfe, nichts zu machen. Dann habe ich ein paar Robber Whist mit Skiff Mitchel um Schnäpse gespielt, und jetzt

sehne ich mich so nach einem Erlebnis, daß ich die Straße hier auf und ab laufe in der Hoffnung, daß es wenigstens eine Hundekeilerei oder einen Streit oder sonst irgend etwas geben möchte.«

»Da hab ich was Besseres auf Lager«, antwortete Kid, »deshalb bin ich auf der Suche nach dir. Komm mit.«

»Jetzt?«

»Ja, natürlich...«

»Wohin denn?«

»Über den Fluß, um dem alten Dwight Sanderson einen Besuch abzustatten.«

»Hab nie was von dem gehört«, gab Kurz mißmutig zur Antwort, »...auch noch nie, daß überhaupt jemand auf der andern Seite des Flusses lebt. Warum in aller Welt wohnt er denn da? Ist er vollkommen verrückt?«

»Er hat was zu verkaufen«, lachte Kid.

»Hunde? Oder eine Goldmine? Vielleicht Tabak?«

Kid schüttelte zu jeder Frage den Kopf.

»Komm nur mit, dann wirst du schon sehen, was es ist. Ich will es jedenfalls kaufen... und wenn du willst, kannst du halbpart mit mir machen.«

»Sag nur um Gottes willen nicht, daß es Eier sind«, rief Kurz, und sein Gesicht verzog sich zu einem Grinsen, das halb drollig, halb spöttisch war.

»Komm nur mit«, erklärte Kid, »ich lasse dich noch zehnmal raten, während wir über das Eis gehen.«

Sie kletterten den schroffen Hang am Ende der Straße hinab und erreichten den eisbedeckten Yukon. Dreiviertel Meilen entfernt sahen sie gerade vor sich das andere Ufer mit seinen noch schrofferen Felsen. Dazwischen schlängelte sich, von vielen zerborstenen Eisblöcken unterbrochen, eine schmale, nur wenig benutzte Schlittenspur. Kurz trottete dicht hinter Kid her und verbrachte die Zeit mit zahlrei-

chen Versuchen, zu enträtseln, was Dwight Sanderson wohl in seiner Hütte zu verkaufen hätte.
»Rentiere? Eine Kupfermine? Oder eine Ziegelei? Das war mein erster Versuch, das Rätsel zu lösen! Bären- oder andere Felle? Lotterielose? Eine Kartoffelfarm?«
»Jetzt kommst du der Sache schon näher«, ermunterte ihn Kid.
»Zwei Kartoffelfarmen? Eine Käsefabrik? Ein Binsengut?«
»Du irrst dich gar nicht so sehr, Kurz, bist gar nicht so weit von der Wahrheit entfernt, wie du selber glaubst.«
»Ein Steinbruch?«
»Jetzt bist du fast ebenso nahe daran wie mit dem Binsengut und der Kartoffelfarm.«
»Sei mal einen Augenblick ruhig, ich muß nachdenken! Ich darf noch einmal raten.«
Zehn Minuten vergingen im Schweigen.
»Weißt du, Kid, ich versuche es gar nicht mehr. Wenn das Ding, das du kaufen willst, so ähnlich lautet wie eine Kartoffelfarm, ein Binsengut und ein Steinbruch, dann geb ich es lieber gleich auf. Und ich werde mich auch nicht an dem Geschäft beteiligen, bevor ich es gesehen habe und mir meine Meinung darüber bilden kann.«
»Gut... du wirst ja bald genug die Karten auf dem Tische sehen. Guck mal dort hinauf... Siehst du den Rauch aus der Hütte? Da wohnt der alte Dwight Sanderson. Er hat Grundstücke genug für eine ganze Stadt.«
»Was hat er sonst noch?«
»Weiter nichts«, lachte Kid. »Das heißt, er hat auch Gicht... das hab ich wenigstens gehört.«
»Sag mal...« Kurz streckte die Hand aus, packte seinen Kameraden an der Schulter und zwang ihn stehenzubleiben. »Du willst mir doch nicht einreden, daß du auf diesem vollkommen verrückten Land Grundstücke für eine Stadt kaufen willst?«

»Jetzt hast du das zehntemal geraten... und diesmal richtig!«
»Aber wart doch einen Augenblick«, bat Kurz. »Sieh dir doch die Grundstücke hier an. Sie sind ja nichts als Felsen und Glitschbahnen... die reine Rutschbahn. Wo zum Teufel soll die Stadt dann stehen?«
»Ja, das möchtest du wohl wissen!«
»Dann willst du also gar keine Stadt hier bauen?«
»Nein, aber Dwight Sanderson will sie uns zur Gründung einer Stadt verkaufen«, neckte ihn Kid. »Komm jetzt. Wir müssen diese Rutschbahn hinaufklettern.«
Es war ein sehr schroffer Hang, und der schmale Steg schlängelte sich wie eine riesige Jakobsleiter empor. Kurz stöhnte und ächzte über die vielen scharfen Ecken und Spitzen.
»Daß jemand hier eine Stadt anlegen will! Es ist nicht so viel ebene Fläche hier, um eine Briefmarke aufzukleben. Und außerdem ist es ja die falsche Seite vom Fluß! Der ganze Warenverkehr geht ja am andern Ufer vor sich. Schau dir mal Dawson dort unten an! Da ist Platz genug für eine Erweiterung, selbst wenn die Bevölkerung auf vierzigtausend steigen sollte. Du, Kid, ich weiß ja, daß du die Grundstücke nicht kaufen willst, um eine Stadt zu gründen, aber warum in aller Teufel Namen kaufst du sie denn?«
»Um sie wieder zu verkaufen natürlich.«
»Aber andere Leute sind nicht solche Trottel wie der Alte dort oben oder wie du.«
»Vielleicht nicht in derselben Weise, Kurz. Aber ich kaufe jetzt diese Grundstücke. Dann teile ich sie in kleine Parzellen auf und verkaufe sie an eine ganze Menge von den vernünftigen Leuten in Dawson.«
»Brrr... ganz Dawson grinst heute noch über uns beide wegen der verdammten Eier. Du möchtest wohl, daß sie noch mehr grinsen?«
»Ja, natürlich.«

»Aber es ist ein verflucht teures Vergnügen, Kid! Bei der Eiergeschichte hab ich dir geholfen, die Leute zum Lachen zu bringen, und mein Anteil an diesem herrlichen Vergnügen betrug fast neuntausend Dollar.«
»Ganz recht... aber du brauchst ja diesmal nicht mitzumachen. Dann stecke ich den Gewinn allein ein. Trotzdem mußt du mir aber helfen.«
»Oh, helfen tue ich gern! Und auslachen können sie mich meinetwegen auch. Aber ich gebe nicht eine Unze dafür aus. Was verlangt der alte Sanderson denn für die Grundstücke... ein paar hundert?«
»Zehntausend. Ich denke aber, daß ich sie für fünf kriegen werde.«
»Ich möchte gern Pastor sein«, erklärte Kurz mit brennendem Eifer in seiner Stimme.
»Pastor? Wieso?«
»Dann würde ich eine wunderbar beredte Predigt über einen Text halten, den du vielleicht öfters gehört hast, nämlich über einen Narren und sein Geld...«
»Herein«, hörten sie Dwight Sanderson mürrisch rufen, als sie an seine Tür klopften. Und als sie eintraten, sahen sie ihn am steinernen Kamin hocken, wo er Kaffeebohnen, die in einen Fetzen aus einem alten Mehlsack eingewickelt waren, zerstampfte.
»Was wünschen Sie?« fragte er barsch, während er die zerstoßenen Kaffeebohnen in die Kaffeekanne schüttete, die auf den Kohlen stand.
»Etwas Geschäftliches mit Ihnen besprechen«, erwiderte Kid. »Sie haben Grundstücke für eine Stadt hier abgesteckt, wie ich gehört habe. Was verlangen Sie für die ganze Geschichte?«
»Zehntausend Dollar«, lautete die Antwort. »Und nachdem ich es Ihnen gesagt habe, können Sie ja wieder hinausgehen und mich auslachen. Da ist die Tür.«

»Ich habe gar nicht die Absicht zu lachen. Ich kenne eine Menge lustigerer Sachen, als ausgerechnet diese verdammten Felsen heraufzuklettern. Ich will Ihr Land kaufen.«

»So, wollen Sie? Nun, ich freue mich, endlich mal etwas Vernünftiges zu hören.« Sanderson trat zu ihnen und setzte sich seinen Besuchern gegenüber; seine Hände legte er auf den Tisch vor sich, während seine Blicke hin und wieder ängstlich nach der Kaffeekanne schweiften. »Ich habe Ihnen ja meinen Preis gesagt, und ich schäme mich nicht, ihn zu wiederholen... zehntausend Dollar! Und Sie können lachen oder kaufen... das ist mir beides ganz schnuppe.« Um zu zeigen, wie schnuppe es ihm war, begann er mit seinen geschwollenen Knöcheln auf den Tisch zu trommeln und starrte wild die Kaffeekanne an. Ein paar Minuten später fing er auch an, eintönig und einförmig vor sich hin zu summen: »Tralalu, tralali, tralalu, tralali...«

»Aber sehen Sie, Herr Sanderson...« sagte Kid. »Diese Grundstücke sind keine zehntausend wert. Wären sie das, so würden sie ebensogut hunderttausend wert sein. Und wenn sie keine hunderttausend wert sind — und daß sie das nicht sind, wissen Sie ja selbst sehr gut —, dann sind sie keine zehn Cent wert.«

Sanderson trommelte weiter mit seinen Knöcheln und summte: »Tralali, tralalu«, bis die Kaffeekanne überkochte. Er goß kaltes Wasser auf und nahm dann wieder seinen Platz ein.

»Wieviel bieten Sie denn?« fragte er Kid.

»Fünftausend.«

Kurz stöhnte.

Wieder folgte eine Pause, die nur durch das Trommeln auf dem Tische gestört wurde.

»Sie sind ja kein Idiot«, ließ Sanderson Kid wissen, »denn Sie sagten, wenn sie keine hunderttausend wert seien, hätten sie auch nicht den Wert von zehn Cent. Und doch bie-

ten Sie fünftausend. Dann sind sie also hunderttausend wert. Ich erhöhe deshalb meine Forderung auf zwanzigtausend.«
»Sie werden ja nie einen Heller dafür kriegen«, antwortete Kid eifrig. »Und wenn Sie hierbleiben, bis Sie in Verwesung übergegangen sind.«
»Ich werde es schon aus Ihnen herauskriegen.«
»Nicht zu machen.«
»Dann werde ich eben hierbleiben, bis ich in Verwesung übergehe«, gab Sanderson in einem Ton zurück, der offensichtlich die Unterredung abschließen sollte.
Er nahm keine Rücksicht mehr auf die Anwesenheit der beiden, sondern bereitete seine kulinarischen Genüsse vor, als ob er ganz allein wäre. Als er einen Topf Bohnen aufgewärmt und eine Scheibe Brot geröstet hatte, deckte er den Tisch für eine Person und begann zu essen.
»Nein, nein, danke schön... sehr liebenswürdig«, murmelte Kurz. »Wir sind gar nicht hungrig.«
»Lassen Sie mich Ihre Urkunden sehen«, sagte Kid schließlich.
Sanderson suchte unter seinem Kopfkissen im Bett herum und zog schließlich einen ganzen Stoß Dokumente hervor.
»Es ist alles tipptopp, in prima Ordnung«, sagte er. »Das große da, mit den riesigen Siegeln, kommt den weiten Weg aus Ottawa hierher. Territorialschwierigkeiten gibt es nicht, die kanadische Regierung steht in dieser Sache hinter mir und bestätigt mir mein Besitzrecht.«
»Wie viele Parzellen haben Sie eigentlich in den zwei Jahren, in denen Sie das Grundstück besitzen, verkauft?«
»Das ist nicht Ihre Sache«, antwortete Sanderson mürrisch. »Es gibt kein Gesetz, das einem Mann verbietet, allein auf seinem Grund und Boden zu wohnen, solange er Lust dazu hat.«
»Ich gebe Ihnen fünftausend«, sagte Kid.

»Ich weiß nicht, wer von euch beiden der Verrücktere ist«, klagte Kurz. »Komm mal einen Augenblick mit hinaus, Kid. Ich möchte dir gern was sagen.« Zögernd fügte sich Kid den Überredungskünsten seines Partners.

»Ist es dir denn nie eingefallen«, fragte Kurz, als sie im Schnee draußen vor der Hütte standen, »daß es Meile auf Meile zu beiden Seiten dieser blöden Baugrundstücke gibt, die keinem gehören. Die kriegst du doch umsonst, wenn du sie nur selbst absteckst und die Pfähle einrammst.«

»Ja, aber sie erfüllen meinen Zweck nicht«, sagte Kid.

»Wieso denn nicht?«

»Du staunst, daß ich ausgerechnet diese Parzellen haben will, wo ich so viele Meilen umsonst bekommen kann, nicht wahr?«

»Selbstverständlich«, räumte Kurz ein.

»Und darauf kommt es eben an«, fuhr Kid triumphierend fort. »Wenn du darüber staunst, werden die andern noch mehr staunen. Und wenn sie staunen, werden sie angestürmt kommen. Durch dein Staunen beweist du, daß ich die Sache psychologisch richtig sehe. Und jetzt hör mal zu, Kurz: ich habe die Absicht, Dawson ein Geschenk zu machen, das diesem verdammten Eiergrinsen den Boden ausschlagen wird. Komm jetzt mit hinein.«

»Nun?« sagte Sanderson, als sie wieder eintraten. »Ich dachte, ich würde euch nicht wieder zu sehen bekommen...«

»Nun sagen Sie mir Ihre letzte Forderung«, sagte Kid.

»Zwanzigtausend.«

»Ich gebe zehntausend.«

»Schön, zu dem Preis verkaufe ich. Das ist ja meine ursprüngliche Forderung. Wann bezahlen Sie?«

»Morgen — in der Nordwest-Bank. Aber ich stelle zwei Bedingungen. Erstens, daß Sie, wenn Sie das Geld bekommen haben, sofort den Fluß hinab nach Forty Mile fahren und den Rest des Winters dort bleiben.«

»Das kann ich ohne weiteres. Was sonst?«
»Daß ich Ihnen fünfundzwanzig auszahle und Sie mir fünfzehntausend wiedergeben.«
»Kann ich gern machen.« Sanderson wandte sich zu Kurz. »Die Leute sagen, daß ich verrückt war, als ich hierherzog und die Grundstücke parzellierte«, spottete er. »Aber jedenfalls bin ich doch nicht verrückter gewesen, als daß ich zehntausend Dollar daran verdient habe.«
»In Klondike gibt's wahrhaftig Verrückte genug«, war alles, was Kurz antworten konnte. »Und wenn es so viele gibt, muß einer von ihnen wohl mal Glück haben.«

Am nächsten Morgen wurden die juristischen Formalitäten des Grundstücksverkaufs geregelt, und auf Kids ausdrücklichen Wunsch wurde im Vertrag bemerkt, daß dieser Grundstückskomplex künftig den Namen ›Tra-li‹ tragen sollte. Dann wog der Kassierer der Nordwest-Bank Goldstaub im Werte von fünfundzwanzigtausend Dollar ab, während ein halbes Dutzend zufällige Zuschauer dem Abwiegen der Auszahlung und dem Empfang beiwohnten. In einem Goldgräberlager sind alle mißtrauisch. Alles, was jemand unerwartet unternimmt, kann ja der Schlüssel zu einem geheimnisvollen Goldfund sein, selbst wenn der Betreffende in Wirklichkeit nur auf die Elchjagd geht oder einen Abendspaziergang macht, um das schöne Nordlicht zu betrachten. Und als bekannt wurde, daß eine so bekannte Persönlichkeit wie Alaska-Kid dem alten Dwight Sanderson fünfundzwanzigtausend Dollar ausgezahlt hatte, wollte ganz Dawson wissen, wofür er diesen Betrag gezahlt hatte. Was hatte nun Dwight Sanderson, der drüben auf seinen einsamen Grundstücken hockte und halbwegs verhungerte, was hatte er zu verkaufen, das fünfundzwanzigtausend Dollar wert war? Da die Leute von Dawson nirgends eine Antwort auf diese Frage bekamen, war es nur selbstverständlich, daß sie mit fieberhafter Spannung alles zu beobachten begannen, was Kid jetzt unternehmen würde.

Am Nachmittag wußte man bereits überall in der Stadt, daß eine ganze Anzahl von Männern leichte Wanderbündel geschnürt hatten, die sie in verschiedenen, ihnen geeignet erscheinenden Kneipen an der Hauptstraße versteckten. Wo Kid auch hinging, beobachteten ihn viele Augen. Und zum Beweis, wie ernst man ihn nahm, mag erwähnt werden, daß keiner die Stirn hatte, ihn offen über seine Geschäfte mit Sanderson auszufragen. Andererseits gab es auch keinen, der die Geschichte mit den Eiern vor ihm zu erwähnen wagte. Kurz war natürlich Gegenstand einer ähnlichen Beobachtung und derselben diskreten Freundlichkeit.

»Ich habe fast das Gefühl, als ob ich irgend jemand totgeschlagen oder die Pocken bekommen hätte, so lauern sie auf alles, was ich tue, und solche Angst haben sie, mir etwas zu sagen«, gestand Kurz, als er Kid zufällig vor dem ›Elchgeweih‹ traf. »Schau dir mal Bill Saltman da drüben an — er platzt schon fast vor Neugierde und guckt doch dabei immerfort anderswohin... wenn man ihn ansieht, glaubt man, er hätte überhaupt keine Ahnung davon, daß wir beide auf der Welt sind. Aber ich wette Schnaps soviel du willst, Kid, daß wir, wenn wir um die Ecke hier abbögen, als ob wir irgendwohin gehen wollten, und dann an der nächsten Ecke umkehrten, sehen würden, daß er uns nachrännte, als ob ihm der Teufel auf den Hacken wäre.«

Sie machten den Versuch, und als sie an der nächsten Ecke umkehrten und zurückkamen, liefen sie Saltman direkt in die Arme. Er war ihnen tatsächlich im Schlittentrott nachgelaufen.

»Tag, Bill«, grüßte Kid. »Wohin denn?«

»Nur ein bißchen herumbummeln«, antwortete Saltman.

»So ein klein bißchen bummeln. Es ist verdammt schönes Wetter heute...nicht?«

»Hm«, meinte Kurz ironisch. »Wenn du die Schnelligkeit bummeln nennst, dann möchte ich wissen, was du tust, wenn du läufst.«

Als Kurz gegen Abend die Hunde fütterte, hatte er das ganz unverkennbare Gefühl, daß rings im Dunkeln eine Menge Augen auf ihn lauerten. Und als er die Hunde an den Zaun band, statt sie, wie sonst, nachts frei herumlaufen zu lassen, wußte er genau, daß er die Nervosität der Bevölkerung noch um ein bedeutendes vermehrte.

Wie verabredet, nahm Kid sein Abendbrot in der Stadt ein und ging dann weiter, um sich zu amüsieren. Wo er auch erschien, wurde er gleich zum Mittelpunkt des allgemeinen Interesses. Er machte absichtlich eine Rundfahrt durch sämtliche Lokale. Die Bars füllten sich, sobald er erschien, und leerten sich, sobald er wieder ging. Wenn er an einem schläfrigen Roulettetisch einige Spielmarken kaufte, saß binnen fünf Minuten mindestens ein halbes Dutzend Spieler um ihn herum. Er benutzte die Gelegenheit, um eine kleine Rache an Lucille Arral zu nehmen, indem er den Zuschauerraum der Oper gerade in dem Augenblick verließ, als sie ihr volkstümlichstes Lied ableiern sollte. In kaum drei Minuten hatten mindestens zwei Drittel des gesamten Publikums das Theater verlassen. Gegen ein Uhr morgens ging er durch die außergewöhnlich belebte Hauptstraße. Er bog auf den Seitenweg ein, der die Anhöhe zu seiner Hütte hinaufführte. Als er einen Augenblick oben stehenblieb, hörte er, wie der Schnee hinter ihm unter den Tritten vieler Mokassins knirschte.

Eine Stunde blieb es noch dunkel in der Hütte, dann steckte er eine Kerze an, und nachdem er und Kurz sich so lange still verhalten hatten, wie man braucht, um sich anzuziehen, öffneten sie die Tür und begannen die Hunde anzuspannen. Als der Schein der Kerze aufflackerte und sie und die Hunde beleuchtete, hörten sie nicht weit entfernt einen leisen Pfiff. Dieses Pfeifen wurde dann von jemand am Fuße des Hügels beantwortet.

»Horch mal«, lachte Kid. »Sie haben Posten aufgestellt, um uns zu belauschen, und jetzt geht der Bescheid weiter durch die ganze Stadt. Ich wette, daß mindestens vierzig Leute in diesem Augenblick im Begriff sind, aus dem Bett zu steigen.«

»Sind die Leute nicht verrückt?« kicherte Kurz. »Sag mal, Kid, wozu hat man eigentlich seinen Grips? Man muß ja blöd sein, um sich heutzutage abzuschinden und mit den Händen zu schuften, wenn man Grips hat. Die Welt ist ja zum Überlaufen voll von Trotteln, die ganz verrückt danach sind, ihr Gold loszuwerden. Und bevor wir den Hügel hinunterklettern, möchte ich dir nur noch sagen, daß ich natürlich halbpart mit dir mache — wenn du nichts dagegen hast.«

Auf dem Schlitten hatten sie eine leichte Schlaf- und Minenausrüstung verstaut. Eine kleine Rolle Stahldraht guckte ganz unschuldig aus ihrem Versteck unter einem Proviantsack hervor, während ein Brecheisen, nur halb verborgen, unten auf dem Schlitten lag.

Kurz strich leise mit den Händen über den Stahldraht und gab dem Brecheisen einen letzten freundschaftlichen Klaps.

»Ho«, flüsterte er. »Ich weiß ja, was ich selbst denken würde, wenn ich das Zeugs nachts auf einem Schlitten sähe.«

Sie lenkten die Hunde ganz vorsichtig und leise den Hügel hinab, und als sie die Ebene erreichten, fuhren sie mit dem Gespann nordwärts durch die Hauptstraße. Dann ging es unter Beobachtung noch größerer Vorsichtsmaßregeln aus dem Geschäftsviertel der Stadt hinaus in der Richtung der Sägemühle. Sie hatten noch niemand gesehen, als sie aber die Richtung änderten, hörten sie leise Pfiffe aus der Finsternis hinter sich, die nicht einmal die Sterne zu erhellen vermochten. Nachdem sie an der Sägemühle und dem Krankenhaus vorbeigekommen waren, fuhren sie noch eine halbe Stunde, so schnell es ihnen möglich war, weiter geradeaus. Dann machten sie plötzlich kehrt und fuhren denselben Weg zurück, den sie gekommen waren. Kaum waren sie die ersten hundert Meter gefahren, als sie mit Mühe und Not einen Zusammenstoß mit fünf Männern vermieden, die in schnellem Tempo angelaufen kamen. Alle gingen gebückt unter dem Gewicht der Goldsucherausrüstung. Der eine hielt Kids Leithund an, während die andern sich um sie scharten.

»Habt ihr nicht einen Schlitten gesehen, der in der andern Richtung gefahren ist?« fragte einer.

»Nee«, antwortete Kid. »Bist du's, Bill?«

»Jawohl, und ich will ewig verflucht sein, wenn das nicht Alaska-Kid ist!« rief Bill Saltman in ehrlichem Staunen aus.

»Was machst du denn hier mitten in der Nacht?« fragte Kid. »Bummelst du auch nur so herum wie heute mittag?«

Ehe Bill Saltman antworten konnte, hatten sich schon zwei weitere Männer, die herbeigelaufen kamen, der Gruppe angeschlossen. Ihnen folgten noch andere, während das Knirschen des Schnees unter den Mokassins das Kommen vieler verkündete.

»Wer sind denn all Ihre Freunde hier?« fragte Kid. Saltman steckte sich die Pfeife an, obgleich er kaum viel Vergnügen davon haben konnte, danach zu urteilen, wie er nach dem langen Lauf stöhnte und japste. Eine Antwort gab er aber nicht. Der Kniff mit dem Streichholz war zu deutlich, als daß die Absicht mißverstanden werden konnte, und Kid sah denn auch, wie sämtliche Augenpaare sich auf die Rolle Stahldraht und das große Brecheisen richteten. Dann erlosch das Streichholz wieder.

»Ach, ich hab etwas reden hören, das ist alles, nur ein Gerücht«, murmelte Saltman mit feierlicher Geheimnistuerei.
»Da mußt du wirklich Kurz und mich einweihen«, meinte Kid.
Irgend jemand in der Gruppe kicherte ironisch.
»Aber wo wolltet ihr denn eigentlich hin?« fragte Saltman.
»Und als was seid ihr denn eigentlich hier?« erwiderte Kid. »Vielleicht Mitglieder eines Sicherheitsausschusses?«
»Nur als Interessenten... als richtige Interessenten«, sagte Saltman.
»Ihr könnt euer Leben wetten, daß wir Interessenten sind«, erklang eine andere Stimme aus der Dunkelheit.
»Wißt ihr, Kinder«, bemerkte Kurz, »ich möchte eigentlich wissen, wer von euch sich am dümmsten vorkommt.«
Man lachte nervös.
»Komm, Kid, wir wollen weitergehen«, sagte Kurz und trieb die Hunde an.
Die ganze Schar schloß sich ihnen an.
»Hört mal, Kinder«, verhöhnte Kurz sie. »Irrt ihr euch jetzt nicht? Als wir euch trafen, gingt ihr in der entgegengesetzten Richtung, und jetzt macht ihr wieder kehrt, ohne irgendwo gewesen zu sein! Habt ihr vielleicht die Adresse vergessen?«
»Geh zum Teufel«, sagte Saltman wenig gemütvoll. »Wir gehen und kommen, wie es uns paßt. Wir brauchen keinen Vormund.«
Und der Schlitten fuhr, Kid voran und Kurz an der Lenkstange, durch die Hauptstraße, begleitet von drei Dutzend Männern, von denen jeder eine Goldgräberausrüstung auf dem Rücken trug. Es war schon drei Uhr morgens, und nur die schlimmsten Nachtbummler der Stadt sahen die Prozession und konnten in Dawson am nächsten Tage von der neuesten Sensation berichten.
Eine halbe Stunde später kletterten die beiden mit ihren

Hunden, gefolgt von der ganzen Schar, den Hügel hinauf. Und als sie die Hunde vor der Hütte abgeschirrt hatten, warteten sechzig erbitterte Goldsucher immer noch draußen.

»Gute Nacht, Kameraden«, rief Kid ihnen zu und schloß die Tür.

Es waren kaum fünf Minuten vergangen, als die Kerze drinnen ausgelöscht wurde... aber nach einer halben Stunde tauchten Kid und Kurz wieder leise und vorsichtig vor der Hütte auf und schirrten die Hunde wieder an, ohne jedoch Licht zu machen.

»Hallo, Kid«, sagte Saltman, der sich ihnen so weit näherte, daß sie den Umriß seiner Gestalt sehen konnten.

»Ich kann dich offenbar nicht abschütteln, Bill«, antwortete Kid gemütlich. »Wo sind denn alle deine Freunde?«

»In die Stadt gegangen, um ein Glas zu trinken. Sie haben mich hiergelassen, um euch im Auge zu behalten, und das werde ich auch tun! Was ist denn eigentlich mit euch los, Kid? Du kannst mich und die andern auf keinen Fall abschütteln... du kannst uns also ebensogut gleich mitnehmen. Wir sind ja lauter gute Freunde. Das weißt du doch.«

»Es gibt Fälle, in denen man nicht einmal seine besten Freunde mitnehmen darf«, gab Kid vorsichtig zur Antwort. »Und andere Fälle, in denen man es tun kann. Und siehst du, Bill, dies ist einer von denen, wo man es eben nicht tun darf. Es wäre viel vernünftiger, wenn du zu Bett gingest. Gute Nacht!«

»Hier gibt es heute keine ›Gute Nacht‹, Kid. Du kennst uns nicht... Wir sind die reinen Kletten, weißt du.«

Kid seufzte hörbar. »Na ja, Bill, wenn du durchaus deinen Willen durchsetzen willst, kann ich es ja nicht hindern. Aber komm jetzt, Kurz, wir können nicht mehr die Dummköpfe spielen, wir müssen ja weiter.«

Als der Schlitten losfuhr, ließ Saltman einen scharfen Pfiff hören und folgte ihm dann selbst. Unterhalb des Hügels, von der Ebene her hörte man das Pfeifen der Wachtposten. Kurz lief an der Lenkstange, und Kid und Bill gingen nebenher.

»Weißt du, Bill«, sagte Kid. »Ich will dir einen Vorschlag machen. Möchtest du nicht selbst mitmachen... aber natürlich nur du allein?«

Saltman zögerte nicht eine Minute mit der Antwort.

»Und all meine Freunde im Stich lassen? Nee, mein Herr! Wir wollen alle mit dabei sein.«

»Dann kommst du zuerst dran...«, rief Kid aus, bückte sich, um den andern besser anpacken zu können, und warf ihn dann in den tiefen Schnee neben der Schlittenbahn.

Kurz trieb die Hunde an und schwenkte mit seinem Gespann südwärts auf den Weg ein, der an den baufälligen Hütten auf den wellenförmigen Abhängen hinter Dawson vorbeiführt. Kid und Saltman rollten fest umschlungen im Schnee herum. Kid war freilich der Ansicht, daß er in glänzender Form sei, aber Saltman hatte ein Mehrgewicht von fünfzig Pfund, die nur aus schieren, harttrainierten Muskeln bestanden, und er bekam deshalb auch mehrmals die Oberhand. Ein über das andere Mal gelang es ihm, Kid auf den Rücken zu legen; und Kid machte es sich dabei gemütlich und ruhte sich aus. Sooft aber Saltman den Versuch machte, sich von ihm zu befreien, um weiterzulaufen, streckte Kid die Hand aus und hielt ihn am Bein fest, so daß er fiel und ein neuer Ringkampf begann.

»Du bist nicht ganz ohne«, räumte Saltman anerkennend ein, als er zehn Minuten später keuchend auf Kids Brust saß. »Aber ich kriege dich doch immer wieder runter.«

»Und ich halte dich doch immer wieder fest«, gab Kid ächzend zurück. »Und deshalb bin ich ja auch hier... nur um dich festzuhalten, nicht wahr? Wohin, glaubst du, ist Kurz inzwischen gelaufen?«

Saltman machte eine verzweifelte Anstrengung, um sich freizumachen, jedoch erfolglos. Kid erwischte ihn am Bein und schleuderte ihn mit dem Gesicht in den Schnee. Oben vom Hügel her hörte man ängstlich fragende Pfiffe. Saltman setzte sich auf und ließ ein schrilles Pfeifen hören, wurde aber wieder von Kid umgeworfen, der sich auf seine Brust setzte und ihn mit den Händen auf den Schultern unten hielt. In dieser Lage wurden sie von den Goldsuchern gefunden. Kid lachte und stand auf.

»Und jetzt gute Nacht, Kameraden«, sagte er und lief den Hügel hinab, während die sechzig verzweifelten, aber entschlossenen Goldsucher ihm auf den Fersen folgten.

Er schwenkte nach Norden ab, lief an der Sägemühle und dem Krankenhaus vorbei und folgte dann dem Uferweg über die schroffen Hänge am Fuß der Mooshillberge entlang.

In einem großen Bogen umkreiste er das Indianerdorf und lief dann weiter nach der Mündung des Moosebaches, wo er kehrtmachte und sich seinen Verfolgern stellte.

»Ihr macht mich aber tüchtig müde, Kameraden«, sagte er und knurrte in scheinbarer Wut.

»Hoffentlich überanstrengen wir dich nicht«, murmelte Saltman höflich.

»Durchaus nicht«, knurrte Kid mit besser vorgetäuschter Wut, während er an den andern vorbeisauste und den Rückweg nach Dawson einschlug. Zweimal versuchte er das unwegsame Packeis auf dem Fluß zu überqueren, und seine entschlossenen Begleiter folgten ihm, aber beide Male mußten er und die andern den Versuch aufgeben. Er kehrte deshalb zum Ufer bei Dawson zurück, trottete geradenwegs durch die Hauptstraße, setzte über den gefrorenen Klondike und kehrte dann wieder nach Dawson zurück. Als es gegen acht Uhr hell zu werden begann, führte er seine todmüden Verfolger nach dem Wirtshaus von Slavovitsch, wo wenige Minuten später selbst für teures Geld kein Tisch zum Frühstücken mehr zu haben war.

»Gute Nacht, Kameraden«, sagte er, als er seine Rechnung bezahlt hatte.

Und er sagte ihnen wiederum ›gute Nacht‹, als er den Hügel hinaufkletterte. Im hellen Tageslicht konnten sie ihn nicht mehr begleiten, sondern mußten sich damit begnügen, ihn in seine Hütte gehen zu sehen.

Zwei Tage blieb Kid noch in der Stadt, ständig unter schärfster Bewachung. Kurz war mit dem Schlitten verschwunden. Weder Wanderer, die den Yukon auf und hinab gegangen waren, noch solche, die aus Bonanzo, Eldorado oder Klondike kamen, hatten ihn gesehen. Es blieb also nur übrig, Kid zu beobachten, der ja doch früher oder später die Verbindung mit seinem verschwundenen Kompagnon aufnehmen mußte. Deshalb richtete sich alle Aufmerksamkeit jetzt auf Kid. Am zweiten Abend verließ er die Hütte überhaupt nicht, sondern verlöschte schon um neun Uhr die Lampe und stellte den Wecker auf zwei Uhr morgens. Der Posten, der vor seiner Hütte stand, hörte auch das schrille Klingeln der Uhr, so daß sich Kid — als er eine Stunde später aus der Hütte kam — sofort von einer ganzen Bande umgeben sah, nur waren es diesmal nicht sechzig, sondern mindestens dreihundert. Ein flammendes Nordlicht beleuchtete die Landschaft, als er mit einer zahlreichen Eskorte nach der Stadt hinunterging und in den Schankraum des ›Elchgeweih‹ trat. Der ganze Raum füllte sich sofort mit einer ängstlichen und wütenden Schar, die Getränke bestellte und vier langweilige Stunden damit verbrachte, Kid zuzuschauen, wie er mit seinem guten alten Freunde Breck Whist spielte. Nach sechs Uhr morgens verließ Kid mit wutentbrannter, düsterer Miene das ›Elchgeweih‹ und ging durch die Hauptstraße. Ihm folgten treu und brav die dreihundert Goldsucher in unordentlichen Reihen. Sie san-

gen dabei höhnisch: »Hep hep hep, Herr Hasenfuß, Herr Schlauberger... hep hep.«
»Gute Nacht, Kameraden«, sagte Kid wütend, als sie den Rand des Yukonabhangs erreichten, wo die Winterfährte steil hinabführte.
»Ich gehe jetzt frühstücken, und dann will ich pennen.«
Die dreihundert riefen ihm zu, daß sie ihn begleiten würden, und folgten ihm auch wirklich über den zugefrorenen Fluß direkt nach Tra-li. Gegen sieben Uhr morgens führte er seine goldsuchende Schar den gewundenen Pfad nach der Hütte Dwight Sandersons empor. Das Licht einer Kerze schien durch das Fenster, das mit Pergamentpapier verklebt war, und blauer Rauch stieg aus dem Schornstein auf. Kurz öffnete die Tür.
»Komm nur herein, Kid«, grüßte er. »Das Frühstück wartet schon. Wo sind deine Freunde?«
Kid drehte sich auf der Schwelle um. »Also jetzt gute Nacht, Kameraden. Ich hoffe, daß euer Spaziergang euch ein bißchen Vergnügen gemacht hat.«
»Einen Augenblick nur, Kid«, rief Bill Saltman mit einer Stimme, durch welche die Enttäuschung hindurchklang.
»Ich möchte einen Augenblick mit dir sprechen.«
»Schieß nur los«, sagte Kid freundlich.
»Warum hast du dem alten Sanderson fünfundzwanzigtausend Dollar gezahlt? Willst du mir eine Antwort darauf geben?«
»Bill, warum willst du mir solchen Kummer bereiten?« lautete Kids Antwort. »Ich bin hierhergezogen, um mich ein bißchen zu erholen, sozusagen... und jetzt bist du mit einer ganzen Bande da, und ihr wollt mich ins Kreuzverhör nehmen, während ich doch nur Ruhe haben will... Ruhe und Frühstück.«
Du hast meine Frage noch nicht beantwortet«, stellte Bill Saltman unerschütterlich fest.

»Und ich habe auch nicht die Absicht, es zu tun, Bill. Denn das ist eine rein persönliche Angelegenheit zwischen Dwight Sanderson und mir und geht keinen andern etwas an! Willst du sonst noch was wissen?«

»Ja... was ist denn mit dem Brecheisen und mit der Rolle Stahldraht, die du auf deinem Schlitten mitgenommen hast?«

»Das ist auch etwas, das mit dir und deinen süßen und unschuldigen Geschäften nichts zu tun hat, Bill. Aber wenn Kurz Lust hat, es dir zu erzählen, dann meinetwegen.«

»So, meinst du?« sagte Kurz, der sich jetzt eifrig in die Bresche stellte. Er öffnete den Mund, um etwas zu sagen, dann stockte er plötzlich und wandte sich an seinen Partner: »Du, Kid, im tiefsten Vertrauen... ich glaube nicht, daß das die andern Herren etwas angeht. Komm lieber herein! Dein Kaffee kocht schon so lange, daß Kraft und Saft längst verdampft sind.« Die Tür schloß sich, und die dreihundert zogen sich in mißmutigen, murrenden Gruppen zurück.

»Na, weißt du, Saltman«, sagte einer. »Ich dachte, du würdest uns zur Goldquelle führen.«

»Geh zum Teufel«, antwortete Saltman wütend. »Ich habe gesagt, daß Kid uns führen würde.«

»Und du meinst, daß es hier ist?«

»Ihr wißt genausoviel davon wie ich, und das einzige, was wir wissen, ist, daß Kid herumschleicht und irgend etwas fingern will! Denn warum, zum Teufel, hätte er sonst dem alten Sanderson fünfundzwanzigtausend für diese dreckigen, blöden Grundstücke gezahlt? Doch todsicher nicht, um eine verflucht idiotische Stadt hier zu gründen!«

Eine Menge von Stimmen bestätigten die Richtigkeit von Saltmans Gedanken.

»Nun ja... aber was jetzt?« fragte einer mißmutig.

»Ich bin dafür, daß wir frühstücken gehen«, erklärte Wild

Water guter Laune. »Diesmal hast du uns in eine Sackgasse geführt, lieber Bill.«
»Das stimmt nicht, sage ich euch«, gab Bill Saltman zurück. »Kid hat uns geführt! Und mag es sein, wie es will... was haltet ihr von den fünfundzwanzigtausend?«

Nach halb acht, als es schon ganz hell geworden war, öffnete Kurz die Tür und spähte hinaus. »Donnerwetter«, rief er. »Sie sind alle nach Dawson zurückgekehrt. Ich hätte geglaubt, sie würden hier ihr Lager aufschlagen.«
»Nur ruhig... sie werden schon wiederkommen«, tröstete ihn Kid. »Wenn ich mich nicht sehr irre, wirst du halb Dawson hier sehen, bevor wir mit unserer Arbeit fertig sind. Komm jetzt nur mit hinein und hilf mir! Wir haben genug zu tun!«
»Um Gottes willen, erkläre mir jetzt, was du eigentlich vorhast«, klagte Kurz, als sie eine Stunde später das Ergebnis ihrer Arbeit betrachteten — in der einen Ecke der Hütte stand eine Winde mit einem endlosen, durch einen Doppelblock laufenden Seil.
Kid begann ohne Mühe zu drehen, und das Seil straffte sich, knarrte und quietschte. »Jetzt kannst du mal hinausgehen, Kurz, und mir nachher erzählen, wie das draußen klingt.«
Kurz stand draußen, lauschte an der Tür und hörte all die vielen Geräusche, die eine Winde macht, wenn eine schwere Last damit heraufgeholt wird, und er erwischte sich dabei, wie er ganz unbewußt die Tiefe des Schachtes, aus dem die Last heraufgeholt wurde, einzuschätzen versuchte. Dann trat eine Pause ein, und vor seinem inneren Auge sah er, wie der Eimer am kurzen Seil hin und her schaukelte. Dann hörte er, wie der Eimer wieder schnell hinuntergelassen wurde und mit einem dumpfen Schlag gegen den Rand des Schachtes schlug. Er öffnete strahlend die Tür.

»Das hört sich einfach wunderbar an«, rief er. »Ich wurde selbst ganz neugierig. Was ist jetzt zu tun?« Zuerst mußten mehrere Schlittenladungen von schweren Steinen in die Hütte geschleppt werden. Überhaupt war es ein anstrengender Tag mit sehr viel Arbeit.

»Und heute abend fährst du dann mit den Hunden nach Dawson hinüber«, sagte Kid, als sie Abendbrot gegessen hatten. »Laß sie bei Breck, er wird sich ihrer schon annehmen. Die Leute werden gehörig aufpassen, was du tust, deshalb sollst du Breck überreden, daß er zur A. C. Company geht und ihr ganzes Sprengstofflager aufkauft. Sie haben höchstens ein paar hundert Pfund liegen! Und dann mußt du Breck beauftragen, ein halbes Dutzend Steinbohrer beim Grobschmied zu bestellen. Breck ist selbst Fachmann, er wird dem Schmied schon erklären, wie die Dinger sein sollen. Und gib Breck auch diese Grundbuchauszüge, so daß er sie morgen früh dem Goldkommissar überreichen kann. Und endlich mußt du gegen zehn durch die Hauptstraße gehen und hören, was geschehen soll. Vergiß nicht, daß die Explosionen nicht zu laut sein dürfen. Man muß sie in Dawson nur gerade hören können, nicht mehr. Ich werde es dreimal versuchen, mit verschiedenen Mengen, und du mußt dir merken, welche am natürlichsten klingt.«

Gegen zehn Uhr desselben Abends bummelte Kurz durch die Hauptstraße und fühlte, daß viele neugierige Blicke sich auf ihn richteten. Er paßte eifrig auf, was kommen sollte, und hörte bald eine sehr schwache Explosion, die aus weiter Ferne zu kommen schien. Dreißig Sekunden später erfolgte eine zweite, die schon so stark war, daß sie die Aufmerksamkeit der Passanten erregte. Und endlich folgte eine dritte, die so gewaltig war, daß alle Bewohner auf die Straße stürzten.

»Du hast sie herrlich aufgerüttelt«, erklärte Kurz, als er eine Stunde später atemlos die Hütte in Tra-li erreichte. Er

ergriff Kids Hand. »Du hättest sie nur sehen sollen: Bist du nie in einen Ameisenhaufen getreten? Genau so sah Dawson aus. Die ganze Hauptstraße war voll von summenden Menschen, als ich mich dünnemachte. Morgen werden wir Tra-li vor lauter Menschen nicht sehen können. Und wenn nicht schon in diesem heiligen Augenblick ein paar draußen herumkriechen, dann weiß ich nicht, wie ein Goldsucher beschaffen ist.«
Kid grinste, trat zur Winde und ließ sie ein paarmal quietschen und knarren. Kurz zupfte etwas Moos zwischen den Wandbalken heraus, so daß man durch die Löcher hereingucken konnte. Dann blies er die Kerze aus.
»Jetzt«, flüsterte er, als eine halbe Stunde vergangen war. Kid drehte langsam das Spill, hörte aber nach einigen Minuten auf, nahm einen verzinkten, mit Erde gefüllten Eimer und zog ihn schnarrend, schleifend und kratzend über den Haufen von Steinen, die sie in die Hütte geschleppt hatten. Dann steckte er sich eine Zigarette an, hielt aber die Hand vor die Flamme des Streichholzes.
»Es sind drei draußen«, flüsterte Kurz. »Du hättest sie sehen sollen. Als du vorhin das dumpfe Geräusch mit dem Eimer machtest, wären sie fast geplatzt. Jetzt steht einer am Fenster und versucht hereinzugucken.«
Kid ließ seine Zigarette aufglühen und sah auf die Uhr. »Wir müssen die Sache jetzt aber auch durchführen«, flüsterte er. »Jede Viertelstunde müssen wir einen Eimer heraufziehen. Und in der Zwischenzeit...«
Er begann mit einem Meißel auf einen Stein zu hämmern, nachdem er zuerst einen dreifach zusammengelegten Sack darübergelegt hatte.
»Herrlich... wunderbar...«, stöhnte Kurz begeistert. Er schlich sich lautlos an sein Guckloch...» Jetzt stecken sie die Köpfe zusammen... ich kann beinahe sehen, wie eifrig sie miteinander reden.«

Von da an bis gegen vier Uhr morgens wiederholten sie jede Viertelstunde den Trick mit dem Eimer, der scheinbar mit der Winde heraufgezogen wurde, die in der natürlichsten Weise quietschte und knarrte. Dann verschwanden die Besucher, und Kid und Kurz konnten endlich ins Bett gehen.
Als es hell geworden war, untersuchte Kurz die Mokassinfährten. »Der lange Bill Saltman war jedenfalls mit dabei«, stellte er fest.
Kid guckte nach der andern Seite des Flusses.
»Mach dich bereit, Besuch zu empfangen«, sagte er. »Es kommen zwei jetzt über das Eis.«
»Hoho... warte nur, bis Breck die Geschichte von den Goldclaims erzählt hat, dann kommen zweitausend über den Fluß.«
Kurz war inzwischen auf einen hohen Felsblock geklettert und betrachtete von dort aus mit dem Auge des Kenners das Gelände, das sie abgezeichnet hatten. »Es sieht tatsächlich wie ein richtiger Claim aus«, sagte er. »Ein Experte würde fast die Linien ziehen können, wo die Ader unter dem Schnee läuft. Selbst der Klügste würde sich hinters Licht führen lassen. Die Rutschbahn da füllt den ganzen Vordergrund aus, und guck dir nur die Ausläufer da an... Es sieht alles ganz echt aus... und doch steckt nichts dahinter!«
Als die beiden Männer, die soeben den Fluß überquerten, den gewundenen Pfad die glatten Felswände heraufgeklettert waren, fanden sie die Hütte verschlossen. Bill Saltman, der den Führer machte, ging leise zur Tür und lauschte. Dann gab er Wild Water ein Zeichen, daß auch er kommen und lauschen sollte. Von drinnen hörten beide das Knarren und Quietschen einer Winde, die eine schwere Last heraufzog. Sie warteten die Pause ab, dann hörten sie endlich, wie der Eimer hart gegen die Felswand schlug. Vier-

mal im Laufe einer Stunde hörten sie, wie dieselben Geräusche sich wiederholten. Dann klopfte Wild Water an die Tür. Von drinnen kamen noch einige leise, verstohlene Geräusche... dann wurde es still. Wieder hörte man einige noch verdächtigere Laute... und als schließlich mindestens fünf Minuten vergangen waren, öffnete Kid, schwer atmend, die Tür auf Zollbreite und spähte vorsichtig hinaus. Auf seinem Gesicht und Hemd sahen sie noch den grauen Staub von dem Gestein, in dem er gearbeitet hatte. Sein Gruß war so freundlich, daß er ihnen doppelt verdächtig erschien.
»Wartet nur noch einen Augenblick«, sagte er. »Ich bin gleich bei euch.«
Während er sich die Handschuhe anzog, schlüpfte er zur Tür hinaus und stellte sich in den Schnee vor dem Haus neben seine Besucher. Ihre raschen Blicke stellten sofort fest, daß sein Hemd, besonders an den Schultern, schmutzig und voll Staub war, und daß die Knie seiner Arbeitshosen deutliche Spuren von Erde trugen, die er offenbar ebenso schnell wie oberflächlich abzuwischen versucht hatte.
»Ein bißchen früh für einen Besuch«, sagte er. »Aber was hat euch über den Fluß gebracht?«
»Wir haben euch durchschaut«, sagte Wild Water vertraulich. »Und ihr könntet uns ebensogut die ganze Geschichte verraten... ihr habt was Feines vor, ihr beiden.«
»Wenn Sie Eier haben wollen«, begann Kid.
»Na, lassen wir die Geschichte. Wir wollen doch Geschäfte machen.«
»Ihr meint, daß ihr Parzellen kaufen wollt, nicht wahr?« leierte Kid schnell ab. »Es sind tatsächlich pikfeine Grundstücke hier. Aber, seht ihr, wir können noch nicht verkaufen! Wir haben die Stadt noch nicht parzelliert. Wenn Sie nächste Woche vorbeikommen wollen, Wild Water, und wenn Sie Ruhe und Frieden lieben und im Ernst hier woh-

nen möchten, dann werde ich Ihnen etwas ganz besonders Schönes zeigen. Also nächste Woche, ihr beiden, dann haben wir alles in Ordnung. Auf Wiedersehen... Tut mir leid, daß ich euch nicht hereinbitten kann, aber Kurz... na, ihr kennt ihn ja... er ist ja etwas sonderbar... Er sagt, er ist hierhergekommen, um Ruhe und Frieden zu finden... und er hat sich eben schlafen gelegt. Ich würde ihn nicht um ein Kaiserreich zu wecken wagen...«
Während Kid noch redete, schüttelte er ihnen freundschaftlich die Hände. Und noch immer sprechend und die Hände schüttelnd, schlüpfte er schnell wieder ins Haus und schlug, bevor sie ein Wort sagen konnten, die Tur zu.
Sie guckten sich an und nickten.
»Hast du seine Hosen gesehen?« flüsterte Saltman heiser.
»Natürlich! Und seine Schultern? Er ist ordentlich herumgekrochen drinnen im Schacht.«
Bei diesen Worten ließ Wild Water seine Blicke über die verschneite Schlucht gleiten, bis sie an etwas hängenblieben, das seinen Lippen einen verständnisinnigen Pfiff entlockte.
»Guck mal da hinauf, Bill. Siehst du, wo ich hinzeige? Wenn das nicht ein Minenloch ist... und dann guck auch nach beiden Seiten... siehst du, wie sie da im Schnee herumgestampft sind? Wenn das kein Randfelsen ist... und zu beiden Seiten, du Bill... dann weiß ich nicht, was ein Randfelsen ist... da ist der Eingang zu einer Ader... kein Zweifel!«
»Und sieh dir mal an, wie groß er ist!« brüllte Saltman. »Da haben sie was gefunden, so wahr ich hier stehe.«
»Und da... guck dir mal den Erdrutsch an... da, wo die Felswände herausgucken und gleich wieder abfallen... Der ganze Abhang gehört bestimmt mit zur Ader!«
»Ja, du, aber schau jetzt mal aufs Eis hinaus... auf den Weg da unten...«, und Saltman zeigte mit dem Finger...

»Es sieht aus, als ob das halbe Dawson unterwegs wäre, nicht?«

Wild Water warf einen Blick hinab und sah, daß der Weg bis zu dem fernen Hang bei Dawson schwarz von Menschen war, und selbst ganz drüben strömte eine ununterbrochene Reihe von Menschen den Hang hinunter.

»Na, ich werde mir jedenfalls mal das Loch angucken, bevor die Leute herkommen«, sagte er und begann schnell nach der Schlucht zu gehen.

Aber im selben Augenblick öffnete sich die Tür, und die beiden Bewohner traten heraus.

»Hallo, Sie!« rief Kid. »Wo wollen Sie hin?«

»Mir einen Claim abstecken«, rief Wild Water zurück. »Schaut euch den Fluß an. Ganz Dawson ist unterwegs, um sich Claims abzustecken, und da wollen wir ihnen doch zuvorkommen und uns selbst welche aussuchen... Das ist ja unser gutes Recht, nicht wahr, Bill?«

»Todsicheres Recht«, bestätigte Saltman. »Hier scheint ja die richtige Stelle zu sein, um eine Vorstadt zu gründen. Und offenbar wird sie eine zahlreiche Bevölkerung bekommen.«

»Wir werden aber dort, wo Sie jetzt hingehen, keine Parzellen verkaufen«, antwortete Kid. »Die Grundstücke liegen rechts drüben, weiter hinter den Felsblöcken. Dieser Teil, vom Fluß bis zum obersten Rand des Abhangs ist reserviert! Kehren Sie lieber gleich wieder um.«

»Das ist aber die Stelle, die wir uns ausgesucht haben«, wandte Saltman ein.

»Da habt ihr aber nichts zu suchen... sage ich euch«, gab Kid ihm scharf zurück.

»Habt ihr denn etwas dagegen, daß wir dort herumspazieren?« fragte Saltman hartnäckig.

»Ja, wahrhaftig... Dein Herumspazieren fängt an, mich zu langweilen... Kommt jetzt zurück!«

»Aber ich denke, daß wir trotzdem hier herumspazieren werden«, knurrte Saltman. »Komm, Wild Water!«
»Ich warne euch... es ist eine Verletzung des Besitzrechtes«, lautete Kids letztes Wort.
»Ach wo, wir wollen ja nur spazierengehen«, antwortete Saltman gut gelaunt und ging weiter.
»Halt... Komm sofort zurück, Bill, oder ich knall dich nieder«, donnerte Kurz und hob zwei unfreundlich aussehende 44er Colts. »Wenn du nicht sofort umkehrst, schieße ich dir elf Löcher in deinen verflucht gemeinen Bauch. Verstanden?«
Saltman blieb ganz überrascht stehen.
»Er weiß schon Bescheid«, murmelte Kurz Kid zu. »Aber wenn er weitergehen sollte, bringt er mich in eine verdammt schwierige Lage. Ich kann doch nicht auf ihn schießen. Was zum Deibel soll ich machen?«
»Hör mal, Kurz, sei doch vernünftig«, bat Saltman.
»Komm hierher, dann werden wir vernünftig miteinander reden«, lautete Kurz' Antwort.
Und sie standen noch und sprachen ›vernünftig‹ miteinander, als die Spitze der Goldsucherkolonne am Ende des geschlängelten Weges auftauchte und sich ihnen näherte.
»Ihr könnt nicht sagen, daß ein Mann sich gegen das Eigentumsrecht vergeht, wenn er auf einem Baugrundstück herumgeht, um sich eine Parzelle auszuwählen, die er kaufen will«, rechtfertigte sich Wild Water, und Kurz antwortete: »Selbst auf einem Stadtareal gibt es Privatbesitz, und das Stück dort oben ist eben Privatbesitz. Ich wiederhole es Ihnen: die Parzellen dort werden nicht verkauft!«

»Jetzt müssen wir das Geschäft aber schnell abwickeln«, murmelte Kid, »wenn die Leute auf eigene Faust herumzugehen beginnen.«
»Du mußt verdammt viel Selbstvertrauen haben«, flüster-

te Kurz zurück, »wenn du glaubst, daß du all die Leute zurückhalten kannst. Es kommen mindestens zweitausend aus Dawson herüber... oder noch mehr. Sie werden unsere Absperrung einfach durchbrechen.«

Die Sperrlinie lief am Rande der Schlucht entlang, und Kurz hatte sie geschaffen, indem er die zuerst Gekommenen angehalten hatte, so daß sie dort stehenblieben. Unter der Menge befanden sich auch einige Beamte der Nordwest-Polizei mit einem Leutnant. Kid unterhielt sich flüsternd mit ihm.

»Es strömen immer noch neue Scharen aus Dawson herbei«, sagte er, »und es wird nicht lange dauern, dann sind fünftausend Menschen hier. Die Gefahr besteht darin, daß sie früher oder später anfangen werden, sich auf eigene Faust Claims auszusuchen. Wenn Sie bedenken, daß es im ganzen nur fünf Claims gibt, so bedeutet das also tausend Mann pro Feld, und vier- von den fünftausend werden versuchen, das ihnen zunächst liegende zu bekommen! Das ist natürlich unmöglich, und wenn es wirklich so weit kommt, wird es mehr Tote geben als in der ganzen Geschichte Alaskas. Außerdem sind diese fünf Felder schon heute morgen angemeldet und eingetragen worden und können also gar nicht mehr belegt werden. Mit anderen Worten: es darf gar nicht erst so weit kommen.«

»Gut, mein Herr«, sagte der Leutnant. »Ich werde meine Leute zusammenrufen und ihnen ihre Posten anweisen. Wir dürfen keine Unruhen bekommen, und wir wollen sie auch nicht haben. Aber ich glaube, es wird besser sein, wenn Sie mit den Leuten sprechen.«

»Hier muß ein Mißverständnis vorliegen, Kameraden«, begann Kid mit lauter Stimme. »Wir sind noch gar nicht so weit, daß wir Parzellen verkaufen. Die Straßen sind noch nicht einmal abgesteckt. Aber nächste Woche werden wir mit dem öffentlichen Verkauf beginnen können.«

Er wurde durch einen gewaltigen Ausbruch von Ungeduld und Entrüstung unterbrochen.
»Wir wollen gar keine Bauparzellen kaufen«, rief ein junger Goldgräber. »Wir sind gekommen, um zu kriegen, was im Boden ist.«
»Wir haben keine Ahnung, was im Boden ist«, antwortete Kid. »Aber wir wissen, daß eine piekfeine Stadt hier oben entstehen wird, wenn es erst so weit ist.«
»Eine verdammt feine Stadt«, fügte Kurz hinzu. »Mit wunderbarer Aussicht und herrlicher Einsamkeit.«
Wieder hörte man ungeduldige Ausbrüche, und Saltman rückte jetzt heran.
»Wir sind hierhergekommen, um Goldclaims zu belegen«, begann er. »Wir wissen schon, was ihr getan habt... Ihr habt euch nicht weniger als fünf Quarzclaims einregistrieren lassen, und sie liegen alle in einer Linie quer durch die Bauplätze, am Erdrutsch und der Schlucht. Aber ihr habt einen Fehler gemacht! Denn zwei von den Eintragungen sind einfach Schwindel! Wer ist Seth Talbot? Keiner hat je etwas von so einem Kerl gehört. Und doch habt ihr heute morgen einen Claim auf seinen Namen eintragen lassen! Und ein zweites Feld habt ihr auf den Namen von Harry Macewell eintragen lassen. Aber der wohnt in Seattle. Ist schon letzten Herbst von hier weggezogen. Diese beiden Felder müssen also neu belegt und eingetragen werden.«
»Wie könnt ihr wissen, ob ich nicht Vollmacht von ihnen habe?« fragte Kid.
»Die hast du nicht«, antwortete Saltman. »Und wenn du sie wirklich hast, so bist du verpflichtet, sie vorzulegen... Jedenfalls werden wir die Claims neu belegen.«
Saltman hatte schon die Sperrlinie überschritten und wandte sich eben zu den andern, um sie anzutreiben, als der Polizeileutnant rief: »Zurück da... Das ist nicht erlaubt.«
»Ich handle in Übereinstimmung mit dem Gesetz... oder

etwa nicht?« fragte Saltman herausfordernd den Leutnant. »Mag sein, daß es gesetzlich ist«, lautete die ruhige Antwort. »Aber ich kann und werde nicht erlauben, daß fünftausend Mann den Versuch machen, zwei Claims zu belegen und abzustecken. Es würde äußerst gefährlich sein! Hier, an dieser Stelle und in diesem Augenblick ist es die Nordwest-Polizei, die das Gesetz vertritt. Der erste Mann, der die Sperrlinie überschreitet, wird erschossen. Und Sie, Bill Saltman, treten sofort zurück!«
Saltman gehorchte widerstrebend. Die ganze Menge aber, die sich in unregelmäßigen Haufen zusammenballte, wurde von einer Unruhe ergriffen, die wenig Gutes verhieß.
»Donnerwetter«, flüsterte der Leutnant Kid zu. »Sehen Sie doch die Leute, die wie Fliegen dort am Rande des Felsens kleben.«
Kid trat heraus.
»Ich bin gern bereit, mit offenen Karten zu spielen, Kameraden«, sagte er. »Wenn ihr durchaus Bauplätze haben wollt, bin ich bereit, sie euch zum Preise von hundert Dollar das Stück zu verkaufen, und dann könnt ihr ja, sobald wir alles vermessen haben, über die Lage würfeln.« Die Menge zeigte deutlich ihren Unwillen gegen diesen Vorschlag, aber Kid hob abermals die Hand, um sie zu beruhigen. »Bleibt doch stehen... sonst geraten Hunderte von euch in Lebensgefahr.«
»Das ist uns ganz egal... deshalb sollt ihr uns doch nicht beschwindeln«, rief eine Stimme. »Wir verlangen eine neue Belegung der Felder.«
»Aber es sind ja nur zwei Felder, die überhaupt in Frage kommen«, wandte Kid ein. »Wenn sie neu belegt werden, was macht dann der Rest von euch?«
Er wischte sich mit dem Hemdärmel die Stirn, und im selben Augenblick rief eine Stimme: »Nehmt uns alle mit... mit gleichgroßen Anteilen...« Keiner von den vielen, die

diesem Vorschlag ihren Beifall zubrüllten, hatte eine Ahnung, daß er verabredet war, sobald Kid sich die Stirn mit dem Hemdärmel wischte.

»Ihr müßt eure Chancen mit uns teilen! Schmeißt die gesamten Bauplätze in einen Topf«, rief der Mann weiter...

»Und das Gold kommt mit in den Topf.«

»Aber es ist ja der reine Unsinn mit dem Gold«, wandte Kid ein.

»Das ist uns gleichgültig! Dann könnt ihr sie ja ruhig mit in denselben Pott schmeißen. Das Risiko wollen wir schon laufen.«

»Kameraden«, sagte Kid. »Ihr übt ja einen mordsmäßigen Zwang auf mich aus. Mir wäre es lieber, wenn ihr alle am andern Ufer geblieben wäret.«

Aber sein Versuch, die Entscheidung zu verzögern, war so unzweideutig, daß die Menge ihn unter gewaltigem Gebrüll nötigte, sofort seine Zustimmung zu geben. Saltman und die andern in der vordersten Reihe murrten.

»Kameraden«, rief Kid. »Bill Saltman und Wild Water wollen euch nicht alle teilnehmen lassen!«

Dadurch machten sich Bill Saltman und Wild Water unter sämtlichen Anwesenden gründlich unbeliebt.

»Aber wie sollen wir's jetzt anfangen?« fragte Kid. »Kurz und ich wollen natürlich die Majorität behalten. Wir sind die Entdecker.«

»Das ist euer gutes Recht«, riefen mehrere.

»Drei Fünftel für uns«, schlug Kid vor. »Und ihr, Kameraden, kriegt zwei Fünftel. Und ihr müßt eure Anteile natürlich bezahlen.«

»Zehn Cent per Dollar«, rief einer. »Und steuerfrei...«

»Und der Präsident der Gesellschaft muß persönlich herumgondeln und euch die Dividende auf einem silbernen Teller bringen, nicht?« spottete Kid. »Nein, mein Herr. Aber zehn Cent per Dollar wird die ganze Geschichte schon

in Schwung bringen. Ihr bekommt zwei Fünftel vom Aktienpaket, hundert Dollar pro Aktie zum Kurs von zehn Dollar, die sofort zahlbar sind. Mehr kann ich beim besten Willen nicht für euch tun.«
»Keine Vertrustung hier«, ertönte eine Stimme, und dieser Ausruf war es, der all die vielen Köpfe Kids Vorschlag einstimmig billigen ließ.
»Es sind rund fünftausend Mann hier anwesend ... das macht also fünftausend Aktien«, rechnete Kid laut nach. »Und diese fünftausend Aktien sollen zwei Fünftel des gesamten Kapitals ausmachen. Die Tra-li-Grundstücksgesellschaft wird demnach mit einem Kapital von einer Million zweihundertfünfzigtausend Dollar gegründet, also mit zwölftausendfünfhundert Aktien zu je hundert Dollar, und ihr, Kameraden, bekommt fünftausend von diesen Aktien zum Vorzugskurse von zehn Dollar die Aktie. Mir persönlich ist es vollkommen gleichgültig, ob ihr sie nehmt oder nicht.«
Die Menge fühlte sich vollständig überzeugt, ihn auf frischer Tat ertappt zu haben, daß er die beiden Claims auf falsche Namen hatte eintragen lassen. Sie traute ihm deshalb nicht ganz, sondern verlangte sofortige Erledigung der Angelegenheit. Ein Komitee wurde gewählt, das in großen Zügen die Organisation der Tra-li-Gesellschaft entwarf. Das Komitee lehnte den Vorschlag, die Aktien am nächsten Tage in Dawson zu liefern, ab, und zwar weil man befürchtete, daß die übrige Bevölkerung von Dawson, die an dem heutigen Rennen nach dem Golde nicht teilgenommen hatte, sonst auch noch einen Anteil an den Aktien fordern würde. Es wurde deshalb auf dem Eis unterhalb des Erdrutsches ein großes Feuer angezündet, und hier saß nun das Komitee und schrieb jedem Teilnehmer eine Quittung über zehn Dollar aus. Die zehn Dollar wurden an Ort und Stelle in Goldstaub abgewogen.

Gegen Abend war die Arbeit vollbracht, und Tra-li lag wieder still und öde da. Nur Kid und Kurz waren zurückgeblieben. Sie saßen jetzt in ihrer Hütte und verzehrten ihr Abendbrot, während sie sich über die Goldsäcke und das Verzeichnis der Aktionäre, das nicht weniger als viertausendachthundertvierundsiebzig Namen umfaßte, belustigten.

»Aber du hast das Geschäft noch nicht zu Ende geführt«, meinte Kurz.

»Das kommt schon noch«, versicherte Kid im Brustton der Überzeugung. »Er ist der geborene Hasardeur, und wenn Breck ihm unsern Tip zuflüstert, hält ihn nicht einmal eine Herzlähmung zu Hause.«

Es dauerte kaum eine Stunde, als es an die Tür klopfte und Wild Water in Begleitung Bill Saltmans eintrat. Ihre Blicke durchsuchten sofort eifrig die Hütte.

»Wenn ich nun aber im ganzen zwölfhundert Aktien haben möchte«, erklärte Wild Water, als sie schon eine halbe Stunde hin und her geredet hatten. »Mit den fünftausend, die heute verkauft worden sind, würde das nur sechstausendzweihundert Aktien ausmachen. Sie und Kurz würden dann immer noch sechstausenddreihundert behalten. Ihr hättet also doch die Majorität.«

»Aber Bill will ja auch welche haben«, sagte Kid widerstrebend. »Wir geben auf keinen Fall mehr als fünfhundert ab.«

»Wieviel kannst du denn anlegen?« fragte Wild Water Bill Saltman.

»Na... sagen wir fünftausend Dollar.«

»Nun gut, Wild Water«, sagte Kid dann. »Wenn ich Sie nicht so gut kennen würde, gäbe ich Ihnen keine einzige von diesen dummen Aktien. Aber Kurz und ich wollen keinesfalls mehr als fünfhundert Aktien abgeben und verlangen fünfzig Dollar für die Aktie. Das ist unser letztes Wort in dieser Sache. Bill kann hundert haben, und die übrigen vierhundert kannst du ja nehmen.«

Schon am nächsten Tage erhielt Dawson Anlaß zum Lachen. Es begann frühmorgens, kurz vor Tagesanbruch, als Kid zum Warenhaus der A. C. Company kam und auf der schwarzen Tafel vor dem Eingang eine Bekanntmachung mit Reißnägeln befestigte. Es versammelten sich sogleich mehrere Zuschauer. Sie lasen die Mitteilung über seine Schulter hinweg und begannen schon, ehe der letzte Reißnagel saß, zu schmunzeln. Sofort strömten Hunderte von Leuten herbei, die nicht nahe genug an die schwarze Tafel kommen konnten, um die Bekanntmachung zu lesen; sie wählten deshalb einstimmig einen Vorleser, und im Laufe des Tages wurden viele ernannt, die mit lauter Stimme die von Kid am Eingang des Warenhauses angeschlagene Bekanntmachung vorlesen mußten. Viele Männer blieben stundenlang im Schnee stehen und hörten immer wieder zu, um all die heiteren Einzelheiten auswendig zu lernen. Die Bekanntmachung lautete wie folgt:

›Die Tra-li-Grundstücksgesellschaft veröffentlicht ihren Geschäftsbericht an der Mauer des Warenhauses A. C. Company. Der vorliegende Bericht ist der erste und letzte zugleich.
Sämtliche Aktionäre, die nicht bereit sind, für das Allgemeine Krankenhaus in Dawson zehn Dollar zu stiften, können diesen Betrag durch persönliche Rücksprache mit Herrn Wild Water Charley oder, falls diese nicht zum Erfolge führen sollte, durch Rücksprache mit Herrn Alaska-Kid zurückerhalten.

Einnahmen und Ausgaben

4874 Aktien à 10 Dollar	48 740	Dollar
An Dwight Sanderson für Grundstücke		10 000 Dollar
An verschiedene Unkosten: Pulver, Bohrer, Winde, Eintragungsgebühren		1 000 Dollar
An Allgemeines Krankenhaus, Dawson		37 740 Dollar
insgesamt	48 740	48 740 Dollar

Von Bill Saltman für 100 Aktien Privatverkauf à 50 Dollar	5 000	Dollar
Von Wild Water Charley für 400 Aktien à 50 Dollar	20 000	Dollar
An Bill Saltman zur Deckung von Unkosten als freiwilliger Aktionär		5 000 Dollar
An Allgemeines Krankenhaus, Dawson		3 000 Dollar
An Alaska-Kid und Kurz als Entschädigung für Verlust an Eiern und für moralisches Guthaben		17 000 Dollar
insgesamt	25 000	25 000 Dollar

Übriggebliebene Aktien: 7 126. Diese Aktien, die keinen Wert haben, befinden sich im Besitz von Alaska-Kid und Jack Kurz und werden auf Wunsch an Interessenten, die geneigt sind, nach dem einsamen und friedlichen Gelände von Tra-li überzusiedeln, gratis abgegeben.
Anmerkung: Ruhe und Einsamkeit werden auf den Bauplätzen von Tra-li für alle Ewigkeit garantiert.
Gezeichnet: Alaska-Kid, Präsident. Jack Kurz, Sekretär‹

XII *Das Wunder des Weibes*

»Na, weißt du, Kid«, bemerkte Kurz, um die Unterredung, die allmählich eingeschlafen war, wieder in Fluß zu bringen, »ich finde jedenfalls nicht, daß du besonders aufs Heiraten versessen warst.«
Kid saß auf einem Zipfel seines Schlafsacks und war eifrig damit beschäftigt, die Füße eines knurrenden Hundes zu untersuchen, den er im Schnee auf den Rücken gewälzt hatte. Er gab deshalb keine Antwort. Kurz, der einen dampfenden Mokassin an einem Stock zum Trocknen ans Feuer hielt, sah seinem Kameraden aufmerksam ins Gesicht.
»Schau dir mal das Nordlicht da an«, sagte er. »Ein bißchen leichtfertig sieht es aus! Fast genau wie so'n schillerndes, flatterndes Frauenzimmer! Von denen sind ja selbst die besten leichtfertig, wenn sie nicht komplett verrückt sind. Und Katzen sind sie alle, ohne Ausnahme, die kleinsten und die größten, die hübschesten und die häßlichsten. Sie sind ganz wie brüllende Löwen und keifende Hyänen, wenn sie erst mal einen Mann aufgespürt haben, den sie verzehren möchten.«
Wiederum blieb der Monolog Kurz' unbeantwortet. Kid gab dem Hund, der nach seiner Hand schnappte, einen leichten Klaps und setzte seine Untersuchung der wunden und blutenden Fußballen fort.
»Hm«, plauderte Kurz weiter. »Vielleicht denkst du, ich hätte nicht verheiratet sein können, wenn ich Lust gehabt hätte? Und vielleicht glaubst du auch nicht, daß ich verheiratet wäre, selbst wenn ich keine Lust gehabt hätte, wäre ich nicht aus so hartem Holz geschnitzt? Kid, willst du wissen, was mich gerettet hat? Ich will es dir sagen. Meine gute Lunge! Ich lief einfach fort, und die Schürze möchte ich sehen, die mich einholen könnte!«
Kid ließ den Hund laufen und krempelte seine eigenen

dampfenden Mokassins um, die ebenfalls auf Stöcken zum Trocknen am Feuer hingen. »Wir werden bis morgen hierbleiben und Mokassins für die Hunde machen müssen«, ließ er sich herab mitzuteilen. »Die dünne Eiskruste verdirbt ihnen vollkommen die Pfoten.«
»Wir wollen lieber weitermarschieren«, wandte Kurz ein.
»Wir haben nicht Proviant genug, um umkehren zu können, und müssen also sehen, sobald wie möglich das Gebiet der Rentiere oder der weißen Indianer zu erreichen... sonst werden wir unsere eigenen Hunde essen müssen... mit Haut und Haaren und wunden Pfoten! Aber glaubst du denn, daß überhaupt einer diese weißen Indianer gesehen hat? Alles nur Unsinn. Wie zum Teufel sollte eine Rothaut weiß sein können? Ein weißer Schwarzer wäre genau so natürlich und wahrscheinlich! Du, Kid, wir müssen also jedenfalls sehen, daß wir morgen weiterkommen. Das Land hier ist ja von allen Göttern verlassen... jedenfalls von allem Wild. Die ganze Woche haben wir nicht eine einzige Hasenfährte gesehen... das weißt du ja. Und wir müssen aus dieser Einöde heraus und irgendwohin, wo das Futter lebendig herumläuft.«
»Die Hunde werden aber alle besser laufen, wenn sie einen Ruhetag haben und Mokassins bekommen«, riet Kid. »Wenn du von irgendeiner Wasserscheide aus Ausschau halten würdest, so daß wir sehen könnten, was auf der andern Seite liegt, wäre es gar nicht so dumm. Wir müßten ja eigentlich jeden Augenblick offenes Hügelland antreffen. Das hat jedenfalls La Perle gesagt.«
»Pah! Nach seinem eigenen Bericht ist es zehn Jahre her, daß er durch diese Gegend kam, und er war damals so verrückt vor Hunger, daß er gar nicht ahnte, was er sah! Denk doch daran, daß er uns erzählt hat, er hätte große Flaggen auf den Bergen wehen sehen. Danach kannst du ausrechnen, wie verrückt er war! Und er gibt selber zu, daß er nie

eine weiße Rothaut gesehen hat... es war Anton, der ihm diesen Bären aufgebunden hat. Und der gute Anton war ja auch, zwei Jahre, ehe wir beide nach Alaska kamen, durchgebrannt. Aber ich werde morgen einen kleinen Ausflug machen. Und vielleicht erwische ich auch einen Elch. Aber wollen wir jetzt nicht schlafen?«

Kid verbrachte den Morgen im Lager, wo er Mokassins für die Hunde nähte und das Geschirr reparierte. Gegen Mittag kochte er für sie beide, aß dann seine Ration und begann sich nach Kurz' Rückkehr zu sehnen. Eine Stunde später schnallte er sich die Schneeschuhe an und begann der Fährte seines Partners nachzugehen. Sie führte ihn das Flußbett hinauf und durch eine enge Schlucht, die sich plötzlich zu einer Elchweide erweiterte. Aber offenbar waren seit dem ersten Schneefall keine Tiere dagewesen. Die Furchen von Kurz' Schneeschuhen überquerten die Weide und führten den sanften Hang einer niedrigen Wasserscheide hinauf. Auf der Kuppe blieb Kid stehen. Die Fährte Kurz' lief den andern Hang wieder hinab. Die ersten Fichten standen unten im Flußbett, eine kleine Meile entfernt, und es leuchtete Kid ein, daß Kurz sie passiert haben mußte. Kid sah auf seine Uhr, gedachte der eintretenden Dunkelheit, der wartenden Hunde, des einsamen Lagers und entschloß sich widerstrebend zur Umkehr. Vorher aber warf er noch einen langen spähenden Blick über das weite Land. Der ganze östliche Horizont war von dem schneebedeckten Grat der Rocky Mountains begrenzt und glich der zackigen Schneide einer Säge. Das gewaltige Gebirge erstreckte sich, Kette neben Kette, nach Nordwesten und schien den Weg nach dem offenen Lande, von dem La Perle erzählt hatte, zu versperren. Es sah deshalb aus, als ob die Berge sich zusammengetan hätten, um den Wanderer nach dem Westen und dem Yukon zurückzudrängen.

Bis Mitternacht unterhielt Kid ein großes Feuer, das Kurz als Wegweiser dienen konnte. Und sobald er am nächsten Morgen das Lager abgebrochen und die Hunde vorgespannt hatte, nahm er die Verfolgung auf. In der engen Schlucht, durch die er ging, spitzte der Leithund plötzlich die Ohren und begann zu heulen. Bald danach stieß Kid auf sechs Indianer, die ihm entgegenkamen. Sie trugen nur leichtes Gepäck und hatten keine Hunde bei sich. Sie umringten ihn und gaben ihm sofort verschiedene Gründe, erstaunt zu sein. Es war nämlich ganz offenbar, daß sie unterwegs waren, um ihn aufzusuchen. Ebenso schnell stellte er fest, daß sie keinen der ihm bekannten Indianerdialekte sprachen. Es waren indessen keine weißen Rothäute, obgleich sie größer und kräftiger gebaut waren als die Indianer unten am Yukon. Fünf von ihnen trugen lange altmodische Gewehre, während der sechste einen Winchesterstutzen trug, den Kid sofort als Kurz' Eigentum erkannte.

Sie verschwendeten auch keine Zeit, um ihn feierlich gefangenzunehmen. Er trug selbst keine Waffen und war also gezwungen, sich zu ergeben. Den Inhalt des Schlittens übernahmen sie ohne weiteres und verteilten ihn unter sich. Er selbst mußte ein Bündel mit seinem und Kurz' Schlafsack auf den Rücken nehmen. Die Hunde liefen ohne Sielen herum, und als Kid dagegen Einspruch erhob, bedeutete ihm einer der Indianer durch Zeichen, daß der Weg zu schwierig zum Schlittenfahren sei. Kid mußte sich deshalb in das Unvermeidliche fügen, stellte den Schlitten auf den Hang oberhalb des Flusses aufrecht in den Schnee und trottete dann mit seinen Wärtern weiter. Sie zogen über die Wasserscheide nordwärts nach den Fichten, die Kid am vorigen Abend aus der Ferne gesehen hatte.

Die erste Nacht verbrachten sie in einem Lager, das seit mehreren Tagen benutzt sein mußte. Hier lagen reichliche Mengen von getrocknetem Lachs und einer Art Pemmikan, die die Indianer in ihren Bündeln verstauten. Von diesem Lagerplatz aus lief eine durch viele Schneeschuhe getretene Fährte... Kid war sich darüber klar, daß sie von den Leuten herrührten, die Kurz gefangengenommen hatten. Und schon ehe es dunkel wurde, hatte er unter den vielen Spuren die von Kurz' Schneeschuhen festgestellt, die schmaler als die der Indianer waren. Als er die Indianer durch Zeichen danach befragte, nickten sie zur Bestätigung und wiesen mit den Fingern nach Norden.

Die folgenden Tage zeigten sie immer nur nach dem Norden, und auch die Fährte, die sich durch ein wahres Chaos von hohen Felsblöcken schlängelte, führte in diese Richtung. Der Schnee war tiefer als in den niedriger gelegenen Tälern, und sie hätten überhaupt nicht ohne Schneeschuhe vorwärts kommen können. Kids Wärter, die alle jung waren, wanderten indessen leicht und sicher. Und er konnte einen gewissen Stolz nicht unterdrücken, daß er so mühelos mit ihnen Schritt zu halten vermochte.

Sie brauchten sechs Tage, um den mittleren Paß zu erreichen und zu überschreiten, denn wenn er auch im Verhältnis zu den Bergen, die ihn umgaben, niedrig erschien, war er an sich doch schreckenerregend und für schwerbeladene Schlitten überhaupt unbefahrbar. Nachdem sie weitere fünf Tage dem gewundenen Weg, der sich immer tiefer und tiefer den Berg hinabschlängelte, gefolgt waren, gelangten sie in das offene, wellenförmige, nur leicht hügelige Gelände, das La Perle zehn Jahre zuvor besucht hatte. Kid erkannte es auf den ersten Blick — es war ein eisiger Tag, das Thermometer stand vierzig Grad unter Null, und die Luft war so klar, daß er Hunderte von Meilen weit sehen konnte. So weit sein Blick reichte, erstreckte sich das wellenförmige Gelände. Fern im Osten erhoben die Gipfel der Rocky Mountains ihre schneebedeckten Bastionen gen Himmel. Nach Süd und Südwest liefen die zackigen Ket-

ten, die dem soeben überschrittenen hoch aufragenden System von Ausläufern angehörten. Und in der großen Senkung inmitten dieser Gebirge lag das Gelände, das La Perle durchwandert hatte... im Augenblick freilich weiß von Schnee, aber sicher zu verschiedenen Jahreszeiten reich an Wild, und im Sommer von bunten Blumen bedeckt.
Sie wanderten weiter an einem breiten Strom entlang, an verschneiten Weiden und an entlaubten Eschen vorbei, durch Niederungen mit vielen Fichten und erreichten gegen Mittag ein großes Lager, das seit einigen Tagen verlassen schien. Im Vorbeigehen warf Kid einen prüfenden Blick hin und schätzte es auf vier- bis fünfhundert Feuer, so daß also die Bevölkerung in die Tausende gehen mußte. Die Schlittenfährte war so frisch und von den vielen Füßen so festgestampft, daß Kid und seine Wärter sich die Schneeschuhe abschnallten und nun in Mokassins schneller weitergehen konnten. Allmählich begannen die Spuren eines Wildbestandes sichtbar zu werden, der immer reicher zu werden schien... Sie sahen Fährten von Wölfen und Luchsen, die ohne Fleisch ja nicht leben konnten. Einmal stieß einer der Indianer einen Ruf der Zufriedenheit aus und wies auf ein weites verschneites Feld, das mit Rentierschädeln bedeckt war, denen die wilden Tiere Haut und Fleisch abgenagt hatten. Und auf dem ganzen Gelände war die Schneedecke so zerstampft und aufgerissen, als ob ein ganzes Heer dort einen schweren Kampf ausgefochten hätte. Kid war sich gleich darüber klar, daß Jäger hier seit dem letzten Schneefall sehr viele Tiere erlegt hätten. Obgleich die lang andauernde Dämmerung schon angebrochen war, schien doch niemand die Absicht zu haben, ein Lager aufzuschlagen. Die Indianer gingen weiter durch die zunehmende Dunkelheit, die jedoch allmählich von dem leuchtenden Himmel erhellt wurde... große glitzernde Sterne funkelten durch den grünen Schimmer des zittern-

den Nordlichts. Die Hunde waren die ersten, die das ferne Getöse des Lagers hörten... Sie spitzten die Ohren und winselten leise aus Eifer und Verlangen. Dann hörten auch die Wanderer das Geräusch ... zuerst ein Murmeln, das die Entfernung noch schwach und dumpf machte, das aber doch ohne die sanft rauschende Romantik war, welche alle sehr fernen Geräusche kennzeichnet. Es waren statt dessen wilde und laute Töne... ein Gewirr von schrillen Lauten, die von einem noch schrilleren durchbrochen wurden... dem langen, unheimlich eintönigen Wolfsgeheul vieler Hunde... einem Johlen und Schreien, wie aus Unfrieden und Schmerz, schwermütig und klagend, wie die Stimmen hoffnungsloser Empörung gegen ein unabwendbares Schicksal. Kid öffnete sein Uhrglas, und mit bloßen Fingern Zeiger und Ziffern nachprüfend, konnte er feststellen, daß es bereits elf Uhr war. Die Männer, die ihn begleiteten, beschleunigten ihren Gang. Die Beine, die sich bereits mehr als zwölf ermüdende Stunden bewegt hatten, mußten sich noch mehr beeilen, so daß sie fast liefen oder, die meiste Zeit jedenfalls, trabten. Aus einer düsteren Fichtenniederung traten sie auf einmal in den Lichtkreis vieler Feuer und in einen plötzlich gewaltig anwachsenden Lärm. Vor ihnen lag das große Lager.
Und als sie es erst betreten hatten und durch seine unregelmäßigen Wege gingen, gerieten sie in ein wildes Getümmel, das wie eine Woge gegen sie anbrach und brausend mit ihnen weiterrollte... Rufe, Grüße, Fragen und Antworten, Späße und Witze flogen hin und her; die Wolfshunde schnappten und knurrten wütend und stürzten sich wie zottige Kugeln auf Kids fremdartige Hunde; die Indianerfrauen schimpften und lachten; die Kinder wimmerten und weinten; die Kranken klagten und stöhnten, wenn sie aus ihrem Schlaf zu neuen Schmerzen geweckt wurden... hier herrschte der ganze Höllenlärm, der ein Lager von

Völkern der Einöden, von Völkern ohne Nerven kennzeichnet.

Mit ihren Keulen und Gewehrkolben scheuchten Kids Begleiter die angriffslustigen Hunde zurück, während seine eigenen Tiere, die sich vor so vielen Feinden fürchteten, sich erregt knurrend und schnappend zwischen den Beinen ihrer menschlichen Beschützer verkrochen.

Es wurde erst haltgemacht, als sie den festgestampften Schnee um ein großes Feuer erreichten, wo Kurz mit zwei jungen Indianern hockte und lange Streifen Elchfleisch briet. Drei andere junge Indianer, die bereits in ihren Schlafsäcken auf einem Lager von Fichtenzweigen lagen, richteten sich auf. Kurz sah seinen Partner über das Feuer hinweg an, aber seine Miene blieb unbewegt und gleichgültig, genau wie die der Indianer. Er gab auch keine Zeichen, daß er Kid erkannte, sondern briet seelenruhig sein Fleisch weiter.

»Was hast du denn?« fragte Kid verärgert. »Kannst du nicht mehr reden?«

Das alte, vertraute Lachen glitt über Kurz' Gesicht. »Nein«, antwortete er. »Ich bin Indianer geworden. Ich habe jetzt gelernt, daß man keine Überraschung zeigen darf. Wann haben sie dich erwischt?«

»Am Tage nach deinem Verschwinden.«

»Hm«, sagte Kurz, und ein halb spöttisches Lächeln blitzte in seinen Augen auf. »Ich befinde mich hier sauwohl, darauf kannst du schwören. Es ist das Lager der Junggesellen.« Er streckte mit einer großartigen Bewegung die Hand aus, als ob er all die Herrlichkeiten an seine Brust drücken wollte, obgleich sie nur aus einem Feuer, aus Schlafplätzen aus Fichtenzweigen, die auf dem Schnee ausgestreut waren, aus Elchhautzelten und aus Windschirmen, die aus Fichten- und Weidenzweigen geflochten waren, bestanden. »Und hier siehst du die Junggesellen!«

Diesmal zeigte er auf die jungen Männer und spie dabei einige Gaumenlaute in ihrer Sprache aus, so daß sie dankbar und erfreut das Weiße ihrer Augen und Zähne blitzen ließen.
»Sie freuen sich, dich kennenzulernen, Kid. Setz dich und trockne deine Mokassins, dann werde ich etwas Futter für dich fertigmachen. Ich kann schon richtig mit ihrem Kauderwelsch umgehen. Das wirst du auch nötig haben, denn mir scheint, als ob wir ziemlich lange hierbleiben werden! Es ist noch ein Weißer hier. Der wurde vor sechs Jahren gefangengenommen. Es ist ein Ire, den sie am Großen Sklavensee aufgegabelt haben. Hier wird er Danny McCan genannt. Er hat sich schon mit einer Indianerfrau zur Ruhe gesetzt. Hat schon zwei Kinderlein, will sich aber trotzdem unsichtbar machen, wenn sich eine Möglichkeit bieten sollte. Siehst du das niedrige Feuer drüben rechts? Da ist sein Wigwam.«
Kid sollte offenbar auch hierbleiben, denn seine Wärter verließen ihn und seine Hunde und schritten tiefer ins Lager hinein. Während er für seine Fußbekleidung Sorge trug und gleichzeitig lange Streifen warmen Fleisches verschlang, kochte und schwätzte Kurz weiter.
»Es ist ja zweifellos eine herrliche Suppe, die wir uns hier eingebrockt haben... kannst mir ruhig glauben! Und wir müssen verdammt früh aufstehen, wenn wir lebendig aus diesem Hexenkessel entschlüpfen wollen. Sie sind richtige, waschechte wilde Indianer. Sie sind freilich nicht weiß, aber ihr Häuptling ist es. Er spricht, als ob er das Maul voll von heißem Brei hätte... Und wenn er nicht ein Vollblutschotte ist, dann gibt's überhaupt gar nicht so was wie Schotten in dieser verworrenen Welt. Er ist der Hiju, Shookum Oberhäuptling des ganzen Warenhauses. Was er sagt, ist einfach Gesetz... das mußt du dir gleich von Anfang an klarmachen. Danny McCan versucht jetzt seit sechs Jah-

ren durchzubrennen. Danny ist ein ganz guter Kerl, aber viel Mumm steckt nicht mehr in seinen alten Knochen. Er weiß einen Weg, auf dem man entkommen kann — hat ihn auf den Jagden kennengelernt — westlich von dem Weg, den wir gekommen sind. Er hat nur nicht die richtigen Nerven, um so eine Sache allein zu deichseln. Aber wir drei werden den Laden schon schmeißen. Backenbart ist ja ganz nett und todanständig, aber trotzdem ist er ein bißchen reichlich verschroben.«

»Wer ist der Backenbart?« fragte Kid, der unterdessen die warmen Fleischstücke mit wahrem Wolfshunger verschlungen hatte, jetzt aber eine kleine Pause machte.

»Na, das ist ja der Obergeneral-Idiot... der alte Schotte... er ist wirklich etwas alt geworden, und deshalb schläft er wohl auch jetzt schon. Aber morgen wird er dich sehen wollen, und er wird dir mit aller gewünschten Deutlichkeit sagen, was du für ein jämmerlicher Wicht bist, wenn du auf seine Jagdgründe gerätst. Denn dieses ganze Gebiet gehört ihm, das mußt du deiner Kokosnuß gleich einbleuen. Hier ist noch nie ein Forscher oder Entdecker gewesen, und es gehört ihm alles. Er hat ungefähr zwanzigtausend Quadratmeilen als Jagdgebiet. Er ist auch der weiße Indianer... er und sein Frauenzimmer. Haha, du brauchst mich deshalb nicht so anzugucken... warte, bis du sie gesehen hast... Verflucht hübsches Ding und ganz weiß, wie der Papa... du weißt, der Backenbart! Und Rentiere! Donnerwetter noch mal! Ich hab sie schon gesehen... die Herden werden jetzt ostwärts getrieben, und wir sollen ihnen nachgehen... jeden Tag kann es losgehen... Was Backenbart von Rentieren und von Lachsen weiß, das weiß sonst keiner in der Welt... das kannst du mir ruhig glauben.«

»Da kommt Backenbart — er sieht aus, als ob er irgend was vorhätte«, flüsterte Kurz.
Es war Morgen, und die Junggesellen hockten schon um das Feuer und verzehrten ein gutes Frühstück aus Elchfleisch, das sie geröstet hatten. Kid blickte auf und sah einen kleinen schlanken Mann. Er war wie ein Wilder in Pelze gekleidet, aber trotzdem sah man sofort, daß er ein Bleichgesicht war. Er ging an der Spitze eines Hundegespanns und wurde von einem Dutzend Indianern begleitet. Kid zerbrach eben einen heißen Knochen, und während er das dampfende Mark aussaugte, blickte er seinen Wirt, der sich ihnen näherte, prüfend an. Ein ergrauter und vom Rauch vieler Lagerfeuer geschwärzter, buschiger Bart verbarg den größten Teil des Gesichtes, konnte aber doch die mageren, fast unheimlich eingefallenen Wangen nicht verbergen. Kid stellte aber fest, daß diese Magerkeit nicht von Krankheit oder Schwäche herrührte, denn die weit geöffneten Nüstern und die gewölbte, breite Brust zeugten von außergewöhnlicher Gesundheit.
»Guten Tag«, sagte der Mann. Gleichzeitig zog er einen Handschuh ab und gab Kid die Hand. »Mein Name ist Snass«, fügte er hinzu, als sie sich die Hände schüttelten.
»Und ich heiße Alaska-Kid«, antwortete Kid mit einem eigentümlichen Gefühl der Unruhe, als er in die klaren, durchdringenden Augen blickte.
»Sie haben genug zu essen, scheint es.«
Kid nickte und begann wieder seinen Markknochen zu bearbeiten. Das Schnurren der schottischen Aussprache berührte ihn seltsam angenehm.
»Es sind natürlich nur derbe Gerichte, die wir Ihnen bieten können. Aber es geschieht dafür selten, daß wir hungern müssen. Und unser Essen ist jedenfalls natürlicher und gesünder als der gekünstelte Fraß, den man in den Städten bekommt.«

»Sie lieben offenbar die Städte nicht«, sagte Kid lachend, nur um etwas zu sagen. Er war aber ganz verblüfft, als er die Veränderung bemerkte, die seine Worte in Snass' Gesicht hervorriefen.
Wie eine empfindliche Pflanze schien die ganze Gestalt des Mannes plötzlich zu zittern und sich zu krümmen. Dann wich die Erregung, um sich in seinen Augen zu konzentrieren, die — in wildem Aufruhr — einen Haß sprühten, der seine unermeßliche Pein, seinen unsagbaren Schmerz fast in die Welt hinausschrie. Mit einem Ruck wandte er sich ab, nahm sich aber mit einer gewaltigen Anstrengung wieder zusammen und warf Kid einen Gruß zu: »Ich werde Sie später ja sehen, Herr Kid. Die Rentiere beginnen ostwärts zu wandern, und ich muß deshalb fort, um einen Lagerplatz zu finden. Morgen werden wir alle weiterwandern müssen.«
»Ein tüchtiger Backenbart, nicht?« flüsterte Kurz, als Snass an der Spitze seiner Schar verschwunden war.

Später am selben Morgen bummelte Kid im Lager herum. Alle waren mit ihren einfachen Pflichten beschäftigt. Eine große Schar von Jägern war soeben zurückgekehrt, und die Männer zerstreuten sich an die verschiedenen Lagerfeuer. Viele Frauen und Kinder waren im Begriff, mit den Hunden, die vor leere Tobogganschlitten gespannt waren, auszuziehen, während andere Frauen, Kinder und Hunde Schlitten mit frischgeschlachtetem, aber schon gefrorenem Fleisch herbeizogen. Ein kalter Frühlingswind wehte, und der ganze wilde Auftritt spielte sich bei einer Temperatur von dreißig Grad unter Null ab. Nirgends sah man gewebte Stoffe, alle waren in Pelzwerk und leichtgegerbte Felle gekleidet. Knaben liefen vorbei, sie hatten Bogen in den Händen, und ihre Köcher waren von Pfeilen mit knöchernen Widerhaken vollgestopft. Kid sah auch viele Jagdmesser aus Knochen oder Stein, die am Gürtel oder in ledernen Riemen um den Hals getragen wurden. Frauen beugten sich über die Feuer und kochten und brieten, während die kleinen Kinder, die sie auf dem Rücken trugen, mit großen runden Augen um sich blickten und an Klumpen von Talg saugten. Hunde, sehr nahe Verwandte von Wölfen, kamen mit gesträubten Haaren auf Kid zu, aber nur, um von ihm mit seinem kurzen Knüppel verjagt zu werden. Sie wollten alle diesen Fremden beschnüffeln, den sie des harten Knüppels wegen dulden mußten.

Mitten im Lager brannte ein Feuer ganz für sich. Kid war sich klar darüber, daß es der Lagerplatz Snass' sein mußte. Obwohl offenbar nur zu vorübergehendem Gebrauch gedacht, schien er dennoch sorgfältig gebaut zu sein und war von bedeutendem Umfang. Eine ganze Menge Bündel Felle und Ausrüstungen aller Art lagen auf einem Gerüst, so daß die Hunde sie nicht erreichen konnten. Ein großer Leinwandplan war wie ein Halbzelt so aufgestellt, daß man in seinem Schutz schlafen und sich aufhalten konnte. Daneben stand ein Zelt aus Seide, wie Forschungsreisende oder reiche Großwildjäger sie bevorzugen. Kid hatte noch nie ein solches Zelt gesehen und trat deshalb näher. In diesem Augenblick wurde der Vorhang beiseite geschlagen, und eine junge Frau trat heraus. Sie kam so plötzlich und schnell, daß ihr Erscheinen auf Kid wie eine Offenbarung wirkte. Er schien jedoch denselben Eindruck auf sie gemacht zu haben, und einen langen Augenblick blieben beide stehen und starrten sich an.

Sie war ganz in Pelzwerk gekleidet, aber in Pelzwerk von so wunderbarer Schönheit, wie Kid es nie auch nur im Traum gesehen hatte. Ihre Parka, deren Kapuze sie zurückgeschlagen hatte, bestand aus irgendeinem unbekannten Pelz von der Farbe fahlen Silbers. Die Mukluks, deren Sohlen aus Walroßhaut waren, bestanden aus den silberfarbenen Fußballen vieler Luchse. Die langen Stulpenhandschuhe, die Troddeln an den Knien, all der verschiedenartige Pelzbesatz ihrer Kleidung hatten denselben blassen Silberglanz, der in der eisigen Luft wie Mondlicht schimmerte... und aus diesem fahlfunkelnden Silber erhob sich auf einem schlanken, feingeformten Hals ein Kopf, dessen rosiges Gesicht ebenso hell war, wie ihre Augen blau waren. Die Ohren glichen rosigen Muscheln. Das hellbraune Haar war von Reif bedeckt, so daß es wie von glitzernden Eiskristallen funkelte.

Kid sah das alles und noch mehr wie in einem märchenhaften Traum. Dann nahm er sich zusammen und faßte nach seiner Mütze. Im selben Augenblick wich der benommene Blick aus den Augen des Mädchens, die ihn wie ein Wunder angestarrt hatte, einem natürlichen Lächeln. Mit schneller, lebhafter Bewegung zog sie einen Handschuh aus und gab ihm die Hand. »Guten Tag«, flüsterte sie ernst, mit einem eigenartigen, aber reizenden Akzent. Ihre Stimme hatte einen silbernen Klang, der ihrem Pelzwerk in sonderbarer Weise entsprach, und berührte Kids Ohr als etwas Ungewohntes und Merkwürdiges, da er so lange nur die rauhen Stimmen der Squaws in den verschiedenen Lagern gehört hatte.

Er vermochte nur einige Gemeinplätze zu stammeln, ungeschickte Erinnerungen aus seinem einstigen Gesellschaftsleben.

»Ich freue mich, Sie kennenzulernen«, sagte sie langsam und unsicher, während ein strahlendes Lächeln über ihr Gesicht glitt. »Sie müssen mein Englisch entschuldigen. Es ist nicht sehr schön! Ich bin Engländerin«, versicherte sie ihm ernst. »Mein Vater ist Schotte. Meine Mutter ist tot. Sie war Französin und Engländerin und auch ein klein wenig Indianerin. Ihr Vater war irgend etwas Großes bei der Hudson-Bucht-Company. Hu, es ist so kalt heute.« Sie

zog ihren Handschuh wieder an und rieb sich die Ohren, deren zartes Rosa schon anfing, weiß zu werden. »Wollen wir ans Feuer gehen und uns ein bißchen unterhalten? Ich heiße Labiskwee. Wie heißen Sie denn?«
Auf diese Weise machte Kid die Bekanntschaft Labiskwees, der Tochter des alten Snass, der sie selbst Margaret nannte.
»Mein Vater heißt gar nicht Snass«, teilte sie Kid mit. »Snass ist nur sein indianischer Name...«
Kid lernte vieles an diesem Tage und den folgenden, während das Jagdlager der Fährte der Rentiere folgte. Es waren wirklich wilde Indianer, dieselben, die Anton einst getroffen hatte und denen er vor so vielen Jahren entkommen war. Sie befanden sich jetzt nahe der westlichen Grenze ihres Territoriums. Im Sommer zogen sie nordwärts bis zu den arktischen Tundren und westwärts bis an den Luskwa. Was der Luskwa für ein Fluß war, konnte Kid freilich nicht feststellen, und weder Labiskwee noch McCan konnten ihm Auskunft darüber geben. Hin und wieder zog Snass mit einer großen Schar tüchtiger Jäger ostwärts über die Rocky Mountains, an den Seen und am Mackenzie vorbei in die Einöde. Bei dem letzten Ausflug in dieser Richtung hatte man das Zelt Labiskwees gefunden.
»Es gehörte der Milicent-Abdury-Expedition«, erzählte Snass Kid.
»Ach wirklich? Ja, ich erinnere mich! Sie suchte nach Moschusochsen. Die Hilfsexpedition fand nie eine Spur von den beiden.«
»Ich fand sie«, sagte Snass. »Aber sie waren tot.«
»Die Welt weiß es noch nicht; sie hat nie etwas davon erfahren.«
»Die Welt wird auch nie etwas davon erfahren«, versicherte Snass ihm freundlich.
»Sie meinen, wenn sie am Leben gewesen wären, als Sie sie fanden...«

Snass nickte. »So hätten sie bei mir und meinem Volke bleiben müssen.«
»Anton entkam aber«, sagte Kid herausfordernd.
»Ich entsinne mich nicht mehr des Namens. Wie lange ist das her?«
»Vierzehn oder fünfzehn Jahre«, antwortete Kid.
»Er kam also durch... trotz allem. Wissen Sie, ich habe seinerzeit oft an ihn gedacht. Wir nannten ihn ›Langzahn‹. Er war ein kräftiger Mann.«
»La Perle kam vor zehn Jahren durch dieses Gebiet.«
Snass schüttelte den Kopf.
»Er fand Spuren Ihrer Lagerplätze... es war im Sommer.«
»Das erklärt die Sache«, antwortete Snass. »Im Sommer sind wir im hohen Norden, Hunderte von Meilen von hier entfernt.«
Soviel Kid sich aber auch bemühte, konnte er doch nichts von der Geschichte Snass' aus der Zeit erfahren, ehe er in der Wildnis des Nordens zu leben begann. Er war nicht ohne Erziehung, aber in der ganzen dazwischenliegenden Zeit hatte er weder Bücher noch Zeitungen gelesen. Er hatte keine Ahnung, was in der Welt seither geschehen war — aber es interessierte ihn auch gar nicht, es zu erfahren. Er hatte etwas von den Goldsuchern am Yukon und von dem großen Goldfund in Klondike gehört. Aber die Goldsucher hatten nie sein Gebiet betreten, und er freute sich aufrichtig darüber. Die Welt außerhalb seines Territoriums existierte nicht für ihn. Und er duldete nicht, daß sie erwähnt wurde.
In dieser Beziehung konnte Labiskwee auch keine Auskunft geben. Sie selbst war in den Jagdgründen geboren. Ihre Mutter hatte noch sechs Jahre gelebt... sie war die einzige weiße Frau, die Labiskwee je gesehen hatte. Sie erzählte ihm das mit einem wehmütig-sehnsuchtsvollen Klang in der Stimme. Überhaupt zeigte sie bei tausend Gelegenhei-

ten, daß sie ein wenig von der großen fremden Welt wußte, deren Tür ihr Vater so fest verriegelt hatte. Aber sie bewahrte dieses Wissen wie ein furchtbares Geheimnis, das sie ängstlich hüten mußte. Sie hatte schon längst aus Erfahrung gelernt, daß ihr Vater bei jeder Erwähnung der fremden Welt wahre Wutanfälle bekam.

Anton hatte einst einer Indianerin von ihrer Mutter erzählt, und er war es, der gesagt hatte, daß sie die Tochter eines hohen Beamten der Hudson-Bucht-Company gewesen war. Später hatte diese Squaw es dann Labiskwee selbst weitererzählt. Aber den Namen ihrer Mutter hatte sie nie gekannt.

Als Quelle bedeutungsvoller Informationen war der gute McCan absolut untauglich. Er liebte überhaupt keine Abenteuer. Das Leben in der Einöde war ihm ein Greuel, und doch hatte er neun Jahre hier verbracht. In San Franzisko war er von einem Heuerbaas schanghait worden, aber später bei Point Barrow mit drei Kameraden von dem Walfängerschiff desertiert. Zwei von ihnen waren längst gestorben, und der dritte hatte ihn auf der furchtbaren Wanderung nach dem Süden verlassen. Zwei Jahre hatte er unter den Eskimos verbracht, bevor er den Mut fand, die Wanderung nach dem Süden fortzusetzen ... und dann, nur noch wenige Tagereisen von einer der Stationen der Hudson-Bucht-Company entfernt, wurde er von einer kleinen Schar von Snass' jungen Männern eingefangen. Er war ein schmächtiger, unintelligenter Mensch, der an einer Augenkrankheit litt. Und er konnte von nichts anderem sprechen und träumen als von der Möglichkeit, nach San Franzisko und zu seinem geliebten Maurerhandwerk zurückzukehren.

»Sie sind der erste intelligente Mensch, den wir hier gehabt haben«, erklärte Snass liebenswürdig, als er und Kid eines Abends am Feuer saßen. »Das heißt, mit Ausnahme

von Vierauge, so wurde der Alte von meinen Indianern genannt, denn er trug eine Brille und war sehr kurzsichtig. Er war ursprünglich Professor der Zoologie...« Kid bemerkte, wie korrekt Snass dieses Fremdwort aussprach...
»Er starb vor gut einem Jahre. Meine jungen Männer fanden ihn, als er sich von seiner Expedition am oberen Porcupine verirrt hatte. Er war sehr intelligent... o ja... aber dabei freilich auch ein Narr... das war seine Schwäche... er verirrte sich immer! Er war gründlich in Geologie beschlagen und wußte, wie man Metall bearbeitet. Drüben am Luskwa, wo Kohle ist, haben wir auch einige sehr anständige Handschmieden nach seiner Anleitung eingerichtet. Er reparierte unsere Gewehre und lehrte auch unsere jungen Männer, wie sie es machen sollten. Er starb leider voriges Jahr, und wir haben ihn ehrlich vermißt. Er verirrte sich... er tat es, wirklich... und erfror kaum eine Meile von unserem Lager.«
Am selben Abend sagte Snass zu Kid: »Es wäre klüger, wenn Sie sich eine Frau wählen würden, so daß Sie Ihr eigenes Feuer bekommen könnten. Dann würden Sie es viel bequemer haben als bei den jungen Leuten. Das Feuer der Jungfrauen wird erst angezündet, wenn Hochsommer und Lachs da sind... es ist so eine Art Fest der Jungfrauen, wissen Sie... aber ich kann es früher tun lassen, wenn Sie es wünschen.«
Kid lachte und schüttelte den Kopf.
»Vergessen Sie nicht«, beendete Snass ruhig die Unterredung. »Anton ist der einzige, der jemals von hier entkam. Er hatte Glück — ganz außergewöhnliches Glück.«
Labiskwee erzählte Kid, daß ihr Vater einen eisernen Willen hatte.
»Vierauge pflegte ihn den ›gefrorenen Seeräuber‹ zu nennen — ich weiß nicht, was er damit meinte — oder ›den Tyrannen des Eises‹, ›den Höhlenbären‹, ›den primitiven Tier-

menschen‹, ›den König der Rentiere‹, ›den bärtigen Panther‹ und mit einer Menge ähnlicher Namen zu nennen. Vierauge liebte solche Ausdrücke sehr. Er lehrte mich auch mein erstes Englisch. Er machte immer Späße. Man wußte nie, wo er eigentlich hinwollte. Er nannte mich seinen ›Cheetah-Kameraden‹, wenn ich zornig gewesen war. Was bedeutet eigentlich ›Cheetah‹?« Sie plauderte weiter mit einer eifrigen und offenen Kindlichkeit, die Kid nicht gleich mit der reifen Fraulichkeit ihrer Gestalt und ihres Gesichts in Einklang bringen konnte.
Ja, ihr Vater war eisern und herrisch. Alle fürchteten ihn. Wenn er zornig wurde, war er schreckenerregend. Da war zum Beispiel die Geschichte mit den Leuten aus Porcupine. Durch sie und die Leute von Luskwa verkaufte er seine Felle an die Handelsstationen, und durch sie erhielt er auch seine Vorräte an Munition und Tabak. Er war stets korrekt in seinen Geschäften, aber der Häuptling der Porcupines versuchte ihn zu betrügen. Und nachdem Snass ihn zweimal gewarnt hatte, brannte er sein hölzernes Dorf ab, und mehr als ein Dutzend Porcupines fielen in dem Kampf. Aber mit dem Betrügen war es ein für allemal vorbei! Ein andermal war es — als sie noch ein kleines Kind war — geschehen, daß ein Weißer zu fliehen versuchte... aber Snass fing und tötete ihn, das heißt, er selbst tat es natürlich nicht, sondern er gab den jungen Männern des Stammes Befehl, es zu tun. Keiner der Indianer würde es wagen, ihrem Vater nicht zu gehorchen.
Aber je mehr Kid von ihr erfuhr, um so mehr vertiefte sich das Geheimnis, das die Persönlichkeit Snass' umgab.
»Und erzählen Sie mir doch, ob es wahr ist«, fragte das junge Mädchen, »ob es wahr ist, daß einst ein Mann und seine Frau gelebt haben, die Paolo und Francesca hießen und einander über alles in der Welt liebten?«
Kid nickte.

»Vierauge erzählte mir von ihnen«, berichtete sie und strahlte dabei vor Glück. »Er hat es also nicht selbst erfunden, wie es scheint. Sie sehen, ich war nicht ganz sicher ... ich habe meinen Vater einmal gefragt, aber er wurde nur böse. Die Indianer haben mir verraten, daß er dem armen Vierauge deswegen furchtbare Vorwürfe machte. Dann gab es ja auch zwei, die Tristan und Isolde hießen ... zwei Isolden sogar. Es war schrecklich traurig, aber ich möchte so furchtbar gern auf diese Weise lieben! Tun alle jungen Männer und Frauen in der Welt so wie die beiden? Hier tun sie es nicht! Sie heiraten einfach ... sie scheinen gar keine Zeit zum Lieben zu haben. Aber ich bin Engländerin und würde nie einen Indianer heiraten — würden Sie? — Deshalb habe ich nie mein Jungfrauenfeuer angezündet. Einige von den jungen Männern quälen meinen Vater immer, daß er mich zwingen soll, es zu tun. Einer von ihnen ist Libash — ein großer Jäger. Und Mahkook kommt immer wieder hierher und singt seine Lieder. Er ist verrückt! Wenn Sie heute abend nach Dunkelwerden in mein Zelt kommen wollen, werden Sie ihn in der Kälte stehen sehen und singen hören. Aber mein Vater sagt immer, ich soll tun, was ich will, und deshalb zünde ich mein Feuer nicht an. Sehen Sie ... wenn ein Mädchen sich entschlossen hat zu heiraten, zündet sie ein Feuer an, um es den jungen Männern auf diese Weise bekanntzugeben. Vierauge sagte immer daß es eine schöne Sitte sei. Aber er selbst nahm sich keine Frau. Vielleicht nur, weil er zu alt war. Er hatte fast keine Haare mehr, aber ich finde doch nicht, daß er so furchtbar alt war. Und wie können Sie es denn wissen, wenn Sie von der richtigen Liebe erfaßt werden — so wie Paolo und Francesca, meine ich?«
Der klare Blick ihrer blauen Augen verwirrte Kid.
»Ja, man sagt ...«, stotterte er, »... sie sagen ... also diejenigen, die selbst lieben ... die sagen, daß Liebe mehr wert

sei als das Leben. Wenn einer merkt, daß er — oder sie — einen andern lieber hat als sonst jemand in der ganzen Welt...ja, dann weiß er, daß er liebt. So geht es... aber es ist unendlich schwer zu erklären. Man weiß es einfach... das ist alles!
Sie starrte durch den beißenden Rauch des Lagerfeuers in den blauen Abend hinaus. Dann seufzte sie tief und wandte sich wieder dem Handschuh zu, an dem sie gerade nähte.
»Nun ja«, sagte sie in einem Ton, als ob sie einen endgültigen Entschluß faßte, »ich werde jedenfalls nie heiraten... nie.«

»Wenn es uns je gelingt, aus dem Lager zu entkommen, werden wir die Beine ordentlich gebrauchen müssen«, sagte Kurz mißmutig.
»Ja... die Gegend hier ist eine einzige Riesenfalle«, stimmte Kid ihm bei.
Von der Kuppe eines nackten Felsens blickten sie über das schneebedeckte Reich Snass' hinaus. Im Osten, Westen und Süden war es von hohen Zinnen und zackigen Ketten eingeschlossen. Gegen Norden schien das wellenförmige Gelände schier unendlich... aber es war ihnen bekannt, daß auch in dieser Richtung ein Dutzend querlaufender Gebirgsketten alle Wege verriegelten.
»Zu dieser Jahreszeit könnte ich Ihnen drei Tage Vorsprung geben«, sagte Snass am selben Abend zu Kid. »Sie können Ihre Fährte gar nicht verstecken, wissen Sie? Anton flüchtete, als der Schnee geschmolzen war. Meine jungen Leute laufen ebenso schnell wie der schnellste Weiße... außerdem würden Sie ja den Weg für sie festtreten. Und wenn der Schnee geschmolzen ist, werde ich schon dafür sorgen, daß Sie nicht die Chancen bekommen, die Anton seinerzeit hatte. Das Leben hier ist schön! Und die Erinnerung an die Welt schwindet sehr schnell. Ich habe mich nie von

meinem Staunen erholt, daß es so leicht war, ohne diese Welt zu leben, die ihr die eure nennt.« —

»Was mir besondere Sorge macht, ist, daß wir Danny McCan mitnehmen müssen«, vertraute Kurz Kid an. »Er taugt nicht für große Fahrten. Aber er schwört alle möglichen heiligen Eide, daß er den Weg nach dem Westen kennt, und deshalb müssen wir ja einen Versuch mit ihm machen, Kid ... sonst wird dein Schicksal bald entschieden sein.«

»Soo ...?« sagte Kid. »Wir sitzen doch wohl im selben Boot.«

»O nein, durchaus nicht, mein Freund ... für dich birgt das Schicksal etwas ganz anderes im Busen.«

»Wieso?«

»Hast du die letzte Neuigkeit noch nicht gehört?«

Kid schüttelte den Kopf.

»Die Junggesellen haben es mir erzählt. Sie hatten es gerade erfahren. Heute abend geht's los ... obgleich es für die Geschichte eigentlich mehrere Monate zu früh ist.«

Kid zuckte die Achseln.

»Interessiert es dich nicht, das Nähere zu hören?«

»Ich warte ja darauf.«

»Gut ... Dannys Frau hat es den Junggesellen erzählt ...«

Kurz machte eine Pause, um den Eindruck zu erhöhen. »Und die Junggesellen haben es natürlich wieder mir erzählt ... nämlich, daß heute abend das Jungfrauenfeuer angezündet werden soll. Das ist alles. Wie gefällt dir die Geschichte?«

»Ich verstehe nicht, was du meinst, Kurz.«

»Ach nee ... wirklich? Mir scheint es wahrhaftig einfach und klar genug! Es ist ein Mädel nach dir aus, und dies Mädel will ein Feuer anstecken, und das Mädel heißt Labiskwee! O ja, ich habe schon bemerkt, wie sie dich anguckt, wenn du es nicht siehst! Sie hat ja auch noch nie ein Feuer anzünden wollen. Sie sagte immer, daß sie keinen Indianer nehmen wollte. — Und wenn sie jetzt ihr Feuer anzün-

det, so ist es todsicher, daß es meinem armen, unglücklichen Freund Alaska-Kid gilt.«
»Das klingt ja ganz logisch«, sagte Kid. Aber das Herz wurde ihm sehr schwer, denn er entsann sich, wie seltsam Labiskwee in den letzten Tagen gewesen war.
»Ja, siehst du«, meinte Kurz, »so geht es uns immer... sobald wir im Begriff sind, etwas Gutes auszuknobeln, kommt immer so ein verfluchtes Frauenzimmer und verdirbt uns die ganze Mahlzeit. Wir haben in dieser Beziehung ein verdammtes Pech... Holla... horch!«
Drei uralte Squaws waren gerade zwischen dem Lager der Junggesellen und dem McCans stehengeblieben, und die älteste von ihnen hielt in schrillem Falsett einen Vortrag. Kid verstand nur die Namen, aber nicht alle Worte, die Kurz ihm indessen mit wehmütiger Ironie übersetzte.
»Labiskwee, die Tochter Snass', des Herrn des Regens, des großen Häuptlings, zündet heute abend zum ersten Male ihr Jungfrauenfeuer an. Maka, die Tochter Owits, des gewaltigen Jägers...«
Im ganzen wurden die Namen von fünf bis sechs jungen Mädchen genannt... dann watschelten die drei Heroldinnen weiter nach dem nächsten Feuer, um ihre Botschaft dort zu verkünden.
Die Junggesellen, die im jugendlichen Übermut geschworen hatten, kein Mädchen je anreden zu wollen, bezeigten kein Interesse für die angekündigte Zeremonie. Um ihre Geringschätzung so deutlich wie möglich zum Ausdruck zu bringen, begannen sie sofort eine Expedition vorzubereiten, die Snass ihnen befohlen hatte, die aber freilich eigentlich erst am nächsten Tage stattfinden sollte. Der Häuptling war nämlich unzufrieden mit den Erklärungen, die die alten Jäger über die Wanderung der Rentiere gaben, weil er selbst der Ansicht war, daß die Herde sich geteilt hatte. Den Junggesellen war deshalb die Aufgabe gestellt

worden, nach Norden und Westen vorzustoßen, um die zweite Abteilung der großen Herde dort zu suchen. Kid, der sich durch Labiskwees Feuer sehr beunruhigt fühlte, erklärte, die Junggesellen begleiten zu wollen. Vorher aber hatte er eine Unterredung mit Kurz und McCan.
»Am dritten Tage mußt du also da sein, Kid«, sagte Kurz. »Wir bringen die Ausrüstung und die Hunde mit.«
»Aber vergiß nicht«, warnte ihn Kid, »wenn wir uns aus irgendeinem Grunde nicht treffen sollten, dann geht ihr doch weiter, bis ihr den Yukon erreicht... das ist ja selbstverständlich, denn wenn euch das gelingt, könnt ihr nächsten Sommer wiederkommen und mich holen. Und wenn es mir gelingt, zu entkommen, werde ich natürlich dasselbe tun und euch nächstes Jahr holen.« McCan, der an seinem Feuer stand, zeigte mit dem Blick auf einen zackigen Berg drüben, wo die westliche Gebirgskette in die Ebene verlief. »Da drüben ist es«, sagte er. »Ein schmaler Fluß auf der Südseite. Wir gehen den Strom hinauf. Am dritten Tage treffen Sie uns dann! Denn am dritten Tag überschreiten wir den Fluß. Wo Sie ihn auch erreichen, werden Sie entweder uns oder unsere Fährte treffen.«
Aber am dritten Tage fand Kid überhaupt gar keine Möglichkeit zu entfliehen. Die Junggesellen hatten die Richtung, in der sie zogen, geändert. Während Kurz und McCan mit ihren Hunden den Strom hinaufzogen, befanden sich Kid und die jungen Männer sechzig Meilen entfernt an einem Ort, wo sie der Fährte der Herde nordwärts folgten. Erst mehrere Tage später kamen sie an einem dunklen Abend im Schneegestöber in das große Lager zurück. Eine Indianerin, die an einem Feuer saß und klagte, sprang auf, als sie Kid sah, und lief auf ihn zu. Wild und böse blickend, verfluchte sie ihn, während sie mit den Armen auf eine stumme, pelzbekleidete Gestalt zeigte, die reglos auf einem Schlitten lag.

Kid konnte nur ahnen, was geschehen war, und als er das Feuer McCans erreichte, war er deshalb darauf vorbereitet, hier wiederum verflucht zu werden. Statt dessen sah er aber McCan gemütlich am Feuer sitzen und mit gutem Appetit einen großen Bissen Rentierfleisch verzehren.
»Ich bin keine Kampfnatur«, erklärte der Ire klagend. »Aber Kurz ist geflohen, wenn sie ihm auch noch auf den Fersen sind. Er wird sich schon kräftig schlagen... aber sie werden ihn doch kriegen. Er hat ja keine Möglichkeit zu entkommen. Er hat übrigens zwei junge Indianer verwundet, aber die werden sich schon erholen. Einen hat er freilich gerade durch die Brust geschossen.«
»Ja, ich weiß schon«, sagte Kid. »Ich habe soeben seine Witwe gesehen.«
»Der alte Snass wünscht mit Ihnen zu sprechen«, fügte McCan hinzu. »Er hat schon Befehl gegeben: Sobald Sie zurück sind, sollen Sie gleich an sein Feuer kommen. Ich habe kein Wort von Ihnen gesagt! Sie wissen also von gar nichts! Vergessen Sie das nicht... Kurz ist ganz von selbst mit mir davongelaufen.«
Am Feuer des Häuptlings traf Kid Labiskwee. Sie sah ihn mit Augen an, die von solcher Wärme und Liebe leuchteten, daß ihm angst und bange wurde.
»Ich bin so glücklich, daß Sie nicht auch fortgelaufen sind«, sagte sie. »Sie sehen ja, daß ich...«, sie zögerte einen Augenblick, schlug aber die Augen nicht nieder... es funkelte in ihnen ein Licht, das nicht mißzuverstehen war... »Ich habe mein Feuer angezündet... und natürlich für Sie. Es ist geschehen... ich habe Sie mehr liebgewonnen als sonst jemand in der Welt... lieber als meinen Vater, lieber als tausend Männer wie Libash oder Mahkook. Ich liebe... es ist sehr seltsam... ich liebe, wie Francesca geliebt hat, wie Isolde es getan. Der alte Vierauge hat die Wahrheit gesprochen! Auf diese Weise können Indianer nicht lieben.

Aber meine Augen sind blau, meine Haut ist weiß... Wir sind beide weiß, Sie und ich...«
Zum erstenmal in seinem Leben war Kid Gegenstand einer Werbung, und er wußte deshalb nicht, wie er sich benehmen sollte. Ja, schlimmer noch... es war keine Werbung im üblichen Sinne, denn die Werbende ging davon aus, daß er mit ihr einig war. So sicher fühlte Labiskwee sich seiner Gegenliebe, so warm und weich war das Licht in ihren Augen, daß er sich nur wunderte, daß sie nicht ihre Arme um seinen Hals schlang und ihren süßen Kopf an seine Brust lehnte. Da wurde ihm klar, daß sie — trotz der keuschen Freimütigkeit ihrer Gefühle—noch nichts von den zarten Mitteln der Liebe wußte. Unter den primitiven Indianern kennt man dergleichen ja nicht. Sie hatte keine Möglichkeit gehabt, sie kennenzulernen.
Sie plauderte weiter, und jedes Wort, das sie sagte, verriet, wie glücklich ihre Liebe sie machte, während Kid mit sich kämpfte, um einen Weg zu finden, sie durch die Wahrheit zu verwunden, in der Hoffnung, sie dadurch abzukühlen. Nur jetzt hatte er Gelegenheit, der unerquicklichen Lage ein für allemal ein Ende zu machen.
»Aber hören Sie doch, bitte, Labiskwee«, begann er. »Sind Sie denn auch sicher, daß Vierauge Ihnen die Geschichte von Paolo und Francesca zu Ende erzählt hat?«
Sie schlug begeistert die Hände zusammen und lachte in einem wahren Rausch unschuldiger Freude. »Oh!« rief sie. »Die Geschichte geht also weiter! Ich wußte ja, daß es mehr und immer mehr Liebe geben mußte! Ich habe so viel darüber nachgedacht, seit ich selbst zu lieben begann ... Ich habe ...«
Aber in diesem Augenblick trat Snass aus der Dunkelheit und den fallenden Schneeflocken in den hellen Lichtkreis des Feuers, und Kid wußte, daß er die einzige Gelegenheit verpaßt hatte.

»Guten Abend«, knurrte Snass barsch. »Ihr Kamerad hat eine nette Verwirrung hier angerichtet. Es freut mich, daß Sie wenigstens vernünftiger gewesen sind.«
»Erzählen Sie mir bitte zuerst, was geschehen ist«, bat Kid. Das Blitzen der weißen Zähne in dem grauen Bart machte einen unheimlichen Eindruck auf Kid.
»Natürlich kann ich Ihnen die Sache gern erst erzählen. Ihr Freund hat einen meiner Leute getötet. Diese schleimige Memme, der McCan, floh beim ersten Schuß. Er wird nie wieder den Versuch machen, wegzulaufen. Aber meine Jäger haben Ihren Freund in den Bergen eingeschlossen und werden ihn schon kriegen. Er wird nie den Yukon erreichen! Und was Sie betrifft, so wird es am besten sein, wenn Sie künftig an meinem Feuer schlafen. Es gibt auch kein Herumstrolchen mit den jungen Männern mehr. Ich werde schon aufpassen.«

Kids Lage war sehr schwierig geworden, seit er sich immer am Feuer Snass' aufhalten mußte. Er sah Labiskwee jetzt öfter als je. Eben weil ihre Liebe so süß und keusch war, brachte ihr Freimut ihn in unbeschreiblich heikle Situationen. All ihre Blicke waren Blicke der Liebe; sooft sie ihn ansah, war es wie eine Liebkosung. Immer wieder entschloß er sich, ihr von Joy Gastell zu erzählen, und immer wieder mußte er feststellen, daß er ein moralischer Feigling war. Das Furchtbarste dabei war, daß Labiskwee so unendlich bezaubernd war. Es war eine Freude, sie anzusehen. Obgleich seine Selbstachtung sich krümmte, sobald er mit ihr zusammen war, freute er sich doch über jede Minute, die er mit ihr verbrachte. Zum erstenmal in seinem Leben lernte er eine Frau richtig kennen, und so klar und hell war Labiskwees Seele, so rührend und verführerisch in ihrer Unschuld und Unwissenheit, daß er in ihr wie in einem Buche lesen konnte. Die ganze Güte des Weibes, die

seit uralten Zeiten in der Seele der Frau lebt, war auch in ihr unberührt geblieben von der Kenntnis der Anforderungen der Konvention und von dem Betrug der Notwehr, die so oft die Frauen zivilisierter Völker verdirbt und entartet. In seinem Gedächtnis ging er wieder den Gedanken Schopenhauers nach und erkannte hinter allen Sophismen, daß dieser schwermütige Philosoph sich in allen Punkten irrte. Die Frau kennenzulernen, wie er Labiskwee kennenlernte, war gleichbedeutend mit der Erkenntnis, daß alle Weiberfeinde nur kranke Menschen waren.
Labiskwee war einfach wundervoll, und doch brannte neben ihrem Gesicht, das er täglich in der Wirklichkeit sah, das traumhafte Bild Joy Gastells. Joy konnte sich beherrschen, sie konnte ihre Gefühle zurückhalten, sie besaß alle Hemmungen, die unsere Zivilisation von Frauen verlangt. Und doch war seine Phantasie und die lebendige Kraft der Frau, die neben ihm saß, so seltsam, daß Joy Gastell ihm von derselben Güte wie Labiskwee erschien. Die eine erhöhte nur den Wert der andern, und der Wert aller Frauen der Welt stieg in den Augen Kids durch alles, was er in der wunderbaren Seele Labiskwees abends am Feuer Snass' im Schneelande las.
Und Kid lernte auch vieles über sich selbst. Er gedachte aller Erlebnisse, die er mit Joy Gastell gehabt hatte, und erkannte, daß er sie liebte. Und dennoch war er von Labiskwee entzückt. Und war dies Entzücken denn etwas anderes als Liebe? Er konnte seinen Zustand mit keinem geringeren Wort bezeichnen. Es war Liebe! Es mußte Liebe sein! Und er wurde bis in die Wurzel seines Wesens erschüttert, als er diesen polygamen Zug bei sich feststellte. In den Ateliers von San Franzisko hatte er öfters behaupten hören, daß ein Mann zwei Frauen gleichzeitig lieben könne. Damals hatte er es nicht für möglich gehalten... und wie hätte er es auch glauben sollen, solange er selbst keine Er-

fahrung auf diesem Gebiet gemacht hatte? Jetzt lag die Sache natürlich ganz anders. Er wußte jetzt, daß er tatsächlich zwei Frauen gleichzeitig liebte, ehrlich und aufrichtig liebte. Und wenn er auch vielleicht meistens überzeugt war, daß seine Liebe zu Joy Gastell die tiefere war, gab es doch auch sehr viele Stunden, in denen er mit derselben unerschütterlichen Sicherheit wußte, daß seine Liebe zu Labiskwee doch noch größer war.

»Es muß sehr viele Frauen in der Welt geben«, sagte sie eines Tages in ihrer naiven Art. »Und Frauen haben die Männer gern. Viele Frauen müssen auch Sie geliebt haben. Erzählen Sie mir doch bitte von ihnen.«

Er gab keine Antwort.

»Erzählen Sie mir doch«, bat sie eindringlich. »Ist es denn nicht so?«

»Ich bin nie verheiratet gewesen«, sagte er mit einem Versuch, die Frage zu umgehen.

»Und sonst haben Sie nie geliebt? Gibt es keine andere Isolde in eurer Welt hinter unsern Bergen?«

In diesem Augenblick erkannte Kid mit Bitterkeit, daß er ein Feigling war. Denn er log. Er tat es widerstrebend, aber er tat es. Er schüttelte den Kopf und lächelte dabei langsam und nachsichtig. Und es war mehr Liebe in seinen Augen, als er selbst ahnte, auch in dem Augenblick, als er bemerkte, wie eine unbeschreibliche Freude das Gesicht Labiskwees verklärte.

Er versuchte, sich vor sich selbst zu entschuldigen. Er wußte aber selbst sehr gut, daß seine Gründe überaus spitzfindig waren. Anderseits war er doch nicht Spartaner genug, um ihr kindlich-frauliches Herz tödlich verwunden zu können.

Auch Snass tat das Seinige, um das Problem noch verwickelter zu machen.

»Kein Mann sieht seine Tochter gern verheiratet«, sagte

er zu Kid. »Am allerwenigsten, wenn er ein wenig Phantasie besitzt. Es tut weh... selbst der Gedanke daran tut einem einfach weh! Und doch gehört es ja zur Ordnung der Natur. Und auch Margaret muß einmal heiraten. – Ich bin ein harter und grausamer Mann, das weiß ich«, erklärte er weiter. »Aber Gesetz ist Gesetz, und ich bin gerecht. Ja... für dieses Volk bin ich sogar das Gesetz und die Gerechtigkeit selbst...«
Kid erfuhr nie, wohin er eigentlich mit seinen Worten zielte, denn sie wurden von einem lauten Schimpfen unterbrochen, das durch das silberne Lachen Labiskwees abgelöst wurde. Ein schmerzlicher Zug ging über Snass' Gesicht.
»Ich werde es ertragen müssen«, murmelte er grimmig. »Margaret muß heiraten... und es ist mein Glück... und auch das Ihre, daß Sie bei uns sind.«
Dann kam Labiskwee aus dem Zelt und setzte sich mit einem Wolfsjungen in den Armen ans Feuer. Wie von einem Magnet angezogen, starrten ihre Augen den Mann an, den sie liebte. Und ihre blauen Augen leuchteten von dieser Liebe, die keine Unnatur sie zu verbergen gelehrt hatte.

»Hören Sie, was ich Ihnen sage«, predigte McCan. »Der Frühling ist gekommen, und es beginnt schon zu tauen. Auf dem Schnee wird sich bald eine harte Kruste bilden. Jetzt würde die richtige Zeit zum Wandern sein, wären nicht die Frühlingsstürme im Gebirge... ich kenne sie. Ich würde mit einem schwächeren Mann als Sie eine solche Wanderung nicht unternehmen.«
»Aber Sie können ja selbst nicht laufen«, widersprach Kid. »Sie können überhaupt nie mit einem Schritt halten. Ihr Rückgrat ist schlapp wie gekochtes Mark. Wenn ich gehen will, gehe ich allein. Aber die Welt verdorrt allmählich, und es ist sehr wohl möglich, daß ich nie von hier wegkom-

men werde. Rentierfleisch schmeckt sehr gut... und bald kommt der Sommer und mit ihm der Lachs.«
Snass sagte: »Ihr Freund ist tot. Aber meine Jäger haben ihn nicht getötet... sie fanden seinen Leichnam steifgefroren in den ersten Frühlingsstürmen im Gebirge. Keiner kann von hier entkommen. Wann werden wir die Hochzeit feiern?«
Und Labiskwee sagte: »Ich beobachte dich. Es regt sich Sehnsucht in deinen Augen, in deinem Gesicht. Oh, ich kenne jede Bewegung, jeden Ausdruck deines Gesichtes. Du hast eine kleine Narbe am Halse, gerade unter dem rechten Ohr. Wenn du glücklich bist, ziehen sich deine Mundwinkel nach oben, wenn du an etwas Trauriges denkst, nach unten. Wenn du lächelst, hast du drei oder vier Runzeln in deinen Augenwinkeln. Wenn du aber lachst, sind es sechs! Zuweilen habe ich sogar sieben gezählt. Aber jetzt kann ich sie nicht mehr zählen! Ich habe nie Bücher lesen gelernt. Ich weiß nicht, wie man liest. Aber Vierauge hat mich vieles gelehrt. Ich kann sehr gut Grammatik, die hat er mich gelehrt. Und in seinen Augen lernte ich die Sehnsucht nach der Welt lesen. Ihn hungerte sehr oft nach der Welt! Und doch ist das Fleisch hier gut, und es gab Fisch in Hülle und Fülle, und Beeren und Wurzeln und oft genug Mehl, das wir für die Felle bekommen, die die Leute am Porcupine und am Luskwa für uns verkaufen... aber ihn hungerte nach der Welt selbst und nach ihrem Leben. Ist denn die Welt so wunderbar, daß auch du dich nach ihr sehnst? Vierauge besaß nichts. Aber du ... du hast ja mich ...«
Sie seufzte und schüttelte den Kopf.
»Als Vierauge starb, war er noch voller Hunger nach der Welt. Und wenn du immer hier leben müßtest, würde dich dann nicht auch nach der Welt hungern, bis du stürbest? Ich fürchte, daß ich die Welt nicht kenne. Möchtest du denn

so gerne fliehen, um diese Welt, nach der du hungerst, wiederzusehen?«
Kid konnte nicht sprechen, aber aus seinen Mundwinkeln las sie, was er dachte und empfand. Und das überzeugte sie.
Minuten vergingen schweigend, in denen sie furchtbar mit sich kämpfte, während Kid der unerwarteten Schwäche fluchte, die es ihm unmöglich machte, seinen Hunger nach der früheren Welt zu verhehlen, ihn aber zwang, ihr die Wahrheit von der andern Frau zu verschweigen.
Wieder seufzte Labiskwee.
»Gut, mein Freund... ich liebe dich mehr, als ich den Zorn meines Vaters fürchte, und doch ist er gefährlicher in seinem Zorn als die Stürme in den Bergen. Du hast mir erzählt, was Liebe ist. Und dies ist eine Probe meiner Liebe. Ich werde dir helfen, in deine frühere Welt zurückzukehren.«

Leise und vorsichtig wurde Kid geweckt. Warme, kleine Finger strichen sanft über seine Wange und legten sich weich auf seine Lippen. Dann merkte er, wie Pelzwerk, das die Kälte draußen mit eisigem Reif bedeckt hatte, seine Haut kitzelte. Und ein einziges Wort wurde in sein Ohr geflüstert: »Komm.«
Er erhob sich vorsichtig und lauschte. Die vielen hundert Wolfshunde des Lagers hatten ihren Nachtgesang angestimmt, aber trotz diesem gewaltigen Geheul konnte er ganz dicht neben sich Snass leicht und regelmäßig atmen hören.
Leise zupfte Labiskwee ihn am Ärmel, und er verstand, daß er ihr folgen sollte. Er nahm seine Mokassins und die wollenen Strümpfe in die Hand und kroch, noch in den Schlafmokassins, in den Schnee hinaus. Auf der andern Seite des Lagerfeuers, dessen Glut noch nicht ganz erlo-

schen war, bedeutete sie ihm durch Zeichen, daß er seine Wandermokassins anziehen sollte. Und während er ihrem Wunsche nachkam, schlüpfte sie noch einmal in das Zelt, in dem Snass schlief.
Als Kid mit der Hand auf seiner Uhr nach der Zeit fühlte, stellte er fest, daß es ein Uhr nachts war. Es war schon ganz warm, fand er, höchstens zehn Grad unter Null. Labiskwee kam wieder zu ihm und führte ihn durch die dunklen Wege des schlafenden Lagers. Obgleich sie vorsichtig und leise gingen, knisterte der Schnee doch klirrend unter ihren Mokassins, aber das Geräusch ertrank in dem stürmischen Geheul der Hunde.
»Jetzt können wir endlich reden«, sagte sie, als das letzte Feuer des Lagers eine halbe Meile hinter ihnen lag. Im hellen Sternenlicht standen sie Angesicht zu Angesicht da. Jetzt erst sah Kid, daß sie eine schwere Last in ihren Armen trug. Und als er nachfühlte, stellte er fest, daß sie seine Schneeschuhe, einen Stutzen, zwei Patronengürtel und seinen Schlafsack mitgenommen hatte.
»Es ist alles da«, sagte sie und lachte glücklich. »Ich habe zwei Tage gebraucht, um das Versteck einzurichten. Wir haben Fleisch, ein bißchen Mehl, Streichhölzer und Indianerschneeschuhe, die für die harte Kruste am besten sind; selbst wenn sie zerbrechen, hält das Netzwerk doch. Oh, ich kann schon Schneeschuh laufen, und wir werden schnell gehen können, mein Geliebter.«
Kid bezwang seine Zunge... Daß sie diese Flucht vorbereitet hatte, war ihm schon eine große Überraschung, daß sie ihn aber selbst begleiten wollte, war mehr, als er gedacht hatte.
Außerstande, sofort einen Entschluß zu fassen, nahm er ihr freundlich ein Bündel nach dem andern ab.
Dann legte er seinen Arm um sie und preßte sie eng an sich, wußte aber immer noch nicht, was er tun sollte.

»Gott ist so gut«, flüsterte sie. »Er hat mir einen Mann geschickt, der mich liebt.«
Kid war doch anständig genug, ihr nicht vorzuschlagen, daß er allein gehen sollte. Und bevor er zu reden begann, fühlte er, wie alle seine Erinnerungen an die glückliche Welt und die Länder der Sonne dahinschwanden und welkten.
»Wir werden umkehren, Labiskwee«, sagte er. »Du sollst meine Frau sein, und wir werden immer bei dem Volk der Rentiere leben.«
»Nein... nein« — sie schüttelte den Kopf. Und selbst ihr Körper, den er umfaßt hielt, sträubte sich gegen seinen Vorschlag. »Ich weiß zu gut Bescheid. Ich habe zuviel darüber nachgedacht. Dich würde ja doch der Hunger nach der Welt packen, und in den langen Nächten würde er dein Herz ganz verzehren. Vierauge starb vor Sehnsucht nach der Welt. So würdest auch du sterben! Und ich will nicht, daß du stirbst. Wir werden den Schnee der Berge durchwandern, bis wir nach dem Süden gelangt sind.«
»Höre, Geliebte«, bat er. »Laß uns umkehren.«
Sie legte ihren Handschuh leise gegen seine Lippen, um zu verhindern, daß er weitersprach.
»Du liebst mich... sag, daß du mich liebst.«
»Ich liebe dich, Labiskwee. Du bist meine wunderbare, süße Geliebte.«
Wieder hinderte der sanfte Druck des Handschuhs ihn am Weitersprechen. »Laß uns nach dem Versteck gehen«, sagte sie entschlossen. »Es liegt drei Meilen von hier.«
Er hielt sie zurück, und so stark sie auch an seinen Armen zerrte, konnte sie ihn doch nicht von der Stelle bringen. Er fühlte sich fast versucht, ihr von der andern Frau fern im Süden zu erzählen, die er liebte. »Es würde ein furchtbares Unrecht gegen dich sein, wenn wir umkehren sollten«, sagte sie. »Ich bin... ich bin nur ein kleines wildes Mädchen, und ich habe Angst vor der Welt, aber noch mehr fürchte

ich für dich. Du siehst, es ist alles ganz, wie du mir erzählt hast. Ich liebe dich mehr als sonst etwas in dieser Welt. Ich liebe dich viel mehr als mich selbst. Alle Gedanken in meinem Herzen leuchten nur für dich, so hell und so zahlreich wie die Sterne am Himmel... und es gibt keine Sprache, die reich genug für sie wäre. Wie sollte ich sie dir alle sagen können... Sie sind nur da... fühlst du?«
Und während sie sprach, zog sie ihm den Fäustling von der Hand und führte sie unter ihre warme Parka, bis sie auf ihrem Herzen ruhte. Fest preßte sie seine Hand an sich. Und während sie beide schwiegen, spürte er das Klopfen des Herzens, das Klopfen ihres heißen Herzens... und verstand, daß jeder Schlag, den es schlug, nur von Liebe, immer nur von Liebe sprach. Dann begann ihr Körper — erst ganz langsam, fast unmerkbar — sich von dem seinen zurückzuziehen, und während sie immer noch seine Hand an ihre Brust drückte, begann sie, nach dem Versteck zu gehen. Er vermochte ihr nicht mehr zu widerstehen. Ihm war, als zöge ihn ihr Herz... ihr klopfendes Herz, das so nahe an seiner Hand pochte.

Die Eiskruste, die sich nach dem Auftauen gebildet hatte, war so fest, daß sie auf ihren Schneeschuhen sehr schnell vorwärts kamen.
»Hier zwischen den Bäumen ist das Versteck«, erzählte Labiskwee Kid.
Im nächsten Augenblick faßte sie seinen Arm mit einem Ausruf des Erstaunens. Die Flammen eines kleinen Feuers tanzten lustig zwischen den Bäumen hin und her... und am Feuer hockte kein anderer als McCan. Labiskwee murmelte einige indianische Worte, und das plötzliche Aufblitzen ihrer Augen erinnerte unwillkürlich daran, daß Vierauge sie ›Cheetah‹ genannt hatte.
»Ich habe mir ja schon gedacht, daß Sie ohne mich weg-

laufen würden«, erklärte McCan, als sie ihn erreichten, und seine kleinen stechenden Augen funkelten listig. »Deshalb behielt ich Ihr Mädel im Auge, und als ich sah, daß sie Schneeschuhe und Lebensmittel verbarg, wußte ich ja, woran ich war. Ich habe meine eigenen Schneeschuhe und Lebensmittel mitgebracht. Das Feuer? Ach wo, das ist ganz ungefährlich. Das ganze Lager schnarcht, und das Warten hier war so verdammt kalt. Wollen wir jetzt losgehen?«
Labiskwee sah Kid mit einem schnellen, erschrockenen Blick an, aber ebenso schnell hatte sie sich ein Urteil gebildet und sprach. Und als sie sprach, zeigte sie, daß sie in Sachen der Liebe freilich noch ein Kind war, aber in allen anderen Angelegenheiten des Lebens die Fähigkeit, schnelle Entschlüsse zu fassen, besaß, und die Kaltblütigkeit, die es ihr ermöglichte, auf eigenen Füßen zu stehen.
»McCan, du bist ein Köter«, fauchte sie, und ihre Augen sprühten wilde Wut. »Ich weiß, daß du die Absicht hast, das Lager zu alarmieren, wenn wir dich nicht mitnehmen. Gut, wir sind also gezwungen, dich mitzunehmen. Aber du kennst meinen Vater. Ich bin von derselben Art wie er. Du wirst deinen Anteil an der Arbeit leisten müssen. Und wenn du uns auch nur einen einzigen schmutzigen Streich zu spielen versuchst, dann würde es besser für dich sein, wenn du nie geflohen wärest.«
Als es Tag wurde, hatten sie den Gürtel von niedrigen Hügeln erreicht, der zwischen dem wellenförmigen Gelände und den großen Bergen lag. McCan schlug vor, daß sie frühstücken sollten, aber sie gingen weiter. Erst als die Nachmittagswärme die Schneekruste erweichte und dadurch das Wandern erschwerte, machten sie halt, um zu essen.
Labiskwee erklärte Kid, was sie von dem Gelände wußte, und sagte ihm auch, wie sie sich gedacht hatte, die Verfolger hinters Licht zu führen. Es gab nur zwei richtige Wege, einen westlichen und einen südlichen. Snass würde un-

verzüglich Abteilungen von jungen Kriegern aussenden, die beide Wege beobachten sollten. Aber außerdem gab es noch einen dritten Weg nach Süden. Freilich führte er nur halbwegs bis zu den Bergen, dann schwenkte er plötzlich nach Westen ab, überquerte drei Wasserscheiden und vereinigte sich schließlich mit dem gewöhnlich gebrauchten westlichen Wege. Wenn die Indianer keine Fährte auf dem normalen Wege nach Süden fanden, kehrten sie wahrscheinlich um, in der Annahme, daß die Flüchtlinge den westlichen Weg eingeschlagen hätten, auf keinen Fall aber würden sie darauf kommen, daß sie den weiten Umweg vorgezogen hatten.

Während sie noch sprachen, warf Labiskwee einen Blick auf McCan, der als letzter ging, und flüsterte Kid zu: »Er ißt. Das ist kein gutes Zeichen.«

Kid beobachtete ihn. Der Ire ging und kaute tatsächlich vorsichtig an einem Klumpen Rentiertalg, den er aus seiner Tasche gezogen hatte.

»Zwischen den Mahlzeiten wird nicht gegessen, McCan«, befahl er. »Es gibt kein Wild in dem Gebiet, das vor uns liegt, und wir müssen von Anfang an die Lebensmittel in gleich große Rationen einteilen.«

Um ein Uhr war die Kruste so aufgeweicht, daß die Schneeschuhe durchbrachen. Da schlugen sie ihr Lager auf, und die erste Mahlzeit wurde eingenommen. Dann nahm Kid eine Schätzung des Proviantbestandes vor. McCans Bündel war eine Enttäuschung. Er hatte so viele Silberfuchsfelle in seinen Proviantsack gestopft, daß nur wenig Platz für Lebensmittel geblieben war.

»Ja... aber ich habe wirklich keine Ahnung gehabt, daß so viele darin waren«, erklärte er. »Ich machte es zurecht, als es noch ganz dunkel war. Aber sie werden viele schöne Dollar geben. Und mit der Menge Munition, die wir mitführen, können wir ja Wild in Hülle und Fülle schießen.«

»Die Wölfe werden dich in Hülle und Fülle fressen«, war das einzige, was Kid in seiner Hilflosigkeit zu sagen wußte. Labiskwees Augen blitzten vor Zorn.

Sie hatten für einen Monat Proviant — wie Kid und Labiskwee feststellten —, aber freilich nur, wenn sie sehr haushälterisch wirtschafteten und ihren Hunger nie völlig stillten. Kid bestimmte Größe und Gewicht der einzelnen Bündel, nachdem er schließlich Labiskwees dringendem Wunsch, auch einen Teil des Gepäcks zu tragen, hatte nachgeben müssen.

Am nächsten Tage erreichten sie eine Stelle, wo das Flußbett sich zu einem großen Gebirgstal erweiterte, und sie begannen schon durch die Eiskruste zu brechen, als sie zu ihrem Glück die härtere Oberfläche auf dem Hang der Wasserscheide erreichten. »Zehn Minuten später — und wir wären nicht mehr herübergekommen«, sagte Kid, als sie auf halber Höhe eine Atempause machten.

»Wir müssen hier schon tausend Fuß höher sein.«

Wortlos wies Labiskwee auf eine offene Niederung zwischen den Bäumen hinab. Mitten darin sahen sie in einer Reihe nebeneinander fünf kleine schwarze Punkte, die sich kaum vorwärts zu bewegen schienen.

»Die jungen Männer«, sagte Labiskwee.

»Sie stecken bis zu den Hüften im Schneewasser«, meinte Kid. »Heute werden sie kaum noch festen Boden unter die Füße bekommen. Wir sind ihnen also um mehrere Stunden voraus. Komm jetzt, McCan! Nimm dich zusammen, zum Teufel. Wir essen nicht, ehe wir so müde sind, daß wir nicht weiterkönnen.«

McCan murrte, aber er hatte keinen Rentiertalg mehr in der Tasche, und verdrießlich schloß er sich deshalb als letzter den andern an.

In dem höher gelegenen Tal, in dem sie sich jetzt befanden, begann die Kruste erst nach drei Uhr nachmittags zu bersten, und um diese Zeit hatten sie den Schatten eines Berges erreicht, wo die harte Schneeschicht schon wieder zu gefrieren begann. Sie machten nur ein einziges Mal halt, um den Talg herauszuholen, den sie McCan weggenommen hatten und den sie im Weiterwandern verzehren konnten. Das Fleisch war ja ganz steifgefroren und nur genießbar, wenn man es am Feuer aufgetaut hatte. Aber der Talg zerging ihnen im Munde und stärkte immerhin etwas den Magen, der sonst von einem zitternden Schwächegefühl gequält wurde.

Nach einer langen Dämmerung trat gegen neun Uhr die Dunkelheit ein, die noch dadurch stärker wurde, daß der Himmel von Wolken überzogen war. Sie schlugen deshalb ihr Lager mitten in einem Hain von Zwergkiefern auf. McCan war vollkommen hilflos und wimmerte fortwährend. Die Wanderung des Tages war sehr ermüdend gewesen, und er hatte seinen Zustand noch dadurch verschlimmert, daß er — trotz neunjähriger Erfahrung in den arktischen Gebieten — Schnee gegessen hatte, so daß sein versengter Mund ihm furchtbare Schmerzen bereitete.

Labiskwee war unermüdlich, und Kid wunderte sich unwillkürlich über die ungeheure Lebenskraft ihres Körpers und die Ausdauer ihrer Seele und ihrer Muskeln. Ihre gute Laune war auch keinesfalls gekünstelt oder gewollt. Sie hatte stets ein Lächeln oder ein Lachen für ihn bereit, und sooft ihre Hand die seine berührte, zögerte sie einen Augenblick in einer Liebkosung.

Im Laufe der Nacht begann es zu wehen und zu regnen, und den ganzen Tag lang bahnten sie sich blindlings den Weg, ohne zu merken, daß sie die Biegung des Weges, der an einem schmalen Fuß entlang westwärts führte und eine Wasserscheide überquerte, übersehen hatten. Dann wanderten sie noch zwei Tage weiter, überschritten andere Wasserscheiden, aber nicht die richtigen, und in diesen zwei

Tagen ließen sie den Frühling hinter sich und stiegen wieder in das Gebiet des eisigen Winters empor.
»Die jungen Männer haben unsere Fährten verloren ... wir können uns doch einen Tag ausruhen«, bettelte McCan. Aber es wurde keine Ruhepause bewilligt. Kid und Labiskwee erkannten die Gefahren, die ihnen drohten. Sie hatten sich im Hochgebirge verirrt und sahen weder Wild noch irgendwelche Anzeichen davon. Tag für Tag kämpften sie sich durch das schwierigste Gelände vorwärts, das sie in verschlungene Schluchten und Täler hineinzwängte. Wenn sie einmal in einen solchen Cañon hineingerieten, waren sie gezwungen, ihm zu folgen, gleichgültig in welche Richtung er führte, denn die vereisten Felsen und die noch höheren und schrofferen Hänge zu beiden Seiten ließen sich nicht übersteigen. Die furchtbare Ermüdung und die unaufhörliche Kälte zermürbten ihre Energie, und dennoch setzten sie die Rationen, die sie sich täglich bewilligten, noch weiter herab.
Eines Nachts wurde Kid durch das Geräusch eines Kampfes geweckt. Er vernahm deutlich Stöhnen und Ächzen von der Stelle, wo McCan lag und schlief. Er schürte das Feuer, bis es hell auflöderte, und sah bei seinem Schein Labiskwee, die über den Iren gebeugt stand und die eine Hand um seine Kehle preßte, während sie mit der andern einen Bissen zum Teil schon gekauten Fleisches aus seinem Munde riß. In dem Augenblick, als Kid hinsah, führte sie schnell die eine Hand nach der Hüfte und zog ihr Messer so schnell aus der Scheide, daß es blitzte.
»Labiskwee!« rief Kid, und seine Stimme klang herrisch. Ihre Hand zauderte.
»Tue es nicht«, sagte er und trat zu ihr.
Sie zitterte vor Wut, steckte aber doch das Messer nach kurzem Zögern langsam wieder in die Scheide. Als ob sie fürchtete, sich nicht länger beherrschen zu können, ging sie

schnell zum Feuer und schürte es. McCan erhob sich jammernd und schimpfend, und halb wütend, halb verängstigt begann er eine unverständliche Entschuldigung zu stottern.
»Wo hast du das her...?« fragte Kid.
»Untersuche seine Kleider«, rief Labiskwee.
Es waren die ersten Worte, die sie sprach, und ihre Stimme bebte noch vor Zorn.
McCan versuchte Widerstand zu leisten, aber Kid hielt ihn mit harter Hand fest und untersuchte ihn vom Scheitel bis zur Sohle. Er fand auch in der Armhöhle ein Stück Rentierfleisch, das die Körperwärme schon aufgetaut hatte. Ein kurzer Ausruf Labiskwees erregte Kids Aufmerksamkeit. Sie war zu McCans Bündel hingesprungen und öffnete es jetzt.
Statt Lebensmittel fand sie nur Moos, Fichtennadeln, Späne... allerlei leichten Abfall, den er statt des Fleisches in das Bündel gepackt hatte, damit es wohl dieselbe Größe, aber nicht dasselbe Gewicht hatte.
Wieder fuhr die Hand Labiskwees an ihre Hüfte, und sie stürzte sich auf den Verbrecher, wurde jedoch von Kids Arm zurückgehalten. Erst da ergab sie sich seinem Willen, während sie noch vor zwecklosem Zorn schluchzte.
»Oh, Geliebter, glaub mir, es ist nicht des Proviants wegen«, ächzte sie, »sondern weil es dein Leben gilt. Dieser Köter! Er verzehrt dein Leben, wenn er uns bestiehlt... er frißt dich auf.«
»Wir werden schon weiterleben«, beruhigte Kid sie. »Von jetzt an kann er das Mehl tragen. Das kann er jedenfalls nicht roh essen... und wenn er es doch tun sollte, würde das Selbstmord für ihn bedeuten, denn er fräße dann nicht nur mein Leben, sondern auch deines.« Er drückte sie fester an sich. »Geliebte, Töten ist Männerarbeit... Frauen dürfen es nicht.«

»Würdest du mich denn nicht mehr lieben, wenn ich den räudigen Köter töten würde?« fragte sie überrascht.
»Nicht mehr so wie jetzt«, antwortete Kid verlegen. Sie seufzte.
»Nun gut«, sagte sie, »dann werde ich es nicht tun.«

Die jungen Männer setzten ihre Verfolgung unbarmherzig fort. Teils durch merkwürdige Zufälle, teils durch Berechnung, welchen Weg die Flüchtlinge einschlagen mußten, gelang es den Verfolgern wirklich, die Fährte zu finden, die das Schneegestöber inzwischen verhüllt hatte, und folgten ihr unverdrossen.
Wenn Schneesturm herrschte, machten Kid und Labiskwee die unwahrscheinlichsten Umwege, um sie irrezuleiten — bogen nach Osten ab, wenn der bessere Weg süd- oder westwärts ging, oder ließen eine niedrige Wasserscheide links liegen, um eine höhere zu erklimmen. Da sie sich nun doch einmal verirrt hatten, spielte ein Umweg keine Rolle mehr. Und doch gelang es ihnen nicht, die Verfolger abzuschütteln. Zuweilen gewannen sie einen Vorsprung von einigen Tagen, aber immer wieder tauchten die jungen Männer auf.
Kid konnte die Tage nicht mehr zählen. Er kannte sich nicht mehr aus mit Tagen und Nächten, mit Stürmen und Lagern. Das Ganze war wie ein ungeheurer, wahnsinniger Fiebertraum von Leiden, Qualen und Anstrengungen, durch die Labiskwee und er sich vorwärtskämpften... während McCan irgendwie und irgendwo hinter ihnen herstolperte. Sie flohen schwarze Cañons hinab, deren Wände so schroff waren, daß die Felsen trotz der Kälte schneefrei waren. Sie wateten durch vereiste Täler, wo gefrorene Seen tief unter der Schneekruste lagen, auf der sie wanderten. Hoch über der Baumgrenze lagerten sie, ohne Feuer machen zu können, so daß sie das Fleisch nur durch die Wär-

me ihrer Körper auftauen und genießbar machen konnten. Und doch verlor Labiskwee keinen Augenblick ihre gute Laune — höchstens, wenn sie McCan sah. Und ihre Liebe zu Kid blieb immer gleich beredt und unstillbar.
Wie eine Tigerin überwachte sie die Verteilung der mageren Rationen, und Kid konnte merken, daß sie seinetwegen McCan um jeden Bissen, den er in den Mund steckte, grollte. Einmal verteilte sie die Rationen. Das erste, was Kid hörte, waren wilde Widersprüche seitens McCans — sie hatte nicht nur ihm, sondern auch sich selbst kleine Rationen gegeben, damit Kid um so mehr erhielt. Von diesem Tage an nahm Kid selbst die Verteilung vor.
Eines Nachts hatte es geschneit, und am nächsten Morgen gerieten sie in eine Lawine, die sie viele hundert Meter weit den Berg hinabschleuderte. Halb erstickt, aber unverletzt tauchten sie wieder auf... nur McCan hatte sein Bündel mit dem gesamten Mehlvorrat verloren. Eine zweite, noch größere Lawine begrub es vollkommen, so daß sie keine Hoffnung mehr hatten, es wieder auszugraben. Aber von diesem Tage an war Labiskwee nicht mehr imstande, McCan anzusehen, obgleich er an dem Unfall völlig unschuldig war, und Kid wußte genau, daß sie einfach nicht den Mut hatte, ihn anzusehen... sie wußte, daß sie ihn sonst töten würde.

Dann kam ein Morgen, an dem es vollkommen windstill und der Himmel klar und blau war. Weiße Sonnenlichter flackerten auf dem weißen Schnee, und der Weg führte einen langen, breiten Hang hinauf, der von einer dünnen Eiskruste bedeckt war.
Wie müde Gespenster schlichen sie sich durch diese totenstille Welt vorwärts. In der eisigen, unwirklichen Stille regte sich kein Hauch. Weiße Gipfel, die Hunderte von Meilen entfernt hinter dem Grat der Rocky Mountains auf-

tauchten, schienen so nahe, als seien sie nur fünf Meilen von ihnen entfernt.
»Es wird etwas geschehen«, flüsterte Labiskwee. »Kannst du es nicht merken... hier, dort, überall...? Alles ist heute so seltsam.«
»Ich empfinde auch einen merkwürdigen Schauer, der nicht von der Kälte herrührt«, antwortete Kid. »Und Hunger ist es auch nicht.«
»Er ist in deinem Herzen... in deinem Gehirn«, bestätigte sie erregt. »So empfinde ich es nämlich auch.«
»Aber es hat eigentlich nichts mit meiner Stimmung zu tun«, erklärte Kid. »Es kommt von außerhalb, merke ich, und durchschauert mich wie Eis. Es sind meine Nerven.«
Eine Viertelstunde mußten sie stehenbleiben, um Atem zu schöpfen.
»Ich kann die fernen Gipfel nicht mehr sehen«, sagte Kid.
»Die Luft wird so dick und schwer«, sagte Labiskwee. »Ich kann kaum atmen.«
»Es sind drei Sonnen da«, murmelte McCan heiser und wankte, obgleich er sich auf seinen Stock stützte.
Sie sahen tatsächlich je eine falsche Sonne zu beiden Seiten der richtigen.
»Jetzt sind es fünf«, erklärte Labiskwee. Und noch während sie emporstarrten, bildeten sich neue Sonnen vor ihren Augen, Sonnen, die blaß funkelten.
»Mein Gott!« schrie McCan voller Furcht. »Der Himmel ist voller Sonnen, die man nicht zählen kann.«
Und es war wahr; denn wo sie auch hinsahen, flammten und funkelten neue Sonnen an der Himmelswölbung.
McCan schrie auf vor Überraschung und Schmerz.
»Ich bin gestochen worden«, rief er.
Dann kam die Reihe zu schreien an Labiskwee, und Kid fühlte gleichzeitig einen Stoß und einen Stich an seiner Wange, so kalt, daß es wie Säure brannte. Es erinnerte ihn

an vergangene Zeiten, wenn er im salzigen Meere schwamm und von Qualen verbrannt wurde. So ähnlich empfand er selbst den Schmerz, daß er ganz mechanisch die Hand hob, um die beißende Substanz, die gar nicht da war, von seiner Wange zu wischen.

Da knallte ein Schuß, seltsam dumpf, wie durch Watte. Am Fuße des Hanges standen die jungen Männer auf ihren Schneeschuhen, und einer nach dem andern feuerten sie ihre Gewehre ab.

»Wir müssen uns verstreuen«, kommandierte Kid, »und dann klettern, so schnell wir können! Wir sind ja gleich auf dem Gipfel. Sie sind eine Viertelmeile unter uns, und das bedeutet einen Vorsprung von etlichen Meilen, wenn wir erst die andere Seite des Hanges hinuntergefahren sind.«

Mit Gesichtern, die von den unsichtbaren Stacheln der Luft gestochen und verbrannt wurden, entfernten sich die drei voneinander und kletterten die Schneefläche hinauf. Der gedämpfte Knall der Stutzen klang wie verzaubert in ihren Ohren.

»Gott sei Dank«, sagte Kid zu Labiskwee, »daß drei von ihnen nur alte Musketen haben und nur der eine einen Winchesterstutzen. Außerdem machen die vielen Sonnen ihnen ein sorgfältiges Zielen unmöglich.«

»Es zeigt aber, wie wütend mein Vater ist«, erklärte sie. »Sie haben offenbar den Befehl, uns zu töten.«

»Wie merkwürdig du sprichst«, sagte Kid. »Deine Stimme klingt wie aus weiter Ferne.«

»Bedecke deinen Mund«, schrie Labiskwee plötzlich. »Und sprich nicht! Ich weiß, was es ist! Deck den Mund mit deinem Ärmel zu!«

McCan war der erste, der fiel. Er kämpfte kraftlos, um wieder auf die Beine zu kommen. Und dann fielen sie alle ein über das andere Mal, ehe sie den Gipfel erreichten. Ihr

Wille war stärker als ihre Muskeln... sie wußten selbst nicht, was eigentlich geschah, sie fühlten nur, daß ihre Körper unter einer merkwürdigen Empfindungslosigkeit und einer Schwere litten, die ihnen jede Bewegung zur Qual machte. Als sie vom Gipfel den Abhang hinabblickten, den sie soeben hinaufgeklettert waren, sahen sie, daß auch die jungen Männer immer wieder stürzten und stolperten.
»Sie werden nie heraufgelangen«, sagte Labiskwee. »Es ist der weiße Tod. Ich kenne ihn, wenn ich ihn auch nie gesehen habe. Aber ich habe oft genug die alten Männer des Stammes davon sprechen hören. Bald wird der Nebel kommen... aber er ist ganz anders als jeder Nebel, Dunst oder Rauch, den du je gesehen hast. Nur sehr wenige haben ihn erlebt... und überlebt.«
McCan ächzte und keuchte.
»Halt den Mund geschlossen«, befahl ihm Kid.
Von allen Seiten flammte jetzt ein durchdringender Lichtschein auf. Kid blickte zu den vielen Sonnen empor und sah sie wie durch einen Schleier schimmern. Die Luft war von mikroskopischem Feuerstaub erfüllt. Die nahen Gipfel waren von dem zauberhaften Nebel schon wie ausgewischt. Und die jungen Männer, die tapfer und hartnäckig vorzudringen versuchten, wurden langsam von ihm verschlungen. McCan war zusammengesunken. Halb lag er, halb hockte er auf seinen Schneeschuhen, während er Mund und Augen mit den Armen bedeckte.
»Komm jetzt, wir müssen weiter«, befahl Kid.
»Ich kann mich nicht rühren«, ächzte McCan.
Sein gekrümmter Körper begann hin und her zu schwanken. Langsam ging Kid zu ihm, kaum imstande, den Willen zur Bewegung gegen die Lethargie, die seinen Körper zentnerschwer machte, durchzusetzen. Er stellte fest, daß sein Gehirn vollkommen klar war. Nur der Körper schien angegriffen zu sein.

»Laß ihn doch hier«, murmelte Labiskwee.
Aber Kid hielt an seinem Entschluß fest, zog den Iren wieder auf die Beine und stellte ihn mit dem Gesicht in der Richtung des Hanges, den sie hinab sollten. Dann setzte er ihn durch einen kräftigen Stoß in Bewegung. Mit dem Stock bremsend und steuernd, schoß McCan in eine Wolke von diamantenem Staub hinein und verschwand.
Kid sah Labiskwee an, und sie lächelte, obgleich es ihr nur mit großer Mühe gelang, sich aufrecht zu halten. Er nickte ihr zu, daß sie aufbrechen sollte, aber sie kam zu ihm hin, stellte sich neben ihn, und Seite an Seite, nur wenige Fuß voneinander entfernt, sausten sie durch die schwere, brennende Luft, die wie eisiges Feuer war.
So stark Kid auch bremste, riß sein größeres Körpergewicht ihn doch an ihr vorbei, und er sauste mit furchtbarer Schnelligkeit ein großes Stück weiter. Es ging erst langsamer, als er ebenes, mit einer Eiskruste bedecktes Gelände erreichte. Hier wartete er, bis Labiskwee ihn einholte, und dann liefen sie wieder Seite an Seite weiter, während ihre Schnelligkeit allmählich nachließ, bis sie schließlich ganz stillstanden. Ihre Benommenheit war indessen noch stärker geworden. Selbst mit der größten Anspannung aller Energie konnten sie sich doch nur so langsam wie eine Schnecke vorwärts bewegen. Sie kamen an McCan vorbei, der wieder über seinen Schneeschuhen kauerte, und Kid gab ihm mit seinem Stock einen Hieb, daß er sich wieder aufraffte.
»Jetzt müssen wir haltmachen«, flüsterte Labiskwee mit schmerzlicher Mühe. »Sonst sterben wir. Jetzt müssen wir uns ganz zudecken ... so haben mir die Alten gesagt.«
Sie ließ sich nicht einmal Zeit, die Knoten zu lösen, sondern zerschnitt ihre Gepäckriemen mit dem Messer. Kid machte es ebenso, und nachdem sie einen letzten Blick auf die feurigen Todesnebel und die täuschenden Sonnen geworfen hatten, deckten sie sich mit den Schlafsäcken zu und

krochen eng aneinander. Sie fühlten, daß ein Körper über sie stolperte und fiel. Dann hörten sie ein leises Wimmern und Fluchen, das durch einen Hustenanfall erstickt wurde, und wußten, daß es McCan war, der zu ihnen kroch und sich in seinen Schlafsack hüllte.

Dann hatten sie selbst Erstickungsanfälle und wurden durch einen trockenen Husten, den sie nicht zu unterdrücken vermochten, wie in Krämpfen geschüttelt und gequält. Kid merkte, daß seine Temperatur stieg und zum Fieber wurde, und Labiskwee erlitt dieselben Qualen. Stunde auf Stunde nahmen die Hustenanfälle an Häufigkeit und Stärke zu, und erst am Nachmittag hatten sie den Höhepunkt erreicht. Dann trat eine langsame Besserung ein, und zwischen den Anfällen schlummerten sie jetzt erschöpft.

McCans Husten wurde dagegen immer schlimmer, und aus seinem Stöhnen und Jammern erkannten sie, daß er im Fieberdelirium lag. Einmal wollte Kid schon den Schlafsack beiseite schleudern, aber Labiskwee hielt ihn fest.

»Nein, tue es nicht«, bat sie. »Es ist der Tod, wenn du dich jetzt entblößt. Verbirg dein Gesicht hier in meiner Parka, atme ganz ruhig und still und sprich nicht.«

So lagen sie im Halbschlaf in der Dunkelheit, obgleich der immer schwächer werdende Husten des einen die andern immer weckte. Es schien Kid, als ob McCan nach Mitternacht zum letztenmal hustete.

Kid erwachte, als Lippen sich gegen die seinen preßten. Er lag in Labiskwees Armen, sein Kopf ruhte an ihrer Brust. Ihre Stimme war heiter wie sonst. Der verschleierte Klang war verschwunden.

»Es ist schon Tag«, sagte sie und lüftete vorsichtig einen Zipfel des Schlafsacks. »Sieh, Geliebter, es ist Tag! Wir haben den weißen Tod überlebt, und wir husten nicht mehr! Laß uns die Welt anschauen, obgleich ich gern für immer hierbliebe. Die letzte Stunde war voll wunderbarer Süße.

Ich war die ganze Zeit wach, und ich lag hier und hatte dich so lieb.«

»Ich höre McCan nicht mehr«, sagte Kid. »Und was ist aus den jungen Männern geworden, da sie uns nicht gefangen haben?«

Er schlug die Schlafsäcke zurück und sah eine normale und vernünftige Sonne allein am Himmel stehen. Ein leiser Wind wehte knisternd vor Frost und doch voll von Verheißungen warmer Tage, die bald kommen sollten. Die ganze Welt war wieder wie sonst. McCan lag auf dem Rücken, sein ungewaschenes, vom Rauch der Lagerfeuer geschwärztes Gesicht war hartgefroren, so daß es wie in Marmor gehauen zu sein schien. Der Anblick machte keinen Eindruck auf Labiskwee.

»Sieh«, rief sie. »Ein Schneehuhn! Das ist ein gutes Zeichen!«

Von den jungen Männern war keine Spur zu sehen. Sie hatten so wenig Proviant, daß sie es nicht wagten, auch nur ein Zehntel von dem, was sie nötig hatten, oder ein Hundertstel von dem, worauf sie Appetit hatten, zu essen. Und in den folgenden Tagen, an denen sie durch das einsame und öde Gebirge wanderten, wurde der scharfe Stachel ihrer Lebenskraft abgestumpft, und sie gingen weiter wie in einem Dämmerzustand. Hin und wieder kehrte bei Kid das Bewußtsein zurück, und er fand sich, wie er dastand und nach den fernen Schneekuppen starrte, die nie ein Ende nehmen wollten und die er längst hassen gelernt hatte, während sein eigenes sinnloses Plappern ihm noch in den Ohren hallte. Auch Labiskwee war meistens verstört. Überhaupt mühten sie sich rein automatisch ab, ohne darüber nachzudenken. Und immer wieder wurden sie durch schneebedeckte Gipfel enttäuscht und nach Norden oder Süden abgelenkt.

»Es gibt keinen Weg nach dem Süden«, sagte Labiskwee.

»Die alten Männer wußten es. Westwärts, nur westwärts geht unser Weg.« Dann kam ein Tag, an dem es wieder kalt wurde und ein dichtes Schneegestöber sie überfiel, das nicht aus richtigen Schneeflocken, sondern aus Eiskristallen von der Größe von Sandkörnern bestand. Drei Tage lang fiel dieser Schnee, Tag und Nacht ununterbrochen. Es war unmöglich, weiterzuwandern, ehe sich unter dem Einfluß der Frühlingssonne eine Kruste gebildet hatte. Sie legten sich deshalb in ihren Schlafsäcken zur Ruhe, und da sie ruhten, brauchten sie nicht so viel zu essen. So klein waren die Rationen bereits geworden, daß sie den stechenden Hunger, der erst aus dem Magen, aber doch noch mehr aus dem Gehirn kam, nicht zu besänftigen vermochten. Und Labiskwee, die im Fiebertraum lag, wurde halb verrückt, wenn sie ihre kleine Ration kostete; sie schluchzte und murmelte und stieß kleine Schreie tierischer Freude aus. Dann stürzte sie sich über die Ration für den nächsten Tag und steckte sie in den Mund.

Aber da erlebte Kid etwas Wunderbares. Als sie das Essen zwischen den Zähnen spürte, kam sie zum Bewußtsein. Sie spie den Bissen aus, und in einem furchtbaren Zornesausbruch schlug sie sich mit der geballten Faust auf den eigenen Mund, der ihr solches Ärgernis bereitet hatte.

Überhaupt war es Kid vergönnt, in den kommenden Tagen viel Wunderbares zu erleben.

Nach dem lang anhaltenden Schneegestöber begann ein starker Wind zu wehen, der die feinen trockenen Eisstäubchen durch die Luft jagte, so wie der Wüstensturm die Sandkörner vor sich hertreibt. Die ganze Nacht hindurch wehte dieser Sturm des Eissandes, als es dann aber Tag — ein klarer, windiger Tag — geworden war, sah Kid mit schwimmenden Augen und schwindelndem Hirn etwas, das er für eine Vision oder einen Traum hielt. Zu allen Seiten erhoben sich mächtige Gipfel, kleinere, einsame Schildwachen

und ganze Gruppen und Versammlungen von gewaltigen Titanen. Und von allen diesen Zinnen und Gipfeln flatterten mächtige, meilenlange Schneebanner, wehten, wogten und winkten weitausladend zum blauen Himmel empor, milchweiß und neblig woben Licht und Schatten und funkelten silbern im Widerschein der Sonne.
»Meine Augen haben den Glanz deines Kommens geschaut, o Herr!« sang Kid, als er diese Schneewolken sah, die wie Schärpen aus schimmernder Seide im Winde flatterten.
Und er blieb stehen und starrte, und die Banner auf den Zinnen verschwanden nicht, und er glaubte noch zu träumen, als Labiskwee sich erhob.
»Ich träume, Labiskwee«, sagte er. »Sieh! Träumst du denselben Traum wie ich?«
»Es ist kein Traum«, antwortete sie. »Auch davon erzählten die alten Männer des Stammes. Und wenn dies vorbei ist, werden warme Winde wehen, und wir werden am Leben bleiben und Frieden finden.«

Kid erlegte ein Schneehuhn, und sie teilten es. In einem tiefen Tal, wo die Weiden schon Knospen trugen, schoß er einen Schneehasen. Und ein andermal war es ein mageres, weißes Wiesel, das er erlegte. Das war aber auch alles, was sie sich an Lebensmitteln verschaffen konnten. Mehr fanden sie nicht. Labiskwees Gesicht war mager geworden, aber die großen, klaren Augen waren jetzt noch klarer und größer. Wenn sie ihn ansah, schien sie sich zu verwandeln und von einer seltsam wilden, unirdischen Schönheit zu werden.
Die Tage wurden immer länger, und die Schneedecke begann dünner zu werden. Jeden Tag taute die Eiskruste, und jede Nacht gefror sie wieder. Früh und spät waren sie unterwegs, denn in den Mittagsstunden zwang die Wärme sie zu rasten, weil die Eiskruste ihr Gewicht nicht mehr

tragen konnte. Wenn Kid schneeblind wurde, band Labiskwee ihn mit einem Riemen an ihren Gürtel und führte ihn so. Und wenn sie schneeblind war, tat er dasselbe mit ihr. Elend vor Hunger, kämpften sie sich in einem sich immer mehr vertiefenden Dämmerzustand durch ein Land, das im Begriff war zu erwachen, wo sie aber die einzigen lebenden Wesen waren.
In seiner Erschöpfung fürchtete Kid fast einzuschlafen, so furchtbar und trostlos waren die Visionen aus dem Lande des Wahnsinns und des Zwielichts. Er träumte immer von Essen, das ihm immer wieder, sobald es sich seinen Lippen näherte, von dem bösen Schöpfer seiner Träume weggerissen wurde. Er gab große Gelage für seine Kameraden aus den guten alten San-Franziskoer Tagen. Er selbst leitete mit wachsamem Blick die Vorbereitungen und schmückte den Tisch mit Ranken des wilden Weins in den tiefen Farben des Herbstes. Die Gäste kamen spät, und während er sie begrüßte und sie ihre neuesten Witze glänzen ließen, war er wie von Sinnen vor Gier nach dem Essen. Ohne daß jemand es bemerkte, schlich er sich in das Eßzimmer, raubte eine Handvoll schwarzer, reifer Oliven und kehrte zurück, um einen neuen Gast zu empfangen. Und andere umringten ihn, und das Lachen und die Jonglierkünste des Witzes gingen weiter, während er immer noch diese blöden reifen Oliven in seiner Hand hielt.
Er gab viele Gesellschaften dieser Art, und alle endeten sie in derselben unbefriedigenden Weise. Er beteiligte sich an mächtigen, eines Gargantua würdigen Orgien, bei denen Scharen von Menschen sich an dem Fleisch zahlloser Ochsen, die ganz am Spieß gebraten wurden, sättigten. Sie zogen die Braten selbst aus dem Feuer heraus und schnitten mit scharfen Messern gewaltige Bissen von den dampfenden Körpern. Er selbst aber stand mit offenem Munde zwischen langen Reihen von Puten, die von Männern mit

weißen Schürzen verkauft wurden. Und viele Käufer waren da, nur Kid bekam nichts; er blieb immer mit offenem Mund stehen, weil sein bleischwerer Körper ihn an das Pflaster fesselte. Oder er war wieder Knabe geworden und saß mit erhobenem Löffel vor großen Schüsseln voll Brei und Milch. Er verfolgte scheu gewordene Kühe über hochgelegene Weiden und erlebte Jahrhunderte von Qual infolge der vergeblichen Versuche, ihnen die Milch aus den Eutern zu stehlen... oder er kämpfte in stinkenden Gefängnissen mit den Ratten um Abfälle und Reste. Es gab keine Art von Speisen, die ihn nicht zum Wahnsinn hätte treiben können.
Nur einmal... ein einziges Mal... hatte er Erfolg in seinem Traum. Als verhungerter Schiffbrüchiger oder Ausgesetzter kämpfte er mit der gewaltigen Dünung des Stillen Ozeans um die Muscheln, die an den Felsen der Küsten hafteten. Und er schleppte seine Beute auf den Sand hinauf bis zu dem trockenen Strandgut, das von den Frühlingsstürmen herrührte. Damit machte er ein Feuer, und in die schwelenden Holzkohlen legte er seinen köstlichen Fund. Er sah den Dampf aus den Muscheln strömen und die geschlossenen Schalen sich allmählich öffnen, so daß das lachsfarbene Fleisch sichtbar wurde. Gerade so gekocht, wie es sein mußte — das wußte er... und diesmal trat keine Störung ein, die ihm das Essen von den Lippen fortriß. Endlich einmal... so träumte er mitten in seinem Traum... sollte sich ein Traum verwirklichen. Diesmal sollte er wirklich essen! Und doch fühlte er selbst in dieser seiner Sicherheit Zweifel, und er hatte sich bereits gestählt, um die unvermeidliche Änderung der Vision ertragen zu können... aber schließlich fühlte er das lachsrote Fleisch heiß und wohlschmeckend in seinem Mund. Seine Zähne schlossen sich gierig, um es festzuhalten. Er aß! Das Wunder war erfüllt! Aber die Verwunderung weckte ihn. Es war dun-

kel, als er wach wurde, er lag auf dem Rücken und hörte sich selbst leise fröhliche Rufe ausstoßen und grunzen wie ein Ferkel. Seine Kiefer bewegten sich, und die Zähne zermalmten das Fleisch. Er regte sich nicht... da merkte er, wie kleine Finger seine Lippen berührten und einen winzigen Bissen Fleisch zwischen sie steckten. Und weil er nicht mehr essen wollte – weniger deshalb, weil er böse wurde –, weinte Labiskwee sich in seinen Armen in den Schlaf. Aber er blieb wach, voll Verwunderung über die Liebe und die Wunder der Frau.
Dann kam der Tag, an dem sie nichts mehr zu essen hatten. Die hohen Gipfel zogen sich immer weiter zurück, die Wasserscheiden wurden immer niedriger, und der Weg nach dem Westen lag offen und verheißungsvoll vor ihnen. Aber die letzten Kraftreserven waren schon erschöpft, und weil sie nichts zu essen hatten, kam bald der Augenblick, da sie sich abends hinlegten und morgens nicht mehr aufstehen konnten.
Labiskwee lag bewußtlos, und ihr Atem ging so schwach, daß Kid oft glaubte, sie wäre tot. Am Nachmittag wurde er durch das Schnattern eines Eichhörnchens geweckt. Er schleppte den schweren Stutzen hinter sich her, als er durch die Kruste, die zu Schlamm geworden war, watete. Bald kroch er auf Händen und Knien, bald stand er aufrecht und fiel dann vornüber, während das schnatternde Eichhörnchen vor ihm herkletterte, langsam und spöttisch, daß es ihm wahre Tantalusqualen verursachte. Er hatte nicht Kraft genug, einen schnellen Schuß abzugeben, und das Tier verhielt sich nie still. Zuweilen wälzte sich Kid im nassen Schnee und heulte vor Schwäche. Zuweilen schienen seine Lebensgeister ganz zu entschwinden, und er versank in Bewußtlosigkeit. Wie lange er in der letzten Ohnmacht gelegen hatte, wußte er nicht, aber er kam wieder zum Bewußtsein, als er in der windigen Abendluft vor Kälte zit-

terte; da waren seine nassen Kleider bereits am Boden festgefroren. Das Eichhörnchen war verschwunden, und nach einem furchtbaren Kampf mit seiner Kraftlosigkeit kam er wieder zu Labiskwee zurück. So erschöpft war er, daß er die ganze Nacht wie tot dalag und nicht einmal träumte.
Die Sonne stand schon hoch am Himmel, und dasselbe Eichhörnchen schnatterte lustig in den Wipfeln der Bäume, als Labiskwee ihre Hand sanft auf Kids Wange legte und ihn weckte.
»Lege deine Hand auf mein Herz, Geliebter«, sagte sie. Ihre Stimme war klar, aber schwach und schien aus weiter Ferne zu kommen. »Mein Herz ist meine Liebe, und du hältst es in deiner Hand.«
Es schien lange Zeit vergangen zu sein, als sie wieder sprach: »Vergiß nicht, daß es keinen Weg südwärts gibt. Das weiß das ganze Volk der Rentiere! Westwärts... dorthin geht der Weg... und du bist schon nahe am Ziel... und du wirst es erreichen.«
Aber Kid versank in eine Ohnmacht, die fast der Tod war, und erwachte erst, als sie ihn wieder weckte.
»Lege deine Lippen an die meinen«, bat sie. »So will ich sterben...«
»Wir wollen zusammen sterben, Geliebte«, gab er zur Antwort.
»Nein.« Eine leise zitternde Bewegung ihrer Hand ließ ihn verstummen... so schwach war jetzt ihre Stimme, daß er sie kaum hören konnte, und doch hörte er alles. Ihre Hand tastete unsicher nach irgend etwas in der Kapuze der Parka, dann zog sie ein Säckchen hervor, das sie in seine Hand legte.
»Und jetzt reichst du mir deine Lippen, Geliebter. Deine Lippen auf meinen Lippen... deine Hand auf meinem Herzen...«
Doch während des langen Kusses wurde er wieder bewußt-

los, und als er aus der Ohnmacht erwachte, wußte er, daß er allein war und selbst sterben wollte. Aber er freute sich auf den Tod.
Er merkte, daß seine Hand auf dem Säckchen ruhte... Innerlich mußte er über die Neugierde lachen, die ihn bewog, die Schnur zu lösen. Aber er öffnete es doch, und ein kleiner Strom von Lebensmitteln rann heraus. Kein Stückchen davon, das er nicht kannte, alles Labiskwee durch Labiskwee gestohlen... da waren kleine Brotstücke aus den Tagen, als McCan das Mehl verlor, da lagen Bissen und Streifen von Rentierfleisch, zum Teil schon gekaut... und Krümel von Talg. Da war auch ein Hinterbein des Schneehasen, völlig unberührt, und ein Hinterbein und ein Teil vom Vorderbein des weißen Wiesels... ein Flügel vom Schneehuhn mit Merkmalen ihrer Zähne, die es nur zögernd freigegeben hatten, und auch ein Beinknochen... jämmerliche Reste, tragische Entsagungen, ein Kreuzweg der Lebensfreude und des Lebenswillens... kleine Bissen nur, aber durch ihre unendliche Liebe ihrem furchtbaren Hunger entrissen. Mit dem Lachen eines Wahnsinnigen schleuderte Kid den Inhalt des Säckchens in den Schnee und sank wieder in Ohnmacht. Er träumte. Der Klondike war ausgetrocknet. Er wanderte durch sein Bett, zwischen schmutzigen Wasserpfützen und eisbedeckten Felsblöcken hindurch, und hob große Goldklumpen auf. Allmählich wurde ihr Gewicht so groß, daß er die Last kaum noch tragen konnte, aber da entdeckte er, daß das Gold eßbar war und gut schmeckte. Und er verschlang es gierig. Welchen Wert hatte schließlich das Gold, das die Menschen so priesen, wenn es nicht einmal zu essen war?
Er erwachte zu einem neuen Tage. Sein Gehirn war sonderbar frei und klar, und er sah keine Nebelflecken mehr vor seinen Augen. Das bisherige gewohnte Zittern, das ihn so lange gequält, war auch verschwunden. Alle Säfte in

seinem Körper schienen zu singen, als ob der Frühling selbst ihn erobert hätte. Er fühlte sich so unerhört wohl! Er wandte sich zu Labiskwee um, sah — und erinnerte sich, was geschehen war. Er spähte nach den weggeworfenen Lebensmitteln... sie waren verschwunden. Da verstand er, daß sie in seinen Fieberträumen die Rolle der Goldklumpen gespielt hatten. Im Fieber und im Traum hatte er neuen Lebensmut gewonnen durch das Todesopfer Labiskwees, die ihr Herz in seine Hand gelegt und seine Augen für die Wunder des Weibes geöffnet hatte.

Er war ganz überrascht, wie leicht er sich bewegte, und staunte, daß er mühelos ihren pelzgekleideten Leib nach dem Kieselhang schleppen konnte, wo er ihn bestattete.

Drei Tage kämpfte er sich weiter nach Westen, ohne daß er etwas zu essen bekam. Gegen Mittag des dritten Tages sank er unter einer Fichte nieder, die an einem breiten offenen Wasser wuchs, von dem er wußte, daß es der Klondike sein mußte. Bevor er in die Finsternis versank, öffnete er sein Bündel, sagte der hellen Welt Lebewohl und hüllte sich in seinen Schlafsack.

Ein schläfriges Zirpen weckte ihn. Die lange andauernde Dämmerung war schon angebrochen. Über ihm, in den Zweigen der Fichte, saßen mehrere Schneehühner. Der Hunger ließ ihn sofort handeln, wenn er seine Handlungen auch sehr langsam vollbrachte. Fünf Minuten vergingen, ehe er überhaupt imstande war, seinen Stutzen an die Schulter zu bringen, und fünf weitere Minuten, ehe er, auf dem Rükken liegend und gerade nach oben zielend, genügend Kraft gesammelt hatte, um zu schießen. Der Schuß ging indessen glatt vorbei. Kein Vogel fiel, aber es flog auch keiner fort. Sie putzten alle schläfrig und schlaff ihre Flügel und raschelten in den Zweigen. Ein zweiter Schuß ging ebenfalls vorbei, weil Kid beim Schießen zusammenfuhr.

Die Schneehühner blieben indessen weiter sitzen. Er legte

seinen Schlafsack mehrmals zusammen und steckte ihn in den freien Raum zwischen seinem rechten Arm und seiner Seite. Dann stützte er den Kolben seines Stutzens gegen das Pelzwerk und feuerte wieder... und diesmal fiel ein Huhn herab. Er ergriff es gierig, mußte aber feststellen, daß das meiste Fleisch fortgerissen war. Die schwere Kugel hatte kaum etwas mehr übriggelassen als einen Klumpen blutiger Federn. Die Schneehühner flogen immer noch nicht fort, und er entschloß sich, nur nach den Köpfen zu schießen — sonst lieber gar nicht. Er zielte deshalb jetzt nur nach den Köpfen. Immer wieder füllte er das Magazin, er schoß vorbei, er traf... und die dummen Schneehühner, die nicht fortfliegen wollten, fielen wie ein Regen von frischem Fleisch auf ihn herab... So wurde wieder das Leben anderer Wesen vernichtet, damit er weiterleben konnte.

Das erste Huhn verschlang er roh. Dann ruhte er und schlief, während die Lebenskraft des kleinen Tieres zu einem Teil seines Wesens wurde. Als es dunkel geworden war, wachte er auf, hungrig, aber genügend gekräftigt, um ein Feuer zu machen. Und bis zum frühen Morgen briet und aß er abwechselnd und zermalmte die Knochen zu Brei zwischen seinen Zähnen, die so lange unbeschäftigt gewesen waren. Und dann schlief er ein, wachte, als es wieder Nacht geworden war, und schlief dann weiter bis zum nächsten Tage. Da stellte er fest, daß das Feuer mit frischem Holz geschürt worden war und lichterloh brannte. Und über den Gluten am Rande des Feuers hing eine rauchgeschwärzte Kaffeekanne, die ihm bekannt vorkam. Daneben saß... kaum um Armeslänge von ihm entfernt... kein anderer als Kurz, der wohlgefällig eine Zigarette aus Packpapier rauchte, während er ihn aufmerksam beobachtete. Kids Lippen bewegten sich, aber seine Kehle war wie gelähmt, und er hatte Mühe, die Tränen zurückzuhalten, die hervorzustürzen drohten...

Er streckte die Hand nach einer Zigarette aus und sog den Rauch mit tiefen Zügen ein.

»Es ist lange her, daß ich geraucht habe«, sagte er leise. »Sehr, sehr lange her.«

»Und nach deinem Aussehen zu urteilen, ist es offenbar auch lange her, daß du gegessen hast«, fügte Kurz barsch hinzu.

Kid nickte und machte eine Handbewegung nach den Federn der Schneehühner, die ihn umgaben...

»Mit Ausnahme der letzten Tage«, antwortete er. »Weißt du, ich möchte gern eine Tasse Kaffee haben... er muß ganz merkwürdig schmecken... und dann Eierkuchen mit Speck.«

»Und vielleicht auch mit Bohnen?« fragte Kurz lächelnd.

»Die müßten himmlisch schmecken. Ich habe den Eindruck, daß ich wieder einen mächtigen Hunger kriege...«

Während der eine kochte und der andere aß, erzählten sie einander kurz, was ihnen geschehen war, seit sie sich getrennt hatten.

»Das Eis auf dem Klondike wollte schmelzen«, schloß Kurz seinen Bericht, »und wir mußten also warten, bis das Wasser wieder befahrbar geworden war. Wir haben zwei gute Wrickboote und noch sechs Leute... du kennst sie alle, tüchtige Kerle, kann ich dir sagen... und allerhand Ausrüstung mit, und wir sind langsam, aber sicher vorwärtsgekommen, haben gewrickt und geschoben und gezogen. Aber die Stromschnellen mußten die Boote eine gute Woche zurückhalten. Da habe ich die andern zurückgelassen, als sie einen Weg über die Felsen am Ufer anlegten, um die Boote an den Schnellen vorbeizuziehen. Ich hatte so eine Ahnung, weißt du, daß ich weiterlaufen müßte. Deshalb schnürte ich mir ein tüchtiges Bündel mit Proviant und ging. Ich wußte, daß ich dich irgendwo unterwegs finden würde, wenn auch ein bißchen mitgenommen.«

Kid ergriff seine Hand und drückte sie stumm.

»Wollen wir nicht sehen, daß wir weiterkommen?« sagte er.
»Aber du bist ja so schwach wie ein neugeborenes Zicklein. Du kannst vorläufig nicht ans Wandern denken. Warum denn so eilig?«
»Weißt du, Kurz, ich bin auf der Suche nach dem Größten und Besten, das es hier in Klondike gibt... und ich kann nicht länger warten ... das ist es, Kurz! Fang nur an zu packen. Es ist das Größte in der ganzen Welt! Es ist größer als Seen voller Gold, als Berge aus Gold, größer als alle Abenteuer und als Fleisch essen und Bären töten.«
Kurz' Augen traten fast aus den Höhlen, so entgeistert war er über diesen Ausbruch.
»In drei Teufels Namen«, fragte er endlich, »was ist dir denn zugestoßen? Bist du vielleicht verrückt geworden?«
»Gar nicht, mein Freund... es geht mir sogar verdammt gut. Es kann ja sein, daß man eine Zeitlang ganz ohne Essen leben muß, um die Welt und die Menschen im richtigen Licht zu sehen. Jedenfalls habe ich für mein Teil Dinge gesehen, von deren Dasein ich mir nie hätte träumen lassen. Ich weiß jetzt, was eine Frau ist.«
Kurz öffnete den Mund, um etwas zu sagen, und sowohl um seine Lippen wie um seine funkelnden Augen lag ein merkwürdiger Zug, der verriet, daß er schon eine spöttische Bemerkung auf der Zunge hatte.
»Bitte, laß das«, sagte Kid sanft. »Du weißt nichts davon... aber ich habe es kennengelernt.«
Kurz behielt also seine Bemerkung für sich und schlug ein anderes Thema an.
»Hm... ich brauche keine fremde Hilfe, um ihren Namen zu erraten! Alle andern sind schon nach dem Überraschungssee gezogen, um ihn trockenzulegen, nur Joy Gastell wollte nichts davon hören. Sie sagte, sie hätte keine Lust mitzugehen. Sie strolcht in Dawson herum und wartet, daß ich dich nach Hause bringe. Und sie hat geschworen, wenn

ich es nicht tue, ihre Minenanteile zu verkaufen, ein ganzes Heer von guten Schützen zu heuern, nach dem Rentierland zu marschieren und dem alten Snass und seiner Rasselbande die letzte Puste aus dem Leibe zu schießen. Und wenn du dich noch ein bißchen beherrschen kannst, werde ich inzwischen den ganzen Mist einpacken und mich fertigmachen, so daß wir schnellstens von hier verduften können.«
Und Alaska-Kid lächelte...

— Ende —

Alle Rechte vorbehalten. Die Originalausgabe erschien 1912 unter dem Titel ›Smoke Bellew‹ *im Verlag* ›New York The Century Co.‹. *Die vorliegende deutsche Fassung hält sich in der Reihenfolge der einzelnen Kapitel an die Originalausgabe, unterteilt somit nicht, wie bei den bisher erschienenen deutschen Ausgaben praktiziert, in die Teilbände* ›Alaska-Kid‹ *und* ›Kid & Co.‹. © *1931 Universitas Verlag, Berlin. Übersetzt von Erwin Magnus.*
Gesamtausstattung Juergen Seuss, Niddatal bei Frankfurt am Main. Satz und Druck Color- und Werkoffsetdruckerei Richard Wenzel, Goldbach. Bindearbeiten R. Oldenbourg, München. Schrift Korpus Baskerville (Linotype). Papier 80 g Daunendruckpapier der Papierfabrik Scheufelen Oberlenningen. Printed in Germany 1979. ISBN 3 7632 2365 7